日本語指示体系の歴史

李　長波　著

はじめに

本書は、一般的に「コソアド言葉」といわれている指示表現のうち、特に「コ・ソ・ア（カ）」という三つの系列の指示詞と人称体系との関わりについて歴史的な観点から考察するものである。現代語だけでなく、上代語から近世後期の江戸語までの指示表現とその史的変化の流れを考察の主な対象とする。

指示表現といえば、疑問を表す「ド系」の指示詞を除いて、日本語のように「コ・ソ・ア」という三つの系列の指示詞を持つ言語がある一方で、英語や中国語（北方方言）のように、空間的・心理的な「近・遠」に対応して、指示詞が二つの系列をなす言語も多い。とりわけて、日本語のような三つの系列の指示詞を持つ言語では、「コ・ソ・ア系」指示詞と人称体系との関係がもっとも興味深く、従来多くの研究がなされている。現代語については、「コ・ソ・ア系」指示詞がそれぞれ三つの人称に対応すると考えた先駆的な研究者の一人として、佐久間鼎の名が広く知られている。

一方、人称といえば、一般的に「話し手」、「聞き手」と「それ以外の存在」に対応して、一人称、二人称、三人称の三つに分かたれ、三つの人称を指す言葉が特に人称代名詞といわれる。現代語の「わたし」、「あなた」と「かれ・かのじょ」がそれぞれの人称に相当することは周知のことに属する。

しかし、「あなた」と「かれ」が人称代名詞として用いられるようになったのはさして古いことではない。「あなた」

が現代語と同じく「二人称」を指す用法があらわれたのは近世前期とされ、三人称代名詞の「かれ」と「かのじょ」は明治時代の言文一致運動の産物といわれる。それまで、「あなた」はもっぱら「山《やま》のあなたの空遠《そらとほ》く、「幸《さいはひ》」住《す》むと人《ひと》のいふ」（上田敏訳カアル・ブッセ「山のあなた」、傍点は筆者）のように空間や場所を指す指示表現であった。明治時代の新語「かのじょ」を除けば、「かれ」は『万葉集』に「たそかた（誰そ彼）」の形で用いられ、もとを尋ねれば、これも物を指す指示表現である。「黄昏《たそがれ》」の語源もここにあるとされる。

では、なぜ物や場所を指す指示表現が人称代名詞として用いられるようになったのか、しかもほかならぬ「カ（ア）系」指示詞からそれぞれ二人称代名詞と三人称代名詞が生まれえたのであろうか。

ここで注目されるのは、現代語の「かれ」がもっぱら三人称代名詞として用いられるのに対して、上代語の「かれ」には『万葉集』二二四〇番歌のように必ずしも一義的に「三人称」として解釈できない例があることである。そればかりではない。一義的に「二人称」として解釈できない例もあることを、『万葉集』二五四五番歌が示している。

誰そかれ（彼）と我れをな問ひそ九月の露に濡れつつ君待つ我れを（万葉集・二二四〇）

誰そかれ（彼）と問はば答へむすべをなみ君が使ひを帰しつるかも（万葉集・二五四五）

二二四〇番歌は、「雨に濡れながらアナタを待っている私に向かって、『あなたは誰ですか』と素っ気なく聞かないでください」という切ない恋心の訴えであり、二五四五番歌は、「あの人は誰ですか」と、たぶん恋の歌を届けてきたであろう「あの人」のことをねほりはほり聞く人の言葉と解されよう。とすれば、上代語の「かれ」については、一義的に「二人称」または「三人称」を指すとするよりは、むしろ「二人称」と「三人称」の両方を指していたと見た方が上代語の真に近いのではないか。

「黄昏《たそがれ》」に対する「暁」を意味する「かはたれどき（彼誰時）」（万葉集・四三八四）と、「あれはたれどき（彼は誰時）」（源氏物語・初音）についても同じである。「カレ」のあとを承けて、中古語の「アレ」も同じく「聞き手」をも指していたのである。問題はこのような「二人称・三人称の一括現象」（泉井久之助の用語）を人称対立としてどう捉えるかである。

一方の「あなた」である。

「山のあなた」の「あなた」は、ある境界線をはさんだ向こう側という意味に解される。これは「かなた」も含めて「あなた」が最初に文献に登場する中古語から一貫して持っている意味である。しかも、ここでは、「あなた」と「あなた」に対する境界線のこちら側を指す「こなた」との緊張が際だたされ、さしずめ「そなた」が同じ空間の一部として意識されてはいない。してみれば、ここに「そなた」が介在しないことの意味するところは、「あなた」と「こなた」があい対してある空間や場所を過不足なく二分していることにほかならない。「話し手」を中心として、ある境界線の「内側」と「外側」を二分するのである。この場合、「外側」にいるのはひとり「聞き手」だけでなく、「第三者」も含まれる。とすれば、一人称「我」と「我以外」という人称対立が背後にあると考えられる。「一人称対非一人称」（R. Jakobson（1942）の first person vs. non-first person に基づく）の人称対立である。

ここで注目されるのは、上代語と中古語の「かれ」、「かの」だけでなく、中古語から近世後期にかけて、「あれ」と「あの」にも一貫して「二人称」と「三人称」を指す用法が観察されていたことと、近世前期から後期にかけて「あなた」に「二人称」と「三人称」を指す用法が同時に観察され、それが幕末まで続いたことである。とすれば、「ア（カ）系」のうち、「あなた」と「かれ」がそれぞれ「二人称」と「三人称」の人称代名詞として成立するまでに、同じく「二人称」と「三人称」の両方、つまり「非一人称」に関わっていたことになる。「ア系」だけではない。上代語についていえば、「カ系」も、「ソ系」も等しく「非一人称」に関わっていたのである。このことは、現代語の「ソ系」指示詞が、「二人称」のみならず、「非一人称」にも関わることとも軌を一にする。つまり、そもそも「非一人称」に関わっていた「ア（カ）

系」指示詞が「非一人称」から「三人称」に分化したのと平行して、「ソ系」指示詞も「非一人称」から「二人称」へと接近しつつあるが、その過程はいまだ完成していない状態にあるということである。

本書は次の四章からなっている。

第一章「指示詞研究の視点と課題」は、本書の中核をなす第二章と第三章に対して導入的な意味合いを持っている。ここでは、指示詞研究の理論的な側面、及び研究史的な背景についての言及が主である。

第二章「現代日本語の指示体系」は、特に「ソ系」指示詞と「二人称」との関わりについて佐久間鼎の仮説を検証し、「ソ系」指示詞がもっぱら「二人称」に対応するのではなく、人称的には「三人称」と「二人称」との両方を含み持つ意味での「非一人称」にも関わることを論じる。

続く第三章「上代から近世までの指示体系の歴史」は、現代語に到達するまでに、指示表現がどのように用いられ、指示表現と人称体系との関わり方が歴史的にどのように変化したのか、について考察する。これは、現代語の「ソ」がなぜ「二人称」と「非一人称」に二分されなければならないか、という問いに対する答えを指示体系の史的変化に求めるためである。同時に「ア（カ）系」指示詞が「非一人称」から「三人称」に収斂されていく過程を確認するためでもある。日本語の人称体系の史的変化と三人称代名詞の成立がそこにあると考えるからである。

第四章「古代中国語と日本語の人称体系―三人称代名詞の成立を中心に」は、日本語の指示体系と人称体系について確認したことを、歴史的に関わりは深いが、系統的に異なる中国語を対象にその可能性を検証し、古代中国語と日本語との関わりの一つのありかたとして、三人称代名詞の成立を取り上げる。

因みに、本書は、第二章と第三章のように現代語の指示体系と指示体系の歴史を別々の章立てで考察しているが、これは、フェルディナン・ド・ソシュール Ferdinand de Saussure 以来とかくその峻別が強調されてきた嫌いのある「通時」と「共時」に対応するものとして想定しているわけではない。著者の立場はむしろ「共時・通時」との峻別にはほど遠いものである。

例えば、エウジェニオ・コセリウ Eugenio Coseriu は『うつりゆくこそことばなれ』（初版一九五八年、日本語訳一九八二年）のなかで次のように述べている。

> このように、理論的観点からすれば、ソシュールの二律背反（引用者注　通時態と共時態との峻別）は、根本的な意味において、ことばをエネルゲイアとして見ることによってのみ、言いかえれば、変化というものをたんにすでに与えられた体系の模様替えとしてではなく、体系の絶え間ない構築として理解することによってのみ超えることができる。（二二一～二二二頁）

これと同じようなことを泉井久之助は「歴史主義」という言葉によって表現している。

> 私の理解する歴史主義は、「伝統をもって現在に生きるもの」を取り扱う立場である。人間に関するあらゆる現象は、歴史においてその現在がみいだされ、現在においてその歴史がはたらくものでなくてはならない。（中略）重要なのは、通時と共時の峻別よりも、二つの交錯の闡明であり、要するに「歴史」である。歴史は、過去から現在を通じて、また、未来にも働きつづけるものでなくてはならない。（『言語の研究』一九五二年、二頁）

これらを要するに、「通時」と「共時」は言語研究の作業原理に過ぎず、対象としての生きた言語は、常に「通時」と「共時」が交錯しつつ、たえざる体系化の過程としてある。言語は何時の時代においても歴史と同時に現在であり、我々にとっての現在もまた歴史の中にこそあるのである。かくて言語はエネルゲイア energeia として動的なものであると同時に、優れて歴史的な現象といえる。

筆者の興味も、まさに言語の生きた「すがた」をこの「歴史」と「現在」が交錯する言語の動的な様相においてとらえることにある。してみれば、表題にいうところの「指示体系の歴史」とは、「指示表現の体系化の歴史」と、「指示体系の歴史的研究」という二つの意味に解されるべきであろう。

その意味において、本書は泉井久之助のいう「歴史主義」の立場の実践的な試みの一つに過ぎない。

日本語指示体系の歴史

目　次

第三章　上代から近世までの指示体系の歴史

第一章　指示詞研究の視点と課題

第一節　指示詞とは何か

第一項　指示とは何か

言語の機能は、まずコミュニケーション communication にあると言われる。コミュニケーションとはその語源が「共通の common」という意味のラテン語 communis から来ているように、人と人とのコミュニケーションは、互いの間に「共通のもの」を作り出す営みに他ならない。そして、コミュニケーションが身振り・記号・言葉などによる感情・意志・知識・情報などの交換過程だとすれば、言葉以外の媒介についても、「共通のもの」を作り出す営みというその本質は、何ら変わらない。

しかし、「共通のもの」を作り出すとは、いったいどういうことであろうか。

たとえば、0歳後半の赤ちゃんが、「アー」、「アー」と発声しながら、ゆびさすその指と視線の先に、蝶が一匹に止まっているとしよう。それを見ていたお母さんは、赤ちゃんの行動をいったいどう理解するのであろうか。

「あっ、あそこにあんなものが！」

「あっ、あれがほしい。」

「あっ、あれはなんだ？」

と、分析的な解釈の可能性は多種多様であるが、ここではとりあえずこの三つを挙げることができよう。[1]しかも、解釈の幅がお母さんの想像力に比例して広がると同時に、赤ちゃんの月齢によってはこの三つの解釈のいずれか一つしか妥当しないことも、三つの解釈のいずれも妥当することも十分ありえよう。

しかし、赤ちゃんの指さしと「アー」、「アー」の意味がどのように解釈されても、この三つの解釈に共通するのは、相手に「あるもの」に気づかせることであろう。そして、相手に「あるもの」に対し注意を向けさせることによって、「あるもの」を相手と「共通のもの」として共有しようとしていることであろう。こうして「あるもの」に対し相手と注意を共有すること自体、「指さし行為」の目的である以前に、「そのもの」をめぐる伝達を可能にするための前提なのである。コミュニケーションと言葉も、もしかしてこの指さしと「アー」、「アー」にその成立の基盤の一つを見出すことができるかもしれない。

してみればここに「指さし行為」と人間にとって最も発声しやすい「アー」が同時に観察されることは決して偶然ではない。言語行為はまさに協同的な行為としてあるのである。

これと同じことを、哲学者の表現を借りて表現しようと思えば、次に引く野家啓一のような言い方になろうか。

> 指示という行為は聴者による対象同定の成功を俟って、そこに共通の対話の場が開かれた時に初めて成立するのである。言い換えれば、指示という行為は本来的に、最初から「誰」「何」「どれ」という聴者の問いへの〈応答〉に他ならないと言える。それゆえ指示は、表現に対象的関係を与える意味充実作用のように、意識内部で完結する作用として捉えられるべきではなく、あくまでも話者と聴者との間に営まれる〈相互主観的行為〉として捉えられねばならない。（「言語行為の現象学・序説」一四五頁）

野家啓一の説くところは、哲学的、しかも現象学的に「名詞句」と「指示詞・代名詞」による指示とは何かについて問うているのであるが、その射程はもちろん言語学にまで及ぶであろう。しかも、ひとり言語学的な意味での「名詞句」

や「指示詞・代名詞」に止まるものではない。なぜなら指示行為のみならず、談話そのものも原理的には話し手と聞き手が協同的に関与してはじめて成立するからである。しかし、「指示」という行為を「話者と聴者との〈相互主観的行為〉」とすることは、即ちそこに指示表現の本質を認めることに他ならない。これは指示詞にとっては、単なる原理的な背景以上に、もっと具体的な何かを意味しなければならない。

果たして、野家啓一は「指示表現の意味」を次のように規定する。

> 指示表現の意味とは、「話者が聴者に向って対象を提示する一定の様式、仕方」ということになるだろう。聴者はその一定の様式を理解することによって、話者の提示する対象を同定する。その場合、話者が伝達し、聴者が理解しているのは、対象を同定するための一定の手続き、すなわち〈規則〉に他ならない。言い換えれば、指示表現の意味とは、「対象同定の規則」なのである。（前掲論文一四五頁）

仮に指示行為を「話者と聴者との間に営まれる〈相互主観的行為〉」とする立場を受け入れたとすれば、ここに規定される「指示表現の意味」は、ただ単に「話者が聴者に向って対象を提示する一定の様式、仕方」に止まらず、必然的に話者が提示し聴者がそれを理解するところの「対象同定の規則」としなければならないであろう。こうしてはじめて「指示」の哲学的・原理的な規定と、「指示詞」の言語学・機能的な規定との間に、ある共通の認識が得られるのである。

しかし、従来の指示詞研究では、言語に対する原理的な規定と指示詞の機能的な規定との間に、ある種の乖離が見られることがままある。たとえば、時枝誠記は、「言語が人間的行爲であり、思想傳達の形式であるといふことは、表現の主體（話手）、理解の主體（聞手）を豫想することであり、話手、聞手は、言語成立の不可缺の條件である」（『日本文法 口語篇』一八頁）としながら、「代名詞（**引用者注** 人称代名詞と指示代名詞を含む）が、常に話手を軸として、それとの關係を表現するところに、他の品詞との根本的な表現上の相違を見出すことが出來る」（前掲書八一頁）として、「その特質を、話手と事柄との關係概念を、話手の立場に於いて表現するもの」（前掲書八二頁）と規定しているようにである。

これに対する三木幸信・中西宇一の批判は傾聴に値しよう。

時枝博士は、言語の存在条件として主体・場面・素材の三つを挙げ、聞手を場面の中に含めているが、聞手は話手と同時に考えなくてはならない重要な要因であり、決して「ものごと」である場面と同一視すべきではない。聞手を場面の中に含めてしまう場合、言語の伝達の真の意味は失われてしまう。（『国語学』一頁）

このように、指示詞の研究にとって、指示表現を〈相互主観的行為〉として捉えることは、つまり指示詞の機能は指示対象をめぐる話し手と聞き手との相互関係に即して捉えられなければならないことを意味するのである。

そして、このことの意義は、少なくとも以下の二点に認められよう。その一つは、時枝誠記のように指示詞の機能をもっぱら話し手の側から、つまり単なる話し手と指示対象との関わり方によって記述するのではなく、話し手と聞き手との両方から記述しなければならないことを示唆するものと思われる。そしてもう一つ、これには佐久間鼎『現代日本語の表現と語法』（一九三六年（初版）、以下佐久間鼎（一九三六）と略す）以降、たとえば、森重敏『日本文法通論』（一九五九年）のように、人称領域（「称格領域」）を「第一人称領域」・「第二人称領域」・「第三人称領域」に三分し、人称体系を平面的・対立的な図式によって捉えることに対する否定が含まれているように思われる。

指示詞と人称体系との関わりについては、第二節で論じるとして、ここでは、まず指示詞[2]とは何かについて考えてみたい。

第二項　指示詞の定義

ここに言う「指示詞」とは、一般言語的にはたとえば英語の demonstrative pronoun（指示代名詞）に当たるものであるが、本書の中では、これは物や事柄を指し示し、「コソア（ド）」の語形を共有する一群の語彙を指すように、狭く限定された意味で用いる。そして、中国語の指示代名詞に言及する時でも日本語と同じ「指示詞」という用語を用いるが、ヨーロッパの言語に言及する時に限り、「指示代名詞」という用語を用いる。

ヨーロッパの文法学の長い伝統の中で、指示代名詞は代名詞 pronoun として、特に人称代名詞の三人称として扱われ、そして、ラテン語 pronomen の意味通りに、いわゆる名詞の代わりをするものと考えられていたようである。そうした中で、たとえば、チャールズ・サンダース・パース Charles Sanders Peirce が一八九三年の論文の中で、代名詞は名詞の代わりに用いられるものではないと言っているのはむしろ異例とも言うべきものである。ヨーロッパの学問的な雰囲気を伝える部分も含めて、敢えて長く引用すると、次のようになる。

現代の文法学説は代名詞を、名詞の代わりに用いられる語として定義している。それは、十三世紀のはじめに論破され、数百年間文法から消えていた古い学説である。しかし、その代わりに採用されたものはあまり明瞭ではなかった。そして、中世思想に反対する野蛮な狂気が起こると、一掃されてしまった。最近のいくつかの文法学説、たとえば Allen と Greenough の文法書が再び事態を正常に戻した。「私」、「汝」、「あれ」、「これ」は名詞の代りに用いられると言う理由はない。それらは最も直接的かつ可能なやり方で物事を指し示す。表現が何を指すかを示すには指標記号による以外不可能である。代名詞は指標記号である。対して名詞はその意味するところの物事を指し示しはしない。何について語っているかを示すのに名詞が使われる時、名詞は代名詞のようにすぐに対象を示すことができない。そこでこの無能を償うために聞き手の経験が頼りにされる。こういうわけで、名詞の方が代名詞の不完全な代用なのである。また名詞は動詞を補いもする。代名詞は、話し手と聞き手が適切な現実的関係を持つ事物に聞き手の注意を向けることによって、その事物を指し示す語である、と定義すべきである。Allen と Greenough は「代名詞は名付けたり記述したりせずに人や物事を指し示す」と言っている（Allen and Greenough（1877）*Latin Grammar*（1884）p. 128）。これは正しい、実に正しい。代名詞が何をしないかだけでなく、何をするかを言えばさらによい。（C. S. Peirce（1960）p. 163、傍点部は原文ではイタリックである）

ここでは、代名詞は最も直接的に物事を指し示す語として、より具体的には、代名詞は、話し手と聞き手が適切な現実的関係を持つ事物に、聞き手の注意を向けることによって、指し示す語であると定義していることに注目すべきである。

一方、日本では、佐久間鼎（一九三六年）までの指示詞研究の中で、松下大三郎と山田孝雄といういくつかの例外を除けば、指示詞は「代名詞」と称して文字通り名詞の代用として扱われ、その意味ももっぱら話者からの距離によって「近称・中称・遠称」として説明されていた。そのために、指示詞の内的な体系性、とりわけ人称との相関関係についてはおろか、指示詞の語形の持つ形態的な体系に対する認識についても、必ずしも十分ではなかった。(3) その中で、江戸時代の漢学者皆川淇園の考えはまた異例であった。

たとえば、皆川淇園は、指示詞と名詞との関係については「正當無名」という用語を用いて次のように説いている。

正當無名ト云コトアリ。是文章ヲ書クニハ、第一ニ知ルベキ要義ナリ。總別文字ハ、正シク其眼前ニ當レル事ニハ、用ユルコトナキモノナリ。故ハ、タトヘバ、今其人ノ目、火ニ向ヒテ居レバ、只此トノミ云テ、火ヲ指シ云フコト、自カラ聞コユ。花ノ枝ヲ手ニ握リ居レバ、只此トノミ云テ、花ヲ指シ云フコト、自カラ聞コユ。奴僕ニ云付テ、烟盆中ノ火入ニ、火ヲ入レサセントスルニ、只指ヲ以テ、其火入ヲ指シ見スレバ、火ト呼ハズトモ、火ヲ入レヨト云コトハ、聞取ルルモノナリ。

故ニ正當無名ト云フナリ。正當ナレドモ、其人ノ心ガ、他ニ属シテ居ル時ニテハ、正當ノ物ニテモ、名ヲ呼コトアリ。此ハ正當ナレドモ、不正當ト同シコトニアタレル故ナリ。文字ハ、即チ名ナル故ニ、文字ヲ用ユルコトニモ、正當ナルコトニハ、書ニ及ヌコトヲ知テ、ハヅスベシ。(『淇園文訣』下三三ウ〜三四ウ)

一方、名詞(名)の機能については、皆川淇園は次のように説いている。

心ノ文ノ起リハ、象ナリ。象ナルガ故ニ、文ハ言語ヲヨセ合セテ、其物象ノ條理ヲ明《ア》カシタルモノナリ。ヨセ合サルル言語ハ皆名ナリ。名トハ乃チ象ノ符牒付《フテフヅケ》ナリ。符牒付ナル故ニ、國々ニテ、言語ト名トハ不同ナリ。符牒付トハ、本邦ニテハ、ソラト云、漢人は、天ト云フノ類ナリ。象ノ符牒付トハ、言語ノ上ニテハ、正當ニテハ、名ハ入ラザルモノニテ、名ノ入用ハ、不正當ノ處ノコトナリ。不正當ナルヲ、呼出スガ名ノ用ナリ。故ニ、名ハ人心ニ覺ヘテ居レル象ヲバ、呼出シテ想ワスル為ノ符牒付ナリ。言語文字ノ用ハ、究竟《カク》是ノ如キニ過《スキ》ザルモノナル故ニ、言語ノツヅキタル所ハ、畢竟象ヲハヨセ合セタルモノナリ。(『淇園文訣』上一三ウ〜一四オ)

ここに述べられている淇園の考えを整理して見ると、およそ次のようになろう。

話し手と聞き手が面と向かっていて、両者の間にある物に対する共通の了解があれば、話し手と聞き手の間には、指示詞とそれに伴う指さし行為で十分コミュニケーションができる(「正當」・「正當無名」)。話し手と聞き手が面と向かっていても、言葉を用いなければならないのは、聞き手の注意がその指示対象に向けられていない場合である(「不正當」)。指示詞は直接的に物事を指し示すが、名詞は人々の心の中に存する「象」(物象・意味)を呼び出すための記号である。その意味では、指さし行為は音声言語の指示詞の代替であり、音声言語の名詞は指示詞の代わりになる。さらに書記言語の文字、文章は音声言語の代わりをなすものであるというわけである。

とすれば、ここでは、すでに指示詞は名詞の代用ではなく、逆に名詞は指示詞の代用であるという認識に達していると考えられる。指示詞が直接に物事を指し示すのに対して、名詞は「象」（物象・意味）を媒介として物事に関わるものであると考えるのである。この考えが、名詞は代名詞や指示詞の代用であり、代名詞や指示詞は直接に事物を指し示すのに対し、名詞は直接に事物を指し示さないとするパースの考えにも通じることは明らかである。(4)

そして、明治時代以降では、わずかに安田喜代門と湯澤幸吉郎の代名詞の定義が目に付く程度である。

（代名詞の定義は）従來、名詞の代りとか名稱の代りとか定義して來たのは、全く誤である。單に代りとするならば、甲の名詞の代りに乙の名詞を用ゐても代名詞でなければならなぬが、代名詞の本質は、實體の特有性の聲音的記號たる名詞の存否を離れ、全く別の立場に立つて實體を指示し、對話者の間に、共通的な注意の焦點を作るにある。故に代名詞は、體言中、ものを指す語であると言へば足る。（『國語法概説』六六～六七頁）

代名詞は名詞とともに「體言」の中に入る品詞であるが、名詞が事物の名稱を表す單語であるに對して、これは事物を直接に「指し示す」のに用ひる單語である。（『口語法精説』（初版）六三頁）

安田喜代門と湯澤幸吉郎の定義をふまえて、佐久間鼎（一九三六）は指示詞（「指す語」）を次のように定義している。

この種の語（**引用者注**　「コソアド」）の職能についてその本質を見、「指示」（**引用者注**　同じ佐久間鼎（一九三六）の中で、「指示」は更に「オリエンテーション」と言い換えられている）を以てその本領とするならば、それは「**ものを指す**」のに限られるべきではありますまい。「もの、對象」をだけではなく、「**こと**、ことがら、事件、事象」をも指すことが出來るわけでせう。「もの」をも、また「ことがら」をも一つのまとまった心的内容として對象化して指示することがその任務ですが、さらに事の進行の經過、ものの存在の有様について指示することも出來ます。（三三頁、傍点は引用者による）

確かに佐久間鼎（一九三六）に先行して、すでに安田喜代門と湯澤幸吉郎のように、「代名詞」の機能を「ものを指す語」としたり、事物を直接に「指し示す」のに用いられる単語としたりする研究があった。しかし、ここに見たように、「指示を以てその本領とする」佐久間鼎の考えは、ただ単に先行する両者の説を踏襲し総合したようなものではなく、ここでは、「指示」とは「もの」をも、また「ことがら」をも一つのまとまった心的内容として對象化して指示すること」としているのである。つまり、指示詞や人称代名詞はその指示対象を「実在そのもの」としてではなく、それを他ならぬ「心的内容として對象化して指示する」という認識に至ったのである。指示詞に心理的な解釈を施す道はここから開かれたのである。

事実、佐久間鼎（一九三六）のこうした認識は、直接的には「代名詞の解消」をもたらしただけでなく、さらに「コソアド」の体系性に注目して、「いわゆる代名詞は、これまで述べて來たやうに、かく解消されて、事物や状態を指し示す語として一群の語が類別されるのを適當とするでせう」（四二頁）と結論するに至っている。そして、「代名詞」から「指す語」（指示詞）を独立させた佐久間鼎は、さらに「コ・ソ・ア」がそれぞれ「一・二・三人称」に対応するとして、「指す語」（指示詞）と「人称代名詞」との間に対応関係を認めたのである。

かくして指示詞と人称体系との相関関係に関する佐久間仮説が生まれたのである。

第二節　指示詞と人称体系

第一項　佐久間仮説の隠された前提

先に見たように、佐久間鼎（一九三六）においていわゆる「代名詞」を「人称代名詞」と「指す語」（指示詞）に分けた佐久間鼎は、たとえば、指示体系と人称体系との内的交渉、つまり相関関係について、次のように述べている。

> ところで、**かのいはゆる近稱・中稱・遠稱の差別は、この自稱・對稱・他稱といふ、會話における對立關係**に對して、**内面的な交渉**をもつものだといふことが、その發言事態を考察するに及んで、わかつて來ます。單に話手からの距離の近い遠いといふのではないのです。
> もちろん、これらの單語は、人をさす人代名詞ではなくて、物事をさすのに相違ありませんが、**「これ」といふ場合の物や事は、發言者、すなはち話手の自分の手の届く周圍、いはばその勢力圏内にあるもの**なのです。また、**「それ」は話し相手の手の届く範圍、自由に取れる區域内のもの**をさすのです。**かうした勢力圏外にあるものが、すべて「あれ」**に屬します。（五五頁）

以上の「これ」・「それ」・「あれ」の關係についての所見は、「この」と「その」と「あの」との間の關係にもその他の三とほりの區別の成立にも、すなはち**一般にいはゆる近稱・中稱・遠稱の関係**に、同樣に、また共通に妥當すべきものです。（五

五～五六頁）

以上は佐久間仮説の大体である。しかし、この仮説には実はある隠された前提があった。それは、いったい「コソアド」の指示詞を人称体系の中の「三人称」として扱うべきか、それとも人称体系とは別の体系をなすものとして扱うべきかということである。この点については、佐久間鼎（一九三六）の時点では必ずしもはっきりしていなかったが、『現代日本語の表現と語法』（一九五一年（改訂版）、以下佐久間鼎（一九五一）と略す）では、次のように明言している。

一体この「人称」ということは、ヨーロッパ語法から借用して来たもので、ヨーロッパ語では主格になる語の人称が文の述部となる動詞の変化形と照応しなければなりません。自分をさすものすなわち第一人称、相手をさす第二人称、第三者をさす第三人称の代名詞（人以外の事物をさす代名詞はこれに準じる）に対して、それぞれ対応の動詞変化形が成りたちます。この辺の関係が日本語とちがいます。で、いわゆる指示代名詞をむりに第三人称として取りあつかう必要もなかったわけです。（三四頁）（中略）

こうして、対人関係の「対話者の層」と対事物関係の「所属事物の層」とは、それぞれ別個の体系を形ずくっていますが、それらの間に対応が認められるという次第です。（三五～三六頁）

ここで、佐久間鼎が、「指示詞」を対事物関係の「所属事物の層」として、対人関係の「対話者の層」としての「人称代名詞」に対蹠させて考えているだけでなく、両者は別々の体系をなすものであると考えていることは明らかである。[5]

このように、佐久間鼎（一九五一）において、指示詞をいわゆる「三人称」としてではなく、人称代名詞とは別個の体系を持つものとして扱ったことは、指示詞と人称体系との交渉を捉えるための前提であると同時に、指示詞と人称体系との内的交渉を捉えたことのいわば必然的な結果であったといえる。ヨーロッパの言語のように、伝統的に指示代名詞を三人称代名詞に属するものとして扱う言語がある一方で、日本語のように指示体系を人称代名詞の体系とは別個の体系として扱わなければならない言語もあるということを明言した佐久間鼎（一九五一）の意義は大きい。

まず我々は、通言語的には、言語によって指示詞と人称体系との相関関係のあり方のみならず、人称体系のあり方にも違いがあって当然だという意味をここから読み取ることができる。これは現代日本語の指示詞のみならず、日本語の指示詞と人称体系との相関関係を歴史的に捉える場合にも、同じく前提となるはずである。通言語的な多様性は往々にして歴史的変化の結果としてあらわれると考えられるからである。

このように、我々は、通言語的には、言語によって指示詞と人称体系との関わり方が異なるように、歴史的には、時代によって指示詞と人称体系との関わり方にも変化があることを予想することができる。つまり、共時的な意味においても、歴史的な意味においても、「一人称・二人称・三人称」という三つの人称は恒久不変的順序に、また一様均質的な面の上に鼎立するものではないという認識に我々は導かれるのである。その意味で、佐久間鼎の考えは、エミール・バンヴェニスト Émile Benveniste の示唆するところに通じるものがある。


《人称》をその連続関係から定義し、《わたし》と《あなた》と《かれ》という存在と関係づけて、それを恒久不変の順序に、また一様均質な面 plan 上に配列してみても、それはただ、語彙的性質にもとづく差異を、擬似言語学的な理論に移し換えるだけにすぎない。（『一般言語学の諸問題』二〇四頁、傍点部はもと下線）

これは人称体系のあり方や指示体系における人称のあり方の根幹に関わる問題である。しかし、「一人称」、「二人称」、「三人称」が一様均質な面 plan 上に配列できないとすれば、人称体系のあり方について我々はいったい如何に考えるべきであろうか。

第二項　人称体系の二つの型

人称体系のあり方を考える時、まず思い起こされるのは、原印欧語を中心にいくつかの言語では、動詞の人称形において「一・二人称」対「三人称」という人称対立が行われるまでは、「二人称」と「三人称」の区別を知らず、「二人称・三人称の一括現象」がいくつか観察されていることである（泉井久之助『言語研究とフンボルト』一九七六年、以下泉井久之助（一九七六ａ）と略す）。

泉井久之助（一九七六ａ）によれば、古いヒッタイト語や古期スラヴ語において、動詞のアオリスト・一人称・単数形に対する二人称・三人称単数の形にもともと区別がなく、二人称と三人称とが密接な一組をなしていたのに対し、一人称の形がこの「二人称・三人称」の未だ分化しない人称に対立する。そして、このような二人称・三人称の区別を知らなかった状態が、原共通印欧語時代の中でも、その最も古い時期における姿であり、単数の二人称と三人称との間を区別する試みは、原印欧語が分裂する直前のある時期に、共通にあらわれて来たのだという。（前掲書二六二頁）

ここにいわゆる「二・三人称の一括現象」とは果たしてどういうものであろうか。二人称と三人称の区別を知らないということは、即ち両者が未分化のままに融合している状態と考えれば、ここにいう「二人称」と「三人称」とは、いわば分化した後の結果を以て近似的にいや便宜的に言っているに過ぎないであろう。結果論的に見れば、「二人称・三人称」に分かれたのだから、「二・三人称の一括現象」としてもたいして現象を見誤ることにはならないかも知れない。一方、逆の見方をすれば、「二・三人称」に分化する以前の状態においてすでに「二人称」と「三人称」が共存していたという見方もできよう。しかし、これには、すでに別々に成立したものがただ同居していただけという意味合いがあり、やはり未分化の状態の真を伝えることができない。同じように「二・三人称の一括現象」も結果を予定している限り、同断である。要するに未分化はあくまでも未分化であり、その意味では「二人称」でも「三人称」でもない「何か」であると同時に、「二人称」でもあり、「三人称」でもあると考えなければならない。しかも、いま一度「二・三人称の一括現象」を人称体系のあり方において捉える必要があろう。ここで注目したいのは、この「二・三人称の一括現象」が「一人称」に相対するものとして人称体系の一極を担っていることである。してみれば、「二・三人称の一括現象」はその本質において「一人称」の対極になければならず、それを一言で言えば、「非一人称」になろう。やはり、R. Jakobson (1942) の first person vs. non-first person（一人称対非一人称）という用語は当を得ているようである。以下、「一人称対非一人称」を用いて論を進める。

このように見てくると、「一人称・二人称・三人称」という三つの人称の組み合わせ方の可能性も限られてくる。ここでまず我々にとって馴染みの日本語や英語の人称体系のように、「一人称・二人称」の対立を根幹として、話し手と聞き手に対するそれ以外の存在という、「一・二人称対三人称」の対立をなす人称体系の型が挙げることができる。これには人称代名詞の三人称を持つ多くの言語の人称体系が該当するので、我々がときどき人称ははじめから三つありきと無意識に思いこんでいるぐらい、人称体系の型としてはあまりにも一般的なものである。これとは別に、しかもおそらく歴史的にこれに先行すると思われるのは、二人称と三人称との間に区別を設けるよりも、「一人称」を中心に、「一人称」とそれ以外、つまり「一人称対非一人称」という人称対立をなす人称体系の型である。これは原共通印欧語時代の中でも最も古い時期における姿なので、印欧語ほど文献と比較言語学の研究に恵まれない多くの言語ではすでにその痕跡すら残っていないぐらい、言語現象としては消えゆく運命にあるもののようである。人称体系のあり方は歴史的にも一様均質な面 plan 上に鼎立していないばかりか、歴史的には「一人称対非一人称」の人称体系から「一・二人称対三人称」の人称体系への変化がそこにあると考えられる。

一方、我々は、泉井久之助（一九七六a）の指摘した範囲は、動詞の人称形に止まっており、人称代名詞の人称体系そのものについて何も言及していないことに留意する必要がある。つまり初期印欧語の場合、動詞の人称形において認められる「一人称対非一人称」の人称対立は果たして動詞だけの問題だったのであろうか。ここで手がかりになるのは、カール・ブルクマン Karl Brugmann が一九〇四年に発表した印欧語の初期の指示体系についての論文である。この論文の要点は、エルンスト・カッシーラー Ernst Cassirer『シンボル形式の哲学㈠ 第一巻 言語』（初版 一九二三年、日本語訳 一九九八年を参照）のまとめるところによると、次のようになる。

> インド・ゲルマン諸語の初期に関して、ブルクマンは三種の指示形式を区別している。一人称〔我〕指示詞〔Ich-Deixis〕には内容的または言語的に二人称〔汝〕指示詞〔Du-Deixis〕が対しており、この後者そのものがさらに三人称〔それ〕指示詞〔Der-Deixis〕の一般的な形へと移行するのである。その際、二人称指示詞はその方向と、この方向に対応する特徴的な音声――これはインド・ゲルマン祖語の指示語根*to にあらわれている――によって示されており、近さや遠さへの配慮はそこではさしあたりまだなんの役割も演じていない。そこにはただ一人称の我への「対立」だけが、対象としての客体への一般的な関係だけがこめられているのであり、自己の身体の外部の領域だけがはじめてそこで際立たされ、限界づけられているのである。つづく発達が、次にこの全領域の内部で個々の区域をいっそう明確に相互に際立たせるような方向をとる。つまり、これとあれ、こことそこ、より近いものとより遠いものとが区分されてくる。（二五四頁）[6]

という。

ここで、ブルクマンの考えと泉井久之助（一九七六a）の観察を考え合わせると、両者は基本的に軌を一にすることはいうまでもない。してみれば、ブルクマンの印欧語の指示体系についての研究も、「一人称対非一人称」の観点から理解されなければならない。

つまり、もし初期印欧語の動詞の人称形にこうした「一人称対非一人称」の人称対立があったということが事実だとすれば、それは動詞だけの問題というよりは、まず人称代名詞の問題でなければならないのではないか。動詞の人称形における かかる人称対立は人称代名詞における人称体系の姿を反映していると考えられるからである。

そして、もし初期印欧語の動詞人称形だけでなく、人称代名詞の人称体系にも「一人称対非一人称」の人称対立があったとすれば、初期印欧語の指示体系にも「一人称対非一人称」の対立があったことの可能性がきわめて高いと予想される。動詞の人称対立と指示詞の人称対立はともに人称代名詞の人称体系を前提としてはじめて成立するものであり、指示詞と人称体系との相関関係も動詞同様十分ありうるからである。

因みに、カッシーラーの解釈によれば、物を指す三人称〔それ〕指示詞〔Der-Deixis〕の一般的な形は印欧語の〔汝〕指示詞〔Du-Deixis〕から分化したもののようであるが、それはそれとして興味深いところには違いない。しかし、それよりも興味深いのは、かかる分化が行われる以前の段階として、〔我〕指示詞〔Ich-Deixis〕対「〔我〕指示詞〔Ich-Deixis〕以外のもの」との対立を、ブルクマンが考えていることである。

ここにいうところの「〔我〕指示詞〔Ich-Deixis〕以外のもの」とは、要するに「二人称」と「三人称」の未分化の状態、つまり「一人称」に対するところの「非一人称」と考えられる。それは、とりもなおさず一人称の「我」と対立する「自己の身体の外部の領域」であり、この「自己の身体の外部の領域」こそ、二人称と三人称が共存する「非一人称」の領域に他ならない。この「非一人称」の領域においては、二人称と三人称相互の区別よりも、ともに一人称「我」に対する「他者」として、「非一人称」としての共通性が際だっているのも当然である。ブルクマンの真意もここにあるのではないか。

原共通印欧語のように、歴史的に「一人称対非一人称」という人称対立から「一・二人称対三人称」という人称対立へと変化した言語がある一方で、現代語まで動詞の人称形において「一人称対非一人称」の区別を残している言語があることは、R. Jakobson（1942）によって指摘されている。

それによれば、ギリヤーク語 Gilyak の動詞形は、一般に人称も数も区別しないが、neutral moods[7]では、単数の「一人称」と「非一人称」を対立させている。そしてこの現象はルオラヴェトラン語族 Luorawetlan languages に属する諸言語で頻繁に観察されるという（六一七頁）。

このように、通言語的に見ても、言語史的に見ても、「一人称・二人称・三人称」という三つの人称が一様均質的な面 plan 上に鼎立するものではないことは明らかになった。我々は、人称体系のあり方として、「一人称対非一人称」の人称対立をなす人称体系と、「一・二人称対三人称」の人称対立をなす人称体系という二つの型を認めることができる。

そして、人称代名詞の人称体系の反映として、初期印欧語においては動詞の人称形に「一人称対非一人称」の人称対立が痕跡的に認められるところから推すに、おそらく初期印欧語の指示体系においても「一人称対非一人称」の人称対立があったのではないかと推測される。

このように考えてみると、「一人称対非一人称」と、「一・二人称対三人称」という二つの人称対立の存在はひとり人称代名詞のみならず、指示詞、動詞においても認められ、しかも通言語的に見ても人称体系が前者から後者へと歴史的に変化するという方向性が認められることになる。

因みに、人称体系においても、指示体系においても、前者の人称体系は「一人称」を中心に置く限り、後者より主観性に優れ、後者は「一人称・二人称」との対立を軸とする限りにおいてより客観性に優れていることは言うまでもない。

以上のように考えてみると、我々は、佐久間鼎（一九五一）において指示詞を、人称代名詞の三人称としてではなく、人称体系とは別個の体系をなすものとして扱ったことの意義は、さらに人称代名詞の人称体系と、人称代名詞以外の言語現象におけるそれとを厳密に区別しなければならないことにも認められるのに気づく。なぜなら、他の言語表現における人称体系の反映としての人称関係がもはや人称代名詞の人称体系のそのままそっくりの写像である保障はどこにもない。両者の間にはもちろん一致もあれば、史的変化の遅速による齟齬も当然予想される。そこで、本書では、人称代名詞における人称体系と、それ以外の言語表現における人称体系の反映としての人称関係を区別するために、後者には「人称領域」という用語を当てることにする。

第三項　話し手の聞き手の視点に対する参照の仕方

すでに第一節一項「指示とは何か」において述べたように、指示とは話し手と聞き手の相互主観的行為であり、両者の協同行為である。してみれば、指示という行為には常に指示対象、及びそれをめぐる話し手と聞き手との二者関係があるものと考えられる。では、その関係はいったいどう捉えればよいのであろうか。

たとえば、H. H. Clark (1973) では、人間は二つの基本的な経験、即ち視線をまっすぐ前方に向けて水平な地面に垂直に立っているという経験（「規準的位置 canonical position」）と、別の人間と面と向かい合っているという経験（「規準的対面 canonical encounter」）から出発して、参照枠を構成することを学ぶという。この経験の二つのプロトタイプを、A. Herskovits (1986) はそれぞれ「一致状況 coincidence situation」と「対面状況 encounter situation」と呼んでいる。

指示対象をめぐる話し手と聞き手との二者関係が我々の経験の二つのプロトタイプを中心に編成されるとすれば、指示詞の記述的枠組みとしてはどのように規定すればよいのであろうか。

ここでは、仮に、話し手と聞き手が空間的に面と向かい合っている指示の場において、指示対象の空間的所在が話し手に近いかまたは聞き手に近いか、心理的には話し手と聞き手のどちらかが当該の指示対象に対して優位に関わっている場合のことを、指示の場の「対面状況」と規定しておこう。

一方、話者と聴者が空間的には同じ方向に向いている指示の場においては、話し手と聞き手が当該の指示対象の空間的所在までほぼ同等の距離にあり、心理的には話し手と聞き手の間に当該の指示対象に対してどちらも優位に関わって

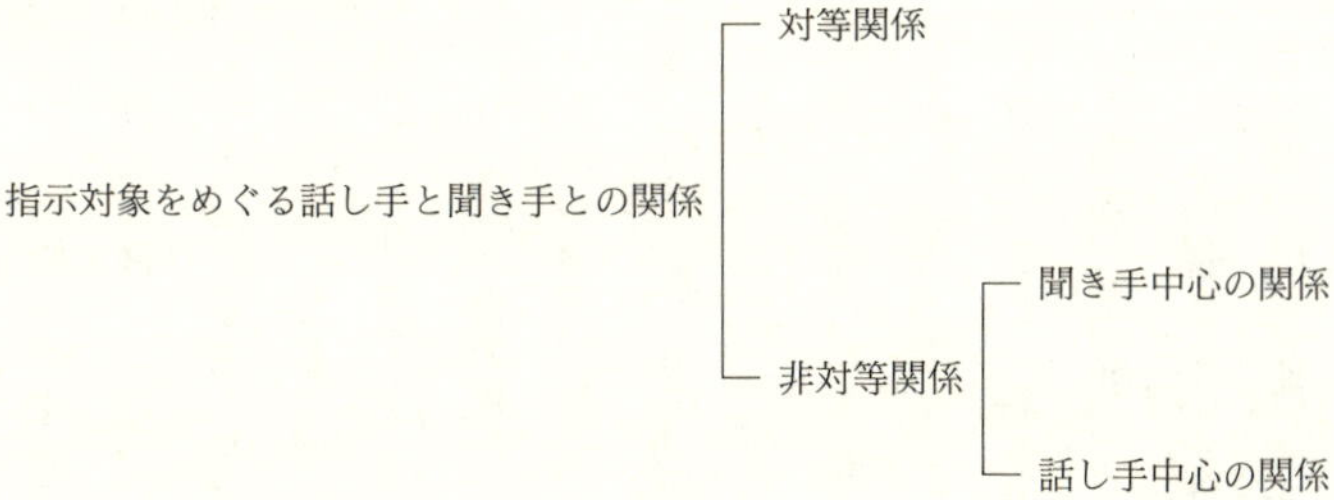

図1

いないか、または両方とも優位に関わっている場合のことを、指示の場の「一致状況」と規定しておこう。

これを更に話し手と聞き手との二者関係に置き換えると、「対面状況」においては、両者は「非対等関係」にあり、「一致状況」においては、両者は「対等関係」にあるということになる。これが指示対象をめぐる話し手と聞き手との三者関係である。それを図に示すと、図1のようになろう。

しかし、これは指示対象をめぐる三者関係の静的な図式化に過ぎない。なぜなら、ここには話し手が聞き手の視点をどう捉えるかという聞き手の視点の捉え方が考慮されていないからである。ここで、「非対等関係」と「対等関係」において、それぞれ話し手が聞き手の視点をどう捉えているかを見てみよう。

まず、「非対等関係」においては、ある指示対象に対して、話し手が中心に関わっている場合でも、聞き手が中心に関わっている場合でも、同じく聞き手の視点は話し手の視点とは外在的に対立するものとして積極的に参照されると考えられる。これを「対立関係」としておく。

対して、「対等関係」は、話し手と聞き手のどちらも優位に関わっていない指示対象に対して、聞き手の視点を話し手の内面に内在化することによって同一化する場合であり、ここでは視点が一体化され、融合されると考えられる。つまり聞き手の視点は消極化されると考えられる。「融合関係」である。

このように、指示対象をめぐる話し手と聞き手との関係に対して、話し手が聞き手の視点をどう捉えるかによって、まず「対立関係」と「融合関係」が考えられる。そしてこの二者は、それぞれ聞き手の視点を参照するプラス・マイナスの両極になる。

しかし、指示対象をめぐる話し手と聞き手の関係において、話し手が聞き手の視点をどう捉えるかという聞き手の視点の捉え方はこの二つに限られるものではない。両者以外に、第三の可能性が考えられるからである。それはたとえば話し手と聞き手との視点が融合も対立もしない状態が考えられる。

ここでは、たとえば「融合関係」におけるように聞き手の視点が話し手に内面化され、同一化されてはいない。その一方で、「対立関係」のように、聞き手との視点が話し手の視点と対立的に外在するのでもない。つまり、「融合関係」のように聞き手の視点を消極化はしないが、その一方で、「対立関係」のように積極的に参照することもしない、いわばゼロ階梯の参照と言うことができる。したがって、これは、話し手と聞き手との視点が中和された状態であり、話し手と聞き手との中正中立の関係に他ならない。「融合関係」でも「対立関係」でもないという意味において、「中立関係」である。そして、「融合関係」と「対立関係」をあわせて「非中立関係」とすれば、両者の対立は中立対非中立の関係として考えることができる。

しかし、ここで注意したいのは、ここに言う「中立関係」は、「融合関係」と「対立関係」の中間でもなく、両者の混合でもないことである。「中立関係」は、指示対象をめぐる話し手と聞き手との関係の「中心」であり、「融合関係」と「対立関係」の中間にあるのではなく、そのいずれでもないところにあるのである。neuter が non-uter である意味において、この種の「中立関係」は決して「融合関係」に同一視できないのである。

この間の関係を図に示すと、図2のようになる。

このように考えることによって、たとえば従来人称体系と同じく、やや平面的に捉えられてきた感のある、「一人称領域」、「二人称領域」、「三人称領域」も、ここでは新たな位置付けが得られることになる。つまり、「三人称領域」は「融

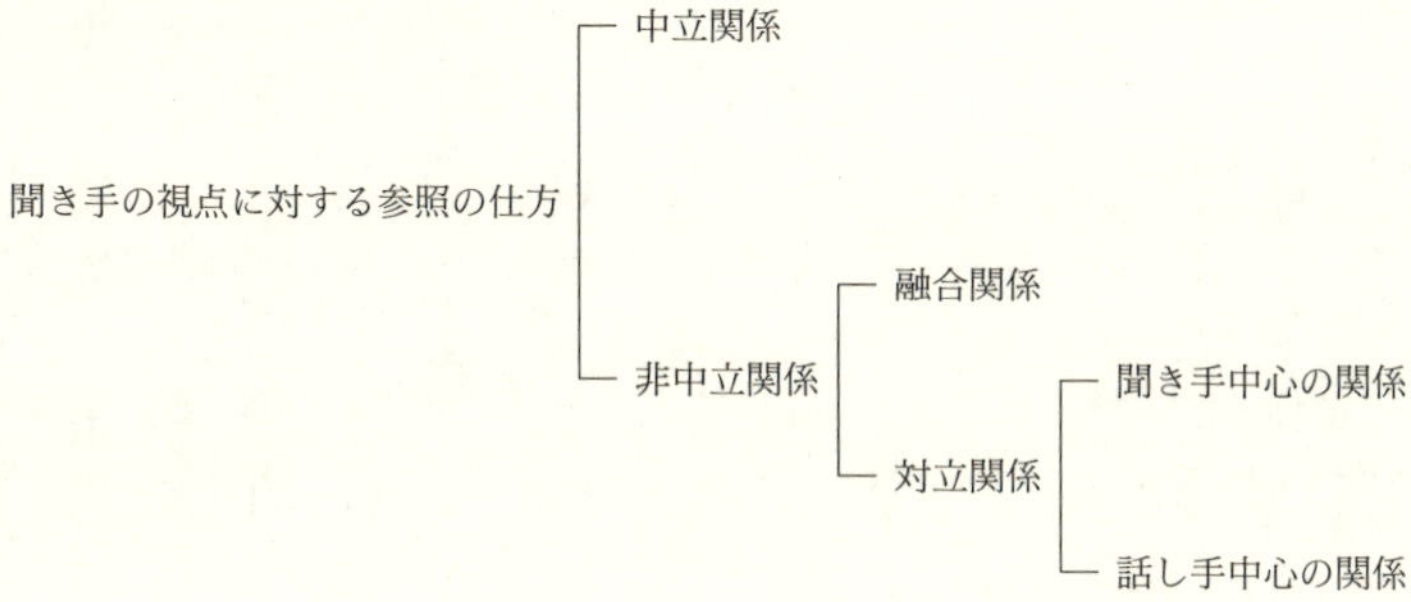

図2

合関係」の一部として含まれ、いわゆる「一人称領域」と「二人称領域」はそれぞれ「対立関係」の中に解消されるのである。

「指示」を〈相互主観的行為〉として捉えることは、かくして、指示体系における「人称領域」を、指示対象をめぐる話し手と聞き手との二者関係、とりわけ話し手が聞き手の視点をどのように参照するか、ということに即して捉えることをもその射程に入れていたのである。

問題は、ここで聞き手の視点に対する話し手の捉え方の可能態として考えられる「中立関係」にいかなる言語事実が対応するかである。

第三節　指示詞の範囲とその周辺

第一項　指示詞の用法の広がり

まず、本書の扱う指示詞の対象は定称指示詞「コ・ソ・ア」の三つに限定することを断っておきたい。指示体系と人称体系との相関がそこに集約されているという理由からである。定称指示詞とは形式的には「コ・ソ・ア」を基本形として、「〜コ」、「〜チ（チラ）」、「〜レ」、「〜ノ」の語形を共有するものに、指示副詞の「〜ウ

（ア）」を加えた一群の語彙のことである。

すでに述べたように、指示詞はそれが事物を直接に指し示すことにおいて、名詞と違うものとして規定されるものである。してみれば、指示詞には常に指示対象の存在が前提されている。そして、指示詞とその指示対象との関係にも色々なあり方がありうると考えられる。

ここで指示詞の指示対象が聞き手にとってどれぐらいはっきり同定することが可能かという同定可能性の基準に併せて、指示対象に対する話し手と聞き手との関わり方という観点から、「ソ系」指示詞の用例を見てみたい。

まず次の「それ」、「そこ」の例を見てみよう。

1：やまんば「あや、おまえのあしもとにさいている赤い花、それはおまえがきのうさかせた花だ。」（斎藤隆介『花さき山』）

2：「おーい、そこな旅の人！　そこへふらふらゆく人とびっこひいてく人よ！」
「ほーれ、みねえ。さっそく馬子にみこまれた。おらあ知らねえぞ。半ちゃん、おまえ応対しねえ。」（落語「三人旅」）

この二例の「それ」と「そこ」は、話し手にとって相手の近くにあるもの、または相手のいる場所を指しており、二例とも聞き手が優位に関わっている指示対象を指すことは明らかである。先に規定しておいた対立関係のうち、聞き手が優位に関わる関係、「聞き手中心の関係」の例である。しかも、二例とも聞き手にとって容易に同定することが可能な指示対象である。そして、聞き手の視点が積極的に参照されていると考えることができる。

しかし、次の例はどうであろうか。

3：昔むかし或るお城に、それはそれは美しいお姫さまが住んでいました。（渡辺実『日本語概説』より）

4：「ちょっとそこまで使いに出たんですよ。すぐ戻ってきますよ」
愛想のよい吉川の妻の言葉に、信夫は思わず微笑した。（三浦綾子『塩狩峠』）

例3の「それ」について、まず問題になるのは、この「それ」が果たして次に出てくる「お姫様」をいわゆる後方照応的に指示しているといえるのかどうか。そして我々はこの「それはそれは」の指示対象を同定する必要があるのかどうか、ということである。仮にそのような解釈が成り立つとして、ここに指示対象の同定可能性を認めるとしても、やはり例1、例2のような指示詞と指示対象との明瞭な関係から生じた高い同定可能性と異なることは否めないであろう。「それはそれは」の指示対象に対する注目よりも、「それはそれは」に感嘆詞的な性格が感じられるのも、指示対象に対する関わり方が決して聞き手が優位に関わる関係として規定できないのも、指示詞の中心的な用法から周縁的な用法への接近を示しているのではないかと考えられる。

一方、例4の「そこ」については、まず指示対象に対する同定可能性の低下が指摘できよう。そしてさらに、例3と同様、やはり指示対象に対して聞き手が優位に関わる関係として規定することができないのも、同じく指示詞の周縁的な用法への接近を示唆しているといえよう。

しかし、次のような高い同定可能性を持つ「そこ」の用例についても、やはり聞き手が優位に関わる関係として規定するのが難しいようである。

5：〈タクシーの客が運転手に〉
「すみません。そこの角を右に曲がってください」（金水・田窪一九九〇年論文より）

この場合、「そこ」が空間的に話し手も聞き手も優位に関わっていない場所であることは明らかである。これについては、川端善明「指示語」（一九九三年、以下川端善明（一九九三）と略す）は、「相手の行為行動を深く掣肘する指示」（六二頁）として、あくまで聞き手の関与によって説明しようとするが、このような「そこ」を例１と例２と同列に扱うことはやはり難しいようである。少なくとも例１、２と例５との間に、指示対象に対する聞き手の関わり方が相当の広がりを持つことを認めるべきではないかと考えられる。

次に「その」の例を見てみよう。

６：関川夏央のデスクの前には一枚の紙が貼ってある、という有名な噂がある。その紙には「実るほど頭を垂れる稲穂かな」と書かれているというのだ。（呉智英「青春の苦い実り」『波』一九九三年七月号）

これはいわゆる「文脈指示」の「その」の例であるが、佐久間鼎（一九三六）や、井手至「文脈指示詞と文章」（一九五二年、以下井手至（一九五二a）と略す）のように、文脈指示の「ソ」を聞き手の勢力範囲とする考えもある。しかし、指示詞と指示対象との明瞭な指示関係にも関わらず、やはり指示対象に対して聞き手が優位に関わっている次のような例と一線を画すべきであろう。

７：「そうかい、じゃあ、あかるくしよう……おう、馬子さん、やみだなんて、そりゃあだめだぞ」
「だめかね」
「だめだとも、月夜にまけとけよ」
「月夜？　なんだね、その月夜てえのは？」（落語「三人旅」）

この例の「その」は、相手の発話中の「月夜」という語形を鸚鵡返しに繰り返している（それ以上でもそれ以下でもない）

ものの、その「月夜」の持つ意味についてまったく理解できていない。つまり、情報の所有に関して相手が絶対的な優位に立っている状況である。

このように、いわゆる「現場指示」においても、いわゆる「文脈指示」においても、「ソ系」指示詞の聞き手との関わりには、およそ二人称との関わりをはっきり主張できるものと、必ずしも二人称との関わりを主張できないものという、二つの様相が認められ、しかも二つとも高い指示性を持つ「ソ系」指示詞の用法であることに留意したい。詳しいことは後に譲るとして、ここでは、「ソ系」指示詞と人称との関わりには、必ずしも「聞き手領域」に括ることのできない広がりがあることを確認するに止める。

次にもう一つ「その」の例をみてみよう。

8：［一目会った］｛その／＊この／＊あの｝日から恋の花咲くこともある。（金水敏一九九〇年論文より）

このような「その」について問題になるのは、「その」の指示対象はどこにあるのか、その同定可能性はあるのか、そして、果たして「その」の指示対象を同定する必要があるのか、ということであろう。そして、この「その」については、その指示対象を文脈なり記憶なり知識なりに求めるよりも、「その」を付けることによって、我々が抽象性の高い名詞「日」を多分に特定されたものとして了解していることを指摘しておきたい。

因みに、例8のような「その」については、川端善明（一九九三）は「その昔」を例に、「固定した形の「その昔」にしても、分析するならば「昔である昔」、即ち或る昔の意であって、ソノの対象を現場なり文脈なり、記憶なり知識なりに求めるのは無理であろう」として、「反照性のソ」との関連によって説明している（六五頁）。

それはともかくとして、我々は、ここにおいて、一方では例1、2、7のように明らかに人称体系の「二人称」に相関しており、また一方では例8と「その昔」の「その」のように明らかに定性definitenessに連続しているように、指示対象の指し示し方にも一定の広がりのあることにあらためて気づく。

そして、指示詞が、他の品詞のように構文的な機能によって規定されているのではなく、あくまで事物を直接に指し示すという意味において他の品詞と対立するものだとすれば、指示詞の構文的な機能は、名詞、副詞、連体詞に止まらず、さらに次の二例のように接続詞の機能にも重なるのも自然の理である。(8)

9：食事中、子供は留守中に起ったことを、一つ一つ思い出しては銀子に告げていたが、

「①それからお母さん、砂糖壺《つぼ》を壊しました。済みません。」

台所働きの子が好い機会《きっかけ》を見つけて言った。

「②それから三村さん処へお手紙が……」（徳田秋声『縮図』）

10：「原島さんのところは、このところ仕事量が増えて、二人ではちょっと追いつかない、という状況になっているようなんだね、そこでひとつ君に助けてもらいたい、とこう言っているわけですよ……」

巻き舌を多用しながら森川は続けた。（椎名誠『新橋烏森口』青春篇）

この二例の「それから」と「そこで」については、指示対象に相手の注意を向けることよりも、指示詞と先行文脈との指示関係そのものがクローズアップされているといえる。指示対象を指し示すための指示機能の低下と引き替えに先行文脈との結束性 cohesion を保つための接続機能が優勢にあらわれているためと見ることができる。「①それから」の前に実際の発話があらわれなくても、我々はなおそこに発話の存在を予想するのもそのためである。

このように、指示詞が名詞、連体詞、副詞のような品詞と直接に対立する関係にはないとすれば、単に接続詞だからという理由で例9、10のような例を指示詞から除外することはできない。「それから」の「それ」は、その指示性が希薄

ながらもやはり指示詞の用法の周辺に踏み止まっているのである。換言すれば、指示詞とは、その指示性の顕著なものを「中心」として、どうしても「周縁」へと広がっていく傾向を持つ品詞であるということになる。[9]

ここで、指示詞の機能する範囲の「中心」と、それが広がっていく「周縁」とをはっきり確認するために、あらためて意味論的・機能的な指示詞とは何かを考えてみたい。

まず、指示詞が用いられた時点において、聞き手がその指示対象をはっきりと同定することが可能かどうかによって、先に挙げた例1〜10における指示詞とその指示対象の関係を整理してみよう。

例1、2、5、6、7では、聞き手はほぼ確実に指示対象を同定することができるのに対して、例4、8では、指示対象を同定する可能性はまったく無いわけではないが、やはり前者の例に比べて、同定可能性が低いと言わなければならない。

このような指示対象の同定可能性の高いものを一方の極とすれば、これに対して、同定可能性の低い一連の用例をその反対の極として対置することができる。このように、聞き手による指示対象の同定可能性を一つのスケールとして考えれば、同定可能性の高い極と低い極との間には、自ずといくつかの段階が存すると予想される。両極は両極として何らかの規定を与えなければならないのは、このためである。

次に、先に挙げた用例を指示対象と聞き手との関わり方によって整理してみよう。

まず二人称との関わりがはっきり認められる例1、2、7の三例と、二人称との関わりが最も不明瞭な例4、8という二つのグループに分けられる。そして、残る例5、6については、同定可能性は高いが、二人称との関わりが不明瞭なものであり、3、9、10については、二人称との関わりが不明瞭な上、あるいは感嘆詞化し、あるいは接続詞化しているものである。この場合、指示対象の同定はさして問題ではないと考えられる。

このように、人称体系との関わりがはっきり確認できる用例を一方の極とすれば、そのもう一方の極には、指示詞の

表1

例文	1	2	7	5	6	3	9	10	4	8
指示対象の同定可能性	＋	＋	＋	＋	＋	○	○	○	－	－
二人称との関わり	＋	＋	＋	－	－	－	－	－	－	－

指示対象と二人称との関わりがきわめて薄い一連の用例を対置することができる。

以上のことを表に示すと上の表1のようになる（＋は同定可能性が高いまたは関わりが明瞭なこと、－は同定可能性が低いまたは関わりが不明瞭なこと、○は同定可能性が中間的であることを示す）。

このように指示対象の同定可能性と人称との関わりの明瞭さによって指示詞の用法を整理すると、まず指示詞の中心的な用法として例1、2、7、5、6が得られる。この中で、5、6については、二人称との関わりが不明瞭でも、人称そのものとは無関係ではないので、指示詞の用法としてはやはり典型的なものである。その一方で、周縁的な用法として、例4、8が得られる。

先に述べたように、指示詞は正に事物を直接に指し示すというその指示性において、たとえば名詞や動詞などの他の品詞と異なる品詞である。とすれば、先に見た中心的な用法も、正にその指示性において卓越していると考えられる。この指示性はたとえば、同定可能性、あるいは人称との関わり方の明瞭さに具体的にあらわれていると言えよう。

一方、これらの優れた指示性を持つ指示詞の中心的な用法に対して、その反対の極に位置するのは、先ほど周縁的な用法としてしばらく保留しておいたものである。これを同じく指示性という言葉を用いて説明すれば、この反対の極においては正に指示性の弱化の極限があるように考えられる。問題はこの指示性の弱化と引き替えに、これらの指示詞はいったい何を手に入れたかである。ここでもう一度用例9、10を振り返りたい。

例9、10は、指示対象との直接的な指示関係よりも先行文脈との関連性において接続機能が勝っているものであった。つまり、指示機能の低下と引き替えに、接続機能が優位に働くようになったことは、指示詞の指示性の弱化の果てに接続機能という文法性の獲得があったと見ることができる。ここでは、もはや対象同定の可能性も人称体系との関わり方の明瞭さも指示詞の機能に中心的には関与せず、文法的な関係機能が優位に働いているのである。ここに指示詞の文法化の傾向の一端を見ることができる。

第二項　指示詞と定性

指示詞の文法化といえば、よく知られているのは、英語の定冠詞 the である。これについてはたとえば、オットー・イェスペルセン Otto Jespersen は次のように述べている。

> the は弱まった that と考えてよい。t の名残りは方言形 thet'other（(二者の中) もう一方、他、元来 that-other）に見られる。
>
> the は音声的に弱まった that であるが、同様に、その意味もまた弱まっている。これは、指し示す代りに、指定し選び出す役割を果す。the は普通、定冠詞 definite article と呼ばれているが、限定冠詞 defining or determining article という名前の方がよいであろう。実は、これは、二つの別の機能、すなわち、それ自身で限定する機能と、不可欠な指定を含む、後続の語（群）との関連において限定する機能をもっているのである。（『英文法エッセンシャルズ』二〇五頁）

このように、指示詞 that から定冠詞 the という指示詞の文法化の過程を考えれば、「ソノ」のような「ソ系」指示詞の中心的な指示詞と周縁的な用法との関係を説明するのに役立つことが期待されるが、しかしここで注意しなければならないのは、英語における定冠詞、中国語における繋辞のように、指示詞の文法化の結果、すでに独立の文法範疇を獲得するに至っているような現象が、日本語の「ソ系」指示詞において認められないことである。日本語において、意味論的・機能的な指示詞の範囲には、常に指示詞の体系の体制によって律することができない、何らかの「剰余」が残り、それを指示詞の範囲とするか否かも判じがたいのも、そのためだと考えられる。

たとえば、「その昔」のような「その」には、その指示対象を他に求めることが可能な、何かを指し示す働きよりは、それ自身後続名詞句そのものを指示はしないが、それを限定する働きが優勢にあらわれていると見ることができる。

そして、名詞として抽象性の高い「昔」は、「その」が付くことによって多分に特定されたものとして了解されるのも、川端善明（一九九三）のように「反照性のソ」とするのもそのためであろう。三上章『現代語法新説』（一九五五年、以下三上章（一九五五）と略す）において、「『ソノ』の自然な中称化の方向はtheであって、its, hisの方向ではない」（一八六～一八七頁）としているのもこの辺の消息を伝えようとしていたに違いない。

しかし、このような「ソ系」指示詞は、明らかに未だ独立した文法範疇として自立してはいない。その限りでは、やはり指示性との関連において説かれるべきものであり、仮にここにおいて認められるような優位に働く限定機能を規定する場合でも、やはりいわゆる指示性が顕著にあらわれている指示機能との関連において捉えなければならない。

ここで、仮にこれを、定性を目指す指示詞の文法化の方向だとすれば、ここにおいても「聞き手の領域」との関わりがきわめて薄くなっていることが認められることに注目する必要がある。このように、文法化の方向は、それが指示性の弱化に始まるとすれば、その収束点においては常に繋辞や接続詞のような文法関係や定冠詞のような定性への接近と同時に、人称体系からの乖離が認められるのである。

しかし、この極としての指示詞の機能をどう定義すればいいのであろうか。

やはり日本語の「その」の例を見てみよう。

11：―人間の心には互に矛盾した二つの感情がある。勿論、誰でも他人の不幸に同情しない者はない。ところがその人がその不幸を、どうしてかして切り抜ける事が出来ると、今度はこっちで何となく物足りないような心もちがする。（芥川龍之介『鼻』）

この例の「その人」を考えてみると、この「その人」が「いま不幸な境遇にある具体的な誰それ」という意味での特定の「その人」を指していないことは明らかである。強いて言えば、「人」の「不特定」に比べて、「その人」はより「特定」に近いと言える程度である。しかし、これははっきりした特定の「値」が割り当てられるような「特定」ではない。定性をただ定・不定のように二分するようなやり方の限界を示す例といえる。

ここで、B. Comrie (1989) に提示された、「指示対象の同定可能性 identifiability of the referent」と「指示対象同定の関与性 relevance of referent identification」という二つのパラメーターからなる「定性の連続体 a continuum of definiteness」(pp. 135-136) に基づいて、「ソ系」指示詞の意味的広がりを見てみよう。

まず例1、2、7、5、6については、同定可能性が高いのと同様、指示対象の同定が関与的であり、指示対象同定の関与性が高いものと考えられる。対して、例4の「そこ」については、我々は、「そこ」の指す場所について知る由もなく、それを話題として取り上げることもしないのが普通である。従って、指示対象の同定可能性が低い上、指示対象同定の関与性も低いと考えられる。

例8、11については、たとえば、例11の「その人」のように「不幸な境遇にいる人」であれば誰でもよいという意味で、「その人」の指示対象が唯一的に同定できないまでも、同定可能なある集合の一部でなければならないという不完全な同定可能性として考えることができる。この同定可能な集合とは、「定の超集合 definite super-set」(B. Comrie (1989) pp. 135-136) である。例8と例11の「その日」と「その人」がそれぞれ「ある日」、「ある人」とも解されるのもこのような不完全な同定可能性によるものと考えられ、しかも、その指示対象同定の関与性も同じく不完全なものである。因みに、表1に示した指示対象の同定可能性の低かった例4と例8との間にも、同定可能性の差が認められる。例4は相対

表２

例　文	1	2	7	5	6	3	9	10	8	11	4
指示対象同定の可能性	＋	＋	＋	＋	＋	○	○	○	△	△	－
指示対象同定の関与性	＋	＋	＋	＋	＋	○	○	○	△	△	－
二人称との関わり	＋	＋	＋	－	－	－	－	－	－	－	－

的に例8、例11よりも、同定可能性が低いと考えられる。

一方、例3、9、10については、指示性の低下により、あるいは感嘆詞化して、あるいは接続詞化しているように、指示対象同定の可能性に関しても、指示対象同定の関与性に関しても、中間的といえる。

ここで、先に挙げた表1に、「指示対象同定の関与性 relevance of referent identification」(B. Comrie (1989) p. 136) を重ねてみると、上の表2のようになる（△は指示対象の同定可能性が不可能ではないが、不完全であること、指示対象同定が関与的ではないが、不完全であることを示す）。

ここでは、指示対象同定の関与性について、例1～11がやはり二つの極に分かれること、その分布が指示対象同定の可能性に重なることに注目したい。「ソ系」指示詞の用法は、まさにこの二つの極の間に広がっているのである。

ここで、仮に、例1、2、7のような三つのパラメーターがすべて＋の用法を、「ソ系」指示詞の中心的な用法の「ソ①」、例5、6のような「二人称」との関わりが不明瞭な例を「ソ系」指示詞の中心的な用法の「ソ②」として、例3、9、10、8、11、4を「ソ系」指示詞の周縁的な用法の「ソ③」と名付けておく。

第三項　指示詞の範囲

これまで、「ソ系」指示詞を中心に、指示詞の用法の広がりと、その文法化の傾向、定性との繋がりを見てきた。「ソ系」ほどではないが、「コ系」指示詞の用法にも一種の広がりが見られる。

12：女　房　あんた。
　代書屋　なんだ。
　女　房　この字、何て読むんだよ。
　代書屋　それか、それは「昭和」ってんだ。（井上ひさし『おかしな代書屋』）

この例の「この」がおそらく話し手に近いものを指すのに用いられていることは明らかである。しかも、指示対象の同定可能性も、指示対象同定の関与性も高いのに加え、指示対象をめぐる話し手と聞き手の関係も、話し手が優位に関わる「話し手中心の関係」と見ることができる。聞き手の視点が積極的に参照される「対立関係」の「コ」である。そして、この場合、代書屋が同じ「字」を、「ソ系」指示詞で指しているのは、先ほど見た、「聞き手中心の関係」の「ソ①」の場合に該当することに留意したい。「対立関係」の「ソ」である。

ここに見るような、いわゆる現場指示の「コ」と対称的なのは、いわゆる文脈指示の「コ」である。

13：私には、酒好という変わった名前の友人がいる。この人は、名前とは逆に、一滴も酒が飲めない。（金水・田窪一九九〇年論文より）

これは相手にとって耳新しい情報を「コ系」指示詞で指す例である。この場合、ある情報に対し、もっぱら話し手が優位に関わっていることは明らかである。ここでは、例12、13のような「コ系」指示詞を「コ①」としておく。

しかし、「コ系」指示詞には、さらに次のような例もある。

14：女は歩を回らして別室へ入った。男は一足後から続いた。光線の乏しい暗い部屋である。……ここにもヴェニスが一枚ある。

「これもヴェニスですね」と女が寄って来た。

「ええ」と云ったが、ヴェニスで急に思い出した。（夏目漱石『三四郎』）

15：「これは何でしょう」と云って、仰向いた。

頭の上には大きな椎の木が日の目の漏らないほど厚い葉を茂らして、丸い形に、水際まで張り出していた。

「これは椎」と看護婦が云った。（夏目漱石『三四郎』）

この二例の「これ」はともに話し手と聞き手の目の前にあるものであり、「コ」が用いられているのは、空間的に話し手が優位に関わっているからではないと考えられる。むしろ話し手と聞き手が対等に関わっており、聞き手の視点が話し手に同一・一体化されているのである。融合関係の「コ」である。これを仮に「コ②」としておく。そして、次のような例の場合話し手と聞き手の視点の同一・一体化は一層はっきり認められるようである。

16：今でも、……それから二十年も経った今でも、やはり、その二階の一間に文士が擒にされると思うと、私は不思議な気がした。
ついこの間行った時にもその話が出て、「そうですかね。そうすると、この二階もなかなか由緒があるんですね。保存して置く価値がありますね。」などと言って笑った。（田山花袋『東京の三十年』）

17：「ここは何区ですか。」と尋ねると、運転手は「左京区ですよ。」という。

18：「それに近頃は肺病とか云うものが出来てのう」「ほんとにこの頃の様に肺病だのペストだのって新しい病気ばかり殖えた日にゃ油断も隙もなりゃしませんので御座いますよ」（夏目漱石『我が輩は猫である』）

例16、17の「この二階」、「ここ」はおそらく話し手と聞き手が現にいる場所であり、話し手と聞き手とのどちらにも近い場所を指し示しているとも考えられるが、例18の「このごろ」のような時間を表すものに付く「この」も同じように考えることができる。両者ともに時間と空間の表現として談話の「今・ここ」という現場そのものに直結するものである。これを仮に「コ③」とする。

因みに、例16、17のような「コ」については、堀口和吉「指示詞の表現性」（一九七八年、以下堀口和吉（一九七八b）と略す）は「絶対指示」としているが、ここでは、これらの用例がまさに話し手と聞き手によって「今・ここ」で談話が行われている現場そのものを指していること、指示対象をめぐる話し手と聞き手との関係が対等であり、聞き手の視点が話し手に同一・一体化されていることに留意しておきたい。

しかし、このような「コ系」指示詞の用例と先に見た「コ①」の用例との間に果たして一種の断絶があるのであろうか。ここで、「ア系」の用例を見てみよう。


17：主人は畏まって直ちに御三を車屋へ走らせる。老人は長々と挨拶をしてチョン髷頭へ山高帽をいただいて帰って行く。迷亭はあとへ残る。

「あれが君の伯父さんか」

「あれが僕の伯父さんさ」

「成程」と再び座蒲団の上に坐ったなり懐手をして考え込んでいる。（夏目漱石『我が輩は猫である』）

18：女は丘の上からその暗い木蔭を指した。

「あの木を知っていらしって」という。

「あれは椎」

女は笑い出した。（夏目漱石『三四郎』）

この二例の「ア系」指示詞の指示対象をめぐる話し手と聞き手との関係も確かに対等であることに違いない。しかし、これはあくまでも話し手と聞き手のどちらも優位に関わっているようなものではないという意味においてである。

これに対して、先に見た「コ②」と「コ③」に共通しているのは、話し手と聞き手のどちらかが優位に関わるという意味よりも、話し手も聞き手もともに優位に関わっているという意味合いが強いようである。

こうしてみると、「コ①」の場合は、聞き手の関わりが相対的に弱い分だけ、話し手の関わりが優位になっているだけに過ぎず、「コ①」、「コ②」、「コ③」を通じて一貫して話し手が強く関わっている指示対象を指し示しているのである。この三つの「コ」はやはり根底において連続しているのである。「対立関係」に対応する「コ①・ソ①」に対して、「融合関係」の「コ②・ア」である。聞き手の視点はここでは積極的に参照されず、話し手に融合・一体化されていると考えられる。

しかし、残る「ソ②」、「ソ③」と「コ③」を如何に位置付けるべきであろうか。

ここで例５の例をもう一度振り返ってみよう。（以下、重出の例文には、番号数字に，を付けて示す）。

5'：〈タクシーの客が運転手に〉「すみません。そこの角を右に曲がってください」（金水・田窪一九九〇年論文より）

これは、状況的には、話し手も聞き手も優位に関わっていない指示対象を「ソ系」指示詞で指す例である。その限りにおいては、これは「ア系」指示詞に通じるものである。拙稿「指示詞の機能と『コ・ソ・ア』の選択関係」（一九九四年）も、この点を重く見て、「対等関係」の「ソ・ア」として、「非対等関係」の「コ・ソ」に対置させた。それは、「ソ系」

指示詞を積極的に位置付けるためでもあったが、「対等関係」を「融合関係」と「中立関係」に分かつことには至らなかった。両者はやはり区別されるべきであると考える。なぜなら、「対立関係」の「コ・ソ」に対応するものとしては、やはり「融合関係」の「コ・ア」を優先的に考えなければならないからである。「ソ系」はそういう意味では、「ア系」との間には際だった対立があるわけではなく、「コ系」との間にも二元的な対立は見いだせない。実際、両者に対して、例5'のような「ソ系」はとかく距離的な中間としての「中称」として扱われ、「遠近のまさに中間の距離の領域を指し示す」(金水・田窪(一九九〇)一〇三頁)とされたりしているが、果たしてそうであろうか。例5'と同じような「そこ」には、たとえば次のような例がある。


19:「俺はここでもいいよ」

「まあ、一緒に来ねえ、すぐそこだよ」

「当人がいいっていうんなら、それでいいじゃねえか」

と安田がむっとしたようにいった。永松は笑った。(大岡昇平『野火』)

この場合、「コ系」でもなければ、「ア系」でもなく、他ならぬ「ソ系」を用いるのは、空間的にその場所が「コ系」ほど近くもなく、「ア系」ほど遠くもないからであるとするのは、「コ・ソ・ア」が現場の同一空間において共起することを前提としなければならない。距離的な中間は、「ア」と「コ」のような空間的な遠近が決定されてはじめて決まるものだからである。問題なのは、いわゆる現場指示において相手の知らない場所を教示する場合、我々はほぼ間違いなく「そこ」を用いることである。しかも、ここにはあらかじめ「コ」と「ア」によって示されていた空間があるわけではなく、場所は常にこの「そこ」によって示される空間一つだけだということである。そして、「すぐそこ」が、談話の「いま・ここ」に直結するわけではないが、現場の「ここ」のすぐ近くにある空間的な領域というニュアンスを持っていることに留意したい。このことはいわゆる現場指示の「中称」の「ソ」にとってやはり優先的に考慮されなければならない。ここでは、「ア」に対する「非遠」というよりは、現場の「ココ」に対する相対的な「近」として「ソ」があると考えられるからである。

ここで、「中称のソ」の用いられる状況について、距離の遠近の中間という固定観念をしばらく措き、その空間的な場所をめぐる話し手と聞き手の関係によって整理してみよう。

まず注目したいのは、このような「そこ」には、その場所について話し手が最も優位的な情報を持っているという意味で、話し手が優位に関わる話し手中心の関係、つまり「対立関係」に該当するが、一方、空間的な距離に関して云えば、まさしく「融合関係」に該当するという二重性格があることである。この二重性格の由来は、やはり「融合関係」と「対立関係」のどちらでもない、いや見方を換えればそのどちらでもありうるところに帰すべきではなかろうかと考えられる。「中正中立の関係」だからである。その意味で、三上章（一九五五）において、いわゆる文脈指示に限っているとはいえ、文脈承前の働きをする「中称のソ」を「遠近の中間の中ではなく、中和中立の中称である」（一七九頁）としたのは正鵠を得ているといえる。

しかし、ここで注意したいのは、これは、「融合関係」と「対立関係」の中間ではなく、両者の混合でもないことである。「中立関係」は、まさに指示対象をめぐる話し手と聞き手との関係の「中心」であり、それが「融合関係」と「対立関係」の中間にあるのではなく、そのいずれでもないところにあるのである。中正中立であればこそである。そして、「中立関係」のこうした「中正中立」の性格は、例えば次のように「融合関係」への転化を予定していることにもあらわれている。

たとえば、「すぐそこだ」と示されても、相手は「どこですか」と聞き返すかも知れない。その場所を特定すれば、「ああ、あそこか」と納得するであろう。あるいは、目的の場所にたどり着いて、「ああ、ここだったのか、もう少し先かと思った」というかも知れない。この二つの状況においてはじめて純正の対等関係が成立し、「中立関係」が「融合関係」に転化するのである。

とすれば、「すぐそこ」の「すぐ」には、ただ空間的に接近可能な「近」であるという意味に止まらず、指示対象をめぐるこうした流動的な関係の可変性を空間的・時間的に予測していること、いや情報的にもそれを予測していることを意味する表現であることになる。

この場合、「ア」でも「コ」でもなく、「ソ」が用いられるのは、距離的に二者の中間だからではなく、関係的には、「融合関係」でもなく、「対立関係」でもないからに他ならないと考えられる。いわゆる「中称のソ」はこのような関係的な中正中立を意味すると考えなければならない。たとえば、「融合関係」のように聞き手の視点を同一・一体化によって消極化もしなければ、「対立関係」のように積極的に聞き手の視点を参照もしないように、聞き手の視点は一種の中和中立の状態にあると考えられる。

このように考えてみると、このような現場指示の「ソ系」と、いわゆる文脈指示の「ソ系」との間に、ある対称性が見られることも自然な成り行きであろう。

20：「それでは、風がある日に、せまい横丁にはいるとする。風のために、屋根からかわらがおちて、おまえのあたまにあたったらいたかろうな」
「そりゃ生きているからいたいにきまってまさあ」
「①そのかわらと喧嘩ができるかい？」
「かわらと喧嘩するやつがあるもんか。やっぱり②そのかわらを持って、①そこのうちへねじこみまさあ」
「なんといって、②そこのうちへねじこむかい？」（落語「天災」）

このような文脈指示の「ソ」には現場指示の「ソ」と同じく、「中正中立の関係」が認められるが、これには、次に挙げる例21のように、「対立関係」への転機が含まれていることは、両者の対称性のあらわれと考えられる。


21：「やあ、こりゃあどうもおもしれえことをいうなあ……まあ、しかし、道中あかるいんじゃあ、そんなに高えことをいってもなんめえ。じゃあ、宿場までやみでどうかね？」

「なに？」

「やみだよ」

「やみだ？　おう、八公、やみってのを知ってるか？」

「そんなこと知るもんか。おめえが道中あかるいなんていうから、むこうで皮肉にでて、やみだなんてくらくしちまうんじゃねえか」

「そうかい、じやあ、あかるくしよう……おう、馬子さん、やみだなんて、そりゃあだめだぞ」

「だめかね」

「だめだとも、月夜にまけとけよ」

「月夜？　なんだね、その月夜てえのは？」（落語「三人旅」）


「そんなこと知るもんか」から「なんだね、その月夜てえのは」までの間に、話し手と聞き手との情報をめぐる関係が対立から中立、また中立から対立へと起伏しながら推移していることは一目瞭然である。

このように、従来距離的な概念として用いられた「中称」という用語も、聞き手の視点に対する話し手の捉え方の「融合関係」と「対立関係」とは異なり、聞き手の視点を積極的に参照もしないが、一体化のように消極化もしない、いわばゼロ階梯において参照するという新たな意味に再解釈されることになる。「中立関係」を「融合関係」から分かつ所以もここにある。

ここで、これまで述べてきた指示詞の範囲を整理すると、次のようになる。

まず、指示詞の用法のうち、「融合関係」に対応する「コ②」と「ア」を座標の横軸として、そして、縦軸には「対立関係」の「コ①」と「ソ①」を対置させれば、ちょうど二つの軸の接点に、談話の「今・ここ」に直結する「コ③」を置くことができる。そしてさらに、「ソ②」、「ソ③」は縦・横の二つの軸に挟まれた、ちょうど中間的な領域にその場所を見つけることができよう。「ソ③」を「ソ②」よりも外側に置いたのは、「ソ③」は「中立関係」に属しながらも、多分に遠心的に拡散しかねない性格を持つためであり、それが独り「融合関係」と「対立関係」が中和された「中立関係」の中だけでなく、「ソ系」指示詞と、「コ・ソ・ア」の指示詞の中においても最も周縁に広がりを持つことを示すためである。このことを図に示すと図3のようになる。

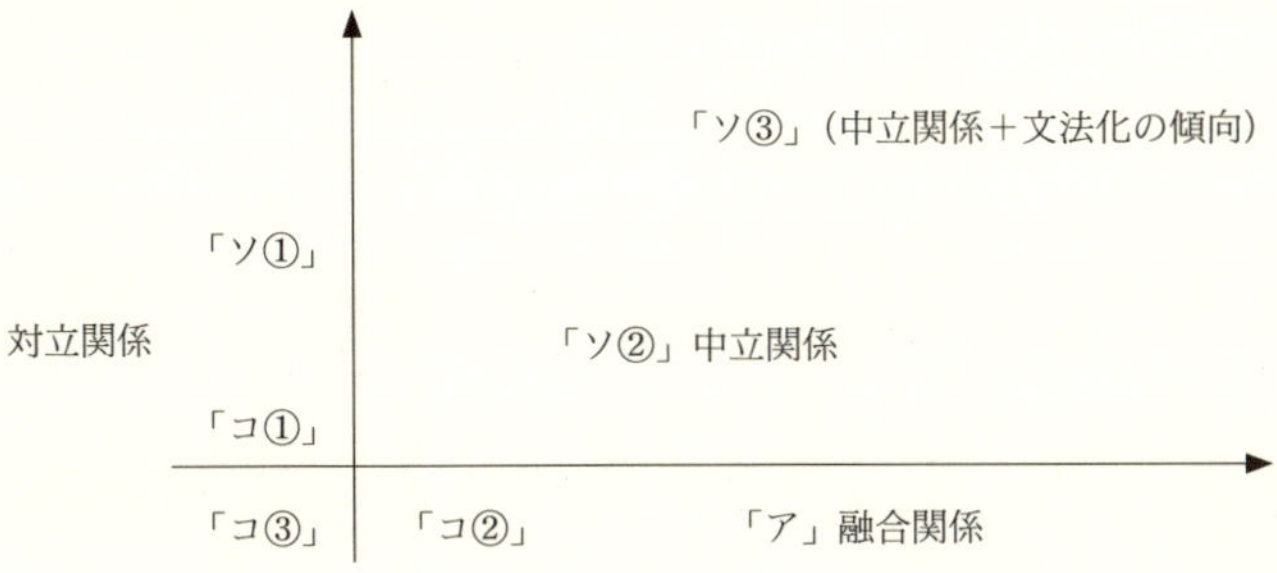

図3

以上がこれまで見てきた、指示詞の用法の範囲であり、指示詞の機能領域である。実際、「コ・ソ・ア」は、「対立関係」と「融合関係」の二つに「中立関係」を加えた、三つの領域の中で選択的に用いられると考えられる。「コ・ソ・ア」の選択関係の具体的な考察は第二章で行う。

第一章　注

（1）ここに挙げた三つの解釈は、やまだようこ『ことばの前のことば―ことばが生まれるすじみち1』（一九八七年）を参考にした。

（2）「指示詞」という用語はいま一般的に用いられているが、管見にしてその初出を知らない。同じ意味で「指示語」と用いられることもある。管見の限り「指示語」という用語を最初に用いたのは、輿水（一九三五）であり、そこでは、「指示語」はZeigwörterの訳語にあてられている（八〇頁）。

（3）たとえば、指示体系と人称体系との相関関係については松下大三郎『日本俗語文典』（一九〇一）、山田孝雄『日本文法論』（一九〇八）、松下大三郎『改撰標準日本文法』（一九二八）、松下大三郎『標準日本口語法』（一九三〇）、「コソアド」の体系に対する認識については、松下大三郎（一九二八）、松下大三郎（一九三〇）が最も注目すべきである。

（4）皆川淇園の言語研究については、拙稿「皆川淇園の言語研究―その言語観を中心に」、「皆川淇園の言語研究―その意味論と構文論的試みを中心に」を参照されたい。

（5）佐久間鼎（一九三六）までの指示詞研究の中で、松下大三郎（一九二八）はすでに「指示詞」を三人称代名詞の三人称に属するものではなく、人称代名詞と平行するものとして扱っている。それによれば、「代名詞の中最も著しいのは人稱代名詞、位置代名詞（引用者注　いわゆる「指示詞」）の二種であるが、この外に尚種々の代名詞が有る」（二三二頁）という。そして、「位置代名詞」と「人稱代名詞」の第三人稱との違いについて、次のように述べている。

位置の代名詞と人稱代名詞の第三人稱とは指示の基準が違ふ。自分のことを「こつち」とも「此の身」「此の私」とも云ひ、對者のことを「そつち」「其の方」と云ふ場合があることでも分る。（二三四頁）

（6）実際にK. Brugmann (1892) とK. Brugmann (1904) を確認したところ、K. Brugmannは一人称指示詞〔Ich-Deixis〕にあい対するのは、三人称〔それ〕指示詞〔Der-Deixis〕であり、三人称〔それ〕指示詞〔Der-Deixis〕が時には二人称〔汝〕指示詞〔Du-Deixis〕にも用いられるという言語事実を指摘していることが判明した（K. Brugmann (1904) pp. 9-10, 73-74）。

どうやらK. Brugmannの記述した言語現象に対して、カッシーラーが自らの哲学的な解釈を加えたようである。しかし、両者の用語にはそれぞれ言語学と哲学との違いがあるものの、インド・ゲルマン諸語の初期における指示体系が一人称指示詞〔Ich-Deixis〕と「一人称指示詞〔Ich-Deixis〕以外のもの」との対立をなしていたこと、二人称〔汝〕指示詞〔Du-Deixis〕と三人称〔それ〕指示詞〔Der-Deixis〕がもともと「一人称指示詞〔Ich-Deixis〕以外のもの」の中に未分化のまま含まれていたのが後になって分化したことに関しては、ブルクマンとカッシーラーが共通した認識を持っているようである。

私見によれば、この「一人称指示詞〔Ich-Deixis〕以外のもの」がカッシーラー流の哲学の意味での「二人称〔汝〕指示詞〔Du-Deixis〕」であっても、ブルクマンの言語学的な意味での「三人称〔それ〕指示詞〔Der-Deixis〕」であっても、それぞれ独立した「二人称」または「三人称」ではありえず、要するに両者のどちらでもない、しかし両者のどちらでもありうるところのものに他ならないと考える。

因みに、Christian Steineck 氏のご教示によれば、「(二人称〔汝〕指示詞〔Du-Deixis〕)がさらに三人称〔それ〕指示詞〔Der-Deixis〕の一般的な形へと移行する」というくだりについては、原文の übergehen を必ずしも「AからBへと移行する」の意味に解すべきではないという。たとえば、カッシーラーはいう。「いずれにせよ、われわれが純粋な知覚現象に沈潜してみれば、生の知覚が単なる事物の知覚に尽きるものではないということ、〈汝〉についての経験は決して単純に裸の〈それ〉についての経験に解消されたり、どれほど複雑な概念的媒介を介してであれ、そうした経験に還元されたりしえないものだということ、この一事だけは明らかになる。純粋に発生的な視点から言っても、この二つの知覚形式のどちらに優位が与えられるべきかということには、まったく疑問の余地はないように思われる。われわれが知覚を遡れば遡るほど、そこでは〈汝〉という形式が〈それ〉という形式に対していっそう優位に立ち、その純粋な表情性格が事象性格や事物性格をいっそう歴然と圧倒するようになる。「表情を理解すること」の方が、「事物を知ること」に本質的に先行するのである。(原文 第三巻『認識の現象学』七三〜七四頁、日本語訳 同一三一〜一三二頁)

してみれば、ここは分化するの意に解すべきであろう。

(7) neutral moods は R. Jakobson (1942) の用語である。そこでは、neutral moods は、subordinate moods, cardinal moods と一緒に用いられている。

(8) 構文論的な観点からの指示詞研究が十分可能であり、興味深いテーマであることを示す研究には、近藤泰弘(一九九〇)、近藤泰弘(一九九九)などがある。

(9) 言語の共時的・通時的な現象に対し、「中心 center」と「周縁 periphery」という概念を用いてその動的な連続性を説明する理論的な試みは、プラーグ学派の František Daneš と Josef Vachek に由来する。近くは、山口巖『パロールの復権』(一九九九年、ゆまに書房)がこれらのことを次のように説明している。

言語は既に述べたように、一定の幅の中で絶えず振動している要素からなる体系であって、しかもその要素は、中心と周縁からなっている。これはたとえて言えば山脈の中の一つ一つの山のようなものである。頂上をとりまく所はその山の中心であるが、やがて連続的に麓に移行し、次の山の麓に移行する。その場合どこからが各々のに属するかは必ずしもはっきりとはしない。連続だからである。（九二頁）

第二章　現代日本語の指示体系

すでに第一章第二節「指示詞と人称体系」において指示詞研究の理論的な側面及び研究史的な背景について概観しつつ、先行研究の問題点を指摘しておいた。そして、現代語の指示体系の記述的枠組みについて、本書の基本的な立場を示しておいた。本章では、本書の立場をいっそう明らかにするために、現代語の指示体系を記述する際のいくつかの具体的な問題に即して先行研究の問題点を整理したい(1)。

第一節　先行研究の問題点と本章の立場

第一項　いわゆる「現場指示」と「文脈指示」

指示詞研究においては、指示詞の用法をその指示対象の所在によってまず「現場」と「文脈」に分け、そして「文脈」をさらに「先行文脈」と「後方文脈」に分けて記述するのが定石のようである。これには意識的にせよ無意識的にせよ指示対象が現場または文脈（先行文脈になければ後方文脈）にあるものだという暗黙の前提が含まれている。それは、現場や文脈（先行文脈または後方文脈）に指示対象があるかまたは含まれている場合、たとえば次に挙げる例1、2、3、4のような場合には、もちろん有効である。

1：女　房　あんた。
　　代書屋　なんだ？

女　房　この字、何て読むんだよ。
代書屋　それか、それは「昭和」ってんだ。（井上ひさし『おかしな代書屋』）
［指示対象が現場にある］

2：〈タクシーの客が運転手に〉
「すみません。そこの角を右に曲がってください」（金水・田窪一九九〇年論文より）
［指示対象が現場にある］

3：「金は受取った、此処にある」

「そうかそれは好かった。返す積りか」

「無論返すさ」

「それは好かろう。早く返すが好《ぃ》い」（夏目漱石『三四郎』）

［先行文脈の内容が指示対象である］

4：［｛その／＊この／＊あの｝解釈が学者によって分かれる］作品が多い。（金水敏一九九〇年論文より）
［指示対象が後方文脈にある］

しかし、次の例5、6、7はどうであろうか。

5：「おでかけですか」
「ええ、ちょっとそこまで。」（金水・田窪一九九〇年論文より）

6：最近のアイドル歌手はそのへんにいる女の子と変わらない。（金水・田窪一九九〇年論文より）

7：「ねえ。①あれ、買った？」
「ああ、②あれか。勿論買ったよ。宮沢りえの大ファンだから。」

例5の「そこ」や例6の「そのへん」については、果たしてその指示対象が現場にあるといえるかどうか。あるいは金水敏・田窪行則「談話管理理論からみた日本語の指示詞」（一九九〇年、以下金水・田窪（一九九〇）と略す）のように、例2の「そこ」を「現場において遠近のまさに中間の距離の領域を指し示す」（一〇三頁）としたり、例5の「そこ」を「現場ではないが、現場の延長という意識がある」（一〇三頁）とする場合、「現場」とはいったいどういう意味に理解すればよろしいのであろうか。

そして、例6の場合、金水敏「指示詞と談話の構造」（一九九〇年、以下金水敏（一九九〇）と略す）のように「その」を「L (language) スペースのトークンの探索の指令」（六四頁）によって説明する場合、我々は果たして「そのへん」の具体的な場所の探索・特定を必要とするのであろうか。例7の場合、「あれ」の指示対象は果たして例3の「そう」や「それ」と同じような意味で「文脈指示」といえるのであろうか。ここでは、「文脈」の意味もまた問われなければならない。

これまでの先行研究の中で、従来のように「現場指示」と「文脈指示」だけで指示詞の用法を記述するのに対し、堀口和吉「指示詞『コ・ソ・ア』考」（一九七八年、以下堀口和吉（一九七八a）と略す）と堀口和吉（一九七八b）のように、「現場指示」と「文脈指示」以外にも指示詞の用法を認めようとする先行研究もある。

たとえば、堀口和吉（一九七八年b）は、「指示語の用法は、現場指示・文脈指示の他に、その根本の用法というべき観念指示、および、それらとは異質の絶対指示、この四種類に分けるべきである」（二四頁）として、さらに「観念指示」を「知覚対象指示」と「観念対象指示」に分けている（三〇～三四頁）。

指示詞の用法を記述するためには、「現場指示」と「文脈指示」だけでは不十分だという認識は、堀口和吉の卓見と称すべきであろう。しかし、これには、「知覚指示」と「現場指示」、「観念指示」と「文脈指示」とは果たして二分すべきかどうか、また「絶対指示」は他の用法とは異質とされるが、両者の関係についての説明が必ずしも明確になされていないなど、疑問の余地が若干残るようである。

一方、金水・田窪（一九九〇）は、「現場指示」と「文脈指示」の用語を用いながら、「談話管理理論」に基づいて、三上章「コソアド抄」（一九七〇年）で提案された「コ・ア」と「コ・ソ」という二重の二者関係 double binary を「融合型」と「対立型」として再解釈することを試みている。しかし、そこでは、例2と例5のような「そこ」や例6のような「その」は「中称のソ」として扱われ、「中称のソ」と「融合型・対立型」との関係が必ずしも明確にされていない。その結果、自らも反省しているように指示体系における「ソ系」の「位置付けがあいまいである」（金水・田窪「日本語指示詞研究史から／へ」一八三頁、一九九二年）との憾みが残っている。

このように、我々は従来の「現場指示」、「文脈指示」に代わりうる指示詞の用法を記述するための枠組みを考案する必要に迫られる。そして、この新たな枠組みには、さらに「ソ系」指示詞を積極的に位置付けることが求められる。

第二項　いわゆる「前方照応」と「後方照応」

従来の指示詞研究においては、「現場指示」に対する「文脈指示」をさらに「前方照応」と「後方照応」に分けて、両者の違いは指示対象が先行文脈にあるか、後方文脈にあるかによるものだとされるが、これにも疑問の余地があるようである。

まず指摘したいのは、いわゆる「前方照応」と「後方照応」とは、指示対象をめぐる話し手と聞き手の関わり方がそれぞれ異なるということである。つまり、「前方照応」の場合、指示詞が用いられた時点においては、聞き手はすでにその指示対象を先行文脈の中で了解済みであるのに対して、「後方照応」の場合、指示詞が用いられた時点では、聞き手はまだその指示対象を了解してはいないのである。

実際、「照応」という術語も、すでに了解済みの対象を照合する意味において「前方照応」にはふさわしい用語であるが、まだ聞き手によって了解されていない指示対象を、指示詞によって談話に導入する、いわゆる「後方照応」の場合にはふさわしいとはいえない。所与 given の対象を指示詞によって照合する場合と、指示詞によってその指示対象を談話に導入し、相手に提示 give する場合とは、談話の流れにおける指示対象同定のプロセスが正反対だからである。

さらに、もう一つ指摘したいのは、ただ単に指示対象が先行文脈にあるか、後方文脈にあるかという、指示対象の所在によって「文脈指示」を「前方照応」と「後方照応」に分けるその分け方自体、聞き手の視点を排除し、言語をただ単にすでに出来上がった成品 ergon としか見ていない、機械的な言語研究法の名残だということである。

しかし、談話は絶えず新しい要素や情報が導入されることによって、話し手と聞き手の間で生成される動的なプロセスのはずである。指示詞の意味も、それが談話の中で機能する限り、この動的なプロセスに即して捉えなければならない。つまり、話し手と聞き手の双方から、指示対象をめぐる話し手と聞き手との二者関係によって指示機能を規定しなければならない。その際、指示対象が了解済みの所与のものか、未だ了解されていない新規導入のものかは、それぞれ異なる機能として捉えられることが必要になってくる。

以上のような考えに基づいて、本書では、「照応」という術語を、談話において話し手と聞き手にとってすでに了解ずみの指示対象を指す指示詞の用法という意味に限定して用いることにする。

このように、聞き手の視点を導入して、聞き手が指示対象を了解済みか否かによって指示詞の機能を規定すれば、いわゆる「前方照応」は機能的には了解済みの指示対象を照応するものであり、いわゆる「後方照応」は機能的にはまだ話し手によって了解されていない指示対象を談話に導入し、提示するものであるということになる。

そして、このような照応する機能と、提示する機能は、次の例のように「現場指示」においても認められるのである。

8：外　人「これ見て下さい！」
と大きなダイヤモンドを出す。
外　人「ダイヤモンド！」
受験者「むっひっひ、はじめてことばがわかった。村長さん、こちらはこれはダイヤモンドだ、といっています。」（井上ひさし『村長とサギ師』）

9：アカシヤの並木をしばらく行って左に曲がると、

「そこの三軒目の家だよ」

と、吉川がアゴで示した。（三浦綾子『塩狩峠』）

10：三　好「風船あんなに小さくなりましたよ。ほら、あそこ……」
伊津子「どこ？　……ああ、ほんと」
冬空に小さく飛んで行く風船――（井手俊雄『伊津子とその母』）

例8の「これ」、例9の「そこ」、例10の「あそこ」はいずれもまだ聞き手が了解していない指示対象を提示している場合である。

第三項　いわゆる「聞き手領域」と「ソ系」指示詞

佐久間鼎（一九三六）以降、渡辺実「指示の言葉」[2]（一九五二年、以下渡辺実（一九五二）と略す）、井手至（一九五二a）を経て、「コ・ソ・ア」の指示詞はそれぞれ「自称・対称・他称」（一人称領域・二人称領域・三人称領域）に対応するものだとする考えが広く行われるようになった。とりわけ「ソ系」指示詞は専ら「聞き手領域」あるいは「二人称領域」によって説明することが通説になった感がある。

しかし、佐久間鼎の仮説は、「コ」と「ア」、それに本章第一節一項に挙げた例1のような「ソ」の用例を説明するのに最も有効と思われるが、第一節一項に挙げておいた例2、3、4、5、6のような「ソ」の用例については説明できない。参照しやすいように、例2、3、4、5、6の用例をここに再録する（再録の例文の番号数字には’を付けて示す。以下同じ）。

2’：〈タクシーの客が運転手に〉
「すみません。そこの角を右に曲がってください」（金水・田窪一九九〇年論文より）

3’：「金は受取った、此処にある」

「そうかそれは好かった。返す積りか」

「無論返すさ」

「それは好かろう。早く返すが好《い》い。」（夏目漱石『三四郎』）

4’：[{その／＊この／＊あの}解釈が学者によって分かれる]作品が多い。（金水敏一九九〇年論文より）

5’：「おでかけですか」
「ええ、ちょっとそこまで。」（金水・田窪一九九〇年論文より）

6’：最近のアイドル歌手はそのへんにいる女の子と変わらない。（金水・田窪一九九〇年論文より）

例2’と例5’の「そこ」によって指し示されている場所に聞き手が距離的、または心理的に話し手よりも近いとは考えられず、例4’と例6’の「その」についても、同じである。特に例4’の「その」の指示対象がまだ示されない前から、聞き手が優位に関わるものとして認定するには根拠に乏しいと言わなければならない。例5’のような「そこ」の用例を指示詞の研究対象から除外する立場が許されるとしても、例2’、4’と例6’だけでなく、次の例11、12についての説明力に欠けることは否めないであろう。

11：[一目会った]{その／＊この／＊あの}日から恋の花咲くこともある。（金水敏一九九〇年論文より）

12：「ちょっとさわっただけでこいつが落ちるようにするんだ。それがコツだよ」
「うまくいくかな」（高橋三千綱『野生』）

例11の「その」の指示対象は先行文脈にも後方文脈にもないばかりか、現場に指示対象が存在するようないわゆる「現場指示」でもない。このような「ソ系」指示詞を「聞き手領域」に結び付けて解釈することはやはり困難といわなければならない。

残る例3’は相手の発話を承けて「ソ系」指示詞で指す例であり、例12は話し手自らの発話を「ソ」で承ける例である。

例3’のような「ソ」については、井手至（一九五二a）は、佐久間鼎（一九三六）をふまえて、次のように説明する。

佐久間博士もいはれる如く、會話の進行中、相手の言った事柄は相手方の勢力圏内のものとして中稱（**引用者注**「ソ」）の指示語で以つて指示されるのが普通であつて、これが近稱で指示されることは極めて稀なのである。（二頁）

そして、例12のような「ソ系」指示詞については、井手至（一九五二a）は、

話手は、今聽手に向つて表現せられたばかりの事柄であるといふ意識から、それを自分の勢力圏内のものとして近稱（**引用者注**「コ」）で指示することも出來るが、また一方では、言語表現は先行表現が基になつて次々進行してゆくものであるから、話手にとつては、その先行表現が聽手によつて認知、了解されることが必要であり、事實、話手は、それを既に「相手が理會したものと考へ」（**原注**　佐久間博士著前掲書五八頁）て、つまり聽手の勢力圏内のものとして、中稱（**引用者注**「ソ」）で指示することも出來るのである。（二～三頁）

と説明している。

しかし、実際問題としては、もし自らの先行表現をすでに「相手が理會したものと考へ」て、つまり聴手の勢力圏内のものとして指示するという意識が話し手側にあるのであれば、聞き手が一度相手によって発話されたことを自らが理解したものとして、それを指し示す場合、もはや「聴手の勢力圏内のもの」の「ソ系」ではなく、「話し手の勢力圏内のもの」として受け止め、「コ系」で指すのが最も自然なのではないか。しかし、この予想に反して、次の例13のように、相手の先行表現を承けるには、「コ系」よりも、①～④のように「ソ系」の方がずっと自然であり、むしろ普通のようである。

13：「それでは、風がある日に、せまい横丁にはいるとする。風のために、屋根からかわらがおちて、おまえのあたまにあたったらいたかろうな」

「そりゃ生きているからいたいにきまってまさあ」

「①そのかわらと喧嘩ができるかい？」

「かわらと喧嘩するやつがあるもんか。やっぱり②そのかわらを持って、③そこのうちへねじこみまさあ」

「なんといって、④そこのうちへねじこむかい？」（落語「天災」）


ここで、もし佐久間鼎（一九三六）、井手至（一九五二a）のように「ソ系」がすべて「聴手の勢力圏内」に属する指示対象を指すものという規定を受け入れれば、どういうことになるかを考えてみよう。

佐久間鼎（一九三六）、井手至（一九五二a）の規定によれば、話し手が自らの先行表現を「ソ系」で承ける場合は、それが相手に了解されたという意識によって指示しているという。これに対して、相手の発言を「ソ系」で承ける場合は、相手の発言内容を了解していながら、今度はそれが「相手の発言である」という理由で「ソ系」指示詞が用いられると説明するのである。

つまり、この規定からは、話し手と聞き手は、相異なる二つの理由によって、それぞれ違う意識に基づいて先行表現を「ソ系」指示詞で承けて指し示すという結論が自ずから導き出されてしまう。即ち、井手至（一九五二a）の規定を受け入れれば、例13のように、談話の中で自らの発言でも、相手の発言でも「ソ」を用いて指示し、応酬することは、談話において自らが相手の発言を了解しておきながら、それを再び「相手の勢力圏内」のものとして、当の発話者に突き返してしまわなければならない、ということになる。言い換えれば、我々は、談話においていつも指示対象をめぐって話し相手と一種の「おしつけあい」にも似たような行為を日常的に行っていることでもある。これは奇妙な現象と言わなければならない。そもそも了解とは、未知のものごとを理解し、それを自らのものとすることを意味するはずである。

私見によれば、実際、話し手自らの発言でも相手の発言でも、先行する談話の名詞句なり内容なりを「ソ系」で承けることが可能だということ自体、このような「ソ」は、決してもっぱら「聞き手領域」によって説明のつくものではなく、それは話し手と聞き手の双方にとって、まさに「中正中立の領域」でなければならないことを意味すると考えられる。これは空間的には話し手と聞き手の「中間」にある共同の作業スペースとしてイメージすることができる。談話が話し手と聞き手による情報伝達の営みである以上、すでに文脈的に了解済みの情報に対しては、もはや話し手と聞き手のどちらかが優位に関わっているというような対立関係が成立しえないからである。

そして、情報をめぐる共有関係がここに成立するとすれば、両者の関係は「対等」でなければならない。しかし、これは、聞き手の視点を内面化することによって、話し手と聞き手との視点を同一化するような「融合関係」とは異なる。一方で、指示対象をめぐる話し手と聞き手との関係においてどちらかが優位に立つような「対立関係」とも異なるであろう。ここには、指示対象をめぐる話し手と聞き手との力関係の均衡があり、両者の関係は、融合でも対立でもない、中和されたものとなる。「中立関係」である。

つまり、先行表現を「ソ系」で承けることは、それが話し手自らの発言でも相手の発言でも、話し手または聞き手がその指示対象を了解し、同定した時点においては、両者はその指示対象に対して一種の「中正中立の関係」において関わっているとすべきだと考えるのである。これは、談話の融合関係と対立関係に対して、優先的に考慮されなければならない関係である。

その意味で、「ソ系」全体を「聞き手領域」に関連付けて解釈する一方で、文脈指示における「ソの往還」を「中正なソ」とした川端善明（一九九三）は、佐久間鼎（一九三六）と井手至（一九五二a）に対して一つの進歩である。やはり「ソ系」指示詞を専ら「聞き手領域」によって説明しようとするところに無理があるようである。

そして、このような「中正中立な領域」に関わるいわゆる「文脈指示」の「ソ」とちょうど平行的な関係にあるのは、いわゆる「現場指示」の例2であろう。この例2の「そこ」の指す場所は、距離的には話し手と聞き手の双方から少し離れたところにあり、心理的には相手にとってまったく知らない場所である。にもかかわらず、「ソ系」を用いるのは、空間的にも心理的にも決して聞き手に近いという理由によるのではなく、空間的にも心理的にも話し手と聞き手のどちらにとっても優位に関わりえない、「中正・中立の領域」だからである。それを強いて「聞き手領域」に結び付けて説明するのは、説明の整合性を保つために指示体系に関わる心理的要因を過分に適用するものであると言わざるを得ない。例2と例13については、やはり同じ原理的な説明によって解釈されることが必要である。

第二節　本章の立場

前節で指摘してきた先行研究の問題点はおよそ次の三点にまとめられる。

a：たとえば「現場指示」と「文脈指示」のように、指示対象の所在によって指示詞の用法や機能を規定するようなやり方では、指示詞の機能を網羅することができない。一方、堀口和吉が提案した「現場指示」、「文脈指示」、「観念対象指示」、「知覚対象指示」、「絶対指示」のような指示機能の規定も分類の基準が多岐にわたっており、立場に一貫性を欠く憾みがある。

b：従来の指示詞研究では例2や例4、5、6、11のようないわゆる「中称のソ」とされる「ソ系」指示詞の機能が十分に説明されていない。

c：佐久間鼎のように、「ソ系」の指示対象をもっぱら「対称」（いわゆる「聞き手領域」）に関わるとするのは「ソ系」の一部（現場や文脈において聞き手が空間的、または心理的に優位に関わる指示対象を指す場合）には有効であるが、「ソ系」全体の用法を説明することができない。その一方で、佐久間鼎の仮説に異を唱えつつ、いわゆる「中称のソ」を認める先行研究では、指示体系における「ソ」の位置付けが必ずしも明瞭ではない。

これらの先行研究の問題点に対して、本章の試みは以下の三点に要約できる。

一、aについては、指示対象の所在ではなく、話し手と聞き手とが指示対象を所有・了解するその仕方が知覚によるものなのか、それとも観念によるものなのかによって指示詞の機能を規定する。

二、bについては、指示体系の中に例4、5、6、11のような用例を積極的に位置付けるために、指示詞の使われた時点においてその指示対象が聞き手にとってすでに知覚的・観念的に所有・了解されているか否かによって指示詞の機能を規定する。

三、cについては、まず「ソ系」指示詞には、例1のような聞き手が優位に関わっている、いわゆる「聞き手領域」に属する指示対象を指示する機能の他に、例2のように、話し手と聞き手がどちらも優位に関わっていない、「中立関係」に属する指示対象を指示する機能を認める。これによって指示体系における「ソ系」指示詞の積極的な位置付けを試みる。

以上の三点をふまえて、次節から本稿の立場を具体的に示しつつ、現代語の指示体系の記述に移りたい。

第一項　知覚対象指示と観念対象指示

ここで、あらためて指示対象の了解の仕方によってこれまでに挙げてきた1～13の用例を整理してみよう。行論の都合上、先ず本書に用いる「現場」と「文脈」の用語を次のように定義しておく。

現場とは、話し手がすでに知覚的に了解している指示対象を指示する場合、聞き手がそれをすでに知覚的に了解しているか、あるいは知覚的に了解することが可能な空間的な広がりである。

文脈とは、談話の始まりを起点とし、話し手が先行又は後方の談話に含まれている指示対象を指示する場合、聞き手がそれを先行の談話からすでに了解しているかあるいは後方の談話において了解することが可能な言語的な領域である。

このような「現場」と「文脈」の定義に基づいて、まず例1～13の指示対象の所在を整理すると、以下の四通りに分けられる。

a：指示対象が現場にある場合（例1、2、8、9、10）
b：指示対象が先行文脈にあるかまたは含まれている場合（例3、12、13①～④）
c：指示対象が後方文脈にあるかまたは含まれている場合（例4）
d：現場にはもちろん、先行文脈にも後方文脈にも指示対象がない場合（例5、6、7、11）

ここに挙げたa、b、cのような用例については、従来の指示詞研究においてもよく言及されているが、問題はdのグループに属する指示詞の用法を指示体系の中にどう位置付けるかである。

たとえば、金水敏（一九九〇）は　dのグループに属する例6の「そのへん」と例11のような「その」の用例を「トークンの探索指令」の中の「Lスペース」と説明する。それによれば、「Lスペース」とは現場スペースや経験スペースという「事実的」領域にはマップされていない状態といった心的表示の領域のことを意味するという（六四頁）。しかし、これらの「ソノ」の指示対象がはっきり指摘できない以上、他の文脈指示の「ソ」と同じ意味での「トークンの探索の指令」が含まれているとは考えにくい。

一方、例11のような「その」については、川端善明（一九九三）は、「その昔」を例に、「反照性のソ」として次のように述べている。

> 人はその幼い頃に情緒の型を決定される
> その裏を川の流れている家／その容姿に自信のある人
> そうとも見えぬ春の雨／それらしい姿
> その昔／それの日／それがし（某）／そもそも／それはそれは
>
> 端的に反照性格の顕わなのは、代行指示とも呼ばれる第一～三例（その第二・三例後方指示とも呼ばれる）の類であるが、以下も同様であろう。固定した形の「その昔」にしても、分析するならば「昔である昔」、即ち或る昔の意であって、ソノの対象を現場なり文脈なり、記憶なり知識なりに求めるのは無理であろう。（六五頁）

これについては、「ソノの対象を現場なり文脈なり、記憶なり知識なりに求めるのは無理であろう」との指摘は興味深いが、「その昔」のような場合、「その」が果たして「昔」を反照的に指示しているのかが疑問の残るところである。

ここで、話し手と聞き手が当該の指示対象をどのように所有、了解しているかという指示対象了解の仕方によってａ、ｂ、ｃ、ｄを分けてみよう。

ａの例1、2のような場合、指示対象が現場にあり、それが知覚的に了解されているかまたは了解することが可能であるのに対し、ｄの例7の指示対象は談話の現場にはなく、それを過去の経験としてではあるが、話し手にとっても聞き手にとっても観念的なものとして了解されている場合である。その意味で、堀口和吉（一九七八ａ）、堀口和吉（一九七八ｂ）がこのような「ア」の用法を「観念指示」としているのは正しいと言わなければならない。しかし、堀口和吉（一九七八ａ）、堀口和吉（一九七八ｂ）のように、「知覚指示」と「現場指示」、「観念指示」と「文脈指示」とが何故分けられなければならないのかについての説明が必ずしも説得的ではないことも、問題点として指摘しなければならない。何故なら、ｂの例3、12、13とｃの例4も、同じく観念的に了解しているか、ないし了解することが可能な指示対象であるという意味で、ｄの例7と共通の理解ができる、いや共通の理解をしなければならないからである。同じように、ｄの例5もこれらの用例とは、その指示対象は視覚によって知覚可能な現場を離れた、ある種の観念としてしか話し手によって所有されていない。そして、聞き手にとっても観念的にしか了解されえないものであるという共通点がある。

残るｄの例6、11についても、このような「その」自体は特定の指示対象を持たないにしても、後続の名詞はそれが付くことによって、たとえば、固有名詞ほどの特定した指示対象ではないが、「人」、「日」のような抽象性の高い総称の名詞より多分に特定されたものになっているのである。このように、すでに指示詞の機能の弱化と引き替えに「定性definiteness」という文法範疇に接近している意味において、指示性よりも文法的な関係が未分化ながら優位に働いていると見ることができる。この「定性」という文法関係とても、所詮は観念的にしか所有されないものに他ならない。

このように見てくると、先に挙げたａ、ｂ、ｃ、ｄは、更に知覚的な対象を指示するａと観念的な対象を指示するｂ、

c、dの二つに分かれることが分かる。ここでは、前者を「知覚対象指示」と呼び、後者を「観念対象指示」と呼ぶことにする。いわゆる「文脈指示」もその指示対象が観念的に了解されるために、「観念対象指示」の中に解消される。以下は「文脈指示」の代わりに、「観念対象指示」を用いて論を進める。

このようにb、c、dの用例に或る共通の理解を与えた上で、同じ観念的に了解される指示対象を指示するb、c、dの「ア」と「ソ」について考えてみると、例7のような「ア」の指示対象は先行の文脈にはなく、談話以前の観念領域（過去の経験）に属するものである。これに対し、bの例3、12、13とcの例4の「そう、その、それ、そこ」はすべて今行われている談話という観念領域に属するものであるということになる。

ここで、観念的指示対象を話し手と聞き手から見た時間的な遠近関係によって、時間的に「遠」の観念対象（たとえばdの例7の「あれ」である）と時間的に「非遠」の観念対象に分けることができる。これは過去の観念対象と今の談話を介した観念対象との違いに対応する。そして、後者はb、cだけではなく、dの例5、6、11も含めることができるのは、例5の「ソコ」と例6、11の「ソノ」はともに今行われている談話に深く関わっているからである。

以上述べてきたことをまとめると、次のようになる。

指示詞の機能はまず話し手と聞き手がどのようにその指示対象を所有・了解しているかによって規定すれば、「知覚対象指示」と「観念対象指示」に分けられる。

指示対象が現場にあり、話し手と聞き手がそれを知覚（視覚・聴覚）によってすでに了解しているかまたは了解することが可能な場合の指示用法を「知覚対象指示」（略して「知覚指示」）とする。

指示対象が現場にはなく、話し手と聞き手がそれを観念的に了解しているかまたは了解することが可能な場合の指示用法を「観念対象指示」（略して「観念指示」）とする。

そして、「知覚指示」においては、指示対象をめぐる話し手と聞き手の相対的な位置関係や、指示対象に対する空間的又は心理的な遠近感が指示詞の使い方に関与し、「観念指示」においては、指示対象に対する情報の所有や、指示対象に対する時間的又は心理的な遠近感が指示詞の使い方に関与するものと思われる。

因みに、以上のように、いわゆる「現場指示」を狭く限定するという規定の仕方は、堀口和吉（一九七八b）でもすでに行われているが、そこでは、いわゆる「文脈指示」と「観念指示」との連続性よりもいくぶん対立的に捉えられているのに対し、本書は、「知覚対象指示」に対する「観念対象指示」という二者対立によって指示詞の機能を捉え、両者を指示詞の用法全般に関わる第一義的な分類基準としている。堀口和吉と立場を異にするところである。

第二項　了解済の指示対象と未了解の指示対象

ここで、指示詞が談話の中で使われた時点において、指示対象が聞き手によって知覚的又は談話的に了解されているか否かによって、a、b、c、dを整理してみよう。知覚指示の場合、aの例1の「それ」はすでに聞き手にとって知覚的に了解済の対象を指示しているが、aの例2の「そこ」は聞き手にとって未了解の現場対象を指示している。

ここで、知覚指示において聞き手にとってすでに知覚的に了解済の対象を指示する機能を知覚対象の「照応機能」とし、聞き手にとって知覚的に未了解の対象を指示する機能を知覚対象の「提示機能」とする。

一方、観念指示においては、bの例3、12、13①～④の場合、指示対象がすでに先行文脈にあらわれており、聞き手にとって談話的に了解済の指示対象を指示しているのに対し、cの例4の「その」は、指示詞が使われた時点においてはその指示対象は未だ聞き手によって了解されていない。その指示対象である「作品」は、まさに「その」によって談話に導入・提示されたものである。

同じように、dの例5の「そこ」も具体的な指示対象ではないが、現場にも文脈にもない観念的な指示対象を談話に提示していると見ることができる。そして、dの例6、11のように、「その」自体が指示対象を持たない場合、機能的にはやはり後続の名詞を談話の中に導入・提示していると言える。「その」によって談話に導入された「そのへん」、「その日」が「ア」のような談話以前の経験に属する指示対象とは異なり、まさにそれを談話の中に導入することによってはじめて談話の一部として了解されるものであるという意味において、dの例5、6、11もb、cと共通の理解ができる。

ここで、dの例7を見ることにしよう。①「あれ」は談話以前の観念領域に属する対象（時間的に遠の対象）を指示しているが、指示詞が使われた時点では、聞き手はまだその指示対象を了解（同定）していない。[3] この点で、cの例4やdの5、6、11と同じと言える。これに対して、②「あれ」はすでに聞き手にとってはもちろん、話し手にとっても、了解済みの談話以前の観念対象を照応しているのである。

このように、観念指示の用法も、指示詞が使われた時点において、その指示対象がすでに了解済みの場合（bの例3、12、13①～④、dの例7の②「あれ」）と、その指示対象がまだ了解されていない場合（cの例4、dの例5、6、11、7の①「あれ」）に分けられる。前者を観念対象の「照応機能」と呼び、後者を観念対象の「提示機能」と呼ぶことにする。

以上述べてきたことをまとめると、次のようになる。

指示詞が使われた時点において話し手と聞き手がすでにその指示対象を知覚的にまたは観念的に了解済か否かによって、指示詞の機能を規定すれば、指示詞は話し手と聞き手によってすでに知覚的にまたは観念的に了解済みの対象を指示する「照応機能」と、聞き手にとって未だ知覚的又は観念的に了解されていない対象を談話において導入・提示する「提示機能」という二つの機能を持つ。[4]

このように、指示機能を「照応」と「提示」とするだけでなく、指示対象の了解の仕方によって指示詞の用法を「知覚対象指示」と「観念対象指示」とすることによって、先行文脈や後方文脈に指示対象がはっきりあらわれていたり、あるいは含まれていたりしている指示詞の用法だけではなく、談話以前の観念領域（過去の経験）に属する指示対象を談話において提示する場合（例7の①「あれ」）と、先行文脈にも談話以前の観念領域にも指示対象を持たない例5、6、11のような用例にも説明を与えることが可能になると考えられる。

そしてさらに、観念対象の「提示機能」として一つに括った例4の「その」と例5の「そこ」、例6の「その」はそれぞれ導入された指示対象の後続談話との関わり方の強弱の両極として見ることができる。つまり、同じ観念対象を提示するものでも、例5と例6のような漠然とした指示対象を談話に導入する「ソ」はこれから展開される談話との関わりが弱いものであり、例4の「その（解釈）」は「作品」によって言及されているように、後方の談話との関わりが強いものである。これは、例5では談話はそれっきり打ち切られ、例6と同じく、例5の「そこ」も次の例14の「その辺」も決して談話の話題として取り上げられることがないことによって、明らかである。

14：「とりあえず、その辺でコーヒーでも飲むか」
　そういって周一は先に歩きかけた。（高橋三千綱『親父の年頃』）

因みに、これから先に展開される談話との関わりの強さに関していえば、例11の「その」は例4と例5、例6の中間ほどの強さしか持たないのに対し、例7の「あれ」は談話の話題として導入されており、談話との関連が最も強いと言える。また、例5、例6、例14の「その」によって導入された指示対象も、話し手と聞き手のどちらも優位に関わっているものではないという意味で、現場の対象を提示する例2の「そこ」と一脈通じる。そして、例4、6、11の「ソ」や例7の「あれ」も同じく話し手と聞き手とが対等に関わっている対象を提示している意味で、同じ了解が可能である。

ついでに観念対象を提示する「コ」の例を一つ見てみよう。

15：その夜、私はいつものようにこう言った。
「子供たちはどうした？」
由紀子も同じ返事をくりかえした。
「テレビを見にいってるわ。」（川村晃『美談の出発』）

例15の「こう」と例4の「その」はともにまず指示詞が先に用いられ、それによって指示対象が談話に導入・提示されている。そして、このような提示機能を表す「コ」の指示対象は常に具体的な発話内容に限られ、例5の「そこ」のような漠然とした指示対象を提示するものや例6、11の「その」のような提示用法を持たない。しかも話し手が優位に関わっている指示対象を談話に導入・提示しているという意味において、例4のような「ソ」の提示の仕方と異なっている。

因みに、次の例16のように、「そう」による提示の用法の場合には、おそらく話し手が優位に関わっているものとしてではなく、話し手と聞き手のどちらも優位に関わっていないものとして提示しているものと思われる。

16：「なんだなあ、それならちょいと声をかけてくれりゃあ、こっちだってつきあおうじゃねえか」
「でもね、お師匠がそういってたよ。「あの有象無象がいくと、せっかくの涼みがなんにもならないからないしょにしておきなよ」って……」

「なんだ、その有象無象ってえのは？　いまさら口をおさえたって間にあうもんか、……だれだ、その有象無象ってえのは？」（落語「汲み立て」）

しかし、談話において或る観念対象を提示する場合、いつも指示詞が用いられるわけではない。名詞句の形で導入されるものもある。たとえば、

村上「僕は佐世保っていう町の生まれなんですけどね、そこは進屯軍がいっぱい来て、いわゆるアメリカ文化一色になって、朝鮮戦争でもうけて、市が再生した町なんですよ」

坂本「……」（村上龍・坂本龍一『EV. Café＝超進化論』）

「佐世保っていう町」は、相手の知らないと思われることを談話に導入する場合であるが、この「佐世保っていう町」については、指示詞のように先行または後続する文脈をたどることなく、提示され即了解されるのは、実際佐世保を知っていようと知っていまいと関係なく、地名としての特定性と名詞の持つところの意味的な具体性によるのではないかと考えられる。

とすれば、例5の「そのへん」と例11の「その日」は全体的に一つの名詞句の資格で用いられていながら、「〜へん」と「〜日」はいずれも抽象的な空間と時間を表す名詞であり、その具体性に欠けることに、あらためて注目する必要がある。

この場合の「ソノ」は後続する名詞そのものを指示はしないが、名詞としての意味的具体性と、名詞句としての特定性との欠如を補いつつ、談話の時間軸にそってすでに了解済みのものを照応するか、未了解のものを提示してその了解を近未来に予定するかではなく、「そのへん」、「その日」を談話において提示し、即その了解を要請するような、「提示

即了解」ともいうべき仕方で提示しているといえる。談話との間の関連性も、指示対象が先行するかまたは後続する場合のような、高い関連性を持たず、必要最小限のものに止まっているのもそのためと考えられる。

このように考えると、談話における「名詞」による情報の提示と「指示詞」による情報の提示とはやはり連続的に考えることができる。そして、このように見ることによってこの場合の「その」が指示詞の「周縁的」な用法としてあることも理解できる。両者はともに優れて観念的な営みである。

これまで述べてきた指示詞の機能の階層を図式化すると、図1のようになる。

このように、ここでは、従来の指示詞研究で用いられている「現場指示」と「文脈指示」の代わりに、「知覚指示」と「観念指示」という新たな二分法を採用したのであるが、この「知覚指示」と「観念指示」による指示詞の機能規定は、すでに挙げたdの例5、6、7、11だけではなく、例15の「こう」の説明にも有効であると考えられる。

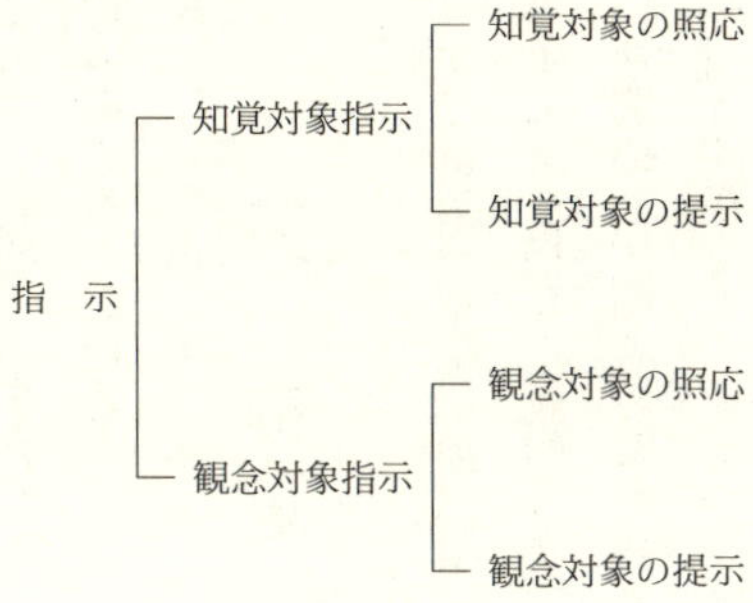

図1

たとえば、例15の「こう」は後方文脈に含まれている発話「子供たちはどうした?」の音形式そのものを指すのではなく、この発話によって述べられている発話内容を観念対象として提示しているのである。そして、このような「こう」によって談話に導入・提示されるのは観念対象だけではなく、たとえば身振り手真似で或る動作を相手に示す場合の「こう」のように、現前の知覚対象を提示する「知覚指示」の用法もある。「照応機能・提示機能」だけではなく、「知覚指示・観念指示」もまた有効である。

かくして、我々は、「知覚指示」と「観念指示」の区別によって、たとえどんなに「文脈指示」という用語を広く解釈しても、ここにいうところの「観念指示」と同じ意味で用いない限り、とうてい手にすることができない、dの一連の用例についての強い説明力を手にすることができる。談話は正に観念の営みだからである。「知覚指示」と「観念指示」の二分法を採る所以もここにある。(5)

第三項　「融合関係・対立関係」と「中立関係」

すでに第一章第二節三項「話し手の聞き手の視点に対する参照の仕方」において述べたように、指示とは話し手と聞き手による相互主観的行為であるという規定から、指示対象に対して話し手と聞き手のどちらかがより優位に関わっている関係と、両者のどちらも優位に関わっていないかまたは対等に関わっている関係に分けられることが導き出された。「対等関係」と「非対等関係」である。

そしてさらに、このような指示対象をめぐる話し手と聞き手の二つの関係において、話し手が聞き手の視点をどのように参照するかという聞き手の視点の参照の仕方によって話し手と聞き手との関係を整理すると、まず、聞き手の視点を外在的に対立させる「対立関係」と、聞き手の視点が話し手に内面化され、同一化される「融合関係」に分けられた。聞き手の視点を参照する積極的な極と消極的な極の二極である。そして、このような「融合関係」と「対立関係」とは別に、聞き手の視点を同一化も対立化もしない関係を「中立関係」とした。これは、「融合関係」と「対立関係」に対して、聞き手の視点を参照する度合はゼロ階梯の値である。このような「中立関係」に対して、「融合関係」と「対立関係」をまとめて「非中立関係」とした。

続いて、第一章第二節三項「指示詞の範囲」において、「ソ系」指示詞を中心に、「中立関係」に関わる指示詞の用法を考察し、いわゆる「現場指示」においても、いわゆる「文脈指示」においても、「中立関係」はある対称性をもってあらわれることを認めた。

これまでの考察をふまえて、本節では、「融合関係・対立関係」と「中立関係」に基づいて、「ソ系」以外の「コ・ア」について考察してみたい。

まず注目したいのは、例1の「この」と「それ」の指示対象はそれぞれ話し手が優位に関わる「話し手中心の関係」と聞き手が優位に関わる「聞き手中心の関係」に対応していることである。これが「対立関係」の「コ・ソ」である。

一方、例7の「あれ」の指示対象は従来「三人称領域」として処理されてきたものであるが、話し手と聞き手とのどちらもその指示対象に優位に関わっていない意味において、ちょうど聞き手の視点が話し手に内面化され、同一化される場合に当たる。視点の一体化と融合である。「融合関係」の「ア」である。

しかし、これらの例に対し、例12、13の「ソ系」指示詞の場合はもちろんのこと、例2、4の「ソ系」指示詞や例5、6、11のような「ソ系」指示詞の用例はすべて「二人称領域」の規定によって説明することも、ここに提示した「対立関係」によって説明することもできない。

これらのいわゆる「中称のソ」を指示体系の中に位置付けるためには、まず指示詞の提示機能を認めなければならない。そしてさらに「ソ系」指示詞の一部には、話し手と聞き手のどちらも優位に関わっていない「中立の領域」の指示対象を指す用法があること、つまり、聞き手の視点が積極的に参照されはしないが、内面化・一体化のように消極化もされない、「中立関係」をも認めなければならない。

因みに先行表現のうち、聞き手にとって了解ずみの指示対象に関しては、話し手と聞き手がどちらも優位に関わっていない「中立関係」に属するが、これに対して、先行表現をめぐる話し手と聞き手との対立関係は、その情報の所有と指示対象了解（同定）の成否にかかっていると考えられる。

以下の例を参照されたい。

17：上京に、平林という人がいた。この人のところへ、田舎から手紙をたのまれた男がいたが、この男はひらばやしという名を忘れて、人に読ませると「たいらりん」と読んだ。（興津要『落語の歴史』）

これは、先行表現を「コ」で指す場合である。話し手が指示対象に対して情報的に優位に関わっており、話し手の情報提供者としての立場の優位がここに反映されていると考えられる。観念指示の「コ」と「ソ」との違いもここにある。観念指示における「対立関係」の「コ」である。

次に「ソ」による対立関係を示す用例を見よう。


18：「へい、わかりました。では、あぶくとねがいます」

「あぶく？　だれだい、それは？」

「油屋の九兵衛さんで、略して、あぶく」

「そんなのはふつうに読みなさい。あとは？」（落語「かつぎや」）


19：「そうかい、じゃあ、あかるくしよう……おう、馬子さん、やみだなんて、そりゃあだめだぞ」

「だめかね」

「だめだとも、月夜にまけとけよ」

「月夜？　なんだね、その月夜てえのは？」（落語「三人旅」）


例18、19の二例では、いずれも相手の発話中の語形式そのもの（それ以上でもそれ以下でもないことに留意）を「それ」または「その」によって承けているものの、その語形の意味についてまったく了解していない。この場合、情報の了解と所有に関しては、相手が絶対的な優位に立っていると考えられる。これを「観念指示」における「対立関係」の「ソ」

とすることができる。

以上は観念指示における「対立関係」の「コ・ソ」の例であるが、いわゆる知覚指示の用例は、たとえば次のようなものである。

20：「まあ、若旦那、そんなところに立っていらっしゃると、お召し物がぬれてしまいますわ。どうぞこちらへおはいりくださいまし」

「いいえ、ここで結構で……」（落語「夢の酒」）

21：「おーい、そこな旅の人！　そこへふらふらゆく人とびっこひいてく人よ！」

「ほーれ、みねえ。さっそく馬子にみこまれた。おらあ知らねえぞ。半ちゃん、おまえ応対しねえ。」（落語「三人旅」）

例20の「こちら」と「ここ」がそれぞれの話し手にとって空間的にも心理的にも優位に関わっている場所を指示しているのに対し、例21の「そこ」によって指示されている場所は、まさに距離的にも心理的にも相手の勢力範囲に属する場所であり、聞き手が一方的に優位に関わっている空間である。そして、このような空間領域内に位置する物も、当然同じように聞き手の優位に関わっているものとして指示される。次の例を参照されたい。

22：やまんば「あや、おまえのあしもとにさいている赤い花、それはおまえがきのうさかせた花だ。」（斎藤隆介『花さき山』）

以上に挙げた「観念指示」の例17、18、19と「知覚指示」の例20、21、22はそれぞれ対応し、平行関係にあることはあらためて指摘するまでもない。

第四項　本稿の立場――まとめ

以上、指示機能を、「知覚指示・観念指示」、「照応・提示」、「中立関係・非中立関係（「融合関係・対立関係」）」という三つの角度から規定してきたが、これらがすべて「コ・ソ・ア」の使い方に関わる要因と考えられる。

つまり、談話において指示詞を使う必要が生じた場合、話し手が「コ・ソ・ア」のどれを用いるかを判断しなければならない。その時、指示対象に対する聞き手の視点をどう参照するか、その指示対象を話し手と聞き手がどのように了解しているかまたは了解することが可能なのか、聞き手がそれをすでに知覚的又は談話的に了解済なのか否かを総合的に考慮しなければならない。この三つの要因は互いに独立して機能するのではなく、上の図2に示すような階層をなしていると考えられる。

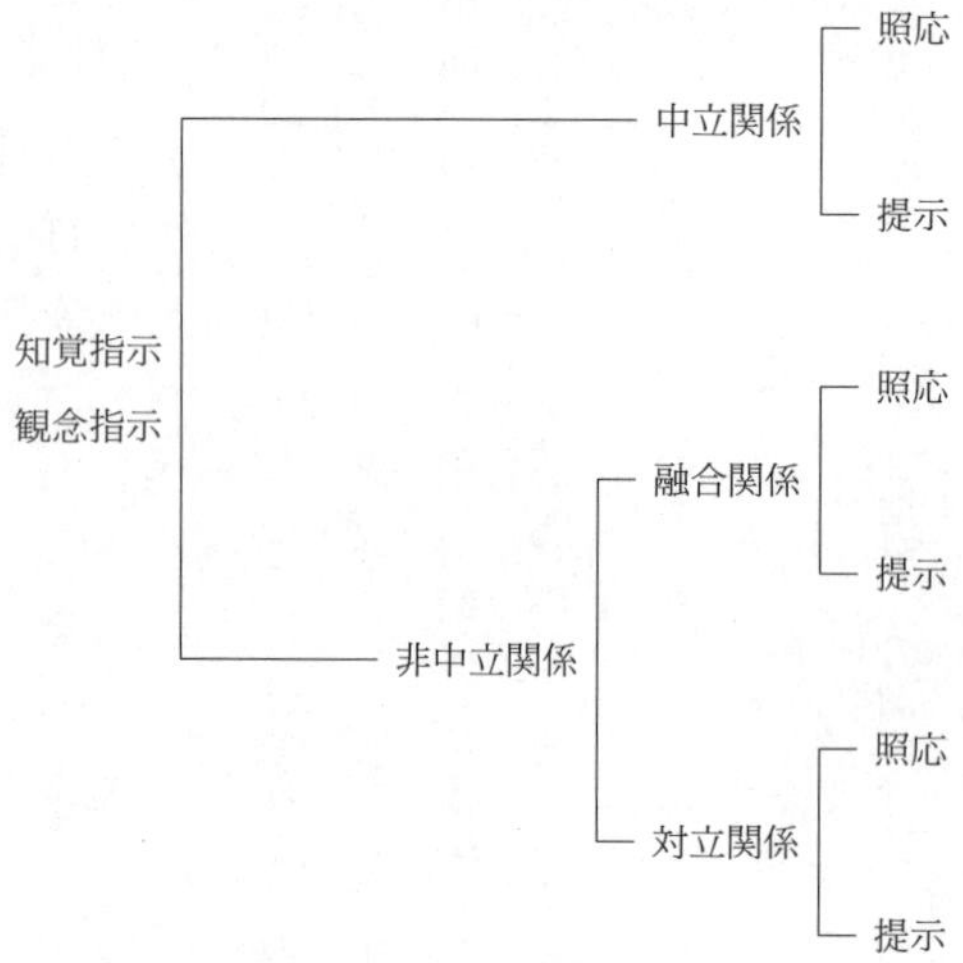

図2

この中、「知覚指示・観念指示」は、すべての指示詞の用法に分布し、「照応」と「提示」もすべての指示詞においてその機能が認められるので、この二つは基本的に、「コ・ソ・ア」の選択関係には示差的に関与しない。日本語の指示詞の選択関係に直接関与するのは、聞き手の視点の参照の仕方に対応する「中立関係・非中立関係」と、「非中立関係」の下位区分である「融合関係」と「対立関係」である。実際、「コ・ソ・ア」はこの二項三者の間において選択的に用いられる。それが「コ・ソ・ア」の選択関係[6]である。

これまでの分析ですでに明らかになったように、「コ・ソ・ア」の選択関係は、「融合関係」には「コ・ア」、「対立関係」には「コ・ソ」がそれぞれ対応し、「中立関係」には「ソ」が対応している。

次節では、「中立関係」、「融合関係」、「対立関係」をめぐる「コ・ソ・ア」の選択関係の具体的な選択要因について分析する。

第三節　「コ・ソ・ア」の選択関係

本節では、談話において「コ・ソ・ア」が如何なる選択関係をなし、その選択に際して最も決定的な要因は何かについて考察してみる。記述の手順としては、まず「対立関係」の「コ・ソ」と「融合関係」の「コ・ア」を考察し、その上で、第三節三項において「中立関係」の「ソ」を取り上げる。

第一項　「対立関係」の「コ・ソ」

まず知覚指示における「対立関係」の「コ・ソ」の用例から見ていく。

23：女　房　あんた。
　　代書屋　なんだ？
　　女　房　この字、何て読むんだよ。

代書屋　それか、それは「昭和」ってんだ。（井上ひさし『おかしな代書屋』）

例23の「この」は、代書屋が一度「それか」と言って確認していることから推測するに、女房が「この字」を用いた時には代書屋はまだそれを了解していないと考えられる。とすれば、これは知覚対象を提示している場合になる。

そして、代書屋が用いた二つの「それ」はともに知覚対象を照応している場合である。「この」が距離的にも心理的にもより話し手に近い対象を照応しているのに対し、「それ」は距離的にも心理的にもより聞き手に近い対象を照応していると考えられる。この場合、「コ」を用いるのは、聞き手よりも話し手に近いものを指すためであり、「ソ」を用いるのは話し手よりも聞き手に近いものを指すためである。聞き手の視点は話し手の視点と相対立していて、積極的に参照されている。

そして、すでに本章第一節二項に挙げた例8は知覚対象を提示する「これ」の例である。

8'：外　人：「これ見て下さい！」

と大きなダイヤモンドを出す。

外　人：「ダイヤモンド！」

受験者：「むっひっひ、はじめてことばがわかった。村長さん、こちらはこれはダイヤモンドだ、といっています。」（井上ひさし『村長とサギ師』）

そして、次のような場合は、「こう」によって現場の知覚対象を提示する用法である。

24：「どうしてもいいから一寸撲ってみろ」

こうですかと細君は平手で吾輩の頭を一寸敲く。痛くも何ともない。

「鳴かんじゃないか」

「ええ」（夏目漱石『我が輩は猫である』）

一方、次の例25のように、知覚対象を提示する用例には、心理的な要因が優勢に働く場合もある。

25：私の手から力が抜けると、師匠はいつか眼をさまして、私の膝をしたたか蹴飛すのだ。「舟漕いでゐちゃ駄目だ。しつかりもめ、そこのそれ土踏まずのところを」

そして、またグウグウ高鼾だ。私はコクリコクリ。（三升家小勝『小勝身の上噺』）

この例の「そこ」と「それ」の指示対象は話し手の身体部位であるが、聞き手の手が自由に操作できる範囲にあるために、心理的には自分よりも聞き手が優位に関わっている対象としてそれを提示していると解される。

次に観念指示における「コ・ソ」の用例を見るが、この場合、指示対象に対する情報の所有・心理的な遠近感が決め手になるようである。

26：のこった兄はよくできる、しっかりした人で、私達はこの兄を信頼していました。私を大学へ入れてくれたのもこの兄です。（三浦哲郎『忍ぶ川』）

この例の「この」は、指示対象に対する話し手の情報の所有意識を反映していると考えられる。このような情報提供者の情報に対する所有意識が端的に示されているのは、次の例27のようなニュースの表現である。

27：日本銀行は二十七日午後、臨時政策委員会を開き、公定歩合を年〇・五％引下げることを決め、翌二十八日から実施する予定である。この結果、日銀公定歩合は基準となる商業手形の割引歩合で六％となる。この水準は

先進国の中で米国とともに最も低く……（阪田雪子一九七一年論文より）

例27は例26と同じく、指示対象に対する情報の所有・心理的な距離感が決め手になっているようである。そして、次の例28は、「ソ」によって聞き手中心の観念対象を照応する例である。

28：a：「昨日、三藤さんに会ったよ」
　　b：「えっ、三藤さん？　だれ、｛その人／＊あの人｝。」（金水・田窪一九九〇年論文より）

例28の「その人」は先行する名詞句の語形そのものを照応するものであり、それによってその人物に関するより詳しい情報の提供を要求しているのである。観念指示の対立関係（聞き手中心の関係）を示す例である。ここでは、談話が進むにつれて「三藤さん」についての情報が増えても、bが「三藤さんという人」を直接知らない限り、同じ談話のセッションが終わるまでは「三藤さんという人」に言及するのに「ア」を用いることはできない。つまり、観念指示の「対立関係」の「ソ」による照応は、その指示対象に対して聞き手が情報的に著しく優位に関わっている状況に起こっていると考えられる。

一方、例26、27のように、話し手自身の先行発話を「コ」で照応する観念指示の「対立関係」の「コ」は、話し手がその指示対象に優位に関わっている状況において観察される。言い換えると、観念指示の「対立関係」の「コ」による照応は話し手から一方的に聞き手に情報提供をする場合であり、例27のような「対立関係」の「ソ」による「観念対象」の照応は相手の情報提供が不十分な場合に使われるということになる。

そして、本章第二節三項に挙げた例18も先の例28と同じ解釈ができる。

18’：「へい、わかりました。では、あぶくとねがいます」

「あぶく？　だれだい、それは？」
「油屋の九兵衛さんで、略して、あぶく」
「そんなのはふつうに読みなさい。あとは？」（落語「かつぎや」）

この「それ」は、「あぶく」という、話し手（第二話者）にとってはまったく意味を成さない語形そのものを照応しているが、話し手はまだそれが誰なのかは了解していない。そこでその説明を聞き手に求めているのである。ここに、先行する固有名詞の指す対象をめぐる話し手と聞き手の対立関係が成立していると考えられる。対して、例29のような「中立関係」の「ソ」による「観念対象」の照応は話し手が相手にとって必要かつ十分な情報提供をしたと判断したためと思われる。

29：関川夏央のデスクの前には一枚の紙が貼ってある、という有名な噂がある。その紙には「実るほど頭を垂れる稲穂かな」と書かれているというのだ。（呉智英「青春の苦い実り」『波』一九九三年七月号）

この場合、指示対象に対して、話し手と聞き手のどちらも優位に関わっていない。従って、聞き手の視点が積極的に参照されたわけでもなく、消極化されたわけでもない。聞き手の視点は一種の中和された状態、または背景化された状態にあるといえる。

これまで見てきたように、「知覚指示」にも「観念指示」にも「対立関係」が認められることが明らかになった。確かに、観念指示の「対立関係」は知覚指示の「対立関係」ほどはっきり観察できない。しかし、堀口和吉（一九七八a）、堀口和吉（一九七八b）のように談話における「聞き手領域」を否定することは行き過ぎであろう。何故なら、情報の所有が理論的に話し手優位の状況と聞き手優位の状況に分けられるばかりでなく、実際に例28と例18’において話し手と聞き手との間に情報所有の差がはっきり感じられるからである。

一方、「対立関係」の「コ」によって観念対象を提示する例は先に挙げた例15である。

15'：その夜、私はいつものようにこう言った。

「子供たちはどうした？」

由紀子も同じ返事をくりかえした。

「テレビを見にいってるわ。」（川村晃『美談の出発』）

そして、次の例30の「その」は「聞き手中心の関係」の「ソ」によって観念対象を談話に提示する用例と考えられる。

30：「けち兵衛さん、おまえさんは、どうしておかみさんを持たないんだね？」

「じょうだんいっちゃあいけません。世のなかに女房ぐらい無駄なものはありませんや。一日中ぶらぶらしていて、食べて、着て……おまけに赤ん坊をこしらえて人間をふやすでしょ？　ああいう危険なものとは、あたしゃかかわりを持たないことにしております」

「そんなことをいってちゃあこまるねえ。その年齢になって女房を持たないなんてえなあ、世間にたいしてもみっともなくっていけません。」（落語「味噌蔵」）

これは相手の年齢を「その年齢」と指していると考えられる。

次に「そう」と「それ」による観念対象提示の例を挙げる。

31：先生の鼻は又烟を吹き出した。その烟を眺めて、当分黙っている。やがてこう云った。

「憲法発布は明治二十二年だったね。その時森文部大臣が殺された。君は覚えていまい。幾年かな君は。そう、それじゃ、まだ赤ん坊の時分だ。僕は高等学校の生徒であった。……」（夏目漱石『三四郎』）

これは、聞き手の記憶にあることを聞き手に代わって思い出したというきわめて珍しい状況での発話である。これが聞き手に向けた発話であることは明らかである。しかも、聞き手に対して本来聞き手が優位に関わるはずの観念対象を提示するという状況において「ソ」が用いられているのである。ここでは、まず話し手の視点と聞き手の視点が外在的に対立していること、指示詞の機能としては、観念対象の提示であることに、「ソ」が用いられる理由が集約されているといえる。

そして、このような、「対立関係」における「観念対象の提示」によってはじめて例31について説明することが可能であるとすれば、これまで解明されていなかった、「そうだ、思い出した」のような思い出しの「ソ」や、「そう、そうしよう」のような独り言の「ソ」のメカニズムについても、対立関係における「観念対象の提示」によって説明を与えることが可能になるのである。例31と、思い出しの「ソ」または独り言の「ソ」の場合との違いは、例31に外在している聞き手が話し手の内面に内在化されただけである。「それいけ！」の「それ」もおそらく例31と同じような解釈が可能であろう。

指示詞の機能を提示と照応に分けたことの意義は、思わぬところで証明されたことになる。

因みに、対立関係における観念対象提示の「ソ」がこのように「ソノ」、「ソウ」、「ソレ」に局限されるのは、「ソコ」、「ソチラ」よりも観念対象の提示に適しているからだと考えられる。

これまで「対立関係」の「コ・ソ」について述べてきたことを要約すると、次のようになる。

知覚指示における「対立関係」の「コ」は、聞き手よりも話し手が空間的にあるいは心理的に優位に関わっている指示対象を照応又は提示するが、「対立関係」の「ソ」は、話し手よりも聞き手が空間的にあるいは心理的に優位に関わっている知覚対象を照応又は提示する。観念指示における「対立関係」の「ソ」（「聞き手中心の関係」の「ソ」）は、話し手よりも聞き手が優位に関わっている観念対象に対して、その観念対象（または語の形そのもの）を照応又は提示する。観念指示の「対立関係」の「コ」は、指示対象や談話の情報に対して、聞き手よりも話し手が優位に関わっている観念対象を照応又は提示する。知覚指示と観念指示の「対立関係」においては、聞き手の視点が積極的に参照される。

第二項　融合関係の「コ・ア」

先ず融合関係における「コ・ア」の知覚指示の用例から見ていきたい。知覚対象の照応と提示においては、指示対象をめぐる話し手と聞き手の相対的な位置関係や指示対象に対する空間的又は心理的な距離感が決め手になると考えられる。ここにおいては、聞き手の視点が話し手に同一化・一体化され、もっぱら話し手の視点が参照される。


32：女は歩を回らして別室へ入った。男は一足後から続いた。光線の乏しい暗い部屋である。……ここにもヴェニスが一枚ある。

「これもヴェニスですね」と女が寄って来た。

「ええ」と云ったが、ヴェニスで急に思い出した。（夏目漱石『三四郎』）

33：「これは何でしょう」と云って、仰向いた。

頭の上には大きな椎の木が日の目の漏らないほど厚い葉を茂らして、丸い形に、水際まで張り出していた。「これは椎」と看護婦が云った。（夏目漱石『三四郎』）

この二例の「これ」はともに話し手と聞き手の目の前にあるものを指しており、「コ」が用いられているのは空間的に話し手が優位に関わっているからではない。話し手と聞き手にとってともに近い対象を指示しているのである。この場合、聞き手の視点が話し手に融合され、話し手の視点だけが参照されている。融合関係の「コ」である。これは、次のような例の場合いっそう明らかに認められるところである。

34：今でも、……それから二十年も経った今でも、やはり、その二階の一間に文士が擒にされると思うと、私は不思議な気がした。

ついこの間行った時にもその話が出て、「そうですかね。そうすると、この二階もなかなか由緒があるんですね。保存して置く価値がありますね。」などと言って笑った。（田山花袋『東京の三十年』）

35：「ここは何区ですか。」と尋ねると、運転手は「左京区ですよ。」という。

この二例は、ともに談話の現場の「いま・ここ」に直結する空間的な対象を指示しているが、ここでも双方にとって近い対象であり、ともに優位に関わっているという意味において、たとえば、次のような「ア系」の用法と趣を異にする。

36：「おい、小僧、女中さんはまだこないのか？」
「①あすこに立ってます。のれんのところに」

「ああ、②あすこに立ってるのがそうか。うーん、いい女だな。」（落語「引っ越しの夢」）

例36の①「あすこ」と②「あすこ」は話し手からも聞き手からもほぼ同じく遠くにある知覚対象を指示していると考えられる。厳密には、①「あすこ」は知覚対象の提示であり、②「あすこ」は同じ知覚対象の照応であるが、指示対象に対して話し手と聞き手とのどちらかが優位に関わっているような対立関係はここには認められない。従ってこれは指示対象に対して、話し手と聞き手の両者がともに優位に関わっていないという意味で、対等に関わっている状況である。この場合も、聞き手の視点が話し手に融合され、話し手の視点だけが参照されている。「融合関係」の「ア」である。

次が「アレ」と「アノ」の例である。

37：青い空の静まり返った、上皮《うわかわ》に、白い薄雲が刷毛《はけ》先で掻《か》き払った痕の様に、筋違《すじかい》に長く浮いている。

「①あれを知ってますか」

三四郎は仰いで半透明の雲を見た。

「②あれはみんな雪の粉《こ》ですよ。……」（夏目漱石『三四郎』）

38：女は丘の上からその暗い木蔭を指した。

「①あの木を知っていらしって」という。

「②あれは椎」

女は笑い出した。（夏目漱石『三四郎』）

この二例の「ア」の指示対象をめぐる話し手と聞き手との関係も確かに対等であるには違いない。しかし、これも例36と同じく、あくまでも話し手と聞き手のどちらも優位に関わっているようなものではない。因みに、例37の「①あれ」

と例38の「①あの」は遠くにある知覚対象を提示する場合であり、例37の「②あれ」と例38の「②あれ」は遠くにある知覚対象を照応する場合である。

次に観念指示の「コ・ア」の例を見てみよう。

39：「失礼ながらうまく行きますか」「まあ第一回としては成功した方だと思います」「それでこの前やったと仰しゃる心中物というと」「その、船頭が御客を乗せて芳原へ行くとこなんで」「大変な幕をやりましたな」と教師だけに一寸首を傾ける。（夏目漱石『我が輩は猫である』）

40：「そうかな」と苦沙弥先生少々腰が弱くなる。「この間来た時禅宗坊主の寐言みた様な事を何か云ってったろう」「うん電光影裏に春風をきるとか云う句を教えて行ったよ」（夏目漱石『我が輩は猫である』）

41：「それに近頃は肺病とか云うものが出来てのう」「ほんとにこの頃の様に肺病だのペストだのって新しい病気ばかり殖えた日にゃ油断も隙もなりゃしませんので御座いますよ」（夏目漱石『我が輩は猫である』）

観念対象を指示する「コ系」指示詞は、以上の三例のように、時間的に話し手にも聞き手にも近い過去のことを指し示すのに限られるようである。しかも、「この前」と「この間」には現在が含まれないが、「この頃」のように、談話の「いま」に直結するのは知覚指示の「コ系」指示詞が談話の「ここ」に直結するのと軌を一にしている。因みに、以上の三例はたまたま観念的な対象を提示する例を挙げてみたが、照応の例ももちろん存在することを付言しておきたい。

次に「ア」による観念対象提示の例を挙げる。

42：「こいつは少し乱暴だ。ねえ迷亭、君も①あの一件は知ってるだろう」
「②あの一件た、鼻事件かい。③あの事件なら、君と僕が知ってるばかりじゃない、公然の秘密として天下一般に知れ渡ってる。……」（夏目漱石『我が輩は猫である』）

43：「ねえ。①あれ、買った？」
「ああ、②あれか。勿論買ったよ。宮沢りえの大ファンだから。」

44：「お昼、久しぶりに外で食べようか」
「そうだね。どこにしようかな」
「①あそこにしよう。いつもの……」
「②あそこって、河道屋のこと？」
「そう。③あそこは最近だしがおいしくなったそうだよ」

例42の「①あの」、例43の「①あれ」、例44の「①あそこ」がすべて観念対象を提示する「ア系」の用例であり、残る例42の「②あの」、「③あの」、例43の「②あれ」、例44の「②あそこ」、「③あそこ」は観念対象を照応する用例である。

融合関係の「コ・ア」で、もう一つ注目したいのは、「コ・ア」による慣用表現である。たとえば、「あの世」、「この世」、「あの手この手」、「あれこれ」、「あちらこちら」、「ああでもない、こうでもない」、「ああいえばこういう」、隠語風な「あれ」、「あそこ」のような、イディオム化した用法である。

これらの「コ・ア」の用法の一部は、名詞に近いか、または名詞相当の意味的な安定性と一般性を獲得していると考えられる。隠語風な「あれ」、「あそこ」のようにイディオム化した「ア」に見られる融合関係も名詞相当の絶対的な様相を呈しているのもそのためだと考えられる。これらの用法はいずれも融合関係の「コ・ア」を前提とすることはいうまでもない。

ここで、融合関係の「コ・ア」について述べてきたことをまとめると、次のようになる。

融合関係における「コ」の知覚指示は、話し手と聞き手の両方にとって空間的・心理的に「近」である知覚対象を照応又は提示する。対して融合関係における「ア」は話し手と聞き手の両方にとって空間的・心理的に「遠」である知覚対象を照応又は提示する。観念指示の「コ」は話し手と聞き手の両方から見て時間的・心理的に「近」である観念対象を照応又は提示する。そして、「観念指示」の「ア」は話し手と聞き手との両方にとって時間的・心理的に「遠」である観念的な対象を照応又は提示する。

第三項　「中立関係」の「ソ」

これまでは、「対立関係」の「コ・ソ」と「融合関係」の「コ・ア」について見てきたが、例36の「①あすこ」と同じような現場の空間的な状況において「そこ」も用いられることが知られている。参考までにここに例36をもう一度引くことにしよう。

36'：「おい、小僧、女中さんはまだこないのか？」
「①あすこに立ってます。のれんのところに」
「ああ、②あすこに立ってるのがそうか。うーん、いい女だな。」（落語「引っ越しの夢」）

45：「おい、ぶらぶらあるこうじゃねえか」
「そこがもう宿場の入り口だ。しっかりあるけやい。」（落語「三人旅」）

例45も例36'も、話し手と聞き手から指示対象までの空間的な距離はほぼ同じであり、現場の空間的状況も同じである。つまり、空間的には話し手と聞き手が対等に指示対象に関わっている状況であると見ることができる。現場の空間的状況に限っていえば、例45はいわば融合関係の「ア」が用いられる典型的な状況と同じである。

もちろん、例36'の②「あすこ」の場合、すでに聞き手の注意が「あすこ」に向けられ、それを両者ともに知覚的に了解していると考えられるのに対して、例45の「そこ」の場合は、指示詞が使われるまでは聞き手がまだその指示対象を知覚的には了解していない。両者の間には、知覚対象の「照応」と知覚対象の「提示」という機能の相違がある。

しかし、例36'の①「あすこ」の場合は、そのような提示機能だけではなく、話し手と聞き手との空間的な位置関係も例45の「そこ」と同じである上、指示対象をめぐる話し手と聞き手の関係についても、例36'と例45は同じように対等であると考えられる。

それでは、「そこ」と「あそこ」を使い分けた理由は一体何であろうか。

ここで注目したいのは、このような「あそこ」と「そこ」との間には物理的な距離の差があまり顕著でないが、「そこ」には、「非遠」である意識があるようである。それは、たとえば次のような用例によって明らかである。


46：「俺はここでもいいよ」

「まあ、一緒に来ねえ、すぐそこだよ」

「当人がいいっていうんなら、それでいいじゃねえか」

と安田がむっとしたようにいった。永松は笑った。（大岡昇平『野火』）

しかし、この「非遠」は、「ア」との対比によって生まれたものとするよりは、談話の「いま・ここ」ではないが、「いま・ここ」に近い場所、つまり談話の現場に近い場所と捉えるべきである。「ア」・「ソ」・「コ」はやはり知覚指示において共起しないと考えるべきである。次に見るのは、同じような空間状況における「それ」の例である。

47：「どれが葦？」と姫の指先が小弥太の肩をくすぐったく揉んでいるように感じられた。
「それ、沼のホトリにやたらゆすれているヤツでさあ」（檀一雄『光る道』）

ここに挙げた例47の「それ」と例46の「そこ」はともに「ソ」によって相手に気づかせ、そして注意を向けるために用いられるものであり、現場の知覚対象を相手に提示する用法である。因みに、例47は、小弥太が姫を背負って道行く場面での会話であるので、空間的な状況は、例36'と同じと考えられる。

しかし、例47の「それ」を指示詞として解釈することにはあるいは疑問があるかも知れない。これは「ソレ」を「**そ**れ」と発音するか、「そ**れ**」と発音するかにもよるが、前者はいわゆる感嘆詞の場合であり、後者は指示詞の場合と考えられる。ここでは姫と小弥太からほぼ等距離のところにある「葦」を「それ」で指しているものと解釈しておく。一つは「どれが葦？」という姫の質問に答えた言葉であること、一つは、次の例48のような、人をけしかける場合の「それ」とは同一視できないと考えるからである。

48：一座は再び眼を見合わせた。
「それ！」
と大黒柱を後に坐っていた世話役の一人が、急に顎で命令したと思うと、大戸に近く座を占めた四五人の若者が、何事か非常なる事件でも起ったように、ばらばらと戸外へ一散に飛び出した。（田山花袋『重右衛門の最後』）

因みに、金水・田窪（一九九〇）と川端善明（一九九三）では、例46のような「ソ系」は「そこ」の現場指示の例に限るとしているが、これによって「それ」にもこのような例があることが明らかである。しかし、このように、空間的にほぼ「ア系」の用いられる状況と共通していながら、「ア系」ではなく、「ソ系」を用いることは、如何に解すべきであろうか。

このような用例が「そこ」に限られるわけではないとすれば、金水・田窪（一九九〇）のように、「遠近のまさに中間の距離の領域を指し示す」（一〇三頁）とする解釈は見直さなければならない。「それ」の場合は、「そこ」よりもかかる解釈を適用するのが難しいようである。しかし、「ソ系」の例が「それ」にも認められるとはいえ、このような「ソ系」は依然異様な感じがするのは何故であろうか。

ここで、このような「そこ」と「それ」に対して、それを承けて会話を続けるとしよう。その場合、同じ「ソ系」で照応することができるのであろうか。

例47の場合、仮に姫が「葦」を見つけて、「ああ、あれか」と納得したとしよう。この場合、「ああ、それか」と承けることができるのであろうか。もし両方使えるとしても、どちらがより自然であろうかを、複数のインフォーマントを対象に調べてみたところ、次のような結果が得られた。例46については、「ああ、あそこか」と「ああ、そこか」の二つの文を用意した。

一、まず例46の会話を承ける文として、「ああ、そこか」よりも「ああ、あそこか」の方が自然であるという判断が示された。

二、例47については、「ああ、それ」についてやや抵抗を感じる少数の被験者がいたが、全体的に「ああ、あれか」の方が自然であるとの判断が示された。

とすれば、やはり、このような例は「ソ系」の中でも「そこ」と「それ」にほぼ限られるのと同じように、照応・提示という二つの機能のうち、「提示機能」に用いられやすい傾向が認められるようである。「中立関係」の「ソ」の特殊性はこれによっても裏付けられたことになる。

「中立関係」の「ソ」の特殊性で言えば、この「中立関係」は、現場の空間的な状況から見れば、「融合関係」のように見えるが、「そこ」や「それ」の指示対象に対する情報の所有に関しては、話し手が優位に関わっているという「対立関係」にも擬似的であるのに注目したい。「中立関係」の二面性である。

このように考えてみると、いわゆる「中称のソ」は実は距離的にコやアのすきまを埋める表現として機能しているのではなく、まさに「対立関係」と「融合関係」との「間」に位置する限りにおいて、その両方の可能性を併せ持つ関係として機能しているのだと考えられる。そして、指示対象をめぐる話し手と聞き手との関係の「中心」であるという意味において機能しているのである。「中立関係」であればこそである。

しかし、これは、ただ知覚指示にだけ限られることではない。観念指示においてもこのような「中立関係」の「ソ」が認められる。いわゆる「文脈指示」の「ソ」がそれである。

次に観念指示の「ソ」の例を見てみよう。

49:「あなたのはどういうんだ。やはり役なんかあるんだろう?」
「そりゃあ、ありますわ。月見、花見、とか、猪鹿蝶とか、そんなのがあるのよ」
「それじゃあ、ちがうな」と謙作が言った。
「そう?　そんなら私、初めて見ましょう。そのほうがいいわ。」(志賀直哉『暗夜行路』)

50:「それでは、風がある日に、せまい横丁にはいるとする。風のために、屋根からかわらがおちて、おまえのあたまにあたったらいいたかろうな」

「そりゃ生きているからいいたいにきまってまさあ」

「①そのかわらと喧嘩ができるかい？」

「かわらと喧嘩するやつがあるもんか。やっぱり②そのかわらを持って、①そこのうちへねじこみまさあ」

「なんといって、②そこのうちへねじこむかい？」（落語「天災」）


これらの先行する文脈又は名詞句を承ける「ソ」は、いずれも了解済みの指示対象を照応しているものであり、そうして了解済みの指示対象に対する話し手と聞き手の関係は、もはやどちらかが優位に関わっているものではない。ここにあるのは、積極的に参照もしないが、一体化あるいは消極化もしないような関係のみである。実際、談話が話し手と聞き手との協同行為の結果として生成されるものである以上、談話という空間そのものは、もはや話し手と聞き手のどちらかが優位に関わっているような空間ではあり得ず、しかも三人称のような話し手と聞き手との領域外の空間でもありえないと考えられる。それは、「いま・ここ」において話し手と聞き手によって生成されている協同の空間であり、中正中立の空間でなければならない。「中立関係」の「ソ」はこのような中正中立の空間の具体的な実現なのである。

しかし、このような一見中正中立に見える「ソ」が、次に挙げる例51のように「対立関係」への転機を含むこともある。


51：「やあ、こりゃあどうもおもしれえことをいうなあ……まあ、しかし、道中あかるいんじゃあ、そんなに高えことをいってもなんめえ。じゃあ、宿場までやみでどうかね？」

「なに？」

「やみだよ」

「やみだ？　おう、八公、やみってのを知ってるか？」

「そんなこと知るもんか。おめえが道中あかるいなんていうから、むこうで皮肉にでて、やみだなんてくらくしちまうんじゃねえか」

「そうかい、じゃあ、あかるくしよう……おう、馬子さん、やみだなんて、そりゃあだめだぞ」

「だめかね」

「だめだとも、月夜にまけとけよ」

「月夜？　なんだね、その月夜てえのは？」（落語「三人旅」）


例51の「そんなこと知るもんか」の「そんな」と、「その月夜てえのは」の「その」は、いわゆる「対立関係」の「ソ」に当たるが、これは談話という中正中立の空間にあらわれる話し手と聞き手との対立的な関係を示す例と考えられる。そして、「そんなこと知るもんか」から「なんだね、その月夜てえのは」までの間に、話し手と聞き手との情報をめぐる関係が対立から中立、また中立から対立へと起伏しながら推移しているのである。

一方、例46については、たとえば、「すぐそこだよ」と示されても、相手は「どこですか」と聞くかも知れない。その場所を特定すれば、「ああ、あそこか」と納得するであろう。あるいは、目的の場所にたどり着いて、「ああ、ここだったのか、もうすこし先かと思った」というかも知れない。この二つの状況においてはじめて純正の融合関係が成立し、「対立関係」が「融合関係」に転化するのである。「観念指示」の「ソ」とは対称的に、「知覚指示」の「ソ」には「融合関係」への転機が含まれているのである。

とすれば、「すぐそこだよ」の「すぐ」とは、ただ空間的に接近可能な「近」であるという意味に止まらず、指示対象をめぐるこうした流動的な関係の可変性を空間的・時間的に予測していること、いや情報的にもそれを予測している表現と言える。「中立関係」から「融合関係」への流動的な関係の可変性である。これに対して、観念指示の場合はあたかもこれと対称的なのである。

「知覚指示」において現れる「対立関係」が空間的な移動によって解消されるのと同様、談話という中正中立の空間において淡々と続けられる「ソの往還」にみるような「中立関係」が、情報の所有、対象の了解をめぐって対立関係が生じることによって、聞き手が優位に関わる「対立関係」へと突如流動的に変化するのである。

第四項　「観念指示」における「中立関係」の「ソ」と「融合関係」の「ア」

前項では、「中立関係」の「ソ」について、距離的に「コ」と「ア」の中間を表すものとして機能しているのではなく、まさに「融合関係」と「対立関係」の「中心」としての性格を見てきた。このような「中立関係」の「ソ」と「ア」が等しく観念指示として機能する以上、その間に或る関連と対立があるのも当然である。次の観念指示の「ソ」の例を見てみよう。


49'：「あなたのはどういうんだ。やはり役なんかあるんだろう？」

「そりゃあ、ありますわ。月見、花見、とか、猪鹿蝶とか、そんなのがあるのよ」

「それじゃあ、ちがうな」と謙作が言った。

「そう？　そんなら私、初めて見ましょう。そのほうがいいわ。」（志賀直哉『暗夜行路』）

仮にここに用いられている「ソ系」指示詞を「ア系」指示詞に置き換えてみたら、そのすべてが非文になるであろう。このことからも分かるように、「融合関係」の状況に用いられる観念指示の「ア系」と「中立関係」の「ソ系」の違いはやはり顕著のようである。

次の「ア系」指示詞の例をみてみよう。

52：「金田の富子さんて、①あの向横町の？」
「ええ、②あのハイカラさんよ」
「③あの人も雪江さんの学校へ行くの？」
「いいえ、只婦人会だから傍聴に来たの。本当にハイカラね。どうも驚ろいちまうわ」（夏目漱石『我が輩は猫である』）

この場合、例52の三つの「あの」の指示対象は今現在行われている談話の先行する文脈にはもちろんなく、指示対象の同定はもっぱら談話以前の経験に頼らざるをえない。これに対して、例49'の「ソ」の指示対象は、逆に談話以前の経験とは無関係に、もっぱら談話内の先行表現によって提供されている。今行われている談話の先行表現を承ける指示と、談話以前の経験に基づく指示の違いには、時間の「遠」と「近」との対立が考えられる。

つまり、観念指示の「ソ系」は談話内の観念領域（「時間的な近」）に属する対象として提示・照応しているのに対し、「ア系」は談話以前の観念領域（「時間的な遠」）に属する対象を提示・照応していると考えられる。観念指示の「ア」と「ソ」の違いは知覚指示の空間的な「遠・非遠」と対称的に、時間的な「遠・非遠」であると言うことになる。

そして知覚指示の「ア・ソ」と同じく、観念指示の「ア・ソ」の指示対象に対する話し手と聞き手の関わり方もその観念に対する時間的な距離感こそ違え、対等であることは言うまでもない。両者の違いは聞き手の視点をどう参照するかによると考えられる。「ア」が聞き手の視点を話し手の内面に同一化させるのに対して、「ソ」は聞き手の視点をかかる消極化はしないが、積極的に参照することもしない。いわばゼロ階梯において自分以外の存在としてその存在を認める程度に止まるといえる。一種の背景化と言える。

しかし、「ア系」には一見先行談話にある指示対象を照応するように見受けられる用例もある。


53：「だれが名をつけたんです？」

「うるさいな……名をつけた者は……いわしだ」

「いわし？　さかなのいわしですかい？　へーえ、どうして①あのちっぽけなさかなが名をつけたんで？」

「いわしは下魚といわれているが、②あれでも数が多いから、さかなの中ではなかなか勢力があるんだ」

「へーえ、そんなもんですかねえ……じゃあ、いわしの名前はだれがつけたんです？」

「うーん……その……③あれは、ひとりでにできた名前だ」

「どうして？」（落語「やかん」）


例53の文脈においては、「あのちっぽけなさかな」の「①あの」は先行談話によって支えられているのではなく、話し手の談話以前の経験に依存していることは、たとえば「その」に置き換えられないことから分かる。

これに対して、「②あれ」と「③あれ」は「それ」に置き換えられるのではないかという指摘は予想されるが、しかし、それは、指示対象が話し手の談話以前の観念領域にあるだけではなく、先行談話にもあらわれているという二面性の文脈のもたらした結果であって、これが「ア系」が先行談話の指示対象を照応していることの論拠にはならない。「ア系」の指示対象の同定は、やはり談話以前の観念領域、つまり過去の経験に基づいて行われていると見るべきである。「ア」に文脈指示の用法があるというのは一種の錯覚に過ぎない。

仮に「それ」に置き換えてみた場合、「それ」の指示対象の同定は、どうしても先行談話にもっぱら頼らざるをえないことは、例49’と何ら変わることがない。要するに、こうした指示対象が談話以前の観念領域だけではなく、談話内の観念領域にもあらわれているような文脈においては、話し手にとってみれば、談話以前の観念対象として指示するか、それとも談話内の観念対象として指示するかは、ある程度選択の余地が与えられていると考えられる。

してみれば、このような「ア」と「ソ」の共存の場合の選択に限って、堀口和吉（一九七八b）の「社交の問題」があり、金水・田窪「日本語指示詞研究史から／へ」（一九九二年）の「指示方略」が適用されると考えられる。[7]

一方、先に見た例52、53、の「ア」の指示対象は、話し手と聞き手にとって談話以前の観念領域に属するものであり、しかも同じ経験を所有している場合である。しかし、こうした経験の共有関係が必ずしも融合関係の「ア」の唯一の決め手ではないようである。

54：吉行：「その女、年の頃はいくつぐらいだった？」
　　開高：「三十五、六というところ」
　　吉行：「いろいろ心得てきた頃だね」
　　開高：「そうね、いっぱし世の中の酸いも甘いもかいくぐって、第二段階をいま控えているところという感じですね。あの素振りはよかった。いまだに後姿を覚えている。」（開高健・吉行淳之介『街に顔があった頃』）

55：次に自分が子供の時分に食べてうまいと思ったものについてだが、（中略）第二はライスカレーである。これも西洋料理屋から運ばれてくるのだが、あのカレーの色と香り、ひりっとする味、堅めに炊いた白米、藍の子持の縁取りのついた皿、これもいつの間にやら姿を消してしまった。カレー・ライスにはあの昔の味はない。（高橋義孝『うまいもの』）

この二例の「ア」は、ともに談話の現在に対して談話以前の観念領域に属する指示対象を指示しているが、聞き手にはそれを同じ談話以前の経験としては所有、了解されていない。このような例に対して、金水・田窪（一九九〇）は「独り言など、聞き手の影響が文脈的に排除されていること」をいわゆる「融合型」の運用上の制約として説明しているが、問題は金水・田窪（一九九〇）のように「アで指し示される対象は話し手と聞き手の共通経験中の要素である」という「共有の制約」（九四頁）によって「ア」を説明すること自体にあるようである。

実際、観念指示の「ア」に共通して言えるのは、その指示対象をめぐる経験の共有関係ではなく、知覚指示の「空間的な遠」と対称的に、「時間的な遠」つまり「談話以前の観念領域」に属する観念対象という要因なのである。そして、それは話し手にとっても聞き手にとっても同じ「時間的な遠」に属するものに他ならない。「経験の共有」はすべての「ア」の用例において認められるものではない。

要するに、「観念指示」の「ア」の使用条件に見られる「時間的な遠」と「経験の共有」という二つの要因は、両者がともに働く例52、53の場合と「経験の共有」よりも「時間的な遠」が優位に働く例54、55の場合とに分けられるのである。このように、「ア」の使用に際し、やはり「時間的な遠」が基本的な要因と見るべきもののようである。

そして、話し手と聞き手との関係についても、金水・田窪（一九九〇）のように聞き手が排除されているとすべきではなく、外在する聞き手を話し手の内面に同一化させたのだと考えるべきであろう。このように考えることによって、何故このような「ア」が聞き手に自分の存在を無視されたという違和感を与えるのか、について理解することができる。「融合関係」としての「ア」にとってみれば当然の帰結である。

つまり、「ア系」の用例に共通しているのは、話し手の談話以前の観念領域に属する指示対象の指示であり、話し手と聞き手との関わり方でいうと、例54、55の場合はおそらく話し手によって聞き手の視点が一体化された意味において視点の融合が行われたと考えられる。

一方、対する「ソ系」にはこうした聞き手の視点の一体化・融合は見られない。ここでは話し手にとって聞き手はいわば協同して談話を生成する相手であり、話し手と対立的に外在する存在ではない。いわば話し手以外の対象としてその存在を認める程度に過ぎないといえる。「ソ」による「照応機能」と「提示機能」はともに「中立関係」としての談話内の経験に基づいて機能するものと思われる。(8)

因みに、次の例56の「ソ」も、「中立関係」の「観念対象」として提示している場合である。

56：その店の味噌汁が好きで通う人がいます。家のお味噌汁が好きで帰ってくる人がいます。

そして、次に再録する例4、6、11、14も同じく観念対象を提示している用例である。

4'：[{その／＊この／＊あの} 解釈が学者によって分かれる] 作品が多い。（金水敏一九九〇論文より）

6'：最近のアイドル歌手はそのへんにいる女の子と変わらない。（金水・田窪一九九〇年論文より）

11'：[一目会った] {その／＊この／＊あの} 日から恋の花咲くこともある。（金水敏一九九〇年論文より）

14'：「とりあえず、その辺でコーヒーでも飲むか」
　　そういって周一は先に歩きかけた。（高橋三千綱『親父の年頃』）

このような観念対象を提示する「ソ」において、指示対象の同定可能性と同定関与性がともに低い値に止まるのが特徴である。しかも、このような「観念指示」の「ソ」の用法がさらに「その昔」、「その道の大家」の「その」のように、指示性の希薄なものにまで広がり、定性に接近する傾向を持つことは、第一章第三節二項「指示詞と定性」において指摘した通りである。ここで、「観念指示」の「ア・ソ」の相違点と共通点は次のようにまとめられる。

観念指示の「ア」は、今現在行われている談話から見て「時間的な遠」としての「談話以前の観念領域（過去の経験）」に属する観念対象を照応または提示する。観念指示の「ソ」は「いま・ここ」において行われている談話そのものに関わる観念対象を照応または提示する。

観念指示の「ア」においては、聞き手の視点が話し手に融合・一体化されるのに対し、観念指示の「ソ」においては、聞き手の視点が対立化も一体化もされず、ただ単に外在的な存在として中立すると言える。両者の違いは「融合関係」と「中立関係」である。

因みに中立関係の「ソ」は、知覚指示においては、聞き手にとってまだ了解していない知覚対象を談話に提示するか、または相手によって提示された知覚対象を照応する。そして、観念指示においては、観念指示の「ソ」は「いま・ここ」において行われている談話そのものに関わる観念対象を照応または提示する。

第五項　「コ・ソ・ア」の選択関係

これまで述べてきたことをまとめると、次のようになる。

まず、談話において指示詞が用いられる必要が生じた時、話し手はまずその指示対象をめぐる話し手と聞き手との関係と、聞き手の視点の参照の仕方によって、「中立関係」か「非中立関係」かを判断しなければならない。これによって、指示詞の選択関係においてまず「中立関係」か「非中立関係」かの選択が行われる。

「中立関係」とは、聞き手の視点が話し手と中立的に外在する、中性的な関係である。この場合、聞き手の視点は対立的に外在はしないが、消極化もしないので、聞き手の視点を参照する度合いはゼロ階梯である。そして、聞き手の存在は対立的に外在する「対者」ではなく、「他者」として背景化され、指示対象は話し手の領域外にあるものとして指示される。

一方、「非中立関係」は、聞き手の視点は積極的に参照されるか、または消極的に参照するかによって、さらに「対立関係」と「融合関係」に分かたれる。ここでは聞き手の視点が対立的に外在するか、または話し手の内面に一体化され、融合される。聞き手の視点を参照する度合いは、それぞれプラス・マイナスの値となる。そして、聞き手の存在は前景化されるか、または消極化され、指示対象は、話し手と聞き手との対立を軸に、話し手的なもの、聞き手的なもの、そしてそれ以外のものとして指示される。「中立関係」には、「ソ」が対応し、「非中立関係」には、さらに「融合関係」の「コ・ア」と「対立関係」の「コ・ソ」の二つが対応する。

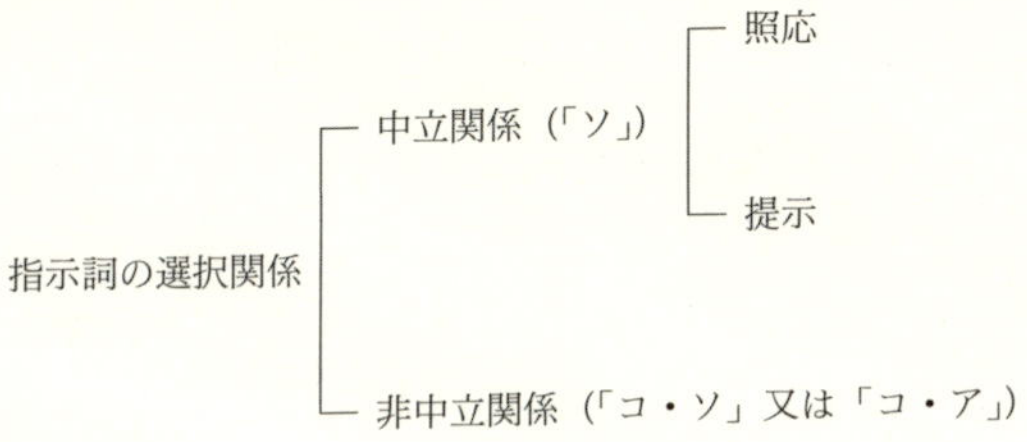

図3

このことを図に示すと図3のようになる。

そして、もし談話において指示詞を用いる必要が生じ、聞き手の視点を同一化あるいは対立化しないという「中立関係」を選択した場合、「中立関係」の「ソ」は、知覚指示においては、聞き手にとってまだ了解していない知覚対象を提示するか、または相手によって提示された知覚対象を照応する。そして、観念指示においては「いま・ここ」において行われている談話そのものに関わる観念対象を照応または提示する。

一方、「非中立関係」の選択をさらに詳しく図式化すれば、図4のようになる。

具体的には、談話において指示詞を用いる必要が生じ、あるいは積極的、あるいは消極的に聞き手の視点を参照する「非中立関係」を選択した場合、話し手は自らの照応・提示

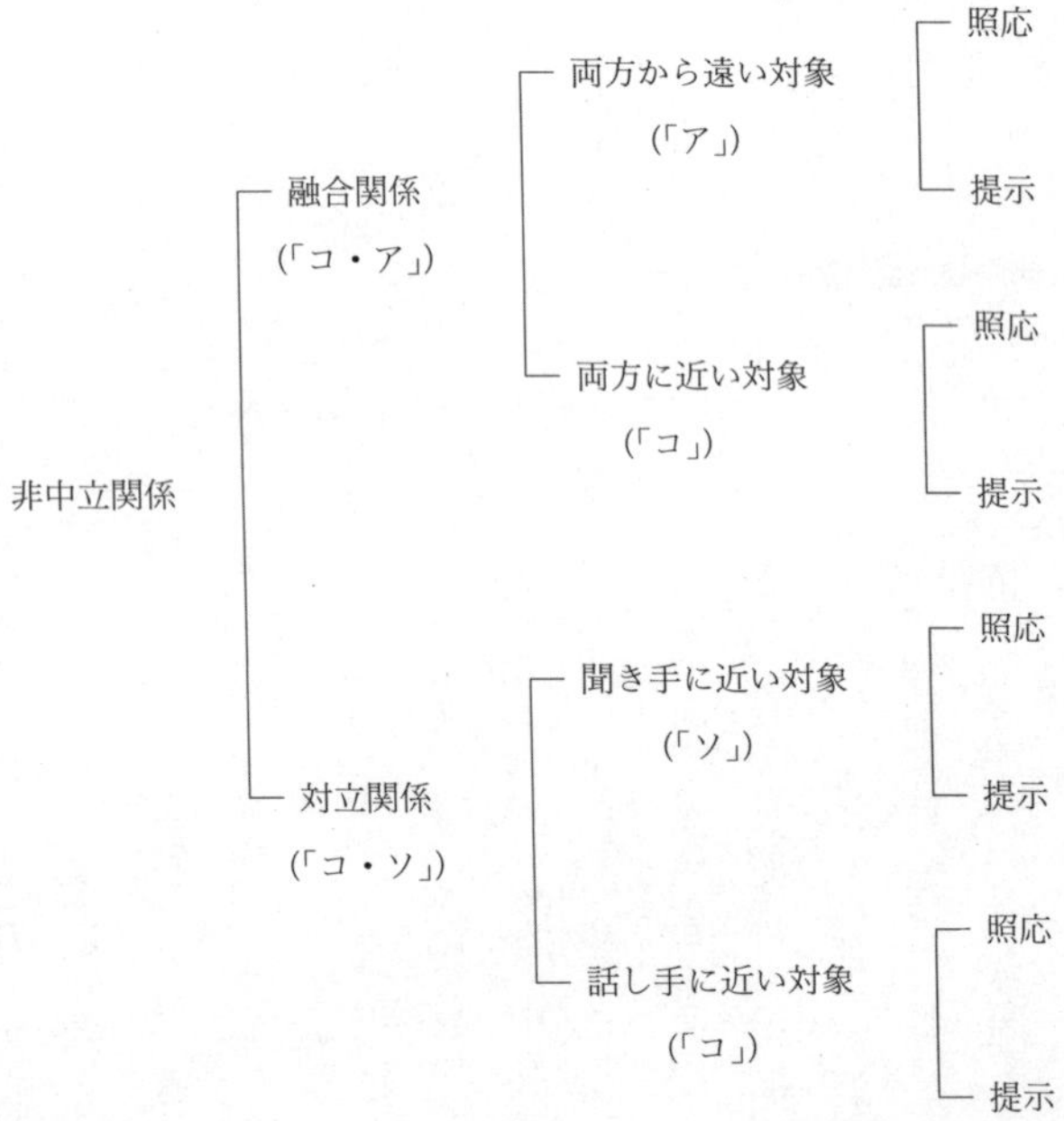

図4

しようとするものが知覚対象なのか観念対象なのかに加えて、その指示対象をめぐる話し手と聞き手の関係に対して、聞き手の視点を同一化するかそれとも対立化するかをまず判断し、選択しなければならない。その時「ア・コ」を用いるかあるいは「ソ・コ」を用いるかが選択される。そして、さらにそれぞれ「ア」と「コ」、「ソ」と「コ」の意味的な違いによって使い分けられる。

その中で「融合関係」の状況において使われる知覚指示の「ア・コ」は、空間的な「遠・近」の対立であり、観念指示の「ア・コ」は時間的な「遠・近」の対立である。一方、「対立関係」の状況において使われる知覚指示の「ソ・コ」は、聞き手と話し手との間で指示対象に対する空間的又は心理的な関わり方の優位がどちらにあるかによって使い分けられ、観念指示の「ソ・コ」の使い分けは指示対象に対する情報的又は心理的な関わり方の優位がどちらにあるかによって決まる。

以上が、「コ・ソ・ア」の選択関係の全部である。

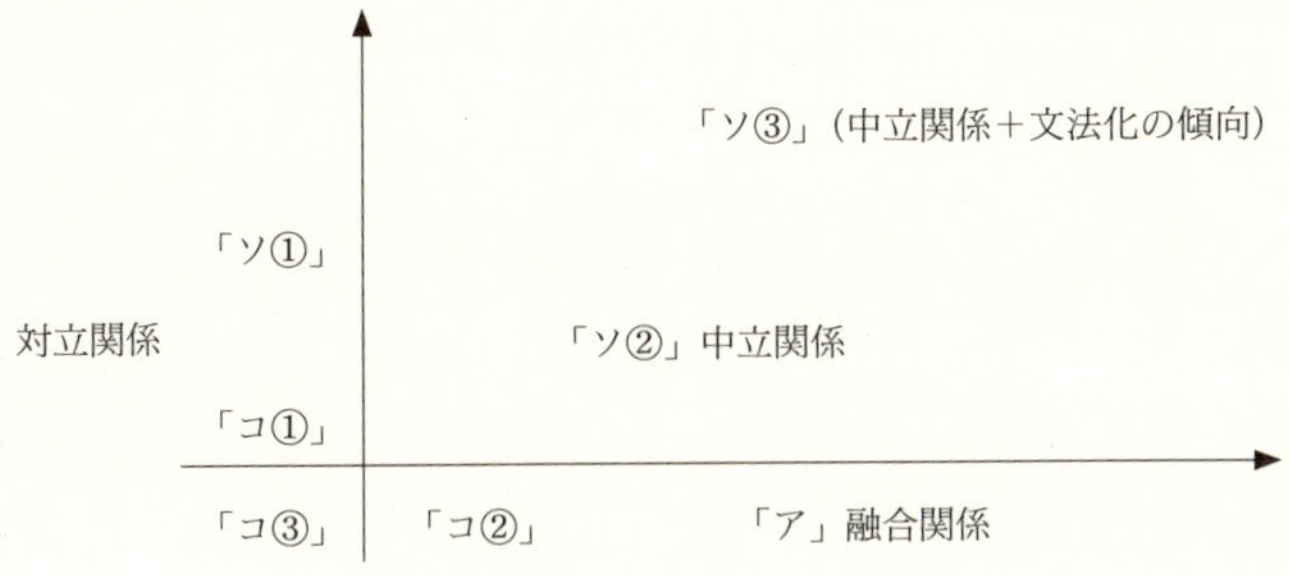

図5

第四節　現代語の指示体系と人称

これまでは、「コ・ソ・ア」の選択関係を記述してきたが、これによって、第一章第三節三項「指示詞の範囲」に示しておいた指示詞の範囲の大部分について説明したことになる。次の図5を参照されたい。

ここに示したのは、指示詞の用法を限りなく細分化したものであり、三分された「コ」の内部の関係、同じく三分された「ソ」の内部の関係などはやはり問題にならなければならない。

たとえば、談話の「いま・ここ」に直結するような「コ③」は、従来「融合型」の「コ系」として扱われているものであり、すべて談話の行われている「いま・ここ」に関わるものである。時間的・空間的な意味での現場そのものを指示する用例である。これは他の指示詞の用法と同じような意味で話し手と聞き手との相互関係によって選択的に用いられるものではないので、言語使用の層においては「コ系」を含むその他の指示詞の用法と選択的な関係にある「コ①」とは一線を画すべきとも考えられる。

しかし、我々は、選択の可能性の低い「コ③」と選択の可能性の高い「話し手中心のコ①」との間に、指示対象に対する話し手の関わり方が或る強弱の度合いに従って広がっていることも同時に認める必要がある。その広がりの中間が「コ②」である。談話の中で三者はともに話し手の発言のいま・ここに深く関わるものなのである。一つは、話し手と聞き手とがともに同じ強さで関わっているという意味において、一つは聞き手の視点が話し手の内面において一体化され、融合されているという意味において、三者ともに話し手的な指示なのである。ここには話し手の一種の優位性が認められる。三分されたこれら三つは実は一つだったのである。全体的に「コ①」、「コ②」、「コ③」を含む「コ系」指示詞全体が「話し手中心の関係」つまり「一人称」に対応すると考えてよいようである。

確かに談話は話し手と聞き手との共同主観的行為である。談話に共同参加している話し手と聞き手は原理的に「対等の立場」にあるには違いない。しかし、言語にとっても談話にとっても、両者は決して同じ「濃さ」でその蔭を落としているわけではない。両者のうち、概して言語に濃厚な蔭を残しているのは、話し手であり、一人称である。人称体系の軸の中心だからである。軸の中心だから一人称は常に求心的であり、安定的である。一方、その軸の中心をとりまきながら転回する「聞き手」（二人称）は多分に遠心的であり、拡散的である。

このような「話し手中心の関係」における話し手の優位性と対称的なのは、「聞き手中心」の「ソ」の持っている一定の広がりである。

まず、「ソ③」を見てみよう。これは文法化を目指すものとして、自立した領域としては存在するわけではないが、縦・横の二つの軸に挟まれた中間的な領域においてその場所を見つけることができる。傾向的には指示詞の選択関係から逸脱する方向へ傾きつつ、定性への接近が見られる。しかし、まだ自立できるほど成長していない、不安定な状態にある。これも基本的には「ソ②」に含めることが可能である。以下「ソ③」を「ソ②」に含めたものを「ソ②」とする。

そして、「聞き手」の性格的な二面性に対応して、「ソ」の広がりの全体において、「ソ」の選択関係としても、「中立関係」（いわゆる「中称のソ」）の「ソ②」（実際「ソ③」と「ソ②」の両方が含まれる）と「対立関係」の「ソ①」（いわゆる「聞き手領域」の「ソ」）が併存するのである。

これまで見てきたことをまとめると、次のようになる。

「コ系」は「コ・ソ・ア」の選択関係における「話し手中心」の「コ①」と、融合関係の「コ②」と「コ③」という三つの領域に広がりを持つが、この三つの領域を含めたものとしての「話し手中心の関係」（いわゆる「話し手領域」）に「コ」が対応すると規定することができる。「一人称領域」である。

対して、「ア系」は、概して融合関係の「遠」に属する領域（いわゆる「三人称領域」）に対応し、それがさらにイディオム化した用法において名詞に接近するように、多分に「非人称化」の傾向を持つものである。

そして、いわゆる「聞き手領域」の「ソ」が二人称に対応する。「二人称領域」である。

しかし、「中立関係」の「ソ」はどう規定すればよいのであろうか。「中立関係」とは、聞き手の視点が話し手と中立的に外在する、中性的な関係である。この場合、聞き手の視点は対立的に外在はしないが、消極化もしないので、聞き手の視点を参照する度合いはゼロ階梯である。そして、聞き手の存在は対立的に外在する「対者」ではなく、「他者」として背景化され、指示対象は話し手の領域外にあるものとして指示される。してみれば、「中立関係」の「ソ」は「一人称」に対するところの「非一人称」として規定する方がふさわしいようである。

第五節　「中立関係」の「ソ」と「対立関係」の「ソ」

すでに見てきたように、知覚指示と観念指示の両方において、指示対象に対して聞き手が中心に関わり、聞き手の視点が積極的に参照される「聞き手中心の関係」の「ソ」が認められた。そして、同じように、話し手と聞き手のどちらも優位に関わっていない、聞き手の視点が中立的に外在するという「中立関係」の「ソ」も認められた。それでは、この二つの「ソ」はいったいどういう内的な関連を持つのであろうか。

ここでまず指摘したいのは、「聞き手中心の関係」における「ソ」、つまり指示対象に対し、話し手よりも聞き手が優位に関わっている関係は、裏を返せば、話し手が聞き手ほど優位に関わっていない関係である。そして、話し手と聞き手のどちらも指示対象に優位に関わっていない、「中立関係」の「ソ」も、実は話し手が優位に関わっていないという意味での「中立関係」なのである。この場合聞き手ももちろん優位には関わっていないが、一方的に優位に関わっていないだけで、関わっていることは関わっているのである。その関わり方は、要するに聞き手の視点が話し手と中立的に外在する、中性的な関わり方である。聞き手の存在が対立的に外在する「対者」ではなく、「他者」として背景化されるのである。聞き手の視点を参照する度合いもゼロ階梯に止まる。

こうして見ると、我々は、両者は同じく「話し手が優位に関わっていない」という共通項を持つことに気づく。二分した「ソ」の共通理解の根拠はここにある。そして、「中立関係」の「ソ」（いわゆる「中称のソ」）と「対立関係」の「ソ」（いわゆる「聞き手領域」の「ソ」）とは、要するに指示対象に対する聞き手の関わり方の強弱に加え、聞き手の視点に対する話し手の態度・参照の仕方が「中立か対立か」の選択にもあるということになる。聞き手の視点を前景化して＋の値において参照するか、または背景化してゼロの値において参照するかの違いである。「ソ」は、分割されるだけの事象をそれぞれ指示詞の選択関係という言語使用の相に持ちながら、実は内部で連続しているのである。もちろん、このように連続する二者のどちらを優先的に「ソ」の機能として、言語使用の相において規定するかについては、研究者の立場によって分かれるところである。

これまでは、佐久間鼎（一九三六）以降、その支持者もその批判者も含めて、談話の話し手と聞き手との関係はとかく対立的な関係、つまり「聞き手領域」（あるいは「二人称領域」）によって捉えるのが常であった。そこでは、まず知覚指示において第一義的に「聞き手領域」に関わる「ソ」（「聞き手領域」の「ソ」）が規定され、それでもって、「中立関係」の「ソ」（いわゆる「中称のソ」）を説明することが暗黙の前提であった。佐久間鼎（一九三六）をはじめ、渡辺実（一九五二）、井手至（一九五二a）、三上章（一九五五）がそうであったし、近くは川端善明（一九九三）も同じ立場に立っている。全体的に、佐久間仮説の支持者と批判者との違いは、前者が「聞き手領域」の「ソ」でもって残るすべての「ソ」（いわゆる「中称のソ」）を律しようとするのに対し、後者がその律し方に異を唱えるという具合に、指示詞の研究史が転回しているといえる。

しかし、ここに見たような「対立関係」の「ソ」（いわゆる「聞き手領域」の「ソ」）によって、あるいはそこから出発して「中立関係」の「ソ」を説明しようとするそもそもの動機は、おそらく「ソ」に一貫した説明を与えようとするためであろう。「ソ」に一貫した説明を与えようとすること自体、決して不当なものではなく、むしろ至極当然のことである。問題はこうした試みは常に「中立関係」の「ソ」（いわゆる「中称のソ」）の否定と表裏一体の関係にあったり、あるいは、「聞き手領域」の「ソ」といわゆる「中称のソ」の両方を認めて、その間の断絶を容認したりすることにある。

そのために、まず手続きとしては、「聞き手領域」の他に、いわゆる「中称のソ」を「中称」としてではなく、「中立関係」の「ソ」として認知するために、新たな一歩を踏み出す必要があった。

その意味で、堀口和吉（一九七八a）、堀口和吉（一九七八b）が、「聞き手領域」に「中立の領域」を対置させたことはそれまでの研究に対して大きな前進であった。しかし、そこでは、「聞き手領域」と「中立の領域」との関係に対する考えがはっきり示されていなかった。そして、「文脈指示に聞き手の領域を設定するなどということは、無意味きわまることである」（三九頁）と論じきった。「文脈指示」と「現場指示」との間に構造的な断絶を見たのである。

同じように、吉本啓「日本語指示詞コソアの体系」（一九九二年）も、「ソ」を、「会話空間の中で、話し手の個人空間の外の事物はソで指示される」（金水・田窪編『指示詞』一一二頁）と規定している限りにおいては、「ソ」の規定は依然消極的に過ぎるという謗りを免れないであろう。このように特定された「話し手の個人空間以外」には、聞き手が中心に関わる「ソ」の領域（いわゆる「聞き手領域」）が埋もれてしまうからである。

そして、本稿の試みは、まず指示とは話し手と聞き手との相互主観的行為であるという規定から始まった。それから、「人称領域」をただ単に平面的に三分割するのではなく、指示対象をめぐる話し手と聞き手との相対的な二者関係に加え、聞き手の視点をどう参照するかという聞き手の視点の捉え方によって規定しなおした。そこでは、談話における話し手と聞き手との「中立関係」は、まず「融合関係」と「対立関係」に対して本質的にも現象的にも優先的に考えられ、「融合関係」と「対立関係」という二つの関係に対する中心としての「中立関係」を認め、三者の間に相対的かつ動的な関係が設定されたのである。

かくして、指示詞の選択関係において、「ソ系」指示詞の意味的・機能的広がりとして、「中立関係」の「ソ」（いわゆる「中称のソ」）と、「対立関係」の「ソ」（いわゆる「聞き手領域」の「ソ」）の二つを認めたのである。

ここで、「中立関係」の「ソ」について、それが話し手の優位に関わっていない対象に対し、聞き手の視点をただ単に自ら以外の存在として認め、「中立関係」の「ソ」で指すという意味で、聞き手が優位に関わっている「聞き手領域」の「ソ」に対して、第一義的に規定してみよう。これは、どちらかというと、いわゆる「中立関係」の「ソ」（いわゆる「中称のソ」）によって、「対立関係」（いわゆる「聞き手領域」の「ソ」）を説明しようとする試みである。この試みは、必然的に、「聞き手領域」の「ソ」は「ソ」の本質的な機能ではなく、あくまで話し手が優位に関わっていないという意味での「ソ」の一部に過ぎないという主張に繋がる。両者の間に、聞き手の関わり方の強弱の度合いを見たのである。同時に聞き手の視点を参照する度合いの加減も、ここでは考慮されている。

しかし、話し手が優位に関わっていない指示対象が即ち聞き手が優位に関わっているものと即断するのは、短絡的に過ぎるであろう。それがさらにもう一つ話し手も聞き手も優位に関わっていないという関係、つまり話し手が優位に関わっていないという関係（「中立関係」の「ソ」）の中に含まれているからである。「中立関係」の「ソ」と「対立関係」の

「ソ」は、譬えていえば、卵の黄身が白身に包まれるような関係とでもいえようか。

してみれば、話し手が優位に関わっていない指示対象が聞き手と関係付けられるのは、談話は話し手と聞き手の二人によって行われるという場面構成に支えられている部分が大きいのではないか、と考えられる。従って、話し手が優位に関わっていない指示対象は、多分に聞き手が優位に関わっている指示対象となる可能性を含みながらも、それに一元的に結び付かなければならない必然性がない。いわゆる「人称領域」をただ単に平面的に分割することに飽き足らなかったのは、指示対象に対する話し手と聞き手との二者関係の強弱の度合い、いやそれだけでなく「ソ」のためには特に指示対象に対する聞き手の関わりに或る強弱の度合いがあったからであり、同時に、この強弱の二極を「ソ」の関わる「中立関係」と「対立関係」として取り出して見るためである。

「対立関係」の「ソ」（いわゆる「聞き手領域」の「ソ」）は、話し手が優位に関わっていない意味において「中立関係」の「ソ」（いわゆる「中称のソ」）の分身であり、それ自体「中立関係」の「ソ」の緊張した変相であるといえる。

しかし、このように考えることは、必ずしも「聞き手領域」の「ソ」を否定することには結び付かない。「聞き手領域」の「ソ」は知覚指示においても観念指示においても観察され、「中立関係」の「ソ」と共存しているのである。卵の黄身と白身の関係である。

これを要するに、談話は話し手と聞き手の相互主観的行為である。談話は話し手と聞き手によって行われているからには、この両者の間には、「対立的関係」がある以前に、「融和的関係」が予定されなければならない。そして、両者の「中心」として、両方への流動的な可変性を持つのが「中立関係」である。その意味では、「中立関係」の「ソ」は、「融和的関係」でも、「対立的関係」でもなく、その限りにおいてその両方でもありうるダイナミックな中間項なのである。それが「対立的関係」として現れるのは、談話において、指示対象をめぐる二者間の力関係の「中和・中立」の均衡が破られて、対立が表面化された状況である。その限りにおいては、それは談話の常態ではなく、一種の非日常的な出来事に過ぎないともいえる。談話において、特に観念指示において、聞き手が中心的に関わる「対立関係」の「ソ」（いわゆる「聞き手領域」の「ソ」）の用例が観察されにくいのもこの非日常性のためだと考えられる。逆に知覚指示においてそれがよく観察されるのは、あくまでも場面構成の物理的な現象としてあるために、明確に観察されるだけである。そして、「対立関係」それ自体は、談話の目的でもなければ、本質でもない。それがたとえ一時的に生じたとしてもすぐに解消されなければならないように我々の言語行為が働くからである。

一方、両者が「融合的関係」になるのは、中立から一歩進んで、統合・合一の関係に向かう場合である。つまり、「融合関係」と「対立関係」に対して、存在的にも現象的にも優先して考えられるのは、他ならぬ「中立関係」なのである。そして、「融合関係」と「対立関係」への転化をその内面に含む「中立関係」の「ソ」が、二人称にも三人称にも連続し、あくまで「非一人称」に対応し、「対立関係」の「ソ」が「二人称」に対応する。これに対して、「融合関係」の「ア」は概して「三人称」に対応するのである。「ソ」はやはり「中心」と「周縁」の二つからなっているのである。

第六節　まとめ

先に述べたように、「ソ」には二分されるだけの広がりの中心と周縁があった。しかし、果たして二つの「ソ」は、「聞き手中心の関係」（いわゆる「二人称領域」）として一つにまとめられないのであろうか。もしまとめられるとしたら、どういった原理的な説明を与えることができるのであろうか。ここで、言語・談話における「話し手」の優位性に対するものとして、「聞き手」の二面性について考えてみたい。

たとえば、聞き手とは、話し手と別人格に属する存在である。話し手にとっては、自分以外の人、要するに「他者」

である。しかし談話の聞き手としてはこの「他者」は常に特定の存在であり、話し手との間に、あるいは融和的関係、あるいは対立的関係が生じる「相手」であり、要するに「対者」である。「聞き手」の二面性、二重性格はここにある。

つまり、聞き手は「他者」であると同時に、「対者」であり、「対者」であると同時に、「他者」なのである。強いて言えば、「対者」である前に、まずは「他者」であるということになろうか。この聞き手を「対者」としてではなく、「他者」として捉えるその捉え方に対応するのが「中立関係」である。「話し手」と「聞き手」は「融合関係」でも「対立関係」でもない、その限りにおいて「融合関係」にも「対立関係」にも転化しうる可能性を併せ持っているところの一種の中性的な関係にあるのである。三人称でもなく、二人称でもない非一人称が、二人称にも三人称にもなりうるのと同じように、ここにおいては、「他者」はやはり「対者」より優先的に規定されなければならない。

このように見てくると、たとえば、「聞き手」とは、突き放してみれば、あくまで他人であり、「他者」であり、いわゆる話し手以外の存在として、他の「人」と別するところがない。対者としての「聞き手」が、存在としては、限りなく第三者に近づく。二人称と三人称とが一括して扱われることの根拠もここにある。「一人称対非一人称」の人称体系が成立するのも、聞き手が「対者」(二人称)としてよりはまず「他者」(三人称)と等しく扱われているからに他ならない。

一方、談話の相手としての「聞き手」は、「対者」として絶えず話し手との緊張関係の一翼を担っている存在である。「他者」ではあっても、「対者」として話し手と「向き合っている」限り、それは他人ではいられず、「対者」として話し手に強く意識される存在である。聞き手を「他者」とする見方において、話し手を中心として、話し手の領域とそれ以外という主観的な人称対立をなすのに対し、後者の見方においては、話し手と聞き手の対立が人称体系の軸心となる。かくして、「聞き手」を「他者」と見るか、「対者」と見るかの違いは、「一人称対非一人称」の人称体系といわゆる「一・二人称対三人称」の人称体系の違いに対応するのである。要は話し手が聞き手の視点をどう参照するかである。そして、「一人称対非一人称」の人称体系といわゆる「一・二人称対三人称」の人称体系との間に、史的変化の方向があるとすれば、この間には、「聞き手」を「他者」と見るか、それとも「対者」と見るかという見方に或る変化があったのではないかと考えられる。

仮に、日本語の「ソ系」指示詞において見られるような「広がり」も、このような見方の違いとともに、「二人称（聞き手）」のこうした本質的ともいうべき、二面性・二重性格によるのであれば、いわゆる「聞き手中心」の「ソ」がこの「対者」（二人称）に直接結び付くのに対して、いわゆる「中立関係」の「ソ」が「非一人称」として「他者」（三人称）という存在に連続するのも、当然としなければならない。「ソ」を、或る広がりを持つ「聞き手領域」（あるいは「二人称領域」）に結び付けて説明することの可能性もここにある。ただし、その前に、「聞き手領域（あるいは二人称）」を、「他者」でもあり、「対者」でもあるという二面性を合わせ持ったものとして定義することが必要であろう。そして、人称体系と人称領域を、ただ単に同一平面に配置するのではなく、話し手と聞き手との相対的な二者関係に加え、聞き手の視点をどう参照するかという聞き手の視点の参照の仕方によって捉えなおすことが必要であろう。さらに、実際の分析においては、やはりまず「ソ系」指示詞の持つ広がりの「中心」と「周縁」との間を分けることが必要であろう。しかも、これを単なる分析のための分析に終わるのではなく、さらなる総合のための手順として分析しなければならないことはいうまでもない。佐久間仮説を肯定する可能性もこうした手続きを踏むことによって開かれるであろう。

因みに、これまでは、先行研究の問題点を指摘した際、「ソ系」指示詞をもっぱらいわゆる「聞き手領域（二人称領域）」に結び付けて解釈することができないことを再三にわたって強調してきたが、これはもちろん条件付きであることはいうまでもない。つまり、「人称体系」と「人称領域」とをただ恒久不変的なものとして静態的に平面的に捉える限りでは、その説明が不可能だという条件である。

しかし、ここで、「ソ系」指示詞の関わる人称領域については、「非一人称領域」（「中立関係」の「ソ」）と「二人称」（「対立関係領域」の「ソ」）の二つを認め、佐久間仮説に回帰しようとしなかったのは、別にその理由がある。

それは、ただ単に現代語における「ソ系」指示詞の機能と選択関係を記述するだけでなく、指示体系の史的な変化も、正にこの「ソ系」指示詞の関わる二つの関係「中立関係」と「対立関係」、言い換えると「非一人称領域」（「三人称領域」と「二人称領域」が未分化の状態において）において行われたということを明らかにするためである。指示体系の歴史的変化については、第三章で論じる。

第二章　注

（1）まず本書で用いる例文の容認度を示す記号を説明しておく。＊は非文であることを、?は容認度がかなり低いが、人によって容認可能であることを意味する。先行論文から借用した例文の記号もこれに準ずる。それから、本文の中で、指示詞の語形に言及する際、具体例としての指示詞はひらがなで表記し、基本形を共有する同じ系列の指示詞を示す場合「コ・ソ・ア」のように片仮名表記にした他、現代語の語彙としての指示詞の語形も片仮名表記にした。

（2）渡辺実（一九五二）以降、渡辺実『日本語概説』（一九九六年）においても指示詞の体系が示されている（一一四〜一一八頁参照）。根本的な考えに変わりがないようなので、ここでは主に渡辺実（一九五二）を用いた。なお渡辺実『国語意味論』（二〇〇二年）所収「指示語彙『こ・そ・あ』」の追記（一九九頁）を参照。

（3）本書では、「了解する」を「了解・同定する identify」という意味で用いる。

（4）談話の情報の流れにおける「情報の提示」に注目した先行研究に東郷雄二（一九九一）がある。そこではフランス語の ceN による照応の機能について、

　このように ceN による非忠実照応は、先行名詞句の単なる反復や聞き手の知識に基づく言い換えではなく、話し手の視点からの新たな情報の提示だと考えられる。これを談話における情報の流れという観点から見ると、ceN による照応は二重の機能を果たしていると言ってよい。（二〇〇頁）

と述べている。

（5）指示詞の用法を「知覚」と「観念」によって整理することは今に始まったことでない。遠くはヨーロッパでは紀元二世紀のアポローニオス・デュスコロス（Apollonios Dyskolos）が、その著 Perì Syntā́xeōs I, II, III,

IVにおいて、指示代名詞は主として視覚的な指示 (deîxis tês ópseōs) をするのに対して、冠詞は主として意識の指示 (deîxis toû noû) をするという意味のことを述べている (Grammatici Graeci II. 2, pp. 135-136) のに、早くもこの考え方の萌芽を見ることができる（泉井久之助（一九七六b）二九三〜二九四頁）。

因みに、本稿の「知覚指示」は、単なる視覚的な指示とするのではなく、視覚、聴覚、味覚によって指示対象を知覚する意味で用いられ、「観念指示」は、アポルローニオス・デュスコロス Apollonios Dyskolos の「意識の指示」に等しい。

（6）「選択関係」の用語は、Halliday, M. A. K の choice relation に基づく。『新英語学辞典』（大塚高信・中島文雄監修、研究社、一九八二年）system（体系）の項目（一二二六〜一二二八頁）を参照。

（7）「社交の問題」については、堀口和吉（一九七八b）は次のように述べている。

話し手はコ・ソ・アの領域を設定するのであるが、もしも、その設定が相手に理解され得ないようなひとりよがりのものであるならば、その場合は、相手にとまどいを与えたり不快感を与えたりすることになるから避けなければならない、という事情はあるであろう。しかし、もちろんそれは、言語の法則としてではなく、社交の術としての問題である。（二八頁）

（8）黒田成幸（一九七九）が「ア」と「ソ」の対立を「話し手が直接的知識として知っている」場合（「概念化されないままの対象」）と「話し手が概念的知識として知っている」（一〇〇〜一〇一頁）場合の経験の対立として解釈している。そして、吉本啓（一九九二）は、「階層的記憶」という概念を用いて指示詞の用法について、「アの文脈指示用法において、談話記憶への参照は行われるものの、ソとの使い分けの決め手となるのは出来事記憶への参照である」（一一四頁）としている。

一方、金水・田窪（一九九二b）は「コ・ア」と「ソ」の対立は「直接経験的領域」と「間接経験的領域」にあるとしている。何れも興味深い指摘である。

第三章

上代から近世までの指示体系の歴史

第一節　日本語史の時代区分と文献の性格

本章では、上代から近世までの指示体系の歴史を考察するが、ここで用いる日本語史の時代区分は、中世と近世をそれぞれ前期と後期に分けた以外は、基本的に國語学會編『改訂國語の歴史』（刀江書院、一九五一年）に基づいている。従って、時代区分は次のようになる。(1)

上代……………奈良時代とそれ以前　約二百年
中古……………平安時代　約三百年
中世前期………院政・鎌倉時代　約二百五十年
中世後期………室町時代　約二百五十年
近世前期………江戸幕府成立から宝暦頃まで　約百五十年
近世後期………宝暦頃から明治維新まで　約百二十年

そして、各時代の主な言語資料は次頁の表1に示したものを用いた。

まず本稿の用いる言語資料の文献的性格に触れておきたい。

上代語の文献としては『上代歌謡』と『万葉集』を主に用いたが、以外にも金石文など和語の姿と文法を伝えるものもわずかながらある。しかし、それらは指示詞の体系を示すのに十分な質と量を持たないため、ここでは用いなかった。

中古語の文献は主に物語などの会話文を用いたが、その他に、中世語の資料としては「抄物」、近世語の資料としては

表1　主要文献一覧

時代別	作品名	ジャンル（文体）	方言	位相
上代	『上代歌謡』	和歌（和語）	近畿（大和）	知識人・庶民
	『万葉集』	和歌（和語）	近畿（大和），東国	知識人・庶民
中古	『竹取物語』	物語（和文）	近畿（上方）	知識人
	『伊勢物語』	物語（和文）	近畿（上方）	知識人
	『源氏物語』	物語（和文）	近畿（上方）	知識人
	『枕草子』	随筆（和文）	近畿（上方）	知識人
中世前期	『延慶本平家物語』	物語（和文）	近畿（上方，諸国）	知識人・僧侶
中世後期	『史記桃源抄』	抄物（和文）	近畿（上方）	知識人
	『大蔵虎明本狂言集』	狂言（和文）	近畿（上方）	知識人
近世前期	『好色一代男』	浮世草子（和文）	近畿（上方）	知識人
	『軽口本集』（五種）	噺本（和文）	近畿（上方）	庶民
近世後期	『小咄本集』（一五種）	噺本（和文）	東国（江戸）	庶民
	『落語本集』（八種）	噺本（和文）	東国（江戸）	庶民

「軽口本」、「小咄本」、「落語本」などを主に用いた。

そして、上記文献の外に、中古語の資料としては『古今集』、『後撰集』、『拾遺集』を、中世前期の資料としては『新古今集』を参考した他、近世後期の江戸語から現代語への過渡期の資料としては、三遊亭円朝『怪談牡丹燈籠』を参考にした（各文献のテキストについては、付録一「テキスト一覧」を参照されたい）。

一方、上記文献のジャンル（ここではやや広い意味に用いる）と文体に目を転じてみると、まず気づくのは、上代語の資料は和歌に偏り、中古語以降、現代語に至るまでの資料は、物語、浮世草子、噺本などの散文に集中しているということである。

一般的に歌と散文との間に用語や文法の違いがあると考えられるので、上代語の資料が和歌に偏ることは指示詞研究にとって決して理想的な資料ではない。しかし、我々は理想的な文献に恵まれていない。そのため和歌を用いるが、指示詞研究の資料としての和歌の性格を明らかにするために、『万葉集』の和歌と中古語の物語との指示詞の延べ語数を比較してみると、表2の結果が得られた[2]。

まず、『万葉集』と『源氏物語』とで100 KBあたりの指示詞の延べ語数はそれぞれ一八五・三七と、三四六・〇二という計算になるが、歌と物語の文体の差としては、さして驚くべき数字ではない。

表2　和歌と散文との指示詞延べ語数の比較

作品名	テキスト容量	指示詞の延べ語数	100KB あたりの延べ語数
『万葉集』(訳文)	410KB	762 (526+236)	185.37
『源氏物語』(全文)	1945KB	6730 (4652+2078)	346.02

表3　『万葉集』と『三代集』、『新古今集』の指示詞延べ語数の比較

作品名	総句数	指示詞の延べ語数	百首あたりの延べ語数	一語あたりの句数
『万葉集』	29222	762	13.04	38.35
『古今集』	5787	66	5.70	87.68
『後撰集』	7125	62	4.35	114.92
『拾遺集』	8684	95	5.47	91.41
『新古今集』	9890	137	6.93	72.19
『三代集』+『新古今集』	31486	360	5.72	87.44

一方、同じ和歌テキストでも、『万葉集』以降、中古および中世前期に属する『古今集』、『後撰集』、『拾遺集』と『新古今和歌集』における百句あたりの指示詞の延べ語数を見てみると、表3のようになる。[3]

表3でまず注目されるのは、『萬葉集』と『三代集』+『新古今集』の句数では、後者の方が若干多いにも関わらず、『三代集』+『新古今集』の指示詞の延べ語数はわずか三六〇例しかなく、『萬葉集』の七六二例の約半分に過ぎないということである。これを百首あたり（長歌は短歌に換算）の指示詞の延べ語数に換算すると、それぞれ一三・〇四例と五・七二例である。そして、指示詞が一語用いられるためにどれぐらいの句数が必要なのかを比較しても、同じように、三八・三五対八七・四四と、後者の方がやはり前者の倍ぐらいの句数を要することが解る。これはもちろん単純計算の結果であるが、『萬葉集』の和歌に比べて後の時代の和歌における指示詞の延べ語数がおよそ半減していることから、後の時代になるほど歌には指示詞が使われなくなるという傾向が見てとれる。

こうしてみれば、先ほど挙げた、『万葉集』と『源氏物語』との間の差もさして驚く数字ではないばかりか、むしろ歌にしては『万葉集』の指示詞の延べ語数はかなり多いといわなければならない。

一般的に和歌テキストには散文テキストほど指示詞が多く用いられ

ていない。しかし、『萬葉集』における指示詞の延べ語数が後の時代の和歌集（たとえば『三代集』＋『新古今集』）より倍ぐらい多いということは、それだけ『萬葉集』の和歌は後の時代の和歌よりも指示詞の用法を多く伝えていることに他ならない。これは同じ和歌テキストとはいえ、上代と中古とはその文献の性格が大きく異なっているためだと考えられる。

ここで、もし物語の会話文に指示詞が多用されるのは、会話表現が物語の地の文よりも大きく発話の現場に依存するためであり、そして会話表現が言語資料としてはその現場性に優れているのだとすれば、『萬葉集』の指示詞の延べ語数は散文ほどの量こそないものの、平安鎌倉時代の和歌テキストの二倍ぐらいもあるということは、それだけ上代の和歌は言語資料としての現場性に卓越しているあらわれだと言える。[4]

もちろん、これだけのデータによって上代の和歌テキストを無批判に散文テキストと同質に語ることは許されない。しかし、『萬葉集』には後の時代の和歌よりも多く指示詞が用いられていることは、指示詞の歴史的研究にとってはまさに幸いとしなければならない。逆に指示詞の使用頻度にこうした歴然とした差がある以上、上代の和歌テキストを後の時代の和歌テキストと同質には語ることができないことにこそ留意する必要があろう。

次に表1に示した文献の地域方言的な特徴を見てみると、上代から近世前期までは、上代語の大和地方の言葉と中古語、中世語の京都の言葉が同じく近畿方言の範囲内に属するため、その方言差はさほど問題にならないが、近世前期と近世後期の文献は近畿方言と関東方言にわたっているという事実に注目する必要がある。

これについては、石垣謙二『助詞の歴史的研究』（一九四七年）のように、そこに日本語史の断絶を認め、文献の異質性を強調する考えもある。しかし、本章に用いられた江戸時代の文献についていえば、前期の『好色一代男』と後期の小咄本との間には、多分に書き言葉的な資料と口語的な資料との相違はあるものの、結果的に指示詞の体系的な違いを示すような徴象が認められなかった。軽口本と小咄本との間にも同じく指示体系の差が認められるに至らなかった。ということは、方言差は江戸時代の文献では現代語ほど明瞭に観察できない可能性ももちろんあるが、その一方で、指示詞の体系は他の文法事象よりも方言差を越えて一般的な規範性を保っていたとすれば、指示詞の歴史的な研究には方言差はさほど影響しないと考えてもよさそうである。

最後にもう一つ文献の位相的な差を指摘しておきたい。それは上代語から近世語までの文献の作者の層がかなり違うことである。『萬葉集』は王侯貴族を中心とし、上流社会の文化人から庶民まで社会の各階層に幅広く渉っているが、中古語の文献は揃って上流社会の文化人の作品である。そして、中世前期の『平家物語』には複雑な成立事情があり、社会の底辺に近い人物や武士・僧侶がその成立に関わった節もあるといわれる。一方、中世後期の『大蔵虎明本狂言集』には様々な身分の人物が登場し、『史記桃源抄』は僧侶が講義に用いる言葉である。近世語の『好色一代男』が時の代表的な文化人の作品であるのに対して、咄本は庶民の話芸である、といった具合である。

このように上代から近世までの文献の作者とその文献の社会階層的な差は大きく異なる。こうした文献の階層的な差は指示詞の体系に何ら影響することがないとはもちろん断言できない。ただ、実際の研究においては上記文献の階層的な差が指示体系のあり方に影響を及ぼした形跡は認められなかった。その意味では指示体系の規範性は社会の各階層に広く浸透していたと考えることができるかもしれない。

以上は、本章に用いるところの文献の主なものを取り上げて、その言語資料としての性格をみたが、これらの文献はあくまでその時代の言語資料として優先的に用いた主なものであり、上代語の文献はともかくとして、時代が降りれば降りるほど他にも優先的に用いなければならない文献が多数あることは言うまでもない。本章はここに取り上げた言語資料の他に、さらに各時代ごとに他の資料価値の高い文献をも併せて調査し、可能な限り参照するようにした。

第二節　上代語の指示体系

上代語の指示体系について述べる前に、まず上代語の範囲と資料との性格について、簡単に触れておきたい。『時代別国語大辞典・上代編』（澤瀉久孝他編、一九六七年）によれば、上代語は次のように定義されるという。

上代語の文献資料に基づき蒐集することのできる上代語は、主として、時代的には奈良時代、方処的には朝廷のあった大和、奈良地方を中心として、主に貴族階級の間で用いられていた共通語的な性格を帯びたことばである。言いかえれば、七、八世紀の日本における共通語としての中央貴族階級の言語であるということができよう。この中央語に対立するのが、いわゆる東国語――「あづまことば」で、東国一円を大きくひっくるめてその言語圏とし、近畿以西の中央語系のことばに対する方言として意識せられていた。（「上代語概説」一三頁）

本章の対象として取り上げる上代語も、その資料が『上代歌謡』と『万葉集』に拠っている限り、この定義に合致するものである。

確かに指示詞の研究は口語によって行われることが最も理想的であるが、上代に限らず、現代を除けば、後の時代のどの時代を取り上げても、指示詞の方言的な差が取り出せるだけの資料に、我々は恵まれていない。言語史は文献資料によって行われなければならない以上、我々は、歌や歌謡語という制約は確かに制約として認めなければならない。しかし、それと同時に、『万葉集』には、贈答歌があることと、後の時代の歌集より倍ぐらい多く指示詞が用いられていることに鑑み、『上代歌謡』と『万葉集』に残っている階層的にも方処的にも広がりをもつ言葉の中から、指示詞の体制的な全体を描き出すことも可能であろう。そして、それと上代語の指示体系として後の時代の指示体系との間に、史的変化の自然かつ必然的な関連が認められるとすれば、それは上代語の指示体系の真からさほど遠ざかるものではないと考えられる。

因みに、本章のいう「上代語の指示詞」とは、厳密には奈良時代に体制として確立した、あるいは体系化しつつある「中心的な」指示詞の語形・意味の体制という意味である。

しかし、これによって、一つ前の時代の指示体系の残存と思われるものや、次の時代の指示体系の前兆と思われるもののように、「中心」に対する「周縁」としてあるような現象を律するつもりはなく、また律するすべもない。指示体系の体系化の流れの中に両者があるからである。してみれば、体系という言葉も必ずしもすでにできあがった、あるいは静的な意味を持つものではないことは言うまでもない。

以上のことを念頭に、本章は以下三つの点を中心に考察する。

一、指示詞の語形
二、指示詞の語形と意味との対応関係
三、指示詞と人称との関係

第一項　上代語の指示詞の語形⑤

上代語の指示詞は後の平安時代ほどその語形が揃っていないことは、たとえば表4、表5で空欄が多いことを見れば明らかである。

表4　『上代歌謡』の指示詞の語形[6]

用　例	基本形	～ノ形	～コ形	～チ形	～レ形	その他	総用例数
コ系/25	こ/9	この/12	ここ/1	こち/2	これ/1	かく/8	33(8)
ソ系/23	そ/5	その/15	そこ/3			し/7，しか/1	31(7，1)
カ系/0							
用例数	14	27	4	2	1	16	64(16)

表5　『万葉集』の指示詞の語形[7]

用　例	基本形	～ノ形	～コ形	～チ形	～レ形	その他	総用例数
コ系/348	こ/11	この/228	ここ/81	こち/15	これ/13	かく/174	522(174)
ソ系/151	そ/8	その/100	そこ/33		それ/10	し/4，しか/43	198(4、43)
カ系/27	か/23	かの/1			かれ/3	をちこち(かた)/15	42(15)
用例数	42	329	114	15	26	236	762(236)

まず表4と表5を比較して見ると、両者の間に以下のようなかなり特徴的なことが認められる。

一、まず「カ系」については、『上代歌謡』には「カ系」の例が見あたらない。『萬葉集』では「カ系」はあるが、その語形には「～コ形」に対応するものがなく、「カ系」全体の延べ語数も少ない。

二、一方、「コ・ソ（カ）」の語形を共有する指示詞の全用例の中で基本形「コ・ソ・カ」の占める割合を見ると、『上代歌謡』には一四対四八例（二九・一七％）あるのに対して、『萬葉集』にはわずか四二対五二六例（七・九八％）と、『上代歌謡』における「コ・ソ」の基本形の使用は『萬葉集』の三倍強も多い。

三、『上代歌謡』と『萬葉集』を通してみると、「～チ形」指示詞には後の時代にあらわれる「そち」がなく、「コチ」の例は一五数えるが、これには「をちこち」が一〇例、「こちごち」が四例含まれ、単独用法は一〇九七番歌の一例のみである。しかも「～チ形」の延べ語数も少ない。

第一の点については、上代語においては「カ系」はまだ未発達だとする説が、山田孝雄『奈良朝文法史』（一九五四年）、橋本四郎「古代語の指示体系――上代を中心に」（一九六六年、以下橋本四郎（一九六六）と略す）、山口堯二「指示体系の推移」（一九九〇年）などによって主張され、その発生については、橋本四郎（一九六六）は「カがコのオ段乙類母音をア段に転じた交替形であることは、コからの分化を形の上で裏付けている」（三三九頁）としている。

実際、上代語の文献中の「カ系」指示詞の使用頻度を調べてみると、一般的に『萬葉集』より古いとされる『上代歌謡』に「カ系」がないこと、『萬葉集』においても「カ系」の語形が不揃いであるなど、「カ系」は「コ系」、「ソ系」に比べて発生的に遅いと思われる現象がいくつか指摘できる。「カ系」指示詞の発生が「コ系」、「ソ系」に比べて遅いことは確かなようである。

第二の点については、平安時代以降の和歌テキストの統計数字を見ると、『三代集』＋『新古今集』の全用例のうち、「コ・ソ・カ（ア）」の語形を共有する指示詞の用例における基本形「コ・ソ・カ（ア）」の占める割合は一五対二四三例（六・一七％）であり、上代語の文献に比べて基本形の使用頻度が減少する傾向が認められる。一方、散文テキストでは、たとえば『源氏物語』の場合は基本形の使用頻度はわずか一三七対四六五二例（二・九四％）しかなく、物語では、この傾向はいっそう顕著であることが分かる。とりわけ、『上代歌謡』と『萬葉集』との間に基本形「コ・ソ・カ」の使用頻度に顕著な差があるということは、『上代歌謡』は和歌として記録されているもののうち、年代が最も古い性格のものであるということと一致しており、それだけに奈良時代以前の指示詞の体系を残している可能性が高いと考えられる。

そして、もし『上代歌謡』には相対的に『萬葉集』よりも古い時代の日本語が残されているとすれば、『上代歌謡』に「カ系」の用例が一例もないということも、単なる文献の偏りではなく、「カ系」が生まれる以前における指示詞の語形の実態を反映している可能性が高いと考えることができる。

このように、橋本四郎（一九六六）のように、「カ」が「コ」の母音交代による分化として生まれた語形だとすることが支持されるとすれば、「カ系」が分化する以前の指示詞の語形には、おそらく「コ系」と「ソ系」という二つの系列の語形があったと推測される。

そして「コ・ソ・カ」の複音節化が、ともに「コ・ソ・カ」という共通の語根に他の音節を付加することによって行われていることに注目すれば、先の表4、表5に見たような上代の指示詞の語形に到達するまでには、少なくとも単音節の「コ・ソ」の段階と複音節化された「コ・ソ」の段階という二つの段階を経過したと考えられる。(8)

第三の点については、「そち」は『萬葉集』一九九番歌に異本の一例あるのみであるが、これは橋本四郎「万葉の『彼』」（一九六三年）が指摘したように、本文が信用できるかどうかが疑問であり、確かな用例とは言いがたい。そして、「〜チ形」の中では、「コチ」の語形はあるものの、その単独用例はわずか一例と、「コ系」全体の中で最も少ないなど、他の語形に比べて「〜チ形」の形態整備の遅れが目立っている。そして、「〜チ形」指示詞の「ソ系」と、「カ系」に当たる語形の空白は、「をちこち」、「こちごち」のように、指示詞の基本形と異なる「をち」と「こち」の複合によって補われているようである。

以上のことを総合すると、上代語の指示詞の語形はその体制において、すでに「カ」の語形が分化した上、全体的に複音節の「コ（カ）・ソ」という三者の対立に移行しつつあったと見ることができる。

第二項　上代語の指示詞の語形と意味との対応関係

（一）統計に見る上代語の指示詞の意味的な広がり

上代語から現代語に到達するまでの間に、指示詞の語形の整備は絶えず行われてきたが、その語形整備を内面から促しているのは、何と言っても語形と意味との一致した対応関係に対する要求と考えられる。

そこで本節は、指示詞の語形と意味との対応関係を見てみるが、まず「コ系」と「ソ系」の分析から始めたい。（一）の中の数字はそれぞれ『上代歌謡』と『万葉集』の延べ語数である。

上代語の「コ系」三七三（二五＋三四八）例と「ソ系」一七四（二三＋一五一）例の内訳は表6と表7の通りである。

以下、基本形「コ」、「ココ」と「ソコ」、「ソレ」と「コレ」、「コノ」と「ソノ」、「カク」と「シカ」の順に見ていきたい。

表6　上代語の「コ系」指示詞

語　　形	コ	コノ	ココ	コレ	コチ
用例数	20	240	82	14	17
上代歌謡＋万葉集	9＋11	12＋228	1＋81	1＋13	2＋15

表7　上代語の「ソ系」指示詞

語　　形	ソ	ソノ	ソコ	ソレ	ソチ
用例数	13	115	36	10	0
上代歌謡＋万葉集	5＋8	15＋100	3＋33	0＋10	0＋0

（一）基本形「コ」

まず、『上代歌謡』における基本形「コ」の用法を見てみよう。

『上代歌謡』の基本形「こ」九例のうち、「事の語（り）言もこ（許）をば」の形で用いられるのは七例あり[9]、次の例のように、すべて歌の末尾に繰り返される結びの言葉として用いられる。

……いしたふや海人馳使事の語言もこ（許）をば（古事記歌謡・二）

これは歌の内容をいわゆる文脈の中で指示しているという解釈と、「海人馳使」が以上の通りに「この歌」を申し上げるという、歌を詠む現場においてこの「歌」を現前する「物」として指示している解釈とがありうる。とすれば、この「こ」の指示対象はいったい事柄なのか、物なのかについては判じがたい。これはしばらく措くとして、残る二例は次の例のように物を指すと考えられる。

……はたたぎも此れ（許礼）は適はず……はたたぎもこ（許）も適はず……

はたたぎもこ（許）し宜し……（古事記歌謡・五）

これも先行する名詞句を照応しているのではなく、歌の現場に即して理解すれば、現場に現前する「物」を指示していると考えてよさそうである。つまり、「こ（許）」が「はたたご」を承けるのではなく、「はたたご」も「こ（許）」も同じく現前の物を指しているのである。

一方、同じ基本形「コ」でも『萬葉集』の一一例はすべて場所を指すのに用いられている。[10]

ひとり居て物思ふ夕にほととぎすこ（此間）ゆ鳴き渡る心しあるらし（万葉集・一四七六）

しかもこれらの「場所」はいずれも歌の現場と考えられる。

ここで基本形「コ」の用法を整理すると、これらの歌の解釈は、『万葉集』で場所を指す用例はもちろん、物を指す「こ（許）も適はず」と「こ（許）し宜し」（古事記歌謡・五）が等しく表現の現場に著しく依存することに気づく。先ほど保留しておいた、「いしたふや海人馳使事の語言もこ（許）をば」（古事記歌謡・二）のような物を指すのか、事柄を指すのか俄に決しがたいような場合についても、特に歌の本文の中で先行文脈の内容を照応するものではないことを重視すれば、この「こ」も歌そのものを指すと考えることが可能である。ここではこの解釈をとりたい。

とすれば、上代語の「コ系」指示詞の基本形「コ」の用法は、いずれも正にその表現の現場において現前する対象を指示している意味において、現場に直結するものと言える。

一方、『上代歌謡』の基本形「ソ」の例を見てみると、「コ」のように現場に直結するような現前の対象や場所を指す用法はなく、物を指す場合でも五例とも次の例のように先行文脈の物的対象を指しているようである。

倭のこの高市に小高る市のつかさ新嘗屋に生ひ立てる葉広ゆつ真椿そ（曾）が葉の広り坐しその花の照り坐す

……（古事記歌謡・一〇一）

この「そ」は先行文脈の名詞句「ゆつ真椿」つまり物的対象を承けていると考えられ、他の四例も同じ解釈ができる。[11]

一方、『万葉集』には、基本形「ソ」は八例用いられ、次の例のように先行文脈の物的対象を指す例は三例を数える。

　我がやどに花そ咲きたるそ（其）を見れど心も行かずはしきやし……（万葉集・四六六）

他の二例は「そ（其）を取ると」（五〇）、「そ（曾）を見れば」（四一二二）である（高木市之助他校注『万葉集㈢』（日本古典文学大系、岩波書店、一九六〇年）に「そ（彼）を飼ひ」（三二七八）の一例があるが、ここでは木下正俊校訂『万葉集』CD-ROM版（塙書房、二〇〇一年）に従ったため、ここから除いた）

そして、次は事柄を指す例と考えられる。

　梓弓引きみ緩へみ来ずは来ず来ば来そ（其）をなぞ来ずは来ばそ（其）を（万葉集・二六四〇）

この二つの「そ」の意味を「来るのか来ないのかはっきりしないこと」と解すれば、事柄を指すものと見てよいように思われる。

　妹が門行き過ぎかねつひさかたの雨も降らぬかそ（其）をよしにせむ（万葉集・二六八五）

この「そをよしにせむ」についても、おそらく雨そのものを指すとするよりは「雨が降ったこと」の意に解すべきかと考えられる。そして、残る「そ（其）を知らむ」（三二五五）と「そ（曾）を言はむ」（三四七二）も同じように事柄を指す例と解釈できる。

一方、『万葉集』において「コ」の用例一一例がすべて場所を指す用法であったのに対し、場所を指す「ソ」の用例は『上代歌謡』同様、『万葉集』にも見られない。『上代歌謡』と『万葉集』では「コ」が現場に直結する対象や現場にある場所を指すのに対し、「ソ」は両文献ともに先行文脈の物や事柄を指す例だけで、現場にある場所を指す用法を持たないことは特に注目すべきであろう。この両者の違いは、おそらく「カ」が分化する以前の指示体系において「コ系・ソ系」が語形の対立をなしていた時代の名残かと考えられる。

次に「ココ」と「ソコ」について見てみたい。

（三）「ココ」と「ソコ」

まず、「ここ」八二例中の単独例四五（一＋四四）例の用法を見てみると、『万葉集』四四例のうち、次のように場所を指す用例は三九例見られる。

ほととぎすここ（許々）に近くを来鳴きてよ過ぎなむ後に験あらめやも（万葉集・四四三八）

そして、残る五例は次の例のように事柄を指すものと思われる。

死なむ命ここ（此）は思はずただしくも妹に逢はざることをしそ思ふ（万葉集・二九二〇）

この「ここ」は「このこと」の意に等しく、「死なむ命」を一つの事柄として指していると考えられる。他に「ここ（許己）思へば」（一六二九）、「ここ（許己）に思ひ出」（三九六九）、「ここ（許己）をしもあやに貴み」（四〇九四）、「ここ（許己）をしもあやに奇しみ」（四一二五）の四例も同じように事柄を指すものと解される。

残る『上代歌謡』の一例は次の例である。

……苛なけくそこに思ひ出かなしけくここ（許許）に思ひ出い伐らずぞ来る梓弓檀弓（古事記歌謡・五二）

この「ここ（許許）に思ひ出」は「そこ（曾許）に思ひ出」との対比により、あれこれと思いつめるということを意味していると考えられる。

そして、「コ系」指示詞の中、残る「ここだく」一七例、「ここだ」一六例、「ここば」三例、「ここばく」一例についても、次の例のように目の前にある物の様子を表すものがある。

誰が園の梅の花そもひさかたの清き月夜にここだ散り来る（万葉集・二三二五）

誰が園の梅にかありけむここだくも咲きてあるかも見が欲しまでに（万葉集・二三二七）

この二例の「ここだ」と「ここだく」は、それぞれ目の前にある梅の花が「散り来る」、「咲きてある」様子を表しており、現場の状況を指しているのは明らかである。そして、次の「ここば」のように「こんなにも悲しい」という話し手の心情を表す場合も、同じく現場的な状況を指していると考えられる。

白雲の絶えにし妹をあぜせろと心に乗りてここば悲しけ（万葉集・三五一七）

そして、他の様態を指す「コ系」の諸例も同じく現前する様態・状況を指すと解される。

次に「そこ」の例を見てみる。『上代歌謡』には「そこ」は三例見られるが、三例とも次の例のように事柄を指すと思われる。

倭の峰群の嶺に猪鹿伏すと誰かこの事大前に奏す大君はそこ（賊據）を聞かして……（日本書紀歌謡・七五）

この「そこ」は先行する表現を一つの事柄として承けるものであり、「そのこと」の意に解すれば、「そこ(曾許)に思ひ出」(古事記歌謡・五二)、「そこ(曾虚)に思ひ」(日本書紀歌謡・四三)と同じく事柄を指す例として不都合はない。

一方、『万葉集』の「そこ」三三例のうち、様態を表す「そこば」三例、「そこらくに」一例を除いて、残る単独用法二九例中、二三例(「そこ」の単独用例一六例、「そこゆゑ(に)」七例)を含む)が次の例のように事柄を指すのに用いられているようである。

　恋ひ死なむそこ(其)も同じそなにせむに人目人言言痛み我せむ(万葉集・七四八)

この「そこ」は「恋ひ死なむ」を承けていると考えられ、「そのこと」の意である。

そして場所を指す「そこ」の例は六例あるが、以下の例はその典型的なものと言える。

　我が里に大雪降れり大原の古りにし里に降らまくは後(万葉集・一〇三)

　我が岡の龗に言ひて降らしめし雪の砕けしそこ(彼所)に散りけむ(万葉集・一〇四)

一〇四番歌の「そこ」は一〇三番歌の「大原の古りにし里」を承けていると考えられ、相手の歌にある「大原」という場所を指すものである。この例の外に、たとえば「島の間ゆ我家を見れば青山のそこ(曾許)とも見えず」(九四二)、「山の峡そこ(曾許)とも見えず」(三九二四)、「天ざかる鄙にしあればそこ(彼所)ここ(此間)も同じ心そ」(四一八九)の三例も同じく先行文脈の場所を指すと解釈できる。

そして、残る二例中、「招くよしのそこ(曾許)になければ」(四〇一一)の「そこ」は先行文脈に指示対象がなく、ただ漠然とした抽象的な場所を意味するものであるが、場所を指す例として不都合はないようである。

しかし、次の例は少し問題である。

那賀郡曝井歌一首

三栗の那賀に向かへる曝井の絶えず通はむそこ（彼所）に妻もが（万葉集・一七四五）

この「そこ」は場所を指す例として異論はないが、これを先行文脈にある場所を承けて指す例と解釈するか、それとも現場にある場所を指す例とするか、あるいは現場から離れた場所を指す例なのか、については即断できない。この歌の詞書きをどう解釈するかによって、作者が実際那賀郡の曝井にいてこの歌を詠んだという解釈と、作者は那賀郡の曝井以外の場所にいてこの歌を詠んだという、二つの解釈がありうるからである。前者の解釈をすれば、「那賀郡の曝井で詠んだ歌一首」の意になり、後者の解釈をすれば、「那賀郡の曝井に関する歌一首」の意になる。

ここでは、「そこ」の先行文脈の事柄を指す例が『万葉集』の単独用法二九例中二三例あることと、抽象的な場所を指すと思われる四〇一一番歌の「招くよしのそこ（曾許）になければ」を除けば、場所を指す他の四例はともに先行文脈の場所的な名詞句を承けていることから推して、先行文脈の場所「三栗の那賀に向へる曝井」を指すとも考えられる。ここでは、作者が曝井の現地にいないと考えて、現場から離れた場所を観念的な対象として指していると解釈しておく。

そして、様態を表す「そこば」三例、「そこらくに」一例について見ると、たとえば次のような用法がある。

……語れば心そ痛き天皇の神の皇子の出でましの手火の光そこば照りたる（万葉集・二三〇）

射水川い行き巡れる玉くしげ二上山は春花の咲ける盛りに秋の葉のにほへる時に出で立ちて振り放け見れば神からやそこば貴き……（万葉集・三九八五）

この二例のうち、一つが「手火の光」の照る様を指し、一つが「振り放け見れば」の対象、現場の遠くにある「二見山」の様子を指しているように、二つとも話し手と聞き手から遠く離れた「三人称的な」指示対象としての現場的な状況を指していると考えられる（厳密には「非一人称」とすべきである。本稿は歴史的な記述のために、「非一人称」から未だ分化していない「三人称」という意味で、「三人称的な」という用語を用いる）。

そして、次の例は、贈答歌の返し歌で、おそらく相手の恋するその様子を指していると考えられる。

大伴宿祢家持、童女に贈る歌一首

はね縵今する妹を夢に見て心の内に恋ひ渡るかも（万葉集・七〇五）

童女の来報ふる歌一首

はね縵今する妹はなかりしをいづれの妹ぞそこば恋ひたる（万葉集・七〇六）

しかし、これらの様態を表す「そこば」は必ずしも相手に直結するような指示の仕方をしていない。たとえば、二三〇番歌と三九八五番歌のように、その指示対象は、あるいは「手火の光」であったり、「二上山」であったり、ともに「三人称的な」ものだからである。しかも次の例のように必ずしも現前する様態でなくてもいいようである。

……世間の愚人の我妹子に告りて語らくしましくは家に帰りて父母に事も語らひ明日のごと我は来なむと言ひければ妹が言へらく常世辺にまた帰り来て今のごと逢はむとならばこのくしげ開くなゆめとそこらくに堅めしことを住吉に帰り来りて家見れど家も見かねて里見れど里も見かねて怪しみとそこに思はく……（万葉集・一七四〇）

この例の「そこらくに堅めしこと」は時間的にも空間的にも過去に属する、現前しない状況または様態を指していると考えられる。

してみれば、上代語の「そこ」は漠然とした抽象的な場所を指す四〇一一番歌の一例「そこになければ」と、現場から離れた観念的な対象としての場所を指す一七四五番歌の一例を除けば、事柄を指す場合でも、場所を指す場合でも、すべて先行文脈に依存し、「そこ」の「現場指示[12]」の用例がないことになる。ただわずかに「そこば」において現場的な様態を表すものが見られる程度である。

次に「ソレ」と「コレ」を見てみる。

（四）「ソレ」と「コレ」

まず「それ」の用例を見てみると、「それ」は『上代歌謡』にはあらわれず、『万葉集』に一〇例あるのみであるが、そのほとんどが次のように先行文脈の物的対象を承けている場合である。

憶良らは今は罷らむ子泣くらむそれ（其）その母も我を待つらむそ（万葉集・三三七）

池の辺の小槻が下の篠な刈りそねそれ（其）をだに君が形見に見つつ偲はむ（万葉集・一二七六）

この二例の「それ」はそれぞれ先行する「子」と「池の辺の小槻が下の篠」を承けていると考えられる。外に「梅の花それ（其）とも見えず」（一四二六、二三四四）、「ほととぎす山彦とよめ鳴かましやそれ（其）（一四九七）」、「赤駒を廐に立て黒駒を廐に立ててそれを飼ひ」（三二七八）、「大和の黄楊の小櫛を抑へ刺すうらぐはし児それ（彼）そ我が妻」（三二九五）、「衣こそばそれ（其）破れぬれば」（三三三〇）の六例も同じ解釈が可能である。残る二例は次の通りである。

我妹子に恋ひつつ居れば春雨のそれ（彼）も知るごと止まず降りつつ（万葉集・一九三三）

梅の花それとも見えず降る雪のいちしろけむな間使ひ遣らば〈一に云ふ「降る雪に間使ひ遣らばそれ（其）と知らむな」〉（万葉集・二三四四異本）

一九三三番歌の「それ」は先行文脈の「我妹子に恋ひつつ居れば」を一つの事柄として指している例と考えることもでき、「私の恋そのもの」、「私の恋心」のように、心情を物に見立てて表現しているようにも読めなくはない。このように先行する表現から読み取れる内容を「もの」と解釈するか、「こと」と解釈するかについてのゆれが見られるようである。そして、二三四四番歌の異本の例についても、小島憲之他校注『万葉集（三）』（日本古典文学全集、小学館）は「第三者が使いの者の足跡を見て、われわれ二人の間の使いの者と察知するであろう」（一六五頁）の意に解釈するが、これとても、たとえば、「それ」の指示対象を「使いの者」（「我々の使い」）、「我々が使いをやったこと」のように、それぞれ「もの」的解釈と「こと」的解釈がありえよう。あるいは両方の可能性を含む解釈の方が真に近いのかも知れない。ここでは統計的な便宜上事柄を指示するものとした。

ここで、事柄を指すとも物を指すとも解される一九三三番歌と二三四四番歌の異本の例を除けば、「それ」は全体的に先行文脈に含まれる物的対象を指す用法に偏っているようである。これは基本形の「ソ」と「ソコ」の用法にも通じるところである。後の時代には場所を指す用法に収斂される「ソコ」が上代語では事柄を指す例が目立つのと対照的である。これは、更に「ソ系」指示詞の複音節化に際し、「〜レ形」と「〜コ形」の意味分担の仕方を示唆するように思われる。

一方、「これ」の用例を見てみると、一四（一＋一三）例のうち、そのほとんどが次のように現場に現前する物的対象を指していると考えられる。

あしひきの山行きしかば山人の朕に得しめし山づとそこれ（許礼）（万葉集・四二九三）

この例の外に、「これ（此）やこの」（三五）「これ（巨礼）やこの」（三六三八）、「うれむそこれ（此）のよみがへりなむ」（三二七）、「里に下り来るむざさびそこれ（此）」（一〇二八）、「菟原処女の奥つ城ぞこれ（此）」（一八〇二）、「暁の目覚まし草とこれ（此）をだに」（三〇六一）、「ぬばたまの夜の暇に摘める芹これ（許礼）」（四四五五）の七例も同じ解釈ができる。

そして、「これ＋名詞」の形で用いられる「これ（許礼）の水島」（二四五）、「これ（此）の屋通し」（一二三七）、「これ（許礼）の針もし」（四四二〇）や『上代歌謡』の「はたたぎもこれ（許礼）は適はず」（古事記歌謡・五）の「これ」も現前の物的対象を指すのに変わりはない。

しかし、次の例はどうであろうか。

針袋これ（己礼）は賜りぬすり袋今は得てしか翁さびせむ（万葉集・四一三三）

これは物を賜ったお礼に贈った歌であるが、この「これ」は「針袋」を承けていると考えるよりも、むしろ歌の現場の状況に即して理解する方が妥当かも知れない。とすれば、ここの「これ」と「針袋」はともに現場に現前する指示対象を指していると考えられる。

そして、先行する名詞句を承けると思われるのは、次の例である。

……矢形尾の我が大黒に白塗の鈴取り付けて朝狩に五百つ鳥立て夕狩に千鳥踏み立て追ふごとに許すことなく手放ちもをちもかやすきこれをおきてまたはありがたし……（万葉集・四〇一一）

これは先行文脈に含まれている「鷹」を指すと考えられるが、この例を除けば、概して「これ」が現前の物的対象を指す用法に偏るようである。これは、先に見た「それ」が先行文脈の物的対象を承ける用法に偏るのと対照的である。

次に「コノ」と「ソノ」の用例を見てみよう。

（五）「コノ」と「ソノ」

『上代歌謡』と『万葉集』に用いられた「この」は二四〇（一二＋二二八）例ある。そのうち、物を指す用例は次の例のように現前の物的対象を指すようである。

橘のとをの橘八つ代にも我は忘れじこの（許乃）橘を（万葉集・四〇五八）

そして、時間的な指示対象の場合でも次の例のように歌の「今」に関わるもののようである。

大君の命恐み弓の共さ寝か渡らむ長けこの（己乃）夜を（万葉集・四三九四）

このような「この」の用法はすでに見てきた「ここ」、「これ」の用法に通じるものであるが、これと対照的に、「その」の用例一一五（一五＋一〇〇）例のうち、次の例のように、先行文脈の物的対象や事柄を承けているものが多く見られる。

ほととぎすなかる国にも行きてしかその（其）鳴く声を聞けば苦しも（万葉集・一四六七）

一本のなでしこ植ゑしその（曽能）心誰に見せむと思ひそめけむ（万葉集・四〇七〇）

一四六七番歌は先行名詞句の「霍公鳥」という物的対象を承けている例であるが、四〇七〇番歌は「一本のなでしこ植ゑし」ことを一つの事柄として指していると考えられる。

しかし、こうした用例がある一方で、「その」には次のような例もある。

二上の峰の上の繁に隠りにしその（彼）ほととぎす待てど来鳴かず（万葉集・四二三九）

この「その」の指示対象は先行文脈にもなければ、「その（彼）ほととぎす」は「いま・ここ」の現場に現前するものではない。それは過去の経験に基づいてのみ了解可能なものであり、時間的には過去に属するものと考えられる。このことは時間性の名詞に付く「その」の場合いっそう顕著になるようである。

ぬばたまのその（其）夜の梅をた忘れて折らず来にけり思ひしものを（万葉集・三九二）

逢はむ夜はいつもあらむをなにすとかその（彼）夕逢ひて言の繁きも（万葉集・七三〇）

「その（其）夜の梅」でも「その（彼）夕」でも今の作者にとってはもはや過去の経験にしか存し得ず、観念的にしか所有・了解されていない指示対象である。してみれば、「その」においても、「そこ」と「それ」同様、先行文脈の物的対象を承けても先行する文脈を事柄として指しても、対象そのものは同じく観念的に所有・了解されるものであることに変わりはない。

そして次の例のように、対象としてすでに周知されているものの場合、「その」の解釈は先行文脈に依存するのではなく、作者も読者もともに経験的に「その津」のことを一つの観念的な対象として了解していることによると考えられる。先に見た、「那賀郡曝井歌一首」の「絶えず通はむそこに妻もが」（一七四五）と同工異曲である。

……恋ひかも居らむ足ずりし音のみや泣かむ海上のその（其）津をさして君が漕ぎ行かば（万葉集・一七八〇）

このような「その」は、現代語なら「あの」を用いるところであるが、これによって、おそらく「カ」が分化するまでは、「ソ系」は後の時代の「カ（ア）」の領域まで広がっていたのではないかと推測される。

現場指示の場合でも「その」が話し手からも聞き手からも遠くにあるものを指す用法を持つこともこれを裏付ける。

袖振らば見つべき限り我はあれどその（其）松が枝に隠らひにけり（万葉集・二四八五）

このような「その」の用法がやがて「カ」によって取って代わられてしまう運命にあったことは、たとえば次の「カ系」の用例に徴して明らかである。

沖辺より満ち来る潮のいや増しに我が思ふ君がみ舟かもかれ（加礼）（万葉集・四〇四五）

かの（可能）児ろと寝ずやなりなむはだすすき宇良野の山に月片寄るも（万葉集・三五六五）

四〇四五番歌の「かれ」は話者と聞き手から見て遠くにある物的対象を指す例であるが、これは二四八五番歌の「その（其）松が枝」の用法と、場面的構成においても、対象をめぐる話し手と聞き手との関わり方においても同質であり、三五六五番歌の「かの（可能）児」もおそらく現場にいるのではなく、かつての経験上に存在し、今はただ観念的にしか所有・了解されていない対象であり、「ぬばたまのその（其）夜の梅」（三九二）の「その夜」に通じる用法と考えられる。そして、このような用法が『万葉集』に共存していることからは、この用法をめぐる「その」と「かの」の交替が正に行われつつあったことが窺われる。

（六）「カク」と「シカ」、「カ」

これまでは、「コ〜」・「ソ〜」・「カ〜」の基本形を共有する指示詞について見てきたが、上代語には、他にそれぞれ「コ系」、「ソ系」に属すると思われる「カク」、「シカ」と「カ」という副詞の語形が用いられている。『上代歌謡』には「しか」は「しか（然）してば」（続日本紀歌謡・八）の一例だけなので、ここでは『万葉集』の「カク」、「シカ」、「カ」の用例を中心に見てみることにする。まず「かく」の用例から見ていきたい。

沫雪のこのころ継ぎてかく降らば梅の初花散りか過ぎなむ（万葉集・一六五一）

暇なみ来ざりし君にほととぎす我かく（如此）恋ふと行きて告げこそ（万葉集・一四九八）

この二例は、それぞれ「沫雪」の降る状況、「我」の恋する様子を表しており、いずれも現場に現前する状況的な指示対象を指す例である。

そして、「カク」は対する「カ」の副詞用法と「近・遠」という意味的対立をなしているようである。

……手束杖腰にたがねてか（可）行けば人に厭はえかく（可久）行けば人に憎まえ……（万葉集・八〇四）

ここでは、空間的には現場の近い場所を示す「かく」に対し、「か」は遠い場所を示していると考えられる。こうした現場の場所を指す例の他に、更に次のような事柄を指す例もある。

いなだきにきすめる玉は二つなしかにもかくにも（此方彼方毛）君がまにまに（万葉集・四一一二）

一方、「シカ」にも、次のような現場の状況・様態を指す用法がある。

この岡に草刈る童なしか（然）刈りそねありつつも君が来まさむみ馬草にせむ（万葉集・一二九一）

このように、「かく」が話し手に近いものを指すのに対して、今の例のように、「しか」は現場においては聞き手に近いものを指すと考えられる。しかし、これは、次の例のように必ずしも一元的には聞き手に結び付かないようである。

天地と分れし時ゆ己が妻しか（然）ぞ離れてある秋待つ我は（万葉集・二〇〇五）

この場合の「しか」の指す時間が必ずしも「今」に関わらないことは、次の例に徴して明らかである。

香具山は畝傍ををしと耳梨と相争ひき神代よりかく(如此)にあるらし古もしか(然)にあれこそうつせみも妻を争ふらしき(万葉集・一三)

ここでは、「神代よりかくにある」は、過去から現在に向かってくる時間とその時間内の状態を表すのに対し、「古もしか(然)にあれこそ」は、もっぱら視線を過去に向け、それを過去の状態として取り上げている。とすれば、「しか」の指す対象も、基本的に、話し手の視点から、自分から見て遠いものという基準によって用いられていると考えられる。二〇〇五番歌と一三番歌との「しか」が現前しない指示対象を指すのもそのためであろう。しかも「しか」と聞き手との関連もあくまでも話し手から見て、「自らの領域外」に属するという意味においてであることを指摘しておく必要がある。それは、たとえば次の例の指示対象が第三者に関わる場合、いっそうはっきりする。

在久邇京思留寧樂宅坂上大嬢大伴宿祢家持作歌一首

一重山隔れるものを月夜良み門に出で立ち妹か待つらむ(万葉集・七六五)

藤原郎女聞之即和歌一首

道遠み来じとは知れるものからにしか(然)そ待つらむ君が目を欲り(万葉集・七六六)

この場合、「しか(然)そ待つ」のは、時間的にも空間的にも遠くにいる「坂上大嬢」という「三人称的な」存在であることは明らかである。

このように見てくると、七六六番歌の「しか(然)」をただ先行する歌にその指示対象を求める必要がなくなる。「しか」の表す様態もまず現場において理解すべきではないかと考える。

（七）まとめ ― 指示詞の語形と意味との対応

ここで、『上代歌謡』と『萬葉集』における指示詞の語形と意味との対応関係および用例数をそれぞれ表8、表9にまとめることができる。ただし、「かく」、「しか」、「か」については、「物」や「事柄」の他、大きく性状・様子、場所・方角に分けられるが、「性状」と「様子」、「場所」と「方角」との区別が必ずしも明瞭ではないため、「物」を指す「か」の一例「か（加）はたれ時」（万葉集・四三八四）を除いて、具体的な用例比はここに示していない。なお、「コ系」に属する「ここだく」、「こきだく」、「こくだくに」、「ここば」、「こくばく」などを「ココダ」と「ココバ」の二つによって代表させた。

表8と表9を通して見ると、まず注目したいのは、『上代歌謡』における基本形「コ」の九例と『萬葉集』の場所を指すのに用いられている一一例を合わせると、基本形「コ」の意味は全体的に現前する物や場所のような知覚対象を指しているということである。

因みに『上代歌謡』における基本形「ソ」の五例はすべて物を指すのに用いられているが、『萬葉集』では、物を指す用例と事柄を指す用例がそれぞれ三（八）例と五（八）例であり、基本形「ソ」には場所を指す用法がない（括弧の中の数字は全用例数である）。

すでに第二節一項「上代語の指示詞の語形」で触れたように、もし上代語以前の指示詞においては単音節の「コ・ソ」の段階があったと仮定することができるならば、これはおそらく単音節の「コ・ソ」の段階における意味の分布の名残と見ることができよう。そして、基本形「ソ」に場所を指す用法がないことは、おそらく上代以前の指示体系における「コ系」と「ソ系」の使い分けを示唆するものとして注目してよい現象である。

次に「～コ形」について注目したいのは、「ここ」と「そこ」には場所を表す用法がある一方、事柄を表す用法もある

表8　上代歌謡の指示詞の語形と意味との対応

用法・用例	コ系	ソ系	カ系
物	こ 9/9 これ 1/1	そ 5/5	
事　柄	ここ 1/1	そこ 3/3	
方　角	こち 2/2		
場　所	かく		
性　状	かく	しか	
指　定	この 13/13	その 15/15	
様　子	かく	しか	

表9　万葉集の指示詞の語形と意味との対応

用法・用例	コ系	ソ系	カ系
物	これ 12/13	そ 3/8 それ 8/10	か 1/23，かれ 3/3
事　柄	ここ 5/44 これ 1/13　かく	そ 5/8 そこ 23/29 それ 2/10	
方　角	こち 15/15　かく		か
場　所	こ 11/11 ここ 39/44　かく	そこ 6/29	
性　状	ココダ・ココバ　かく	しか	か
指　定	この 228/228	その 100/100	かの 1/1
様　子	ココダ・ココバ　かく	そこば，そこらくに，しか	か

ことである。それも対照的に、『萬葉集』の「ここ」と「そこ」の場所を指す例は「ここ」の三九（四四）例、「そこ」の六（二九）例と、事柄を指す例は「ここ」の五（四四）例と、「そこ」の二三（二九）例と、両者の全用例の中で占める場所を指す例と事柄を指す例の割合が逆転しているのである。そして、『萬葉集』の「そこ」には現前の場所を指す用例がなく、すべて文脈的に先行する場所を承けているものばかりであることに注目したい。これもまた、基本形「ソ」に場所を指す例がないことと同様、おそらく「コ」から「カ」が分化する以前の指示詞の体系における「コ・ソ」の使い分けの原理を示唆するものとして考えてよいように思われる。

そして、もう一つ「〜レ形」について注目したいのは、『万葉集』の「これ」の用例一三のうち、一例を除けば、一二例が物的対象を指すのに用いられ、しかもすべて現前の物的な対象を指す例であるのに対して、「それ」の八（一〇）例が先行文脈にあらわれた物的な対象を指すのに用いられていることである。ここでは、「これ」と「それ」のほとんどの用例が物的対象を指すが、「これ」のほとんどの用例が現前の物的対象を指すのに対して、「それ」のほとんどの用例が先行文脈にあらわれた物的対象を指すという顕著な傾向が認められる。これも「コ系」と「ソ系」の意味的な違いを示唆しているものとして見ることができる。

このように、物的対象を指す「〜レ形」と対照的に、「コ・ソ」に付く「〜コ形」には物的対象を指示する用法は一例もなく、その用法が事柄と場所に限られていることは興味深い。これはおそらく、単音節の「こ」から複音節の「これ」、「ここ」、単音節の「そ」から複音節の「それ」や「そこ」、単音節の「か」から複音節の「かれ」が分化するその道筋を示唆しているように思われる。つまり、「コ・ソ・カ」に付く「〜レ」と「〜コ」というのは、基本形「コ・ソ・カ」に対して、それぞれ「物」と「物以外（ことがら、空間的な場所）」を分担するために複音節化したものだと考えられる。そして、これは、「〜ノ形」のすべての用例が指定に、「〜チ形」が方角を指示するのに用いられるのと同じように、指示対象をその所属範疇に即して指示し分けることであり、表現をより精確にしようとする動きの一環である。これが指示詞の語形整備と、語形と意味との対応を促す大きな原動力となったと考えられる。

第三項　「コ・ソ・カ系」指示詞の意味的対立

（一）「コ系」と「ソ系」

上代語の「コ系」と「ソ系」の対立については、すでに前節にいくつかの現象を指摘しておいた。それを要約すると、以下の三つになる。

一、万葉集の用例の中で、「ココ」は場所を指す用法（三九対四四）に、「そこ」は事柄を指す用法（二三対二九）にそれぞれ偏っていること。

二、基本形「ソ」に場所を指す用例がなく、「ソコ」には現場指示の用例がないこと。

三、「コレ」のほとんどすべての用例が現前の物的対象を指すのに対して、「ソレ」のほとんどの用例は先行文脈にあらわれた物的対象を指すのに用いられていること。

この三つの点の外に、上代語の「コ系」と「ソ系」の対立を示唆する現象はもう一つある。それは指定に用いられる「コノ〜」と「ソノ〜」に付く名詞句の違いである。

先ず、「コノ〜」に付く名詞句を見てみると、およそ時間、物、そして空間的な場所という三通りに分類することができる。そして、「コノ〜」に時間を表す名詞句が付く用例は、『万葉集』における「この」全二二八例（固定用法「をてもこのも」四例、「このもかのも」一例を含む）のうち、「このころ（頃）」が五一例と最も多く、その次に多いのは「このよ（夜）」一五例、「このゆふへ（夕）」七例、「このひ（日）」六例、等々である。

以下の用例を参照されたい。

人言の繁きこの（此）ころ玉ならば手に巻き持ちて恋ひざらましを（万葉集・四三六）

いつしかもこの（此）夜の明けむうぐひすの木伝ひ散らす梅の花見む（万葉集・一八七三）

この（此）夕降り来る雨は彦星のはや漕ぐ舟の櫂の散りかも（万葉集・二〇五二）

いづくにか我が宿りせむ高島の勝野の原にこの（此）日暮れなば（万葉集・二七五）

「この＋名詞」の形で用いられるこれらの名詞句は、一様に「談話」の行われている時間的な「今」に関わるものと解される。次に物や場所を表す名詞句の用例の多いものを見てみると、「このやま（山）」（名詞がさらに後続するものを除く）と「このかは（川）」（名詞がさらに後続するものを除く）は一〇例ずつ、「このつき（月）」六例、「このはな（花）」四例、「このたちばな（橘）」と「このみち（道）」が三例ずつある。

以下の用例を参照されたい。

この（是）山の黄葉の下の花を我はつはつに見てなほ恋ひにけり（万葉集・一三〇六）

この（此）川ゆ舟は行くべくありといへど渡り瀬ごとに守る人あり（万葉集・一三〇七）

遠き妹が振り放け見つつ偲ふらむこの（是）月の面に雲なたなびき（万葉集・二四六〇）

直越えのこの（此）道にてしおし照るや難波の海と名付けけらしも（万葉集・九七七）

我が行きは七日は過ぎじ龍田彦ゆめこの（此）花を風にな散らし（万葉集・一七四八）

橘のとをの橘八つ代にも我は忘れじこの（許乃）橘を（万葉集・四〇五八）

これらの名詞句は談話の行われている現場の「ここ」にあるものを指示するものと解釈できよう。このように、基本的に、「この〜」に付く名詞句は、時間的には談話の行われている「今」に、空間的には談話の行われている「ここ」に関わるもののようである。

一方、『万葉集』における「その〜」に付く名詞句を見てみると、まず、時間を表す名詞句を、用例の多い順に挙げると、全用例一〇〇例のうち、「そのひ（日）」七例、「そのよ（夜）」六例、「そのよひ（宵）」が一例ある他はすべて「物・場所」を表すものである。そして、「物・場所」を表すものの中で最も多いのは、「そのな(名)」の七例、「そのやま(山)」五例(名詞がさらに後続するものを除く)、「そのこ(児・子)」四例、「そのあめ(雨)」が三例あるなど、時間を表すものの一四例を除けば、残りの八三例はすべて「物・場所」を表すものになる。しかも、「その～」に付く名詞句の指示対象もまた「この～」と対照的である。

以下の用例を参照されたい。

ぬばたまのその(其)夜の梅をた忘れて折らず来にけり思ひしものを(万葉集・三九二)

逢はむ夜はいつもあらむをなにすとかその(彼)夕逢ひて言の繁きも(万葉集・七三〇)

この二例の「その(其)夜」と「その(彼)宵」は時間的にはともに過去に属し、観念的に回想する対象であり、「この～」のように、「談話」の「いま・ここ」に関わる現前の対象ではない。そして、次の例のように場所を表す場合でもその指示対象は明らかに「談話」の現場にはない場所である。

思ひにし余りにしかばすべをなみ出でて行きしその(其)門を見に(万葉集・二五五一)

明日の日はその(其)門行かむ出でて見よ恋ひたる姿あまた著けむ(万葉集・二九四八)

さらに、次の例のような物や人を表す名詞句の場合も同じである。

和射美の峰行き過ぎて降る雪の厭ひもなしと申せその(其)児に(万葉集・二三四八)

これは人に伝言を頼む場面で詠まれた歌である。従って、おそらく伝言の相手「その児」は空間的に「談話」の現場に関わっているとは考えられない。「談話」の「いま・ここ」に関わる対象ではないことは明らかである。そして、次の「この（許能）子」の例が現前の指示対象を指すのと対照的である。

命の全けむ人は畳薦平群の山の白橿が枝を髻華に挿せこの（許能）子（日本書紀歌謡・二三）

これによって「コノ〜」に付く名詞句が時間的・空間的に「談話」の「いま・ここ」に深く関わるものを指示対象とするのに対して、「ソノ〜」に付く名詞句は「談話」の「いま・ここ」に直接関わらない対象を指示するという顕著な傾向が認められる。そして、こうした「コノ〜」の特徴と平行して、「コノ」には先行文脈にある指示対象を照応するような用法がないのに対して、「ソノ」の先行文脈にある指示対象を照応する用例がその用例数の殆どを占めていることが指摘できる。次の用例を参照されたい。

富士の嶺に降り置ける雪は六月の十五日に消ぬればその（其）夜降りけり（万葉集・三二〇）

ほととぎすなかる国にも行きてしかその（其）鳴く声を聞けば苦しも（万葉集・一四六七）

このような先行文脈にある指示対象を照応する「ソノ〜」は、どちらかといえば、「談話」の「いま・ここ」に関わる観念的なものであるが、その関わり方が「コノ〜」のように現前の知覚対象ではなく、「談話」を介してのみ所有・了解されるものである。これはおそらく「コ系」と「ソ系」の使い分けの原理は、ただ談話の「いま・ここ」に直接に関わるものと、関わらないものという、指示対象と談話の「いま・ここ」との関わり方ではなく、もっと深い原理によって支配されていることを示唆していると考えられる。そして、その原理は何よりもこの二通りの「ソノ〜」に対してある共通の理解を与えるだけでなく、「コ系」に対する「ソ系」全体の支配原理として見いだされるものであろう。

ここで、話し手の指示対象に対する所有・了解の仕方に目を転じてみると、先行文脈に指示対象のある場合の「ソノ～」でも、先行文脈に指示対象のない「ソノ～」の場合でも、両者の指示対象はともに現前の対象ではなく、観念的に所有・了解されているものだという共通点にあらためて注目しておきたい。しかも、これと対照的なのは、現前の物的な対象や場所を指示する「コ系」の指示対象が現前のものであり、知覚的に所有・了解されるものに集中していることである。

一方、「ソレ」と「ソコ」の使い方に目を転じてみると、「ソレ」と「ソコ」の事柄指示の用例だけでなく、その「もの」や「場所」を指示する用例の指示対象も、『万葉集』一四二六番、二三四四番歌の「梅の花それ（其）とも見えず」や三九二四番歌の「山の峡そこ（曾許）とも見えず」のように殆どすべて先行文脈に依存していると解釈できるものばかりである。他に、現場から離れた場所を指す一七四五番歌の「絶えず通はむそこに妻もが」も同じく観念的な指示対象であることを想起されたい。

「それ」の指示対象が「物」であっても「事柄」であってもすべて先行文脈の物的対象や事柄を照応することについては、すでに第二節二項（四）『ソレ』と『コレ』で触れたので、ここでは繰り返さないが、「そこ」も一〇四番歌の「そこ」のように、空間的には相手のいるところを指していると考えられるが、やはり「談話」の行われている「ここ」に関わる現前の指示対象ではなく、話者にとっては観念的にしか所有・了解しえない対象である。この対立を端的に示しているのは、次の例の「そこここ」である。

贈水烏越前判官大伴宿祢池主歌一首并短歌

天ざかる鄙にしあればそこ（彼所）ここ（此間）も同じ心そ家離り年の経ぬればうつせみは物思ひ繁しそこ故に心なぐさにほととぎす鳴く初声を橘の玉にあへ貫きかづらきて遊ばむはしもますらをを伴なへ立てて叔羅川なづさ

ひ泝り平瀬には小網さし渡し早き瀬に鵜を潜けつつ月に日に然し遊ばね愛しき我が背子（万葉集・四一八九）

この例の「そこ」も現前の指示対象ではなく、話者にとって観念的に所有・了解されている場所であり、それが遠くはなれた、相手「池主」のいる場所「越前」である。対して、「ここ」は家持のいる「越中」であり、現前の場所である。現前の指示対象は知覚的に所有・了解する対象であり、非現前の指示対象が観念的に所有・了解する対象であることはいうまでもない。

そして、「コ系」の現前の指示対象に対する「ソ系」の非現前の指示対象との違いは次のように考えることができる。つまり、「コ系」と「ソ系」との対立は話し手にとっての指示対象の所有・了解の仕方による「知覚対象指示」と「観念対象指示」として考えることができる。しかし、これはあくまでも「コ系」、「ソ系」の使い分けの原理である。上代においてはすでに「カ」の語形が現存している以上、「カ」が分化してからの指示体系において、とりわけ「コ・カ」の対立と、「カ・ソ」の対立は何か、ということが明らかにされなければならない。その前に、まず「ソ系」の意味的な広りを見てみたい。

上代語の指示体系においてさらに注目すべき現象の一つに、後の時代より「ソ系」の意味的広がりが広いということがある。これは「ソ系」が後の「カ系」によって指示されることになる一部の領域をもカバーしていたことによるものと考えられる。そして上代以前の指示体系にもし「コ・ソ」の対立をなす段階があったと仮定すれば、こうした現象はおそらく「コ」から「カ」が分化する以前の指示体系の名残であり、指示体系が「コ・ソ」の対立から「コ（カ）・ソ」の体系へと変化する過渡的な現象と考えられる。

次の用例を参照されたい。

ぬばたまのその（其）夜の梅をた忘れて折らず来にけり思ひしものを（万葉集・三九二二）

山守がありける知らにその（其）山に標結ひ立てて結ひの恥しつ（万葉集・四〇一）

一日には千重波敷きに思へどもなぞその（其）玉の手に巻き難き（万葉集・四〇九）

ぬばたまのその（其）夜の月夜今日までに我は忘れず間なくし思へば（万葉集・七〇二）

逢はむ夜はいつもあらむをなにすとかその（彼）夕逢ひて言の繁きも（万葉集・七三〇）

ここに挙げた数例の「その」はいずれも先行文脈にその指示対象を持たないものであり、しかもそれは時間的には「談話」の「今」より以前に属し、空間的には「談話」の行われている「ここ」という領域に属さないもののようである。これらの「その」の用法は先行文脈にある指示対象を照応する「その」と同様に、現前の対象ではなく、やはり観念的に所有されている対象を指し示すという意味において、他の「ソ系」指示詞と同じ了解ができる。因みに、このような「その」の用法は上代語の指示体系の中では依然優勢を占めているが、やがて「か」の出現によって、「カ系」に吸収されることになる。

次の「カ系」の用例をみてみたい。

（二）「カ系」

上代語の「カ系」指示詞はわずかに『万葉集』に以下の五例を数えるだけである。

誰そかれ（彼）と我をな問ひそ九月の露に濡れつつ君待つ我れを（万葉集・二二四〇）

誰そかれ（彼）と問はば答へむすべをなみ君が使ひを帰しつるかも（万葉集・二五四五）

かの（可能）児ろと寝ずやなりなむはだすすき宇良野の山に月片寄るも（万葉集・三五六五）

沖辺より満ち来る潮のいや増しに我が思ふ君がみ舟かもかれ（加礼）（万葉集・四〇四五）

暁のか（加）はたれ時に島陰を漕ぎにし舟のたづき知らずも（万葉集・四三八四）

以上は「カ系」の全用例であるが、その使い方を見てみると、二二四〇番歌は現場に居る「聞き手」を指す「かれ」である（四三八四番歌も定型表現とはいえ、同じように了解することができる）が、二五四五番歌と三五六五番歌は現場にはない第三者を指すのに「かれ」と「かの」（この例は、現場の遠くにある第三者を指すという解釈と、現場にない第三者を指すという二つの解釈がありうる。ここでは後者の解釈をしておく）を用いる例である。そして、四〇四五番歌は現場の遠くにあるものを指す場合である。[13]

ここで、もしこの五例の「カ系」に共通の了解が与えられるのだとしたら、それはおそらく「カ系」はとりわけ談話の「いま・ここ」に対して空間的・時間的に「非近（遠）」に属するものを指していると解釈されよう。これは「コ系」が談話の「いま・ここ」に関わる現前の知覚対象の中で「近」に属するものを指すのとちょうど対照的であることに留意したい。

そして、「コ」から「カ」が分化するに際し、「コ系」の談話の現場の「いま・ここ」の「近」に対する「カ」の空間的・時間的な「非近（遠）」という使い分けの原理が働いたものと考えられる。この「非近（遠）」には空間的には談話の現場という意味の「ここ」の領域外に属するものが含まれ、時間的には談話の「今」より以前の領域に属するものが含まれているのは当然の結果と言えよう。橋本四郎（一九六六）のように、「カ」は「コ」の母音交替による分化であるとする考えは、「カ」の用法の意味分析によっても裏付けられることになる。

（三）まとめ――「コ・ソ・カ」の意味

これまで述べてきたことを整理すると、次のようになる。

上代語の指示詞はまず「コ」と「ソ」との対立として捉えられる。「コ系」は時間的にも空間的にも現前の知覚対象を指すのに用いられるのに対し、「ソ系」は話し手ないし聞き手にとっては観念的に所有・了解される対象を指すのに用いられる。両者は「知覚対象指示」と「観念対象指示」の対立である。一方、「コ系」に対する「カ系」は空間的に「非近（遠）」に属する知覚対象と時間的な「非近（遠）」（過去の経験領域）に属する観念対象を指すと考えられる。上代語の指示詞はその指示対象の所有・了解の仕方においては、それぞれ「コ・ソ」と「コ・カ」という二重の二者関係をなしていたのである。

そして上代語における「コ（カ）・ソ」に到達するまではおそらく「コ・ソ」の二者対立の指示体系を経過したと考えられるが、それは直接的経験領域に属する知覚的指示対象は「コ」で、間接的経験領域に属する観念的指示対象は「ソ」で指示されていたものと推定される。この段階ではまだ、直接的経験領域に属する対象つまり知覚対象の空間的・時間的遠近や、観念対象のうち過去の経験領域と談話を介して所有する経験領域との区別はされていなかったのではないかと考えられる。

第四項　上代語の指示詞と人称の関係

(一)「コ系」・「ソ系」と人称

すでに見てきたように、上代語の「コ系」用例のほとんどは談話の行われている「いま・ここ」に関わる現前の知覚対象を指し示すものである。これに対して、「ソ系」の指示対象のほとんどは観念的に所有・了解される対象であり、しかも談話を介した非現前の指示対象、つまり間接的経験によって話者に観念的に所有・了解されているものである。

一方、「カ系」は談話の「いま・ここ」に対して「非近（遠）」に属する指示対象を指示しているといえる。

本項はこうした意味的な対立に対し、人称が如何に関わっていたのかについて具体的に検討したい。

まず注目したいのは、現前の指示対象を指す「コ系」には二人称と三人称に関わりの深い指示対象を指す用例がなく、そのほとんどが次の三例のように、一人称に関わる場合である。

　我が身こそ関山越えてここ（許己）にあらめ心は妹に寄りにしものを（万葉集・三七五七）

あかねさす昼は田給びてぬばたまの夜の暇に摘める芹これ（許礼）（万葉集・四四五五）

この（許能）御酒は我が神酒ならず倭成す大物主の醸みし神酒幾久幾久（日本書紀歌謡・一五）

一方、「ソ系」には一人称の深く関わっている指示対象を指す例がなく、次のような「三人称的な」指示対象を指す例がある。

和射美の峰行き過ぎて降る雪の厭ひもなしと申せその(其)児に(万葉集・二三四八)

これは伝言を頼む場面であり、「その児」は話し手と聞き手がともに知っている人と考えられる。現代語なら「ア」を用いるところであり、「三人称的な」指示対象を指す「その」の用例である。一方、基本形「そ」と「そこ」と「それ」には現場指示の用例がなく、「ソ系」と二人称との関わりを積極的に主張できる用例は確認できない。

しかし、以下の「その」の例はおそらく二人称に関わる用法と解されよう。

明日の日はその(其)門行かむ出でて見よ恋ひたる姿あまた著けむ(万葉集・二九四八)

我が岡の龗に言ひて降らしめし雪の砕けしそこ(彼所)に散りけむ(万葉集・一〇四)

二九四八番歌の「その門」が歌を贈った相手の家の門であることは歌全体の意味から推測されるが、意味的には「あなたの家の」とほぼ同価値と考えてよい。一〇四番歌の「そこ」は一〇三番歌から分かるように、相手のいる「大原の里」を指していると見てよさそうである。

そして、「コ系」と「ソ系」と「人称領域」との関係で注目したいのは、「この〜」に付く名詞句のうち、一人称の所有物を表す名詞句があることである。全用例二三八例に対して、このような「この」の数は七例と、数こそ多くないが、その内訳は、「この我が心」(一九〇)「この我がやど」(二五二七)、「この我が目」(二八七六)、「この我が着る妹が衣」(三六六七)、「この我が里」(三九八四)、「この我が馬」(四〇二二)、「この我子」(四二四〇)がそれぞれ一例ずつあるといった具合である。以下その用例を挙げる。

真木柱太き心はありしかどこの(此)我が心鎮めかねつも(万葉集・一九〇)

誰そこの（此乃）我がやどに来呼ぶたらちねの母にころはえ物思ふ我を（万葉集・二五二七）

里近く家や居るべきこの（此）我が目の人目をしつつ恋の繁けく（万葉集・二八七六）

我が旅は久しくあらしこの（此能）我が着る妹が衣の垢付く見れば（万葉集・三六六七）

玉に貫く花橘をともしみしこの（己能）我が里に来鳴かずあるらし（万葉集・三九八四）

鸕坂川渡る瀬多みこの（許乃）我が馬の足掻きの水に衣濡れにけり（万葉集・四〇二二）

大船にま梶しじ貫きこの（此）我子を唐国へ遣る斎へ神たち（万葉集・四二四〇）

これは「コ系」が談話の「いま・ここ」に関わる現前の指示対象のうち、特に話者に関わりの深いものを指し示すことを示唆しているように思われる。これと対照的なのは、「その〜」に付く名詞句には、「この〜」のように一人称に属するものを下接する用例は一例もなく、しかも先に引いた万葉集三三四八番歌の「串せその（其）児」のような人称的にはやはり「三人称的な」ものが目に付くことである。

そして、このような「三人称的な」指示対象を指す「ソ系」の用法がある一方で、「その」と二人称との関係を窺わせるものに以下の数例がある。

島山をい行き巡れる川沿ひの岡辺の道ゆ昨日こそ我が越え来しか一夜のみ寝たりしからに峰の上の桜の花は瀧の瀬ゆ散り落ちて流る君が見むその（其）日までには山おろしの風な吹きそとうち越えて名に負へる社に風祭りせな（万葉集・一七五一）

……乞ひ祷みて我が待つ時に娘子らが夢に告ぐらく汝が恋ふるその（曽能）秀つ鷹は松田江の浜行き暮らしつなし捕る氷見の江過ぎて……（万葉集・四〇一一）

我が背子がその（其）名告らじとたまきはる命は捨てつ忘れたまふな（万葉集・二五三一）

ほととぎすこよ鳴き渡れ燈火を月夜になそへその（曽能）影も見む（万葉集・四〇五四）

明日の日はその（其）門行かむ出でて見よ恋ひたる姿あまた著けむ（万葉集・二九四八）

上記五例の「その」は何れも二人称との関わりを窺わせるものであるが、この五例のうち「その」の指示対象がまったく先行談話に関わらないものは二九四八番歌だけで、他の四例のうち、一七五一番歌、二五三一番歌、四〇一一番歌はそれぞれ前の傍点部を指示していると解釈することができる。残る四〇五四番歌の「その」も、「霍公鳥」を実在の相手としてつまり擬人法的に表現しているとすれば、相手のことを直接指示すると解することもできる。しかし、これも先行文脈にある指示対象を照応するものであり、たまたまその指示対象が二人称的なものであるという考えることもできよう。この例の「その」も先行談話にあらわれた指示対象を照応する例と見てよいように思われる。とすれば、まったく先行文脈に関わらない指示対象を指すのは二九四八番歌だけになる。ここでは「その門」は「あなたの門」のことであり、歌を送られた相手に深く関わっているものを指すものとして見ることができる。しかし、これは「ソ系」の全用例の中では少数派であり、これだけによって積極的に「ソ系」がすべて聞き手の領域に属するものを指示すると判断するには根拠が薄いように思われる。もちろん、先行談話にあらわれたものはすべて聞き手に属するものとして理論的に規定してしまえば、話は簡単である。しかし、上代語に関しては、「ソ系」には「そち」の語形が欠けている上、肝心な「そこ」と「それ」に現場の対象を指示する用例がないことは、やはり「ソ系」と二人称との積極的な関わりを否定的に示唆していると見てよいと考えられる。

（二）「カク」、「シカ」と人称、その他

先に見たように、「〜コ形」、「〜レ形」、「〜ノ形」の指示詞について言えば、積極的に「ソ系」指示詞を聞き手に結び付けて解釈することが困難なようである。しかし、「コ系」に属する指示副詞「かく」（他に「ここだ」、「ここだく」、「ここば」、「ここばく」がある）と、「ソ系」に属する指示副詞「しか」（他に「そこば」、「そこらくに」がある）の指示対象には、それぞれ話し手と聞き手との関わりを強く示唆する用例が認められる。

暇なみ来ざりし君にほととぎす我かく（如此）恋ふと行きて告げこそ（万葉集・一四九八）

これは「我が恋するその状態、様子」、つまり話し手側のことを指している例である。対して、「ソ系」に属する「しか」の指示対象は、次のように聞き手との関わりを窺わせているようである。

この岡に草刈る童なしか（然）刈りそねありつつも君が来まさむみ馬草にせむ（万葉集・一二九一）

これは聞き手の行為である「刈る」の様態に言及するものと考えられる。しかし、「しか」の指示対象は常に聞き手に深く関わるものばかりではないようである。

天地と分れし時ゆ己が妻しか（然）ぞ離れてある秋待つ我は（万葉集・二〇〇五）

この場合、「しか」は、「天地と分れし時」から今に続いている状態を指しているが、状態そのものには「話し手」が一方的に関わっているのでもなければ、「己が妻」や「聞き手」が優位に関わっているものでもないことに注意したい。

そして、「しか」が時間的には「今」よりも過去に関わっていることは、次の例の「かく」と「しか」の対比によって明らかである。

香具山は畝傍ををしと耳梨と相争ひき神代よりかく（如此）にあるらし古もしか（然）にあれこそうつせみも妻を争ふらしき（万葉集・一三）

一方、「ここだ」と「そこば」にも、次の例のように、それぞれ話し手側と聞き手側の状態を指す用例が見られる。

夢のみに見てすらここだ（幾許）恋ふる我は現に見てばましていかにあらむ（万葉集・二五五三）

大伴宿祢家持贈童女歌一首
はね縵今する妹を夢に見て心の内に恋ひ渡るかも（万葉集・七〇五）
童女来報歌一首
はね縵今する妹はなかりしをいづれの妹ぞそこば（幾許）恋ひたる（万葉集・七〇六）

七〇六番歌の「そこば」がまさに相手である大伴家持の恋する様を指していることは、歌の贈答に徴して明らかである。しかし、次の例はどうであろうか。

……世間の愚人の我妹子に告りて語らくしましくは家に帰りて父母に事も語らひ明日のごと我は来なむと言ひければ妹が言へらく常世辺にまた帰り来て今のごと逢はむとならばこのくしげ開くなゆめとそこらくに堅めしことを住吉に帰り来りて家見れど家も見かねて里見れど里も見かねて怪しみとそこに思はく……（万葉集・一七四〇）

この例の「そこらくに堅めしこと」は、時間的にも空間的にも過去に属する、現前しない状況であり、それは語り手にとっても聞き手にとっても第三者的な物語中の出来事であると考えられる。しかも語り手も聞き手もともに当事者ではないので、この「そこらく」を一概に聞き手に結び付けて考えることが難しいようである。現代語なら、「あの時あれほど」の気持ちで理解するところであろう。

一方の「しか」はどうであろうか。次の例を参照されたい。

やすみししわご大君の常宮と仕へ奉れる雑賀野ゆそがひに見ゆる沖つ島清き渚に風吹けば白波騒き潮干れば玉藻刈りつつ神代よりしか(然)そ貴き玉津島山(万葉集・九一七)

この例については、先行する表現からこの「しか」によって指示されている状態を見つけることはあるいは不可能ではない。それはこの歌を表現の現場から離れた自足の表現として解釈することを意味するであろう。しかし、この歌は同時に優れて現場的でもある。いやもともと現場的であるというべきかも知れない。もしこの歌を現場に即して、「雑賀野ゆそがひに見ゆる」玉津島山を眺めながら、この歌を詠んだのだと解すれば、「しか(然)そ貴き」の指示対象は遠くに見える「玉津島山」の「貴き」様になる。ここではこの歌をこうした現場性において解釈したい。因みに、仮にこの歌を現場から離れた自足するものとして解釈しても、「しか」の指示対象が先行文脈にあることと、「しか」が聞き手に関わる指示対象を指すこととは直接には結び付かないことを指摘しておきたい。

こうして見れば、「かく」が話し手にとって空間的・心理的な「近」に属する対象を指し示すのに対し、「しか」は「遠」、しかも一方的に話し手から遠くて聞き手に近いというのではなく、両者にとってともに「遠」に属するものを指す用法を持つことになる。

このような空間的な「遠」と「近」との違いは、たとえば、次のような時間的な表現の中ではいっそう明瞭にあらわれる。

香具山は畝傍ををしと耳梨と相争ひき神代よりかく（如此）にあるらし古もしか（然）にあれこそうつせみも妻を争ふらしき（万葉集・一三）

ここでは、「神代よりかくにある」が、過去から現在に向かうような時間の流れとその時間内の状態を表すのに対し、「古もしか（然）にあれこそ」には、もっぱら視線を過去に向け、過去の状態として取り上げているという違いが認められる。

とすれば、「しか」の指す対象も、基本的に、話し手の視点に基づいて自分から遠いものという基準によって用いられていると考えられる。二〇〇五番歌と一三番歌の「しか」が現前しない指示対象を指すのもそのためであろう。「しか」と聞き手との関連もあくまでも話し手から見て「自らの領域外」に属するという意味においてであることはあらためて指摘するまでもない。それは、たとえば次の例のように、第三者が指示対象になる場合、いっそうはっきりする。

在久邇京思留寧樂宅坂上大嬢大伴宿祢家持作歌一首
一重山隔れるものを月夜良み門に出で立ち妹か待つらむ（万葉集・七六五）
藤原郎女聞之即和歌一首
道遠み来じとは知れるものからにしか（然）そ待つらむ君が目を欲り（万葉集・七六六）

この場合、相手の歌を承けて、「しか（然）」を用いているとも考えられるが、「しか（然）そ待つ」のが、時間的にも空間的にも遠くにいる「坂上大嬢」であることは明らかであり、話し手でも聞き手でもない第三者の関わる行為と考えられる。ここでは、先に引いた「神代よりしか（然）そ貴き玉津島山」（九一七）同様、空間的に遠くにある対象を指していると解釈しておく。

これを要するに、「かく」は、話し手を中心に、「一人称的なものとそれ以外」、つまり「一人称対非一人称」という対立において、「非近（遠）」（厳密には「非近」は必ずしも「遠」に等しくはない。「遠」・「近」の対立には「中間」が介在しかねないからである。因みに、本稿に用いる「遠」とは「近」に対する「非近」の意である）に属するものを指すのであり、対する「しか」は、聞き手に関わる指示対象を指す場合でも、話し手と聞き手の両方にとって遠に属するものを指す場合でも、等しく話し手から見た「非近（遠）」に属するものを指すと考えられる。「しか」の指示対象に、二人称的なものと「三人称的な」ものが混在するのも、両者が等しく「一人称」に対する「非一人称」の領域に属するからである。

このように見てくると、指示副詞の「かく」と「しか」においてそれぞれ話し手と聞き手との関わりを強く示唆する用例が観察される一方で、「しか」にはまた時間的・空間的に話し手と聞き手から遠くにあるものを指すと思われる例が存在することは、「ソ系」指示詞の他の語形の用法にも通じるところである。そして、これは「かく」と「しか」は何よりも「コ系」と「ソ系」全体の中において解釈すべきことを意味するように思われる。

これまで見てきたような、「ソ系」指示詞の指示対象が必ずしも「聞き手」の深く関わるものではないということに対して、もし上代語の「ソ系」と二人称との関係を肯定的に説こうとするならば、「ソコ」の用例には現場の空間的な場所、それも聞き手領域に属する場所を指示する用例の存在を仮定しなければならない。そして、そのような考え方の前提とするところはおそらく文献の偏り、とりわけ和歌テキストという文献の特殊性であろう。

確かに「ソコ」は『上代歌謡』と『萬葉集』本文には三六例、『三代集』+『新古今集』本文には八例用いられているだけで、その数は決して多いとは言えない。しかし、一般的に指示詞が多く用いられている中古語の散文テキストである『竹取物語』や『土佐日記』には逆に「そこ」の用例は一例もなく、『伊勢物語』に九例ある他、『源氏物語』には二三例（そのうち「ソコ」の単独用法は一七例のみ）のように、中古語の散文テキストとはいえ「ソコ」の延べ語数は決して多くないことに注目しておく必要がある。そして「ソコ」の現場指示の最初の用例は『古今集』の一〇〇七番歌であり、それも古今集本文の「ソコ」の延べ語数三例中の一例であるということも看過できない事実である。

上代語に「ソコ」の現場指示の用例が観察されないことについて、「カ系」指示詞の未発達と「コ系」と「ソ系」指示詞の用法がそれぞれ「知覚指示」と「観念指示」に偏っていることから推測すれば、やはりまだ現場指示の用法を持っていなかったと考えるのが妥当のようである。「ソ系」と「聞き手領域」との関わりもまだ後の時代のように積極的ではなかったと考えられる。中で決定的なのは、上代語では「カ系」指示詞がまだ十分発達していなかったことではないかと考えられる。「カシコ」に当たる「カ系」指示詞を持たないことは、仮りに上代語に現場指示の「そこ」の用例があったとしても、「ここ」と「そこ」によって現場の空間を分割することを余儀なくされることを意味しなければならない。そして現場の空間を仮に二分割するとすれば、可能性として一番高いのは、やはり話し手を中心として、話し手に近いものとそれ以外という対立ではないかと考えられる。つまり、「ここ」が話し手の領域に属するもの、そしてそれ以外の空間を即聞き手の領域に属するものとすることはできない。なぜなら、この場合の聞き手領域はあくまでも「話し手以外の領域（つまり「非一人称領域」）の中に包み込まれているからである。そして、二人称と三人称は、この非一人称の内部に融合していたことはことさらに指摘するまでもない。「そこ」にしても、「しか」にしても、その指示対象にただ単に聞き手に直結するようなものばかりではなく、「ソ系」指示詞全体が、後に「カ（ア）系」によって指し示されるようになるような、話し手と聞き手の現場から遠くにある空間的な指示対象を指したり、時間的には「談話」の「今」から見て「遠」に属する観念的な指示対象を指したりするのも、そのためと考えられる。

以上述べてきたいくつかの点を考慮に入れると、上代語の「ソ系」はまだ二人称とは積極的にあるいは一義的に関わってはいなかったと見るのが妥当であろう。もちろん、これは上代の指示詞の「コ・ソ・カ」が人称とまったく関わりがなかったということではなく、その関わり方が現代語と異なるだけである。

ここで、「ソ系」の指示対象には、一人称的なものがなく、二人称的なものと「三人称的な」ものが混在しているということに改めて注目しておきたい。

一方、「カ系」指示詞はどうであろうか。次のその例を見てみる。

（三）「カ系」と人称

ここでまず注目したいのは、「カ系」の用例の中に二人称的なものを指すものがあるということである。

誰そかれ（彼）と我をな問ひそ九月の露に濡れつつ君待つ我を（万葉集・二二四〇）

誰そかれ（彼）と問はば答へむすべをなみ君が使ひを帰しつるかも（万葉集・二五四五）

二二四〇番歌の「誰そかれ（彼）」については、『時代別国語大辞典・上代編』では「タソカレは、誰かあの人は、の意」に解され、三人称の「あの人」に比定されているようである。この解釈は、「君」が第三者の誰かに向かって「我」を指して、「誰かあの人は」と発言している状況を想定してはじめて成り立つものである。しかし、「タソカレ」の解釈にはこの第三者の存在は必ずしも必須ではないようである。いや無理に第三者の介在を想定するよりも、やはり黄昏の時に出会った知らぬ人との一対一の場面において、分からない相手又は見知らぬ相手に向けて発話されたものとして、「タソカレ」の意味を理解すべきであろう。

「暁のかはたれとき（加波多例等枳）に」についても同じである。仮に幸にもそばに誰かがいたとしても、その人に向かって「誰かあの人は」と聞くよりは、相手に聞くのが早いのではないか。特に暁闇や黄昏の時には、自分に分からない相手又は見知らぬ相手をそばにいる第三者が知っている保証はどこにもないからである。

このように考えると、二二四〇番歌は人麿作の「秋の相聞」の一首として、やはり「我」と「君」との間に交わされた歌と考えるべきであり、「君」が「我」に向かって「誰かあなたは」と発言している状況として解釈する方が妥当ではないかと考えられる。してみれば、これは二人称的な指示対象を指す用例と見てよさそうである。ここではこのように解釈したい。

この解釈は少し時代は降るが、次の「カレ」の用法によっても支持されると思われる。

俊蔭、林のもとに立てり。三人の人、問ひていはく「彼《かれ》は、なむぞの人ぞ」。俊蔭答ふ「日本国王の使、清原の俊蔭なり」。（『宇津保物語』俊蔭）

この「彼《かれ》」は二人称を指す用法としてもはや疑いないところであろう。しかもおそらくこうした「かれ」の用法は中古語において忽然とあらわれたものとは考えにくく、上代語の二二四〇番歌以来一貫するものであろう。そして、二五四五番歌の「かれ」をすでに帰っていった「君が使」を指すと考えれば、「三人称的な」指示対象を指す用法になる。「カ系」にも二人称的な指示対象と「三人称的な」指示対象が共存していることになる。更に、その指示対象は話し手から見た未知の相手でも、聞き手とともに了解している第三者でも、等しく話し手にとって自分の勢力範囲外の対象である点において共通しているのである。

このように、上代の指示詞については、「カ系」には一人称的な指示対象を指すものがなく、二人称的な指示対象と「三人称的な」指示対象とが共存していたことはおそらく事実と見て間違いないであろう。そして、「コ系」には二人称の深く関わっている指示対象を指し示す用例がないこと、「ソ系」には一人称の深く関わっている指示対象を指す用例がなく、二人称的な物と「三人称的な」物を指す用例があることにあらためて注目する必要がある。それは、つまり三つの人称のうち、二人称と三人称との間に区別を設けず、一人称とそれ以外によって人称の領域を画定していることに他ならない。これは上代語における指示詞と人称との関係を考える上で重要な手がかりになる。

（四）まとめ ― 「コ・ソ・カ」と人称

ここで、もし「コ系」が話し手の深く関わっている現前の知覚対象を指し示すのだと規定すれば、この「コ系」に対する「カ系」も、「コ系」に対する「ソ系」も同じく話し手の深く関わらない知覚対象・観念対象を指すということになる。「コ系」が「一人称領域」に関わるのに対して、「カ・ソ系」はともに「非一人称」という領域に関わり、そこに「ソ・カ系」の重なる領域があると考えられるが、実は、この「非一人称領域」こそ「二人称」と「三人称」を中に併せ持ったものなのである。そして上代語における指示詞と人称との関わり方は、「一人称」に関わる「コ系」と「非一人称（二人称的なものと「三人称的な」ものとを含む）」に関わる「ソ・カ」系との対立ではないかと考えられる。ここには「コ・カ」と「コ・ソ」という二重の対立の構図が認められる。「コ系」が談話の「いま・ここ」に関わり、「近」に属する現前の知覚対象を指すのに対して、「カ系」は談話の「いま・ここ」から見て「非近（遠）」に属する指示対象を指す意味では「コ・カ」が対立する一方で、「カ系」は観念指示の用法において「ソ系」と重なる。そして「コ・ソ」はそれぞれ知覚対象と観念対象との対立をなすことになる。

では、何故上代語においてこうした現象が存在し得たのであろうか。ここでまず注意しなければならないのは、「ソ系」と「カ系」には二人称的な指示対象と「三人称的な」指示対象が共存していることは、即ち上代語の指示体系においては「二人称領域」と「三人称領域」がまだ未分化のまま融合していたことを意味するということである。上代語の「コ系」と「ソ系」はその体制においてそれぞれ「知覚対象指示」と「観念対象指示」に偏っていることと、「カ系」の発達が比較的遅かったことを考え合わせれば、「コ（カ）・ソ」に到達するまでの「コ・ソ」の二者対立の指示体系においては、おそらくまだ知覚対象の空間的・時間的遠近や、観念対象においても過去の経験領域と談話を介して所有する経験領域との区別がなされておらず、指示詞と三つの人称との相関関係によって指示詞を使い分けることも行われていなかったと考えられる。しかし、このような指示体系はまず「カ」が「コ」より知覚対象の「遠」に属するものを指すものとして分化する方向で変化を来たし、そして「ソ系」は、「ソコ」と「ソレ」の現場にある知覚対象を指す用例こそ観察されないが、「その松が枝」(万葉集・二四八五)のように「ソノ」や「シカ」、「ソコバ」においていち早く知覚対象指示の用法が見られるなど、「コ・ソ」の二者対立から「コ・ソ・カ」の三者対立の体系に移り変わりつつあったものと考えられる。現代語では「ソ系」において非一人称的な指示対象を指す用法がなお残っている以外は、「コ系」と「ア系」はそれぞれ基本的に一人称と三人称に対応するようになっていることを考えれば、上代語の指示詞と人称との関わりもすでに三つの人称に対応する方向を目指して変化しはじめていたと見ることができる。つまり、語形こそ「コ・ソ・カ」と揃ってはいるものの、それにはまだ三つの人称にそれぞれ対応するまでには至っておらず、それに到達するまでの過渡的な様相を呈していると言える。

このことは、「それ」と「そこ」には現場指示の用例がない上、「ソ系」と「カ系」は「遠」に属する知覚対象と過去の経験に属する観念対象の指示において重なることや、「コ系」の用法にも「これやこの大和にしては我が恋ふる紀路にありといふ名に負ふ背の山」(万葉集・三五)のように、「これ」は現前の指示対象、「この」は過去の経験的な対象を指すような、かつての指示体系の名残と思われる用法が残存していること、「ソ系」と「カ系」にはそれぞれ二人称的な指示対象と「三人称的な」指示対象が共存していたことによって裏付けられる。

そして更に、「ソ系」と「カ系」において二人称と三人称が未分化のまま融合していたということは、つまるところ上代語の指示体系は「一人称」を軸にした「一人称対非一人称」の対立において人称と関わっていたことを意味する。これは指示対象の所有・了解の仕方が、「知覚対観念」による二者対立の指示体系から、人称との関わりを区別原理とする指示体系に移り変わるその過渡期の現象として見ることができる。少なくともそう解釈することによって、指示体系の史的変化をより自然に説明することが可能になるのではないかと考える。

以上を要するに、上代語の指示詞と人称との関係については、もし「コ系」が話し手の深く関わっている現前の知覚対象を指示すると規定すれば、「コ系」に対する「カ系」も、「コ系」に対する「ソ系」も一人称の深く関わらない知覚対象または観念対象、つまり非一人称的な指示対象を指すことになる。そして、こうした人称対立の構図の背後には、話し手を中心とする「話し手に近いもの対それ以外のもの」によって指示対象を指示するという主観的な指示法があり、指示体系における人称領域も専ら話し手を軸に主観的に画定されていたと考えられる。

これまで見てきたように、上代語の指示詞の語形こそ「コ・ソ・カ」が揃っているものの、人称体系との相関関係は「一人称領域」対「非一人称領域」という二元対立であり、「コ・ソ・カ」がそれぞれ一人称、二人称、三人称に対応するまでには至っていないと考えられる。そして、上代語の文献によって、指示体系の史的変化がすでに以下に示す第一段階から第二段階に入ったことを推測することができる。

第一段階：「コ・ソ」（更に単音節の段階と複音節の段階に分けられる）
第二段階：「コ・カ」と「ソ」

この第一段階においては、まだ「コ」から「カ」が分化しておらず、指示体系は「コ・ソ」の対立をなしていたと考えられる。この第一段階における「コ」と「ソ」の違いは知覚対象指示と観念対象指示の対立と考えられ、ここでは知覚対象の空間的な「近・非近（遠）」による区別はなく、観念対象の時間的な「近・非近（遠）」（談話内の観念対象と談話以前の観念対象）による区別もされていなかったと考えられる。さらに、この段階においてはまだ指示詞と人称との関係は指示詞の使い分けには反映されてはいなかったと推定される。

そして、知覚対象の「近・非近（遠）」という基準によって「コ」から「カ」が分化され、人称との関係においては「カ」が「非一人称」の知覚対象と観念対象、「ソ」が「非一人称」の観念対象を指すに至ってはじめて、指示対象と人称との関係による指示詞の使い分けが可能になったものと考えられる。

さらに第二段階においては、知覚対象指示・観念対象指示という基準に加えて、指示対象と人称との関係という第二の基準も合わせて用いられるようになったと考えられる。ここでは知覚対象指示と観念対象指示という基準はまだ人称との関係という基準に取って代わられるまでに至っておらず、上代語においてはその過渡的な現象としてまだ「コ系」と「ソ系」との間に「知覚対象指示・観念対象指示」という基準による使い分けが明瞭に観察される。

因みに、中古語以降の指示詞においては、上代語において用いられているこの二つの基準のうち、「知覚対象指示・観念対象指示」という基準は「ソ系」の現場指示の用例の出現によって崩れさるが、残る「一人称領域」の「コ」と「非一人称領域」の「ソ・カ」による人称対立も、時代が降って「ソ系」が二人称への接近をしつつも、なお、「三人称的な」指示対象を指す用例が引き続き観察される一方で、就中「カ系」と二人称との関わりを示す用例との消滅によって変化を余儀なくされることになる。

そして、中古語以降の指示詞はその語形の整備と語形と意味との対応を通じて、とりわけこの「非一人称領域」から「二人称領域」と「三人称領域」の分化を目指して、「ソ」と「カ」はそれぞれ二人称と三人称への接近を強めていくことになる。

次節以降は中古語以降における指示体系の史的変化の具体的な道筋をたどりたい。

第三節　中古語の指示体系

本節は中古語の指示詞を考察するが、前節にひき続いて以下の三点を中心に中古語の指示詞について考察したい。

一、指示詞の語形
二、指示詞の語形と意味との対応関係
三、指示詞と人称との関係

ここに用いる主な文献は、『宇津保物語』、『源氏物語』、『枕草子』である。加えて『三代集』、『新古今集』と訓点資料『大乗大集地藏十輪經』元慶七（八八三）年點本を参考した。

第一項　中古語の指示詞の語形

すでに前節で見たように、上代語の指示詞の語形は基本的に「コ（カ）・ソ」の三つの語形を中心に体系化されていたが、次の表10と表11の示すように、上代語に比べて中古語の指示詞の語形が大きく変容していることが窺われる。

ここで表10、表11と上代語の指示詞の語形をまとめた表4と表5（一二六頁）を比較してみると、およそ次の二つの大きな相違点が指摘できよう。

表10　源氏物語の指示詞の語形

語形	基本形	〜ノ形	〜コ形	〜チ形	〜レ形	〜ナタ形	その他	総用例数
コ系/2630	こ/28	この/1742	ここ/296	こち/6	これ/368	こなた/190	かく/1363	3993
ソ系/877	そ/14	その/594	そこ/23		それ/208	そなた/38	さ/647, しか/66	1590
カ系/1054	か/92	かの/712	かしこ/126		かれ/87	かなた/37	をちこち/2	1056
ア系/91	あ/3	あの/4	あしこ/2		あれ/7	あなた/75		91
用例数	137	3052	447	6	670	340	2078	6730

表11　枕草子の指示詞の語形

語形	基本形	〜ノ形	〜コ形	〜チ形	〜レ形	〜ナタ形	その他	総用例数
コ系/292	こ/7	この/101	ここ/30	こち/2	これ/129	こなた/23	かく/73	365
ソ系/227	そ/5	その/108	そこ/17		それ/93	そなた/4	さ/161, しか/2	390
カ系/55	か/5	かの/18	かしこ/3		かれ/24	かなた/5		55
ア系/23		あの2			あれ/8	あなた/13		23
用例数	17	229	50	2	254	45	236	833

一、「ア系」指示詞の出現
二、「〜ナタ形」指示詞の出現

先ず第一の点については、「ア系」の用例は『竹取物語』、『土佐日記』、『伊勢物語』には一例もなく、『源氏物語』にはじめて確かな用例が観察されるが、まだ「あち」の用例を欠いている上、全体的に「カ系」の一〇五四例に対して「ア系」はわずかに九一例と、その用例数が決して多くはないことに注目したい。これは中古語の指示体系における両者の力関係を如実に反映していると言えよう。「ア系」の出自、つまりもともと地域方言であったのか、それとも社会方言が一般化したものなのかは詳らかにしないが、中古語の指示体系にとっては新しく生まれた語形と見て間違いなさそうである。

たとえば、築島裕『平安時代語新論』(一九六九年)は、「ア系」指示詞の出自について次のように述べている。

ア系列の諸語は、上代には未だ現れてゐなかつたものであつて、恐らく平安時代に入つて以後の形ではないかと思はれる。(四四七頁)

そして、「あれ」の用例は、中田祝夫「正倉院聖語藏本大乘大集地藏十輪經（巻五）元慶七年訓點譯文」（一九六五）、中田祝夫「正倉院聖語藏本大乘大集地藏十輪經（巻七）元慶七年訓點譯文」（一九六六年）によって次の二例が知られる。

原文　彼不堪消勝供養

訳文　彼《アレ》は勝供養を消するに堪（へ）不《ず》。（巻第五ノ二四八行）

原文　令彼一切修縁覺乘漸次圓滿皆悉證得幢相縁定於獨覺乘得不退轉歡喜禮佛還復本座

訳文　（令）彼《アレ》に一切の縁覺乘を修するヒトヲ、漸次に圓滿して、皆悉（く）幢相縁の定を證得し、獨覺乘に於て不退轉セ（む）ことを得しめたまひシカバ、歡喜し禮佛して還《また》本座に復（し）き。（巻第七ノ一四五〜一四七行）

「あの」については、我々は、同じ中田祝夫（一九六五）によって次の一例を知ることができる。

原文　非法器故我於彼人不稱大師彼人於我亦非弟子

訳文　法器に非（ぬ）ガ故に、我は彼《ア》の人に於て大師とも稱セ不《ズ》。彼の人も我ガ於《うへ》に亦弟子に非ず。（巻第五ノ三八五〜三八六行）

この例の「彼《ア》の人」はおそらく「あれのひと」ではなく、「あのひと」と読むべきであろう。とすれば、先の一例と合わせて「あれ」、「あの」の仮名書きの確かな用例ということになる。因みに、『正倉院聖語藏本大乘大集地藏十輪經（巻五、巻七）』は元慶七（八八三）年の加點に係るものなので、「あれ」と「あの」は平安時代初期の訓点語にすでにあらわれていたことになる。

一方、基本形「あ」の用例はたとえば『竹取物語』に次の一例が見られる。

その後、翁・嫗、血の涙を流して惑へど、かひなし。あの書き置きし文を読みて聞かせけれど、「なにせむにか命も惜しからむ。誰がためにか。何事も用もなし」とて、薬も食はず。やがて起きもあがらで、病み臥せり。(『竹取物語』二三)

この「あ」は、「あの人」つまりかぐや姫のことを指していると考えられ、「あの」として「文」にかかっているものではないようである。

一方、『源氏物語』の「ア系」指示詞の用法を見てみると、「あれ」七例のうち、会話文には四例、地の文には三例(「あれは誰時なるに」(初音)一例を含む)用いられているが、「あの」四例のうち、会話文には一例、地の文には三例用いられている。ここには特に話し言葉と書き言葉の差や男女の位相の差を示すような使い方は観察されていない。このことと「カ系」も会話文と地の文の両方に用いられ、男女の位相差もみられないことを考え合わせれば、「ア系」が会話文と地の文の両方において「カ系」の用法と重なりつつ、成長していることが窺われる。

第二の点については、「〜ナタ形」は『竹取物語』に「こなたかなた」が一例、『伊勢物語』に「あなた」が二例見られるが、やはり『源氏物語』(三四〇例)と『枕草子』(四五例)において比較的大量に使われているようである。しかも、『源氏物語』と『枕草子』を比較すると、「コ・ソ・カ・ア」の語形を共有する指示詞の延べ語数の中で占める「〜ナタ形」指示詞の割合はそれぞれ七・三一％(全四六五二例中三四〇例)と七・五四％(全五九七例中四五例)であり、ほぼ拮抗しているのである。

因みに、『枕草子』の「〜ナタ形」指示詞の四五例には、「こなた」が二三例(うち「こなたかなた」五例、「あなたこなた」一例)、「そなた」が四例(うち「そなたざま」一例)、「かなた」が五例(すべて「こなたかなた」の形)、「あなた」が一三例(うち「あなたがた」一例と「あなたこなた」一例)ある。

表12　上代和歌と中古和歌の指示詞延べ語数における基本形の割合

作品名・語形	コ系	ソ系	カ系	ア系	基本形の延べ語数	指示詞の延べ語数	割合（%）
上代歌謡	9	5			14	48	29.17%
万葉集	11	8	23		42	526	7.98%
古今集		3			3	46	6.52%
後撰集		1			1	41	2.44%
拾遺集	6	1			7	59	11.86%
新古今集	1	3			4	97	4.12%
三代集＋新古今集	7	8			15	243	6.17%

中古語においては、以上指摘した「ア系」の発生と「〜ナタ形」の発達の外に、「カ系」のうち、「かしこ」の成長が最も著しいことも注目に値する。具体的には、「かしこ」が『源氏物語』に一二六例用いられているのに対して、『竹取物語』には一例、『土佐日記』には二例（うち「ここかしこ」一例）、『伊勢物語』には二例（うち「ここかしこ」一例）、『枕草子』には三例（三例とも「ここかしこ」の形）用いられている。そして、中古語では全体的に「カ系」の形態の整備が進み、新生の「ア系」に対する用例の絶対的な優位を保ちながらも、「カ系」指示詞は「ア系」に少しずつその領分を浸食されつつあったように見受けられる。

こうした成長する語形に対して、上代語と比べてほとんど成長の跡が見られないか、もしくは後退する傾向にある語形もある。その一つは「〜チ形」であり、そしてもう一つは「コ・ソ・カ・ア」の基本形の延べ語数の減少である。

「〜チ形」については、『源氏物語』には「こち」が六例あるだけで、「そち」と「あち」はまだあらわれない。しかも「こち」の六例は上代語同様すべて副詞的な用法に止まり、語形の整備も上代語の状態から前進した形跡がなく、成長がそのまま停まった感がある。

一方、「コ・ソ・カ・ア」の基本形の減少については、すでに本章第二節一項「上代語の指示詞の語形」において触れたように、『上代歌謡』と『萬葉集』との間には、すでに基本形「コ・ソ・カ」の延べ語数が減少する傾向が認められた。『三代集』＋『新古今集』（全二四三例中一五例）にも、減少傾向が見られる。上の表12を参照されたい。ここに示した指示詞の延べ語数は、「コ・ソ・カ（ア）」の語形を共有する指示詞の延べ語数である。

そして、物語に至っては指示詞の全延べ語数の中で占める「基本形」の割合はさらに著しく減少しているようである。たとえば、『源氏物語』と『枕草子』では、「コ・ソ・カ・ア」の基本形と同じ基本形を共有する指示詞の延べ語数はそれぞれ全四六五二例中一三七例（二・九四％）と全五九七例中一七例（二・八五％）になっており、基本形「コ・ソ・カ・ア」の延べ語数がそれを共有する他の複音節の語形に比べて極端に少ないのが一目瞭然である。

そして、「そ」が「そは」、「そも」、「そよ」にわたるのに対し、「あ」と「こ」がそれぞれ「あは」と「こは」の形だけで用いられるが、「か」の場合、「かばかり」と「かやう」の多用が目立つ。

因みに、「か」の用例は数的に多いように見えるが、そのほとんどすべてが熟合した表現であり、「か」そのものが活発に用いられたというわけではない。たとえば、『源氏物語』には「か」の単独用法がなく、「かばかり」が九二例ある他、「かやう」が二〇〇例、「何やかや」が一六例ある（定型表現としての熟合の度合を考慮して、「かばかり」九二例を基本型に数えた）のに対し、『伊勢物語』や『土佐日記』には「か」の用例の単独用例はおろか、「かばかり」、「かやう」のような熟合した形も見られない。わずかに『竹取物語』に「かばかり」が三例、「かやう」が一例とみられるといった具合に、中古語の指示体系においては全体的に「コ・ソ・カ・ア」の基本形は定型表現に固まりつつ、次第に影が薄くなりつつあると見て差し支えないようである。

第二項　中古語の指示詞の語形と意味との対応関係

本項では中古語の指示詞の意味的広がりを見てみるが、まず『源氏物語』における指示詞の語形と意味との対応関係を表に示すと、表13のようになる。

表13　源氏物語における指示詞の語形と意味との対応

用法・語形	コ系	ソ系	カ系	ア系	その他（コ）	その他（ソ）
物・人	こ，これ	そ，それ	かれ	あ，あれ		
事　柄	これ	それ		あれ	かく	さ
方　角	こち，こなた	そなた	かなた	あなた		
場　所	ここ，これ	そこ，それ	かしこ，かれ	あしこ		
性　状					かく（かう）	さ
指　定	この	その	かの	あの		
様　子					かく（かう）	さ

表13を通して見ると、まず以下の三つの点が注目される。

一、「ソコ」の現場指示の用法があらわれたこと。

二、「〜コ形」の用法はほぼ場所を指示するのに収斂され、「〜レ形」が新たに場所を指す用法を持ったこと。

三、「〜ナタ形」と「〜レ形」には方角を表す用法がある一方で、人を指す用法があらわれ、人称代名詞への転用が認められること。

以下、順に見ていきたい。

(一)「ソコ」の現場指示の用法

すでに本章二節二項㈢「『ココ』と『ソコ』」において触れたように、上代においては「ソ系」は観念的に所有・了解される、現前しない指示対象を指すのに用いられ、知覚指示の「そこ」の用例はまだ確認されなかった。

これについては、「そこ」は実際にあったが、たまたま文献にあらわれなかったか、もしくは歌にはそもそも知覚指示の「そこ」があらわれにくいとする考えがある。しかし、いくつかの事実はその逆の可能性を示唆しているようである。上代語に基づくいくつかの事実についてはすでに本章二節二項で触れたので、ここでは、中古語の指示詞の中から得られる根拠をいくつか指摘したい。

その一つは、中古語の散文文献においても「そこ」の用例が決して多くないということである。実際、『竹取物語』と『土佐日記』に「そこ」の用例すらなく、『伊勢物語』に九例、『源氏物語』に二三例といった具合に、中古語の文献の中で比較的古いものの中にも「そこ」の用例がないか、あっても極少数に止まっている。特に、『源氏物語』の二三例は、「その」(五九四例)や「それ」(二〇八例)に比べてその数の少ないことがいっそう顕著である。そして「そこ」の用法を見てみると、『伊勢物語』の「そこ」九例はすべて先行文脈にあらわれた場所的な名詞句を承けるものであり、現前の場所を指す知覚指示の用法は一例もない。さらに『源氏物語』の二三例中の一〇例が二人称代名詞への転用であり、九例が先行談話の場所的な名詞句を承けるものであるのに対して、現前の場所を指す知覚指示の「そこ」はわずかに一例、その他が三例と、現場の知覚対象を指示する用例はやはり少ないようである。

次に現場の知覚対象を指示する「そこ」の例を挙げる。

碁打ちはてて結さすわたり、心とげに見えてきはきはとさうどけば、奥の人はいと静かにのどめて、「待ちたまへや。そこは持にこそあらめ、このわたりの劫をこそ」など言へど、「いで、この度は負けにけり。隅の所、いでいで」と、指をかがめて、「十、二十、三十、四十」など数ふるさま、伊予の湯桁もたどたどしかるまじう見ゆ。(『源氏物語』空蟬)

この「そこ」は碁盤の上の空間を指すと考えられ、現場の知覚対象を指示する用例と見て間違いないようである。ただ実際距離的に聞き手に近い空間なのか、それとも碁盤の上で聞き手から離れていても、相手のさす手に深く関わる空間なのかは分からないが、そのいずれにせよ、これは現場指示の「そこ」として、しかも「二人称」との関わりを積極的に主張できる一例である。

因みに現場指示の「そこ」の用例は、『古今集』には次の一例が見られる。

うちわたす遠方人にもの申すわれそのそこに白く咲けるは何の花ぞも（古今集・一〇〇七）

これは現場の少し離れたところにいる「遠方人」にむかって、相手の近くに咲いている花を指して、それは何の花かと尋ねる場面である。とすれば、聞き手に近い空間的な場所を指すものと考えてよい例である。前の例とともに「そこ」が二人称に関わっていることは明らかである。

ここで注意したいのは、もし「そこ」の現場指示の用法が上代にはなく、後の中古語においてはじめて登場したものだとすれば、これは現場指示の「そこ」の生まれなければならなかったことの必然性を示唆するものと考えられることである。つまり「ココ」が知覚的に所有・了解される話し手に近い現前の場所を指すのに対して、「ソコ」は話し手から遠い現前の場所を指すと同時に、知覚指示の一人称領域に関わる「コ系」に対して、話し手が優位に関わっていない領域、つまり「非一人称領域」を指すために用いられたものと考えられる。それを示すのは、たとえば、次の例のように、「そこ」が現場の遠くにある場所を指すと思われる場合である。

かくいふ所は、明順の朝臣の家なりける。「そこもいざ見ん」といひて、車よせて下りぬ。田舎だち、ことそぎて、馬のかたかきたる障子、網代屏風、三稜草の簾など、殊更にむかしの事を移したり。（『枕草子』九五（新日本古典文学大系本）[14]）

この例は、車に乗って行く場面なので、「そこもいざ見ん」といって、車をよせておりるという動作から推測すると、ともに遠くにある場所を指すものと考えられる。ここでは、「そこ」は「明順の朝臣の家」を先行する文脈から承けているとしたり、わざわざ先行する発言を想定したりする必要はない。「かくいふ所は、明順の朝臣の家なりける」は逆に「そこ」を説明するために付け加えられたものと考えるべきである。とすれば、これは現場の「三人称的な」場所を指示する用例であり、「そこ」の指示対象にも二人称的なものと三人称的なものが共存し、全体的にはやはり「非一人称」に関わるということになる。

（二）「〜レ形」の場所指示の用法

続いて第二点については、上代語では広く事柄、様態を指すのに用いられた「〜コ形」からは、事柄と様態を指す用法が影を潜め、「ここ」と「かしこ」、さらに「あしこ」も全体的に場所を指す用法にまとまっている。上代語と比べて「〜コ形」の用法が狭く限定される傾向にあり、語形と意味との対応関係が「一つの形、一つの意味」に向けて大きく前進したことが観察される。一方、上代語において専ら物的対象を指していた「〜レ形」には、新たに場所を表す用法が生まれた。場所指示の「これ」の例はたとえば次のようなものである。

一日、前駆追ひて渡る車のはべりしを、のぞきて、童べの急ぎて、『右近の君こそ、まづ物見たまへ。中将殿こそこれより渡りたまひぬれ』と言へば、またよろしき大人出で来て、『あなかま』と、手かくものから、『いかでさは知るぞ。いで見む』とて這ひ渡る。（『源氏物語』夕顔）

この例の「これより」が「ここを通って」または「ここから」の意に解されれば、中古語では、「〜レ形」指示詞の用法には、「物指示」と「事柄指示」の他にさらに「場所指示」が加わったということになる。

このような「コレ」の場所を指す用例と平行して、「ソレ」にも場所を表す用法がみられる。次にその例を挙げる。

朔日は、例の、院に参りたまひてぞ、内裏、春宮などにも参りたまふ。それより大殿にまかでたまへり。大臣、新しき年とも言はず、昔の御ことども聞こえ出でたまひて、さうざうしく悲しと思すに、いとど、かくさへ渡り

たまへるにつけて、念じ返したまへどたへがたう思したり。（『源氏物語』葵）

この例の「それ」も場所指示の例であるが、いずれも先行談話にある指示対象を照応するものであり、現場にある場所を指示する用例は見あたらない。そして、「コレ」と「ソレ」と同じく、「カレ」にも次の例のように「場所指示」の用法がある。

まことや、騒がしかりしほどの紛れに漏らしてけり。かの伊勢の宮へも御使ありけり。かれよりもふりはへたづね参れり。（『源氏物語』須磨）

因みに、このような「〜レ形」指示詞による「場所指示」の用法は近世後期の江戸語まで引き続き観察される。次に第三点「〜ナタ形」指示詞の用法を見てみよう。

（三）「〜ナタ形」の意味と用法

第三点については、上代語にはまだなかった「〜ナタ形」の出現と発達によって、空間を指示する表現が場所と方角に細分化されたことが指摘できる。これも指示対象の範疇化がいっそう精密になってきたことのあらわれといえよう。

あやしけれど、「これこそは、さは、たしかなる御消息ならめ」とて、「こなたに」と言はせたれば、いときよげにしなやかなる童の、えならず装束きたるぞ歩み来たる。（『源氏物語』夢浮橋）

この「こなた」はおそらく話し手により近い場所を指すものと考えられる。対する「そなた」は次の例のように、おそらく聞き手に近い場所を指しているのであろう。

姫宮は、あなたに渡らせたまひにけり。
大宮、「大将のそなたに参りつるは」と問ひたまふ。（『源氏物語』蜻蛉）

一方、「かなた」と「あなた」はどうであろうか。まず、『源氏物語』の「かなた」三七例はすべて「こなたかなた」の形で用いられ、『枕草子』の五例も「こなたかなた」の定型表現である。次に、一例ずつ挙げる。

月、心もとなきころなれば、燈籠こなたかなたにかけて、灯よきほどにともさせたまへり。（『源氏物語』若菜下）

内侍の車などのいとさわがしければ、異かたの道より歸れば、まことの山里めきてあはれなるに、うつぎ垣根といふものの、いとあらあらしくおどろおどろしげに、さし出でたる枝どもなどおほかるに、花はまだよくもひらけはてず、つぼみたるがちに見ゆるを折らせて、車のこなたかなたにさしたるも、かづらなどのしぼみたるがくちをしきに、をかしうおぼゆ。いとせばう、えも通るまじう見ゆる行く先を、近う行きもて行けば、さしもあらざりけるこそをかしけれ。（『枕草子』二二二）

この二例において、「こなたかなた」は「あちこち、至る所」の意と解されるが、とりわけ現場の空間が「こなたかなた」によって過不足なく二分割されていることに注目したい。というのも、次の例の示すように、「かなた」は、現場の空間を二元対立的に分割することによって得られた、ある境界を挟んだ向こう側を指すことを意味するからである。

都へは我は急がずなはの海のかなたの岸へ行かまほしさに（『頼政集』）

そして、「かなた」が『源氏物語』と『枕草子』において早くも「こなたかなた」の定型表現に固まっていたが、中古語にはじめて登場した「あなた」も基本的には同じくある境界線を挟んだ向こう側という空間を指していたことは、次の例に徴して明らかである。

御文にも、おろかにもてなし思ふまじと、かへすがへすいましめたまへり。いつしかも袖うちかけむをとめ子が世をへてなづる岩のおひさき津の国までは舟にて、それよりあなたは馬にて急ぎ行き着きぬ。入道待ちとり、喜びかしこまりきこゆること限りなし。（『源氏物語』澪標）

そして、次の例のようにそれが時間的に意味に用いられる場合も基本的にある時点より過去または未来の時間を指していると考えられる。

これより外の男はたなきなるべし、ごほごほと引きて、「錠のいといたく銹びにければ、開かず」と愁ふるを、あはれと聞こしめす。「昨日今日と思すほどに、三年のあなたにもなりにける世かな。かかるを見つつ、かりそめの宿をえ思ひ棄てず、木草の色にも心を移すよ」と、思し知らるる。（『源氏物語』朝顔）

この例の「あなた」は三年よりも過去・昔の時間を指しているが、次の例の「あなた」は今より未来の時間を指していると考えられる。

「あやしく、ひがしがしく、すずろに高き心ざしありと人も咎め、また我ながらも、さるまじきふるまひを仮にてもするかな、と思ひしことは、この君の生まれたまひし時に、契り深く思ひ知りにしかど、目の前に見えぬあなたのことは、おぼつかなくこそ思ひわたりつれ、さらば、かかる頼みありて、あながちには望みしなりけり。横さまにいみじき目を見、漂ひしも、この人ひとりのためにこそありけれ。いかなる願をか心に起こしけむ」とゆ

かしければ、心の中に拝みてとりたまひつ。（『源氏物語』若菜上）

このように「かなた」、「あなた」の基本的な意味がある境界線を挟んだ向こう側の空間を指すのだとすれば、「かなた」・「あなた」、「そなた」、「こなた」は、三者対立的に現場の空間を分割するのではなく、それぞれ「こなたかなた」と「こなたそなた」という二重の二者関係をなしていることが明らかである。つまり、現場の空間をそれぞれ二元対立的に分割しているということになるのである。

これは、中古語の指示体系にとって、重要な意義を持っていると考えられる。それはたとえば「〜コ形」と「〜ナタ」指示詞の空間に対する把握の仕方の違いによって明らかである。

たとえば、我々は方角を指し示す時、「こちら」という。我々が「こちら」と指示することが可能なのは、「そちら」または「あちら」がすでに前提されていることが常である。「〜ナタ形」指示詞も同じである。「〜ナタ形」と「〜チラ形」指示詞はともにある境界を前提とし、その境界のこちら側と向こう側という二元対立的な空間分割だからである。

対する「ここ」、「そこ」、「かしこ」はどうであろうか。

「〜コ形」指示詞が空間または空間的な広がりを持つ場所を指示するとすれば、ここには、「〜ナタ形」のようにあらかじめある境界線の存在を必要としないことは明らかである。ここにおいては、「ここ」、「そこ」、「かしこ」は基本的に「話し手」あるいは「聞き手」から見た距離的な遠近によって特定され、そうした広がりを持つ空間と空間との間に明瞭な境界線が引けないのである。

つまり、「〜ナタ形」のように、まず一人称に対応する「こなた」と二人称に対応する「そなた」があり、そして、同じ一人称の「こなた」に対する「かなた」または「あなた」（これは話し手から見た話し手以外の空間であり、一人称に対する非一人称に対応する）があるのに対し、空間、または或る広がりを持つ空間的な場所を指す「〜コ形」指示詞の場合、「〜ナ夕形」と同じように一人称的な空間と二人称的な空間と、そして「一人称対非一人称」という二元対立的な空間の構図が描けないのである。強いて言えば、それはおそらく一人称と二人称との区別よりも一人称と一人称ではない領域としての「非一人称領域」との対立の方がより鮮明に現れ、人称の軸心である「一人称領域」の卓越に反比例して、「二人称」と「三人称」との境界線が不鮮明にならざるをえないのではないかと考えられる。言い換えれば、「〜コ形」指示詞においては「一人称領域」と「非一人称領域」との対立が中心になり、その「非一人称領域」には自ずから「そこ」だけではなく、「かしこ」も含まれなければならないのに対し、「〜ナタ形」に見る現場の空間はそれぞれ「こなた」「そなた」の対立（一人称対二人称）と、「こなた」と「かなた（あなた）」（一人称対非一人称）という二重の対立によって、二重の二者関係に分割されるために、そもそも「二人称領域」と「三人称領域」が分離しやすい傾向にあると見ることができよう。そして、「〜コ形」にも「〜ナタ形」にも「非一人称領域」が認められるが、「〜コ形」と「〜ナタ形」の三人称への接近も、「〜コ形」に比べて「〜ナタ形」の方が、空間を二分割して得られた境界線が明瞭な分だけ容易なのではないかと考えられる。中世語において、「ソ系」指示詞のうち、「〜コ形」指示詞よりも「〜ナタ形」指示詞と二人称との関わりが明瞭に観察され、現代語において、「ソ系」指示詞のうち、「ソコ」と「ソレ」がなお「非一人称」の指示対象を指す用法を持っているのに対し、「そちら」と「二人称」、「あちら」と「三人称」との関わりが明瞭に観察されるのもそのためと考えられる。

その意味で「〜チラ形」指示詞の前身「〜ナタ形」指示詞の出現によって、指示詞と人称との関わりは大いに強化されたと考えられる。そして、我々は、その背後に上代語の指示体系が「一人称対非一人称」から「一・二人称対三人称」の人称対立に向けて大きく変化しはじめたことを見て取ることができる

このように、「〜ナタ形」の出現は指示表現における空間分割の仕方の精密化をもたらしただけでなく、指示詞と人称との関係をいっそう密にすることにも役立ったものと考えられるが、しかし、「〜ナタ形」指示詞の出現を即ち「一・二

人称対三人称」の人称体系の成立と見るのは早計に過ぎるであろう。それは人称体系、そして指示体系における人称領域が上代語の「一人称対非一人称」から「一・二人称対三人称」という新たな人称対立に向けて変化しつつあったことを示しているに過ぎない。「～ナタ形」指示詞以外にも、「～コ形」、「～レ形」、「～ノ形」指示詞がまだまだ「～ナタ形」指示詞と同じぐらいに二人称との関わりが強まってはいなかったからである。

しかし、上代語に比べて中古語において「～ナタ形」指示詞が出現したことによって、「ソ系」指示詞と「二人称領域」との関わりを積極的に主張できる用例がはっきりと確認できるようになったことも事実である。「～ナタ形」の出現によって、話し手と聞き手の対立関係に対応して、現場の空間を二元対立的に分割するような人称領域の画定が可能になったためと考えられる。

そして、話し手と聞き手との対立関係を反映して、「こなた」と「そなた」がそれぞれ一人称と二人称代名詞へ転用されたことは、たとえば次のような例によって明らかである。

「なほ、しばしは御心づかひしたまうて、世に譏りなきさまにもてなさせたまへ。何ごとも、心やすきほどの人こそ、乱りがはしう、ともかくもはべべかめれ。**こなた**をも**そなた**をも、さまざま人の聞こえなやまさむ、ただならむよりはあぢきなきを、なだらかに、やうやう人目をも馴らすなむ、よきことにははべるべき」と申したまへば、「ただ御もてなしになん従ひはべるべき。かうまで御覧ぜられ、あり難き御はぐくみに隠ろへはべりけるも、前の世の契りおろかならじ」と申したまふ。（『源氏物語』行幸）

これは源氏と内大臣との秘話で、「こなた」は源氏、「そなた」は内大臣を指している。ともに指示詞から「一人称代名詞」と「二人称代名詞」へ転用したものである。因みに、『源氏物語』の「そなた」は計三八例を数えるが、「そなたざま」七例を除いて、「そなた」の形で用いられているのは三一例である。その用法は先行する文脈の中にあらわれる方角や場所、事柄を指す用法が殆どで、相手のいる方角・場所を指す例が三つ（歌の一例を含む）、二人称を指すと思われる例はこの一例だけのようである。

このように、現場の空間分割における「〜コ形」と「〜ナタ形」との違いは単なる空間分割の仕方に止まらず、「〜コ形」よりも「〜ナタ形」と人称との結びつきが強いことが観察される。そして、「ソ系」の他の語形「〜レ形」、「〜ノ形」についても、それと人称との関わりの強さにそれぞれ違いがあるのではないかと考えられる。ここでは「〜ナタ（チラ）形」、「〜コ形」、「〜レ形」、「〜ノ形」の順に、指示詞と人称体系との関わりの強さが逓減すると予想することができる。

次に、第三点に関連して、指示詞の人称代名詞への転用について見てみよう。

（四）指示詞の人称代名詞への転用⑮

人称代名詞に転用された「こなた」と「そなた」の例はたとえば次の場合である。

「なほ、しばしは御心づかひしたまうて、世に譏りなきさまにもてなさせたまへ。何ごとも、心やすきほどの人こそ、乱りがはしう、ともかくもはべべかめれ。こなたをもそなたをも、さまざま人の聞こえなやまさむ、ただならむよりはあぢきなきを、なだらかに、やうやう人目をも馴らすなむ、よきことにははべるべき」と申したまへば、「ただ御もてなしになん従ひはべるべき。かうまで御覧ぜられ、あり難き御はぐくみに隠ろへはべりけるも、前の世の契りおろかならじ」と申したまふ。（『源氏物語』行幸）

この例の「こなた」は源氏、「そなた」は内大臣を指している。次に「そこ」の例を見てみよう。

「かやうの事、もとよりとりたてて思しおきてけるは、うしろやすきわざなれど、この世にはかりそめの御契りなりけりと見たまふには、形見といふばかりとどめきこえたまへる人だにものしたまはぬこそ、口惜しうはべりけれ」と申したまへば、「それは、かりそめならず命長き人々にも、さやうなることのおほかた少なかりける。みづからの口惜しさにこそ。そこにこそは、門はひろげたまはめ」などのたまふ。(『源氏物語』幻)

この「そこ」は源氏が夕霧を指して言う言葉であり、二人称代名詞に転用した「そこ」の例と見て間違いない。このように、「そこ」が二人称代名詞に転用されたということは、おそらくすでに二人称的な知覚対象を指示する「そこ」の用法の存在を前提としているものと考えられる。しかし、すでに見たように、「そこ」の指示対象には「二人称的な」ものと「三人称的な」ものが共存していたことは何よりも、この場合の「そこ」と「二人称」との関わりも、あくまで「非一人称」である限りにおいて「二人称」に関わっていると見るべきであろう。

続いて「これ」の人称代名詞の用法を見てみよう。

「こよなうほど経はべりにけるを、思ひたまへ怠らずながら、つつましきほどは、さらば思し知るらむとてなむ。とまる身も消えしも同じ露の世に心おくらむほどぞはかなきかつは思し消ちてよかし。御覧ぜずもやとて、これにも」と聞こえたまへり。(『源氏物語』葵)

この例の「これにも」は源氏が自らを指して言う言葉であり、「わたくしも」の意と解される。とすれば、指示詞から一人称に転用したものと考えてよい例である。次に、二人称代名詞に転用された「それ」の例を見てみる。

職の御曹司の西面の立蔀のもとにて、頭の辨、物をいと久しういひ立ち給へれば、さしいでて、「それはたれぞ」といへば、「辨さぶらふなり」とのたまふ。「なにかさもかたらひ給ふ。大辨みえば、うちすて奉りてんものを」といへば、いみじうわらひて、「たれかかかる事をさへいひ知らせけん。「それ、さなせそ」とかたらふなり」と

のたまふ。（『枕草子』四九）

この例の「それはたれぞ」の「それ」は相手の「頭の辨」を指していると考えられる。とすれば、聞き手、つまり二人称を指す「それ」の例になる。

「かれ」の人称代名詞に転用された例は、例えば『宇津保物語』から次のようなものが挙げられる。

俊蔭林のもとに立てり。

三人の人、問ひていはく「彼《かれ》は、なむぞの人ぞ」。俊蔭答ふ「日本国王の使、清原の俊蔭なり」。（『宇津保物語』俊蔭）

御階の許近くて「更にさばかりの程にて、かく舞ふなシ」とめで給ヒて、左右大臣袙ぬぎて給へば、御子達、殿上人同じくぬぎかけ給フに、舞さして逃げてゆけば「かれとどめよ」と召すに、恥て参らねば、人々困じ給ヒて、大將に「誰ガ子ぞ」ととひ給へば「しかじかの者共の兄弟の子どもに侍リ。鄙びてかくまかりでつルなめり」と啓し給フ。（『宇津保物語』楼上・下）

この二例のうち、『宇津保物語』俊蔭の「かれ」の例は、「ナラビ居テ、琴ヒキアソビヰル」三人の中の一人が俊蔭を指していう場合であり、二人称代名詞に転用された例であり、『宇津保物語』楼上・下の「かれ」は、逃げていく童を指しており、三人称代名詞に転用されたものである。そして、「あれ」の人称代名詞に転用された例は、『源氏物語』と『枕草子』に次のような例が見える。

小君近う臥したるを起こしたまへば、うしろめたう思ひつつ寝ければ、ふとおどろきぬ。戸をやをら押し開くる

表14　中古語における指示詞の人称代名詞への転用

人称・語形	コ　系	ソ　系	カ　系	ア　系
一人称	これ，こなた			
二人称		それ，そこ，そなた	かれ	あれ
三人称			かれ	あれ

に、老いたる御達の声にて、「あれは誰ぞ」と、おどろおどろしく問ふ。わづらはしくて、「まろぞ」と答ふ。（『源氏物語』空蟬）

衣のすそ、裳などは、御簾の外にみなおしいだされたれば、殿、端の方より御覧じいだして、「あれ、誰そや。かの御簾の間より見ゆるは」ととがめさせ給ふに、「少納言がものゆかしがりて侍るならん」と申させ給へば、「あなはづかし。かれはふるき得意を。いとにくさげなるむすめども持たりともこそ見侍れ。」などのたまふ、御けしきいとしたり顔なり。

（『枕草子』一〇四）

この二例の「あれ」もそれぞれ二人称代名詞と三人称代名詞に転用されたものと考えられる。以上は人称代名詞に転用された指示詞の例を見たが、ここで中古語において人称代名詞へ転用された指示詞を表にまとめると、表14のようになる。

表14で見る限り、人称代名詞への転用は語形によってばらつきがあり、これも語形と人称との関わりの強さの強弱を物語っていると言えるが、とりわけ、「かれ」と「あれ」が二人称と三人称の双方に渉っていることに注目しておきたい。

ここでは、まだ人称としての三人称が成立しておらず、指示詞の「カレ」と「アレ」がまだ「非一人称代名詞」に転用されていたことはあらためて指摘するまでもない。

（五）「コ系」と「ソ系」の意味

さて上代語においては、「コ系」が「談話」の「いま・ここ」に関わる現前の指示対象（知覚的に所有・了解されるもの）を指すのに対して、「ソ系」は観念的に所有・了解される非現前の指示対象を指し、「カ系」は「談話」の「いま・ここ」にない知覚対象と観念対象を指していたということはすでに述べたが、それは中古語において、どのように変化したのであろうか。まず「コ系」と「ソ系」の用法から見ていきたい。

「コ系」については、まず「この〜」の知覚対象指示の例はたとえば次のようなものである。

> 「まことは、この守の君の、御文女房に奉りたまふ」と言へば、言違ひつつあやし、と思へど、ここにて定めいはむも異やうなべければ、おのおの参りぬ。
>
> かどかどしき者にて、供にある童を、「この男にさりげなくて目つけよ。左衛門大夫の家にや入る」と見せければ、「宮に参りて、式部少輔になむ、御文はとらせはべりつる」と言ふ。（『源氏物語』浮舟）

これは、現前の指示対象、しかも話し手にとって心理的に近いものを指す「コ系」指示詞の用例と考えられる。そして、先に述べたように、「これ」には、物や事柄を指す用法の外に、場所指示や、おそらくそこから派生したと思われる一人称代名詞に転用した用例がある。上代語の「これ」に比べて特徴的なところである。そして、「こなた」には空間的な方角を指す用例がある一方で、「これ」と同じく人称代名詞への転用が見られた。

一方、「ソ系」指示詞と人称体系との関わりについては、まず「そこ」、「それ」の指示対象に「二人称的な」ものと「三人称的な」ものが共存していることを指摘することができる。「そこ」については、先に見たので、ここでは、「それ」と「その」について見てみたい。

「それ」の用例を見てみると、中古語では、先行文脈の内容や先行文脈にあらわれていた名詞句を承ける場合が普通のようである。次の二例を参照されたい。

この皇子三つになりたまふ年、御袴着のこと、一の宮の奉りしに劣らず、内蔵寮納殿の物を尽くして、いみじうせさせたまふ。それにつけても、世のそしりのみ多かれど、この皇子のおよすけもておはする御容貌心ばへ、ありがたくめづらしきまで見えたまふを、えそねみあへたまはず。(『源氏物語』桐壺)

「添ひたりつる女はいかに」と、のたまへば、「それなんまたえ生くまじくはべるめる」。(『源氏物語』夕顔)

一例目の「それ」は先行文脈の内容を照応し、「そういうこと」の意に等しいと考えられる。そして、二例目の「それ」は「添ひたりつる女」という物的対象を指して言う「それ」である。とすれば、この二例はそれぞれ事柄指示と物的対象指示の例になる。因みに、『源氏物語』の「それ」二〇八例のうち、殆どがこうしたいわゆる「前方照応」に用いられるものであり、現前の物的対象を指す「それ」は中古語の文献では、『枕草子』から次のような例が見いだされるだけである。

局へいととく下るれば、侍の長なる者、柚の葉のごとくなる宿直衣の袖の上に、あをき紙の松につけたるを置きて、わななき出でたり。「それは、いづこのぞ」と問へば、「齋院より」といふに、ふとめでたうおぼえて、とりてまゐりぬ。(『枕草子』八七)

ここでは「あをき紙の松につけたる」手紙を「それ」で指しており、空間的に聞き手に近いものと考えられる。おそらくこのような現場の知覚対象を指示する用例を前提として、二人称に直結するような「それ」の用法が生み出されたのであろうと考えられる。次の例を参照されたい。

職の御曹司の西面の立蔀のもとにて、頭の辨、物をいと久しういひ立ち給へれば、さしいでて、「それはたれぞ」

といへば、「辨さぶらふなり」とのたまふ。「なにかさもかたらひ給ふ。大辨みえば、うちすて奉りてんものを」といへば、いみじうわらひて、「たれかかかる事をさへいひ知らせけん。「それ、さなせそ」とかたらふなり」とのたまふ。（『枕草子』四九）

この例の「それ」が相手の「頭の辨」を指していると考えられる。とすれば、聞き手、つまり二人称を指す「それ」の例になる。しかし、中古語では、「それ」がもっぱら二人称的な指示対象を指示していたわけではない。「三人称的な」指示対象を指す例はたとえば次のようなものである。

「今宵は、うちに寝なん」とて、南の廂に二人臥しぬるのちに、いみじう呼ぶ人のあるを、うるさしなどいひあはせて、寝たるやうにてあれば、なほいみじうかしがましう呼ぶを、「それ、起せ。そら寝ならん」と仰せられければ、この兵部來て起せど、いみじう寝入りたるさまなれば、「さらに起き給はざめり」といひに行きたるに、やがてゐつきて、ものいふなり。しばしかと思ふに、夜いたう更けぬ。（『枕草子』二九二）

これは現前の知覚対象を指すものではないが、南の廂に寝ている二人（式部のおとどと清少納言）を指して中宮が言った言葉であり、「三人称的な」指示対象と見て間違いなさそうである。そして、次の例のように、「それ」が「かれ」と同じ文脈に用いられる限りにおいて、「あの二人」の意に解される。そして観念対象であっても、「かれ」同様「三人称的な」ものと考えられる。

近衛の御門より、左衛門の陣にまゐり給ふ上達部の前驅ども、殿上人のはみじかければ、大前驅・小前驅とつけて聞きさわぐ。あまたたびになれば、その聲どももみな聞き知りて、「それぞ」「かれぞ」などいふに、また、「あらず」などいへば、人して見せなどするに、いひあてたるは、「さればこそ」などいふもをかし。（『枕草子』七八）

ここでは、次の例のようにいわゆる先行文脈を承ける「それ」も同じく「三人称的な」ものであることはあらためて指摘するまでもない。「ソ系」指示詞全体についていえば、依然「非一人称」に関わっていたと見て良さそうである。

淑景舎などわたり給ひて、御物語のついでに、「まろがもとに、いとをかしげなる笙の笛こそあれ。故殿の得させ給へりし」とのたまふを、僧都の君、「それは、隆圓に賜へ。おのがもとにめでたき琴侍り。それに代へさせ給へ」と申し給ふを、聞きも入れ給はで、こと事をのたまふに、いらへさせ奉らんと、あまたたびきこえ給ふに、なほもののたまはねば、宮の御前の、「いなかへじと思いたるものを」とのたまはせたる御けしきの、いみじうをかしきことぞかぎりなき。（『枕草子』九三）

以上見てきたように、中古語では、「ソ系」指示詞のうち、「ソコ」だけでなく、「ソレ」も同じく「二人称的な」指示対象と「三人称的な」指示対象を指していたと考えられる。「〜ナタ形」において二人称との関わりが顕著に見られる一方で、「〜コ形」、「〜レ形」においても二人称との関わりを窺わせる用例が観察される。これは上代語の指示体系に比べて中古語の指示体系の大きな特徴と言える。つまり、上代語の指示体系における「一人称対非一人称」の人称対立も、現場の方角・場所指示の「〜ナタ形」と「〜コ形」において二人称領域への傾斜を強めつつあったものと考えられる。そしてその波及はすでに「〜レ形」にも及んだものと見ることができよう。

しかし、「ソ系」指示詞の中でも、語形によって「二人称」との関わり方に強弱の差があり、実際、「そこ」、「それ」のようにその指示対象が明らかに「二人称的な」ものと「三人称的な」ものに渉っていることを考えれば、まだ「ソ系」全体が二人称に関わるようになったと断定することはできないことを指摘しなければならない。

このように、上代語の指示体系において「コ・ソ」の区別原理としてなお用いられていた「知覚指示・観念指示」は「〜ナタ形」だけでなく、「〜コ形」においても用いられなくなり、「一人称対非一人称」の人称対立も、「コ・ソ系」の現場の方角・場所を指示する用法においていち早くそれぞれ「一人称」と「二人称」へと収束されはじめたようである。これが『源氏物語』、『枕草子』から見た中古語の指示体系の体制的な全体ではないかと考えられる。

一方、次の例のように「その」が依然時間的に過去に属する観念対象を指す用法を持っているようである。

「いづら」とのたまふに、しかじかと申すに、「言ふかひなのことや。あさまし」とて、またも賜へり。「あこは知らじな。その伊予の翁よりは先に見し人ぞ。されど、頼もしげなく頸細しとて、ふつつかなる後見まうけて、かくあなづりたまふなめり。(『源氏物語』帚木)

この「その伊予の翁」は先行する談話にはあらわれていないので、源氏にとっては、先行文脈によってすでに了解済みの指示対象とは考えられない。おそらく光源氏の談話以前の経験によって了解されているものであろう。このように、過去の経験に属する観念対象を「その」で指示しているのは、観念指示における「ソ」と「カ」の境界線はまだ後の時代ほどはっきりしてはいなかったためと考えられる。

次の例の「その」も同じである。

かうあらぬさまにもてひがめて、恐ろしげなる気色を見すれど、なかなかしるく見つけたまひて、我と知りてことさらにするなりけりと、をこになりぬ。その人なめり、と見たまふに、いとをかしければ、太刀抜きたる腕をとらへていといたうつみたまへれば、ねたきものから、えたへで笑ひぬ。(『源氏物語』紅葉賀)

この例の「その人」とは、もちろん登場人物の心中に思い浮かべる観念的な対象であるが、これもあくまで過去の経験によってしか想定できない観念的対象と考えられる。

同じような用例は『枕草子』にもあるので、次に一例を挙げる。

沓の音、夜一夜聞ゆるが、とどまりて、ただおよびひとつしてたたくが、その人なりと、ふと聞ゆるこそをかしけれ。（『枕草子』七六）

この「その人」も頭の中で想定する限りにおいては観念対象に違いない。そして、話者の過去の経験に基づいていることも『源氏物語』紅葉賀の例と同じである。

このような「その」に過去の経験に属する観念対象（「三人称的な」もの）を指す用例があることは、そもそも上代語からの現象であるが、中古語の「その」に関していえば、いわゆる聞き手領域がまだ成立していないだけでなく、「カ（ア）」と「ソ」はまだ談話より以前の経験に属する観念対象と談話の内部に属する観念対象との違いに対応するまでには至っていないことが明らかである。

そして、すでに触れたように、中古語の「ソ系」指示詞「そなた」、「そこ」、「それ」の現前の場所を指す用例の数こそ多くないが、「知覚指示」と「観念指示」との両方に「ソ系」が用いられるようになったのと同時に、「そなた」、「そこ」、「それ」は聞き手に関わる現前の知覚対象を指し、「そなた」、「そこ」、「それ」の二人称代名詞への転用が認められたことに改めて注意しておきたい。

具体的には、「そこ」の二人称代名詞に転用した用例が、「そこ」二三例の中、一〇例も占めているのも、知覚指示の「そこ」と二人称領域との関わりを強く示唆しているように思われる。ただ「そこ」、「それ」、「その」の場合、二人称と積極的に関わっているとすることはできないが、「ソ系」指示詞の「〜ナタ形」の知覚指示において、すでに「二人称領域」の存在がはっきり観察されるのは、上代語と大きく異なるところである。

ここで「コ系」と「ソ系」の意味を整理すると、およそ次のようになろう。

「コ系」の用法は「知覚指示」と「観念指示」の両方に分布し、すでに「これ」と「こなた」の一人称代名詞への転用が認められるように、話し手に深く関わる知覚対象・観念対象を指示するものと見ることができる。これに対して「ソ系」は上代においては、基本的に観念対象を指すのに用いられていたが、中古語ではこうした観念指示の用法がなお大勢を占めつつも、「～ナタ形」、「～コ形」、「～レ形」において知覚指示の用例が観察されるなど、体系的な変化があらわれはじめたと言える。

(六)「サ」、「シカ」と「カク」

これまで見てきたような基本形「ソ」を共有する一連の語形の他に、中古語の「ソ系」の中にはもう一つ「さ」という語形がある。これも中古語にはじめてあらわれたもののようであるが、その用例は『土佐日記』、『伊勢物語』、『竹取物語』にはなく、『源氏物語』(六四七例)と『枕草子』(二六一例)において多用されているようである。

ここで『源氏物語』と『枕草子』の用例を中心に「さ」の使い方を見てみると、現場の「知覚対象指示」、先行談話の「観念対象指示」の用法に加えて、さらに談話以前の観念対象指示の用例も観察されているようである。

「あはれのことや。この姉君や、まうとの後の親」、「さなんはべる」と申すに、「似げなき親をもまうけたりけるかな。上にも聞こしめしおきて、『宮仕に出だし立てむと漏らし奏せし、いかになりにけむ』と、いつぞやものたまはせし。世こそ定めなきものなれ」と、いとおよすけのたまふ。(『源氏物語』帚木)

これは、相手の言った言葉を承けて指す「さ」であり、中古語の「ソ系」と何ら選ぶところがない。次は現前の知覚対象を指す「さ」の例である。

日たけゆきて、儀式もわざとならぬさまにて出でたまへり。隙もなう立ちわたりたるに、よそほしうひきつづきて立ちわづらふ。よき女房車多くて、雑々の人なき隙を思ひ定めてみなさし退けさする中に、網代のすこし馴れたるが、下簾のさまなどよしばめるに、いたうひき入りて、ほのかなる袖口、裳の裾、汗衫など、物の色いときよらにて、ことさらにやつれたるけはひしるく見ゆる車二つあり。「これは、さらにさやうにさし退けなどすべき御車にもあらず」と、口強くて手触れさせず。（『源氏物語』葵）

この例の「さ」は、現前の状況、しかも聞き手である若い連中の乱暴な様子を指す「さ」と考えられる。

内記は、げにいとわづらはしくもあるかな、と思ひ立てり。「時方と仰せらるるは、誰にか。さなむ」と伝ふ。笑ひて、「勘へたまふことどもの恐ろしければ、さらずとも逃げてまかでぬべし。まめやかには、おろかならぬ御気色を見たてまつれば、誰も誰も身を棄ててなむ。よしよし、宿直人もみな起きぬなり」とて急ぎ出でぬ。（『源氏物語』浮舟）

これは右近が匂宮の伝言を時方に伝える場面であり、第三者の発言を伝えるのに、「さ」が用いられているのである。文脈的には「かくかく」、「しかじか」のように解される「さ」である。「三人称的な」指示対象を指す「さ」と考えて差し支えなさそうである。とすれば、次の例の「さばかり」と「さな言はせそ」も、相手の発言を承けて指すものとするよりは、やはり現場にいる第三者、御息所のことを指して言っている言葉として解すべきではないかと考えられる。

いづ方にも、若き者ども酔ひすぎ立ち騒ぎたるほどのことは、えしたためあへず。おとなおとなしき御前の人々は、「かくな」などいへど、え止めあへず。斎宮の御母御息所、もの思し乱るる慰めにもやと、忍びて出でたまへるなりけり。つれなしづくれど、おのづから見知りぬ。「さばかりにては、さな言はせそ。大将殿をぞ豪家には思ひきこゆらむ」など言ふを、その御方の人

もまじれれば、いとほしと見ながら、用意せむもわづらはしければ、知らず顔をつくる。(『源氏物語』葵)

全体的に「サ」の意味的広がりはほぼ「ソ系」と同じと見てよいであろう。対する「シカ」はどうであろうか。次の例から見ていきたい。

「幼き人まどはしたりと中将の愁へしは、さる人や」と問ひたまふ。「しか。一昨年の春ぞものしたまへりし。女にていとらうたげになん」と語る。(『源氏物語』夕顔)

この例の「しか」は右近が源氏の言った言葉を承けて指すものであり、先に見た「さ」にも同じ用法がある。

雨すこしうちそそくに、風はいと冷やかに吹き入りて、言ひ知らずかをり来れば、かうなりけりと、誰も誰も心ときめきしぬべき御けはひをかしければ、用意もなくあやしきに、まだ思ひあへぬほどなれば、心騒ぎて、「いかなることにかあらん」と言ひあへり。「心やすき所にて、月ごろの思ひあまることも聞こえさせんとてなむ」と言はせたまへり。いかに聞こゆべきことにかと、君は苦しげに思ひてゐたまへれば、乳母見苦しがりて、「しかおはしましたらむを、立ちながらやは帰したてまつりたまはん。かの殿にこそ、かくなむ、と忍びて聞こえめ。近きほどなれば」と言ふ。(『源氏物語』東屋)

これは乳母が弁の尼に対し、突然来訪する薫を指して、「しかおはしましたらむ」と言っている場合であり、三人称的な指示対象を指すものと考えられる。そして、全体的に「しか」も「さ」同様、話し手の優位に関わらない指示対象、つまり「非一人称的な」指示対象を指すのに用いられていると見てよいようである。

因みに、『源氏物語』では、「しか」は全部で六六例を数えるが、「さ」の六四七例の約十分の一に過ぎず、和語文献における「さ」と「しか」の交替がまさに行われつつあることを示しているといえる。原田芳紀の指摘したように、「しか」が漢文訓読や男性の文章において依然主流を占めているのと対照的である。[16] 対して、「かく」は話し手に関わる指示対象を指すもののようである。次に「かく」の例を挙げる。

乳母出で来て、「殿より、人々の装束などもこまかに思しやりてなん。いかできよげに何ごとも、と思うたまふれど、ままが心ひとつには、あやしくのみぞし出ではべらむかし」など言ひ騒ぐが、心地よげなるを見たまふにも、君は、「けしからぬ事どもの出で来て、人笑へならば、誰も誰もいかに思はん。あやにくにのたまふ人、はた、八重たつ山に籠るとも必ずたづねて、我も人もいたづらになりぬべし、なほ、心やすく隠れなむことを思へと、今日ものたまへるを、いかにせむ」と、心地あしくて臥したまへり。「などか、かく、例ならず、いたく青み痩せたまへる」と驚きたまふ。（『源氏物語』浮舟）

これは現前の状況を指している「かく」であり、「しか」が話し手が優位に関わっていない指示対象、つまり「非一人称的な」指示対象を指すのに対して、話し手の優位に関わるものか、または現前の事態を話し手に引き付けて表現しているものと考えられる。このことはたとえば次の例の「かく」に徴していっそう明らかになる。

「まろは、いかで死なばや。世づかず心憂かりける身かな。①かくうきことあるためしは下衆などの中にだに多くやはあなる」とて、うつぶし臥したまへば、「②かくな思しめしそ。やすらかに思しなせ、とてこそ聞こえさせはべれ。思しぬべきことをも、さらぬ顔にのみのどかに見えさせたまへるを、この御ことの後、いみじく心焦られをせさせたまへば、いとあやしくなむ見たてまつる」と、心知りたるかぎりは、みなかく思ひ乱れ騒ぐに、乳母、おのが心をやりて、物染め営みゐたり。（『源氏物語』浮舟）

この例の「①かく」は話し手にとって関わりの深い現前の事態を指しており、「②かく」は同じく現前の事態を多分に話し手側に引き付けて指示しているものと考えられる。全体的に、「かく」は上代語と同じく一人称的な指示対象を指すのに用いられていると見てよさそうである。

（七）「カ系」と「ア系」指示詞の意味

これまでは、「コ系」、「ソ系」について見てきたが、上代語の用法を承けて、中古語には、「カ系」は知覚指示の用法と談話以前の観念対象を指す用法を持つ一方で、同じ談話のうちの指示対象でも、「かの」で承ける例が見られる。

「故按察大納言は、世になくて久しくなりはべりぬれば、えしろしめさじかし。その北の方なむ、なにがしが妹にはべる。かの按察隠れて後、世を背きてはべるが、このごろわづらふ事はべるにより、かく京にもまかでねば、頼もし所に籠りてものしはべるなり」と聞こえたまふ。

「かの大納言の御むすめ、ものしたまふと聞きたまへしは。すきずきしき方にはあらで、まめやかに聞こゆるなり」と、推しあてにのたまへば、……（『源氏物語』若紫）

この例の「かの大納言」は、相手の発話にある「故按察大納言」を承けており、しかも源氏の知らない人であるので、談話以前の経験によってではなく、もっぱら談話を介して観念的に了解している指示対象を指している。これは、後の時代なら「その大納言」とすべきところであるが、「かの」が用いられているのは、おそらく「かの」がまだ話し手の直接経験に属する観念的な指示対象を指すのではなく、ただ単に話し手にとって、「非近（遠）」の指示対象であればこそであったのであろうと考えられる。

このように、「かの」が談話以前の観念対象だけではなく、談話内の観念対象をも指していたということは、「ソ系」

が同じく談話内の観念対象と談話以前の指示対象の両方を指していたことと表裏をなしている。これも「ソ」と「カ」がまだ談話内の観念対象と談話以前の観念対象との違いに完全に対応していないことを示唆していると考えられる。してみれば、「ソ」と「カ」の違いも基本的には「談話内の経験」と「談話以前の経験」の対立というよりは、指示対象に対する話し手の相対的な時間関係、つまり相対的に「近」のものか「非近（遠）」のものかだったのではないかと考えられる。

次に、「ア系」指示詞の用法を見てみよう。

「ア系」指示詞は中古期に入ってから文献にあらわれ始め、『源氏物語』には、感動詞的に感嘆の気持ちを表す「あ（は）」が三例、「あれ」が七例、「あの」が四例、「あしこ」が二例、「あなた」が七五例を数える。そして、「あ（は）」の用例のうち、二例が歌語であり、残る一例の「あはとはるかに」も話し言葉には程遠く、むしろ歌語を強く意識したものと言えよう。「あは」は感動詞としてすでに一語化されたことは言うまでもないが、「ア系」指示詞の基本形「ア」に係助詞の「は」が熟合したものであることは明らかである。次の例を参照されたい。

源氏　「あはとはるかに」などのたまひて、

源氏　あはと見る淡路の島のあはれさへ残るくまなく澄める夜の月（『源氏物語』明石）

源氏　めぐり来て手にとるばかりさやけきや淡路の島のあはと見し月（『源氏物語』松風）

源氏の「あはとはるかに」の「あは」が遠くにある現場の指示対象を指していることは疑いないが、「こは」の使い方と比較すると、「こは」は現場の現前する事態を指し、その指示対象はどちらかというと、談話の現場、とりわけ話し手に近いもののようである。次の例を参照されたい。

帰り入りて探りたまへば、女君はさながら臥して、右近はかたはらにうつ伏し臥したり。「こはなぞ、あなもの狂ほしの物怖ぢや。荒れたる所は、狐などやうのものの、人をおびやかさんとて、け恐ろしう思はするならん。まろあれば、さやうのものにはおどされじ」とて、引き起こしたまふ。（『源氏物語』夕顔）

このような「こは」はすぐ目の前にいる相手に対して用いられており、同じく感動詞的に用いられても、「こは」が意外・驚きの気持ちを表すのに対して、「あは」はむしろ談話の現場から見て「遠」に属する対象を、感嘆の気持ちを込めて指しているようである。

一方、「あれ」の用例を見てみると、まず現場から見て「遠」に属する指示対象を指している用例が目に付く。

衣のすそ、裳などは、御簾の外にみなおしいだされたれば、殿、端の方より御覧じいだして、「あれ、誰そや。かの御簾の間より見ゆるは」ととがめさせ給ふに、「少納言がものゆかしがりて侍るならん」と申させ給へば、「あなはづかし。かれはふるき得意を。いとにくさげなるむすめども持たりともこそ見侍れ。」などのたまふ、御けしきいとしたり顔なり。（三人称）（『枕草子』一〇四）

この例の「あれ」は話し手からも聞き手からも「遠」に属するものを指していると考えられる。しかし、その一方で、次の例のように聞き手を指すと考えられる用例もある。

小君近う臥したるを起こしたまへば、うしろめたう思ひつつ寝ければ、ふとおどろきぬ。戸をやをら押し開くるに、老いたる御達の声にて、「あれは誰そ」と、おどろおどろしく問ふ。わづらはしくて、「まろぞ」と答ふ。（『源氏物語』空蟬）

この「あれは誰そ」の用いられている状況は一対一の場面であり、「あれ」が聞き手そのものを指していることは明らかである。「二人称代名詞」に転用した「アレ」である。とすれば、先に挙げた、話し手からも聞き手からも「遠」に属するものを指す「あれ」との間にはいったい共通の理解が得られるのであろうか。

ここでは、話し手と聞き手の両方から「遠」に属する指示対象も、聞き手そのものも「あれ」によって指すことができること自体、「あれ」の基本的な意味機能が話し手と聞き手の両方から「遠」に属する指示対象を指すことにあるというのではなく、おそらく「あれ」がただ単に話し手から見て「非近（遠）」に属する指示対象を指すのに用いられていることを意味していると考えられる。この場合、「聞き手」も話し手から見た「非近（遠）」の対象に違いない。そして、指示対象はもっぱら話し手の視点から捉えられ、聞き手の視点は参照されてはいないのである。つまり、これは、ただ単に話し手に近いかそれともその反対かによって指示対象を指示するという、主観的な指示法に基づいているものだと考えられる。

因みに、「あれは誰そ」の用いられた状況には、次の例のように、「こは誰そ」が用いられることもある。

いと若うをかしげなる声の、なべての人とは聞こえぬ、「朧月夜に似るものぞなき」と、うち誦じて、こなたざまには来るものか。いとうれしくて、ふと袖をとらへたまふ。女、恐ろしと思へる気色にて、「あなむくつけ。こは誰そ」とのたまへど、「何かうとましき」とて、

深き夜のあはれを知るも入る月のおぼろけならぬ契りとぞ思ふ

とて、やをら抱き降ろして、戸は押し立てつ。（『源氏物語』花宴）

「こは誰そ」の場合、話し手と聞き手が至近距離にいることからすれば、「こは」はより話し手に近い空間にいる対象を指すために用いられていると考えられる。「あれは誰そ」が聞き手との間にある程度距離をおくのに対し、「こは誰そ」

の場合、多分に聞き手を話し手に引き付けて指示しているとも考えられる。

このように、「カ系」指示詞と同様、「ア系」指示詞も、二人称と三人称が未だ分化していない「非一人称」に関わっているということは、上代語と中古語との間には、早くも人称体系の体系的な変化の兆候が見られるものの、未だ指示体系が「一・二人称対三人称」の人称対立に対応してはいないことを物語っているように思われる。中古語の新興勢力である「ア系」指示詞がなお上代語の「カ系」指示詞に大きく連続しているのである。

第三項　中古語の指示詞と人称との関係

中古語の指示詞と人称との関係でまず注目すべきは、「ソ系」と「二人称領域」との関わりの強化である。「そなた」と「そこ」に二人称代名詞の用法があるということも「ソ系」と二人称との関わりを強く示唆しているものと考えられる。そして、「ソ系」に知覚対象指示の用法があらわれたことによって、上代における「コ・ソ」の「知覚対象」対「観念対象」という対立が崩れ、人称でいう「一人称対非一人称」という対立においても、「非一人称領域」から「二人称領域」が分化しつつある兆しがあらわれてきたと考えられる。

しかし、「非一人称」からの「二人称」の分離がまだ最終的な局面に至っていないことは、「二人称領域」には「ソ系」だけではなく、「カ系」と「ア系」が依然として関わり、「ソ系」も依然として「三人称領域」にも関わっていた事実に照らしてみれば、理解できる。

まず「三人称領域」に関わる「その」の例を見てみる。

沓の音、夜一夜聞ゆるが、とどまりて、ただおよびひとつしてたたくが、その人なりと、ふと聞ゆるこそをかし

けれ。（『枕草子』七六）

前後の文脈からすると、この「その人」は現場にいる人ではなく、先行する文脈にあらわれているわけでもない。それを「その」で指しているというのは、もしこれを「ああ、あの人だ」と解することが許されれば、この「その」はまさに「三人称的な」指示対象を指していると考えられる。そして同じような例は『源氏物語』にも見られる。

かうあらぬさまにもてひがめて、恐ろしげなる気色を見すれど、なかなかしるく見つけたまひて、我と知りてことさらにするなりけりと、をこになりぬ。その人なめり、と見たまふに、いとをかしければ、太刀抜きたる腕をとらへていといたうつみたまへれば、ねたきものから、えたへで笑ひぬ。（『源氏物語』紅葉賀）

これも『枕草子』七六の例と同様、後の時代なら「あの」を用いるところである。

そして、「そこ」、「それ」については先に述べておいたが、同じ「ソ系」に属する中古語の新しい語形である「さ」も基本的に「二人称的な」ものと「三人称的な」ものの両方に関わっていたのである。次にその例を見てみよう。

おはします所に、わけまゐるほどに、立ち出でさせ給ひて、「めでたしな。いみじう、今日の料にいひたりけることにこそあれ」とのたまはすれば、「それ啓しにとて、もの見さしてまゐり侍りつるなり。なほいとめでたくこそおぼえ侍りつれ」と啓すれば、「まいて、さおぼゆらんかし」と仰せらる。（『枕草子』一三五）

この「まいて、さおぼゆらんかし」の「さ」は相手に関わりの深い指示対象を指す「さ」と考えられる。

しかし、次の例は相手の発言や、相手に関わりの深い対象ではなく、語り手から見ても聞き手にとっても「三人称的な」指示対象を指す場合である。

くらきに起きて、折櫃など具せさせて、「これに、そのしろからん所入れて持て來。きたなげならん所、かき棄てて」などいひやりたれば、いととく持たせつる物をひきさげて、「はやくうせ侍りにけり」といふに、いとあさましく、をかしうよみ出でて、人にも語り傳へさせんとうめき誦じつる歌も、あさましうかひなくなりぬ。「いかにしてさるならん。昨日までさばかりあらんものの、夜の程に消えぬらんこと」といひくんずれば、「こもりが申しつるは、「昨日いとくらうなるまで侍りき。祿賜はらんと思ひつるものを」とて、手をうちてさわぎ侍りつる」などいひさわぐ。(『枕草子』八七)

この「さばかり」については、池田亀鑑・岸上慎二校注『枕草子』(日本古典文学大系、岩波書店)が「でもどうしてそんなことがあるのでしょう。昨日まであれ程あったというのに、たった一晩の間に消えてしまったなんて！」(一三四頁)と訳しているように、指示された事態は時間的には過去であり、談話の「いま・ここ」とは直接関わるものではない。中古語なら「カ系」で指してもよく、現代語なら「ア系」で指すところである。

次に『源氏物語』から一例挙げる。

御馬にもはかばかしく乗りたまふまじき御さまなれば、また惟光添ひ助けて、おはしまさするに、堤のほどにて御馬よりすべりおりて、いみじく御心地まどひければ、「かかる道の空にてはふれぬべきにやあらん、さらにえ行き着くまじき心地なんする」とのたまふに、惟光心地まどひて、わがはかばかしくは、さのたまふとも、かかる道に率て出でたてまつるべきかは、と思ふに、いと心あわたたしければ、川の水に手を洗ひて、清水の観音を念じたてまつりても、すべなく思ひまどふ。(『源氏物語』夕顔)

この「さ」は昨晩光源氏が「いま一たびかの亡骸を見ざらむがいといぶかせるを、馬にてものせん」と言ったのを指しており、これも「さ」ではなく、「カ系」が使われてもいいところである。

因みに、次の例も「三人称的な」指示対象を「さ」で指すものと考えられる。


僧都の御返りも同じさまなれば、口惜しくて、二三日ありて、惟光をぞ奉れたまふ。「少納言の乳母といふ人あべし。尋ねて、くはしう語らへ」などのたまひ知らす。さもかからぬ隈なき御心かな、さばかりいはけなげなりしけはひをと、まほならねども、見しほどを思ひやるもをかし。（『源氏物語』若紫）

これは惟光の心中語であるが、「さばかり」は過去に覗き見した時の紫の上の印象を述べているので、空間的にも時間的にも過去、「非近（遠）」・「遠」に属する、「三人称的な」ものと考えられる。

そして次の「さ」は、第三者の話を伝えた後に、それをあらためて「さ」で承ける場合である。


内に僧都入りたまひて、かの聞こえたまひしこと、まねび聞こえたまへど、「ともかくも、ただ今は聞こえむ方なし。もし御心ざしあらば、いま四五年を過ぐしてこそは、ともかくも」とのたまへば、「さなむ」と同じさまにのみあるを、本意なし、と思す。（『源氏物語』若紫）

これは「このような次第で」または「そういうわけで」のような言い方に相当すると思われ、三人称的な指示対象を指す例である。

このように、「さ」には二人称の発言や二人称に関わりの深い対象を指す用例がある一方で、「三人称的な」ものを指す用例も観察され、「さ」が二人称と三人称との両方に関わることは明らかである。ここでも「ソ系」同様、なお「一人称対非一人称」という人称対立をなしていたと考えられる。これを要するに、「非一人称」とは、二人称でも三人称でもありうるところの、「非一人称」であり、これに二人称だけでなく、三人称も含まれているのは、それが話し手以外の領域であればこそであるということはいうまでもない。もちろん、「ソ系」指示詞が「三人称的な」指示対象、しかも時間的に過去に属する事態を指す用法を持つこと自体は、すでに上代の「ソ系」にも見られた現象であり、中古語の「ソ系」もそれを踏襲しているに過ぎない。しかし、ここで重要なのは、このように中古語においてはじめてあらわれた「さ」という新しい語形の指示対象にも「二人称的な」ものと「三人称的な」ものが共存しているということである。これは、「ソ系」全体がまだ「二人称」と「三人称」が未分化のままに融合している「非一人称領域」に関わっていたことの確かな傍証になると考えられる。何故なら、もし仮に上代語から中古語にかけて「ソ系」がもっぱら「聞き手」に関わるようになったと仮定すれば、ちょうどこの間に生まれたと思われる「さ」の用法も新しい人称関係に対応してしかるべきであろうと予想されるからである。

このことは、さらに中古語における「カ（ア）系」と人称との関わりによって裏付けられる。「カ系」指示詞と「ア系」指示詞は、中古語の文献の中では『宇津保物語』、『源氏物語』、『枕草子』において比較的多く用いられているが、ここで注目されるのは、中古語の「カ（ア）系」指示詞の中で、現場にいる聞き手そのものを指示対象として指す用法があることである。次の『宇津保物語』の例がそれである。

俊蔭、林のもとに立てり。
三人の人、問ひていはく「彼《かれ》は、なむぞの人ぞ」。俊蔭答ふ「日本国王の使、清原の俊蔭なり」。（『宇津保物語』俊蔭）

この例の「かれ」がともに話しかける相手のことを指して言っていることは明らかである。二人称を指す「カ系」の用法としては、すでに上代語にも見られたものである。そして、中古語の「カ系」指示詞は上代語同様、ただ二人称にばかり関わっているわけではなかった。それはたとえば次のような二例によって明らかである。

「めでたくも大將殿の君おハするぞや」式部「かれはこころことなる人ぞや。誰もえならび給はじ」といふ。（『宇津保物語』あて宮）

御階の許近くて「更にさばかりの程にて、かく舞ふなシ」とめで給ヒて、左右大臣袙ぬぎて給へば、御子達、殿上人同じくぬぎかけ給フに、舞さして逃げてゆけば「かれとどめよ」と召すに、恥て參らねば、人々困じ給ヒて、大將に「誰ガ子ぞ」ととひ給へば「しかじかの者共の兄弟の子どもに侍リ。鄙びてかくまかりでつルなめり」と啓し給フ。（『宇津保物語』樓上・下）

次に地の文の中に用いられる「かれ」の例を挙げる。

兄の大臣は、御馬も劣りて、えオひつき給はず、とまり給ヒぬべけれど、昔、父母の賀茂詣のとき、さワぎの給ひしをおぼしいでて、「なき御影にも、さる獸のなかに、一人入レてとまりぬるとは、見え奉らじ」と、はげみ給へど、彼《かれ》は大將におはすれば、胡籙《やなぐひ》負ひたれば、けだものも避りきこゆ。（『宇津保物語』俊蔭）

この例の「かれ」は先行の文脈の「兼雅」を指しているので、三人称代名詞に転用したものである。そして、次の「かの」の例についても同じことがいえる。

東面の格子、一間あげて、琴をみそかに彈く人有リ。立ち寄り給へば、入リぬ。
飽かなくにまだきも月の
など、ノ給ヒテ、簀子ノ端ニ、居給ヒテ「カカル住居シ給フハ誰ぞ。名乗し給へ」などの給へど、答もせず。うち暗ウなれば、入リにし方も見えず、月やうやういりて、

立ちよると見る見る月の入りぬれば　影をたのみし人ぞ侘びしき

又

入りぬれば影も殘らぬ山の端に　宿まどはしてなげく旅人

など、の給ヒて、彼《か》の人の入りにし方に入れば、塗籠あり」。（『宇津保物語』俊蔭）

ここに挙げた「かれ」と「かの」の二例は地の文で先行文脈の表現を承けているが、次の例のように、会話文にも「かの」と「かれ」が「三人称的な」指示対象を指す例がある。

上「俊蔭の朝臣唐土より歸りて、嵯峨の御門の御前にて、つかうまつりしを、ほのかにききて、又かかること、世にはあらじとのみ思ひしを、これはこよなく勝れり。いかでカノ母の琴を聞かむ。嵯峨の院なむ、かの俊蔭が琴は、よく聞しめしオきたらん。仲忠率て參りて、きこしめしくらべさせむかし。かの父の朝臣の琴を、いとほのかに、二聲とも聞かずなりにしかば、いと覺束なくてすぎにしも、彼《かれ》が音に、もしも似たる琴もやあると聞きわたれども、夢ばかりおぼえたるもなきを」など、いとせちにおぼしたり。（『宇津保物語』俊蔭）

そして、次の例のように、現場にあるものを「かれ」で指す『源氏物語』の例も同じく「三人称的な」ものを指すと考えられる。

「など御気色の例ならぬ。物の怪などのむつかしきを。修法延べさすべかりけり」とのたまふに、薄二藍なる帯の、御衣にまつはれて引き出でられたるを見つけたまひて、あやしと思すに、また畳紙の手習などしたる、御几帳のもとに落ちたりけり。これはいかなる物どもぞ、と御心おどろかれて、「かれは誰がぞ。けしき異なる物のさまかな。たまへ。それ取りて誰がぞと見はべらむ」とのたまふにぞ、うち見返りて、我も見つけたまへる。（『源氏

物語』賢木）

以上は知覚指示と観念指示の「かれ」、「かの」の例であるが、場所を指し示す「かしこ」の場合はたとえば次のような例のように、「三人称的な」場所を指すと考えられる。

左大将の給ふやう「右大将の三条の家にて、相撲の還饗し給へるなルに、いささかのわざするにも、必ずいますを、彼處《かしこ》にし給はむことも、必ず訪ふべし。さても、心にクき人の珍しくし給フ所なるを見ならひもせむ」などの給ヒて、御子どもの君だちひきつづきいで給フ。（『宇津保物語』俊蔭）

ちなみに、「かしこ」の二人称的な指示対象を指す例は管見の限り中古語には観察されないが、「かれ」、「かの」の知覚指示と観念指示の用例において、二人称と「三人称的な」指示対象が観察されている以上、全体的に、上代語同様、中古語においても「カ系」指示詞の指示対象には二人称的なもの三人称的なものが共存していたと言える。しかも、これは上代語からすでに用いられていた「カ系」指示詞に止まらず、中古語にはじめてあらわれた「ア系」指示詞にも同じ現象が見られる。次の例を参照されたい。

例の御局どもの前を渡り給へば、后の宮の人々いふ。「かの仁壽殿の腹の皇子達を見よや。有心にこそ、あれも女皇子の打ち連れたるにこそはあめれ。有所になど此の名だたる容貌の皇子、大將に氣取られたる」また他人のいふ「近衛府大将を上にこそはあめれ」など、口々にいひ騒げど見ぬやうにて渡らせ給フ。（『宇津保物語』蔵開・下）

これは現場の三人称的な対象を指す「あれ」の例であるが、次の例の「あの」も同じである。

山の高きより落つる瀧の、傘の柄さしたるやうにて、岩の上におちかかりてわきかへるしもに、ヲかしげなる五葉の小松、紅葉の木、薄ども濡れたるにしたがひて動く、いとおもしろきを御覧じて、……宮内卿、年七十なる「哀、昔を思ひいで侍れば、あの岩のもとの松の木は、かの山に侍りしを、子の日におはしまして、引き植ヱ侍りしぞかし」と奏し給フ。（『宇津保物語』楼上・下）

ここに挙げた「あれ」と「あの」はともに話し手と聞き手から離れたところにあるものを指し示しているため、人称的には三人称と見て間違いないようである。

一方、現場の対象ではなく、観念的な指示対象を指す場合にも「あの」が用いられる。

左ノおとど、よきをりに奏し給フ。「この放ちつかはしてし滋野の眞菅は、さカシキ人に侍りしかば、その罪を後まではかうぶり侍ルまじ。かく御世の初などには、天下の罪あるものを免させ給フなる。あの男どもが哀にて侍ルなる。召につかはさんはいかが侍らん」上「ともかうも知らざりし事なり。これかれよろしうさだめられて、有ルべからむやうに物せられよ」とノ給へば、よろこびてみな召に遣はす。（『宇津保物語』國譲・下）

この「あの男ども」は現場にはいない「眞菅」を指すと考えられ、観念指示の例であるが、これも知覚指示の例と同じく、「三人称的な」指示対象を指している。

一方、次の「ア系」の用例のように、おそらく二人称的な指示対象を指すと解されるべきものもある。

小君近う臥したるを起こしたまへば、うしろめたう思ひつつ寝ければ、ふとおどろきぬ。戸をやをら押し開くるに、老いたる御達の声にて、「あれは誰そ」と、おどろおどろしく問ふ。わづらはしくて、「まろぞ」と答ふ。（『源氏物語』空蟬）

これは、聞き手そのものを「あれ」と指して聞く場面であるが、次の「あのをのこ」も二人称を指す例として問題はなさそうである。

その時、みかどの御《み》むすめいみじうかしづかれ給ふ、ただひとり御簾のきはにたち出で給ひて、柱によりかかりて御覧ずるに、このをのこのかくひとりごつを、いとあはれに、いかなるひさごの、いかになびくならむと、いみじうゆかしくおぼされければ、御簾をおしあげて、「あのをのこ、こち寄れ」と召しければ、かしこまりてかうらんのつらにまいりたりければ、「いひつること、いま一かへりわれに云ひて聞かせよ」と仰せられければ、……

（『更級日記』竹芝寺）

このように、中古語の「ア系」指示詞の指示対象にも、二人称的なものと「三人称的な」ものとが共存していたと見て間違いないようであるが、これはとりもなおさず、中古語においても、指示体系は依然上代語と同じく「一人称対非一人称」の人称対立をなしていたということのあらわれに他ならない。

しかし、これまでは、二人称を指す「カ系」、「ア系」の用法については、「遠称」の特殊用法として扱われるのが一般的であった。たとえば清水功（一九七三）のように「カ系（ア系）」の「二人称」に関わる用法について、

これらの用法はコソアド体系では説明しがたい。なぜならば、相手または相手の勢力範囲に属するものをカ系（ア系）で指すことは緊張体系の場の次元が異なるからである。（四七〇頁）

と述べた上で、「体系としてカ系が相手（または相手の勢力範囲内のもの）を指す機能をもになっていたと考えられるのである」（四七〇頁）としているのがその一例である。

しかし、これまで見てきたように、「ア系」指示詞の指示対象について専ら二人称でもって説明することができない。

実際、「ア系」指示詞が二人称にも三人称にも関わっているという事実にこそ留意しなければならないであろう。そして、現象そのものについてはやはり「カ系（ア系）」指示詞は同じく一人称に対するところの非一人称に関わっていると見るべきである。

このように、中古語の「ソ系」についてもっぱら「二人称領域」に関わるものとして説明することができないだけでなく、「カ（ア）系」についてももっぱら「二人称領域」または「三人称領域」に関わるものとすることができないことが明らかである。

確かに二人称に関わる指示対象を「さ」や「そなた」、「そこ」で指す用例は実際観察されてはいるが、これは「さ」、「そなた」、「そこ」がもっぱら二人称に関わっていることを意味するものではない。中古語において「ソ系」と二人称領域との関わりが認められることはまぎれもない事実であるが、しかし、「ソ系」だけで「二人称領域」の成立を判断することはできない。なぜなら、「ソ系」の二人称領域への収斂は、同時に「カ系」、「ア系」の三人称領域への収斂を意味しなければならないからである。つまり、「ソ系」指示詞がこの「非一人称」から「二人称領域」に接近していく過程が即ち「二人称領域」の「非一人称領域」からの遊離に他ならない。と同時に「非一人称領域」からの「三人称領域」の独立でなければならないからである。

しかし、『源氏物語』と『枕草子』で見る限り、「ソ系」が二人称への関わりを強めつつあったのに対して、「カ系」と「ア系」の三人称への収斂がさほど進んでいないように見受けられる。ということは、「ソ系」の「二人称領域」への接近が指示体系の変化を引き起こす直接のきっかけとなり、それに圧迫される形で、「カ系」と「ア系」が三人称へと収斂されていったのではないかと考えられる。中古語の指示体系は上代語のそれより大きく変化したものの、まだ三つの人称に指示詞の「コ・ソ・カ（ア）」がそれぞれほぼ対応するまでには至っていないと見なければならない。

そして、中古語以降における指示体系の変化の焦点は「カ系」と「ア系」から、二人称的な用法が何時消滅し、「カ系」

と「ア系」が三人称の用法にすっかり収斂されてしまうか、「ソ系」からは「三人称的な」指示対象を指す用法が何時消滅し、「ソ系」が「二人称」に収斂されてしまうかに移るのである。

全体的に上代語の指示体系が、「一人称対非一人称」のように、あくまでも「一人称」を中心とする主観的な指示法によるものであったのに対して、中古語の指示体系はその体制においてすでにこの「非一人称領域」から「二人称領域」と「三人称領域」が分化しつつあったと見ることができる。とりわけ、上代語における話し手を中心とする主観的な指示法は、「ソ系」の「二人称領域」への接近によって指示詞の使用においてより聞き手の視点に配慮するようになり、人称領域もより客観的な画定の仕方へと変化しはじめたのである。そして、中古語の指示体系は、上代語の指示体系の「一人称対非一人称」の人称対立から、「一人称対二人称」の対立を軸に「三人称」を対置させるという人称体系を目指して、大きく変化しはじめたと言ってよい。

第四節　中世語の指示体系

本節では、中世語の指示体系を取り上げるが、中世語とは一般的に院政鎌倉・室町時代の言語を指すようである。ここでは、春日和男『新編国語史概説』(一九七八年)に従って、中世語を前期の院政鎌倉時代(約一一五〇年)と後期の室町時代(約一二五〇年)に分けて考察したい。中世前期の文献は『延慶本平家物語』[17]と『龍大本平家物語』を、後期は『大蔵虎明本狂言集』と『史記桃源抄』を主に用いた他、『天草本平家物語』と『天草本伊曾保物語』も併せて用いた。

表15　延慶本平家物語における指示詞の語形

用例	基本形	～ノ形	～コ形	～チ形	～レ形	～ナタ形	その他	総用例数
コ系	こは/70	この/1525	ここ/164	こち/2	これ/1646	こなた/11	かく/263 かう/14	3695
ソ系	そ/13	その/1316	そこ/13		それ/258	そなた/4	さ/191	1795
カ系	かやう/166	かの/515	かしこ/29		かれ/84			794
ア系		あの/34	あそこ/3	あち/2	あれ/65	あなた/10		114
その他			あしこ/7					7
用例数	249	3390	216	4	2053	25	468	6405

第一項　中世前期の指示体系

（一）中世前期の指示詞の語形

まず『延慶本平家物語』における指示詞の語形を表に示すと、表15のようになる。

表15に示した『延慶本平家物語』における指示詞の語形と『源氏物語』における中古語の指示詞の語形（表10、一七四頁）とを比較して見ると、先ず『延慶本平家物語』と『源氏物語』との間にはほとんど変化がないように見受けられる。その中で、次の二つの相違点を挙げることができる。

一、「そち」は両者にもないが、「こち」が『源氏物語』と『延慶本平家物語』の両方にあり、そして新たに「あち」は『延慶本平家物語』に現れている。

二、「ア系」の内、『源氏物語』にはなかった「あそこ」が『延慶本平家物語』には現れている。しかし、「あなた」を除けば、「あの」と「あそこ」は「かの」と「かしこ」に対して依然劣勢のようであるが、「かれ」に対する「あれ」の延べ語数が接近しているなど、「ア系」の延べ語数が目立って増加している。

第一点については「～チ形」は中古語に比べてかなり発達したと見ることができよ

表16　龍大本平家物語の指示詞の語形

用例	基本形	～ノ形	～コ形	～チ形	～レ形	～ナタ形	その他	総用例数
コ系	こは/34	この/642	ここ/92		これ/827	こなた/5	かく/80, かう/94	1774
ソ系	そ/5	その/783	そこ/32		それ/175	そなた/4	さ/173	1172
カ系	かやう/95	かの/147	かしこ/9		かれ/27			278
ア系		あの/31	あそこ/19		あれ/54	あなた/5		109
用例数	134	1603	152		1083	14	347	3333

う。そして、第二点については、『延慶本平家物語』より成立が遅いとされる『龍大本平家物語』では「ア系」の延べ語数の増加がいっそう目立って見える。ここで『延慶本平家物語』と比較するために『龍大本平家物語』の指示詞の語形を表16に示しておく。

表16で見る限り、『延慶本平家物語』に比べて『龍大本平家物語』の「ア系」の「あそこ」と「あれ」の延べ語数がそれぞれ「かしこ」と「かれ」の二倍強になっていることは、両者の間における「カ系」と「ア系」の消長ぶりを如実に物語っていると言える。このように、『延慶本平家物語』における「ア系」の延べ語数の増加、そして、『龍大本平家物語』では、「カシコ」に対する「アソコ」、「カレ」に対する「アレ」の延べ語数がついに前者を上回ったことに特に注目したい。そしてここからはおそらく次の二点が読み取れよう。

一、「かしこ」と「かれ」の用例の減少については、中世語の指示詞の体系において「カ系」が徐々に後退していく傾向にあり、『龍大本平家物語』に至ってその傾向がいっそう強まったことのあらわれとして見ることができる。このことは、「アソコ」と「アレ」が「カシコ」と「カレ」に対して優勢になったことの他に、たとえば『延慶本平家物語』における「カノ」に対する「アノ」の延べ語数が五一五対三四であったのに対し、『龍大本平家物語』では一四七対三一と、「カノ」の延べ語数が激減していることによっても裏付けられる。

二、『延慶本平家物語』と『龍大本平家物語』を通して見られる「ア系」用例の増加は、新生勢力としての「ア系」はすでにその意味領域だけでなく、その使用頻度においても「カ系」の領分を受け継ぎ、「カ系」を指示体系の体制から駆除しつつあったと見ることができよう。ちなみに『龍大本平家物語』を見てみると、「かの」一四七例に対する「あの」三二例は絶対数こそ及ばないものの、『源氏物語』では「かの」七一二例に対して「あの」はわずかに四例、『延慶本平家物語』では「かの」五一五例に対して「あの」三四例と、その数は比べ物にならないほどだったのに対し、『龍大本平家物語』ではその差が大きく縮まったことも「ア系」の成長ぶりを物語っているように考えてよさそうである。『龍大本平家物語』の成立の下限が中世後期にかかっていることを考えれば、全体的に中世前期から中世後期にかけて指示体系における「カ系」指示詞と「ア系」指示詞の交替が行われていたことを示していると考えられる。

因みに、『延慶本平家物語』における「かれ」八四例のうち、「かれら」一九例、「かれこれ」五例、「これ～かれ（かれ～これ）」二五例、「かれをもって」二例、「かれがもと」一例を除けば、単独用法は三二例を数える。単独用法三二例の内訳は次の通りである。

三人称の人を指す用法　二五例
三人称・物を指す用法　三例
事柄を指す用法　二例
場所を指す用法　一例
その他　一例

三人称の人を指す例はたとえば次のような場合である。

兼遠妻ニ語リケルハ、「此冠者君、少ヨリ手ナラシテ、我モ子ト思、カレモ親ト思テ、昵ジゲナリ。……」（『延慶本平家物語』第三本・七）

そして、「かれら」一九例は、物を指す次の一例を除く一八例が三人称複数を表す。

「……乾肉ラ、酪漿、彼等《かれら》ヲ以テハ飢饉ヲ養フ。……」（『延慶本平家物語』第四・二十）

「かれら」の三人称複数を表す用法は次のようなものである。

兵衛佐、千葉、土肥ナムドニ、「イカガ有ベキ」ト問レケレバ、「畠山ナ御勘当候ソ。畠山ダニモ打セ給ヌル物ナラバ、武蔵相模ノ者共、奴々御方へ参マジ。彼等《かれら》ハ畠山ヲコソ守候ラメ」ト一同ニ申ケレバ、誠ニ理ナリト被思ケレバ、畠山ニ宣ケルハ、……（『延慶本平家物語』第二末・二十）

「かれ」の二人称を指す例は、『延慶本平家物語』には見あたらないが、『曾我物語』には、次のような例が見られる。

かくて、年月をふる程に、若君三歳になりたまふ春の頃、伊東、京よりくだりしが、しばしらざりけり。ある夕暮に、花園山を見ていりければ、折節、若君、乳母にいだかれ、前栽にあそびたまふ。祐親、これを見て、「かれは誰そ」ととひけれども、返事にもおよばず、にげにけり。（『曾我物語』巻二・若君の御事）

そして、管見の限りこれが「二人称」を指す「かれ」の最後の例にあたる。『曾我物語』の流布本系統は、室町時代中期から末期にかけて成立したということを考慮に入れれば、この「かれ」の二人称を指す例の下限も、室町時代中期まで下げられるかも知れない。

表17　中世前期における指示詞の語形と意味との対応

用法・用例	コ系	ソ系	カ系	ア系	その他（コ）	その他（ソ）
物(人)	これ，こなた	それ，そなた	かれ	あれ		
事　柄	こ（は）	そ，それ				
方　角	こなた	そなた		あなた	かく	
場　所	ここ，これ	そこ	かしこ	あそこ		
性　状				あれ（ほど）	かく	さ（のみ）
指　定	この	その	かの	あの		
様　子					かく，かう（ふ）	さ（ばかり）

以上述べたことの他に、中世前期の指示詞の語形について注目されるのは「～ナタ形」の用例数の減少である。『延慶本平家物語』には「かなた」の用例は一例もなく、「こなた」が一一例（うち「あなたこなた」七例）、「そなた」が四例、「あなた」が一〇例（うち「あなたこなた」七例）用いられているだけである。一方、『龍大本平家物語』には、「こなた」と「あなた」は五例ずつあり、「そなた」は四例あるが、「かなた」は一例もない。ここにも「カ系」の後退が窺われる。中世前期の指示詞の語形に関して言えば、全体的には「ア系」の台頭、「～ナタ形」の指示詞の衰退が認められる一方で、「～チ形」が成長しつつあったという状況のようである。

（二）中世前期の指示詞の語形と意味との対応関係

『延慶本平家物語』と『龍大本平家物語』に見る中世前期の指示詞の語形と意味との対応を表に示すと、表17のようになる。

表17を通覧して、特に以下の二点が注目すべきものである。

一、「～ナタ形」の人称代名詞への転用。

二、「～レ形」の場所を表す用法と人称代名詞への転用。

以下順に見ていく。

「～ナタ形」の人称代名詞への転用については、何も中世語に始まったことではない。『源氏物語』においては、すでに「こなた・そなた」がそれぞれ一人称・二人称代名詞に転用した例が見られた。『延慶本平家物語』には、まず歌の例であるが、「そなた」の用例から次の例のような相手のいる場所を指す例を挙げることができる。

二位僧都全真ハ、梶井宮ノ年来ノ御同宿也ケレバ、風ノ便ノ御文遣ハサレケルニ、「旅ノ空ノ有様思遣コソ心苦ケレ。都モ未ダシヅマラズ」ナムド、コマゴマトアソバシテ。

人シレズソナタヲ忍ブココロヲバカタブク月ニタグヘテゾヤル。（『延慶本平家物語』第五本・十七）

これは梶井の宮から二位僧都全真に贈られた歌で、「そなた」は「あなたのいるところ」とも解されるが、これはやはり単なる相手のいる場所という意味ではなく、相手のいる場所を指すことによって相手のことを婉曲に指しているものと解釈すべきであろう。『龍大本平家物語』の該当個所も、『延慶本平家物語』と同じである。

因みに、『延慶本平家物語』の「そなた」四例のうち、上記一例を除く残りの三例は先行文脈にすでにあらわれた場所又は事柄を表す指示対象を指すものであり、二人称代名詞へ転用した確かな用例は他にみあたらない。一方、『龍大本平家物語』には上の例の類例一例を除けば、「そなた」が二人称代名詞に用いられる例は見あたらない。しかし、すでに中古語では同じ用法が『源氏物語』に見られるものであり、中古語以来の用法であることは間違いないようである。これはおそらく二人称代名詞として中世後期の狂言台本に多く用いられる「そなた」に繋がる用法と考えられる。

一方、「こなた」の用例のうち、「あなたこなた」を除けば、「こなた」の単独用例は『延慶本平家物語』には計四例を数える。いずれも次のような場所を指す例である。

サテ其日ハ阿波国坂東坂西打過テ、阿波ト讃岐ノ境ナル中山ノコナタ（此方）ノ山口ニ陣ヲ取ル。（『延慶本平家物

語』第六本・七）

これは、ある境界線を挟んだこちら側の空間を指していたものと考えられる。そして、一人称代名詞へ転用した用例は『延慶本平家物語』では見あたらないが、『龍大本平家物語』には次のような例が見える。

又判官ののり給へる船に、奥よりしらののおほ矢をひとつゐたてて、和田がやうに「こなたへ給はらん」とぞまねいたる。（『龍大本平家物語』遠矢）

類例一例を合わせれば、「こなた」五例中の二例、単独用法の「こなた」二例が一人称への転用ということになる。一方、「あなた」は『延慶本平家物語』の一〇例中単独用法は三例あるが、いずれも次の例のように、ある境界線の向こう側の空間を指していたものと考えられる。

彼蟬丸ハ延喜第四ノ皇子ニテオハシケル故ニ、此関ノアナタ（彼方）ヲバ四宮川原ト名タルトカヤ。東三条院石山へ御幸成テ、還御アリケルニ、関ノ清水ヲ過サセ給トテ、

アマタタビ行相坂ノ関水ヲ今日ヲ限ノ影ゾカナシキ

トアソバサレケル。（『延慶本平家物語』第六本・三十）

そして『龍大本平家物語』には次のような例が見られる。

山のあなたまでは鎌倉殿の御心中をもしりがたう候へば、近江國にてうしなひまいらせて候よし、披露仕候べし。

（『龍大本平家物語』六代）

このような「こなた」対「あなた」の関係は、おそらく先に中古語において見たような「こなた」対「かなた」の関係同様、現場の領域を二元対立に分割する限りにおいて、「一人称対非一人称」に対応するものと考えられる。そして、全体的に「あなた」の二人称代名詞への転用は中世前期にはまだ行われていなかったようである。

次に「〜レ形」の場所を表す用法と人称代名詞への転用を見てみるが、「〜レ形」の場所指示の用法は中古語以来のものであり、『延慶本平家物語』からは次のような用例を挙げることができる。

小太郎是ヲミテ、「ココニ来タル武者ハ敵カ、又此具足ノサガリタルカ」ト云ケレバ、三浦藤平真光、「此具足ニハサルベキ人モ候ワズ。二郎殿計コソ、鎌倉ヲ上リニ打セ給ツレ。アレヨリ来申ベキ者ヲボヘズ。」ト申ケレバ、……（『延慶本平家物語』第二末・十四）

手ニニギリタル魚ヲイソギ投ステテ、「アレハ有王丸カ。イカニシテコレ（是）マデ尋来ゾヤ。我コソ然ナレ」ト泣々宣テ、タウレフシ、足ズリヲシテヲメキサケビ給ニ、童ツヤツヤ見知ラザリケレドモ、「有王丸カ」トヨビ給ニ、「サテハ我主ナリケリ」ト思ヨリ、同クタフレ臥テ、音ヲ合テ共泣ク。（『延慶本平家物語』第二本・十八）

又石橋ハ深山遙ニツヅキタレバ、ソレニモ籠テヤオワスラム。イカサマニモ兵衛佐殿ノ御首ヲモ見ザラムホドハ、自害ヲセム事アシカリナム。（『延慶本平家物語』第二末・十四）

この三例に見るように、「アレ」、「コレ」と「ソレ」はともに場所を指す用法であり、中古語とは何ら選ぶところがない。そしておそらくこうした用法の存在が「コレ」と「アレ」の「〜レ形」指示詞の人称代名詞への転用を可能にしたのではないかと考えられる。

ここで、『延慶本平家物語』の「アレ」を例にその指示詞の用法と人称代名詞に転用した用法を見てみると、「アレ」

全六五例のうち、「アレハイカニ」八例、「アレホド」七例、「アレテイ」二例、「アレラ」、「アレモコレモ」が各一例を除く、残りの単独用法四六例の内訳は次の通りである。

三人称の人を指す用法　一七例
三人称の物を指す用法　九例
二人称を指す用法　一二例
場所を指す用法　六例
事柄を指す用法　二例

「アレ」と「コレ」の人称代名詞に転用した例は次の通りである。

法皇御目ヲ懸サセオハシマシテ、「アレハ何ナル者ゾ」ト御尋有ケレバ、シワガレタル老音ニテ、「コレハ住吉ノ辺リニ候小允ニテ候ガ、君ニ訴申ベキ事候テ、恐ヲカヘリミズ推参仕リテ候ナリ」。(『延慶本平家物語』第二本・十五)

この例の「アレ」が一対一の場面において聞き手に向けた発話であることは明らかであり、「二人称代名詞」として用いられている例と見て間違いない。そして「コレ」は一人称代名詞に転用したものである。
三人称代名詞に転用した「アレ」はたとえば次の例である。

軍有ト聞テ、忩馳来テ、「富部殿ハイヅクニゾ」ト問ケレバ、「アレハアソコニただいま佐井七郎ト戦ツルコソ」ト教ヘケレバ、旗をアゲテ、ヲメイテ馳イツテミレバ、敵モ御方モ死伏タリ。(『延慶本平家物語』第三本・廿六)

このような「〜レ形」の人称代名詞への転用は、次の例のように「それ」においても観察される。

御乳母ノ女房ハ責ノ思ノ余リニ、夜ヲ待アカシテ、六波羅ノ方へ尋行ケル程ニ、道ニ四十計ナル尼ノ、近クサマカヘタリト覚ヘテ、未カネナムドモ不落ケルガ、深物思タル気色ニテ涙ヲ流テ逢タリケルニ、「物思人ハ世ニモ又有ケル物ヲ」ト思テ、「血の中ヨリ生シ奉タリツル若君ヲ、昨日武士ニ取レテ、悲キ余ニ迷アリクナリ。ソレ（其）ニハ何事ヲ歎給ゾ」ト問ケレバ、……（『延慶本平家物語』第六末・十七）

このような二人称代名詞に転用した「それ」もおそらく二人称に関わる現前の場所や物を指す知覚指示の用法を前提とするものと考えられる。

一方、「コレ・ソレ・アレ」の人称代名詞への転用は『龍大本平家物語』においても、以下の例のように観察される。用例は一例ずつ挙げるに止める。

蘇武は曠野のなかよりはい出て、「是《これ》こそいにしへの蘇武よ」とぞなのる。（『龍大本平家物語』蘇武）

重盛卿御送よりかへられたりければ、父の大納言のたまひけるは、「一院の御幸こそ大に恐れおぼゆれ。かけても思食より仰らるゝ旨のあればこそ、かうはきこゆらめ。それにもうちとけ給ふまじ」とのたまへば、……（『龍大本平家物語』清水寺炎上）

二月廿二日の夜、脇息によりかゝり、法花經よみたてまつりけるに、丑剋ばかり、夢ともなくうつゝ共なく、年五十斗なる男の、淨衣に立烏帽子きて、わらンづはゞきしたるが、立文をもて來れり。尊恵「あれはいづくより

の人ぞ」ととひければ、「閻魔王宮よりの御使なり。宣旨候」とて、立文を尊恵にわたす。(『龍大本平家物語』慈心房)

すでに述べたように、中古語では「〜コ形」には場所を指示する用法がある一方、人称代名詞への転用もあった。中世前期にもこの二つの用法は基本的に踏襲されている。

次に人称代名詞へ転用した「そこ」の例を挙げる。

「是ハソレ(其)ノ身ノ上ニ思ナシテモヲシハカリ給へ。別ノ道ノ悲サ、大方世ノウラメシサニ身ヲモ投バヤト云事ハ、世ノ常ノ事ゾカシ。サレバトテゲニハ争カ思モタツベキ。又適マ人界ノ生ヲ受タル者ニ、月日ノ光ヲダニモ見セズシテ失ワム事モ、カワユク有ゾカシ。縦何ナル事ヲ思立トモ、争ハソコニシラレデハ有べキ。心安ク思給へ」ト宣テ、三位ノ筆ニテ書給タリケル猿衣ノ有ケルヲ取出シテ、アワレナル所ヲヨミテ、……(『延慶本平家物語』第五本・三十)

「今度相國禪門入洛の事は、ひとへに基房亡すべき結構にて候也。いかなる目に逢ふべきにて候やらむ」と奏せさせ給へば、主上大におどろかせ給て、「そこにいかなる目にもあはむは、ひとへにたゞわがあふにてこそあらむずらめ」とて、御涙をながさせ給ふぞ忝き。(『龍大本平家物語』法印問答)

これらの「そこ」は比較的親近な、身分が下の者に向かって用いられる二人称を指すものと考えられる例である。『延慶本平家物語』で見る限り、この「〜コ形」の人称代名詞の転用は「そこ」だけに限られるようである。

(三) 中世前期の指示詞と人称との関係

中古語の指示詞では、すでに「ソ系」が聞き手領域に関わる物事を指示する用法が観察されていたが、中世語においてもこれと同じ傾向が認められ、しかもその傾向はいっそう強まった感がある。次の用例を参照されたい。

昌明シバシササヘケレドモ、シラマズ打合スレバ、行家コラヘズ、ヌリ籠ノ内ヘシリヘサマニ逃入ケレバ、昌命モツヅキテ入ル所ヲ、小太刀ニテ左ノ股ヲヌイサマニゾ突タリケル。昌命ササレテ、「キタナクモ引セ給物哉。出サセ給へ。勝負仕ラム」ト申セバ、「サラバワ僧ソコ（其処）ヲ出ヨ」ト云ケレバ、昌命「承リヌ」トテ、……（『延慶本平家物語』第六末・廿二）

この「そこ」が聞き手の隠れている場所を指していることは明らかである。そして、『龍大本平家物語』にも次のような聞き手のいる場所を指す例が見える。

なかにも九郎大夫判官をゐおとさんとねらはれけれども、源氏の方にも心得て、奥州の佐藤三郎兵衛嗣信・同四郎兵衛忠信・伊勢三郎義盛・源八廣綱・江田源三・熊井太郎・武藏房弁慶なンどいふ一人當千の兵ども、我も我もと、馬のかしらをたてならべて大將軍の矢おもてにふさがりければ、ちからおよび給はず、「矢おもての雜人原そこのき候へ」とて、さしつめひきつめさんざんにゐ給へば、やにはに鎧武者十餘騎ばかりゐおとさる。（『龍大本平家物語』嗣信最期）

これは教経が相手の大将軍の矢面に立ちはだかっている敵兵を怒鳴りつける場面の言葉であり、状況から判断して「そこ」は相手のいる場所を指すものと考えてよい。このような現場の知覚対象を指す「そこ」は聞き手に近いかまたは聞き手に関わる空間領域を指すものと考えられる。

一方、次の例のように先行文脈にあらわれた指示対象を指す「そこ」もある。

三位の中將敵は近づく、馬はよはし、海へうちいれ給ひたりけれ共、そこしもとをあさにてしづむべきやうもなかりければ、馬よりおり、鎧のうは帶きり、たかひもはづし、物具ぬぎすて、腹をきらんとし給ふところに、梶原よりさきに庄四郎高家、鞭あぶみをあはせて馳來り、いそぎ馬より飛おり、「まさなう候、いづくまでも御共仕らん」とて、我馬にかきのせたてまつり、鞍のまへわにしめつけ、わが身はのりかへに乘ッてぞかへりける。(『龍大本平家物語』重衡生捕)

先行文脈にあらわれた指示対象を指す「ソ系」については、井手至（一九五二a）のように、先行談話をすでに表現されたものとして聞き手の領域内のものだという意識から「ソ系」が選ばれているとする考え方もある。

しかし、すでに第二章第一節三項「いわゆる『聞き手領域』と『ソ系』指示詞」において述べたように、先行表現を「ソ系」で承けることは、それが話し手自らの発言でも相手の発言でも、話し手と聞き手がその指示対象を了解し、同定した時点においては、両者はその指示対象に対して一種の「中正中立の関係」において関わっているとすべきだと考えるのである。これは、談話の「融合関係」と「対立関係」に対して、優先的に考慮されなければならない、「中立関係」である。この「中立関係」とは、聞き手の視点が話し手と中立的に外在する、中性的な関係である。この場合、聞き手の視点は対立的に外在はしないが、消極化もしないので、聞き手の視点を参照する度合いはいわばゼロ階梯に止まる。そして、聞き手の存在は対立的に外在する「対者」ではなく、「他者」として背景化され、指示対象は話し手の領域外にあるものとして指示される。してみれば、「中立関係」の「ソ」は、「ア」に比べれば、あくまで「三人称的」であり、やはり「一人称」に対するところの「非一人称」として規定する方がふさわしいものである。

一方、「カ系」の「かしこ」にも先行文脈にあらわれた指示対象を指す「三人称」に関わる用法がある。

「是《これ》より西、遍照寺のおく、大覺寺と申す山寺の北のかた、菖蒲谷と申す所にこそ、小松の三位の中將殿の北方・若君・姫公おはしませ」と申せば、時政頓て人をつけて、そのあたりをうかゞはせける程に、或坊に、女房達おさなき人あまた、ゆゝしくしのびたるていにてすまゐけり。籬のひまよりのぞきければ、白いゑのこの走出たるをとらんとて、うつくしげなる若公の出給へば、めのとの女房とおぼしくて、「あなあさまし。人もこそ見まいらすれ」とて、いそぎひき入奉る。是《これ》ぞ一定そにておはしますらむとおもひ、いそぎ走歸ッてかくと申せば、次の日北條かしこに打むかひ、四方を打かこみ、人をいれていはせけるは、「平家小松の三位の中將殿の若君六代御前、是《これ》におはしますと承はッて、鎌倉殿の御代官に北條四郎時政と申すものが御むかへにまいッて候。はやはや出しまいらッさせ給へ」と申ければ、……（『龍大本平家物語』六代）

この例の「かしこ」は、先の女房の言葉にある「是《これ》より西、遍照寺のおく、大覺寺と申す山寺の北のかた、菖蒲谷と申す所」を承けているが、物語の読者にとっては、間接的にしか知りえない事柄である。それを敢えて「かしこ」で指しているのは、「ソ」と「カ」との使い分けは、まだ指示対象に対する経験の仕方が直接的なものか、談話を介する間接的なものかという区別がされていなかった上、先行文脈にあらわれた指示対象を指す「ソ系」の用法がまだ十分に確立されていなかったためだと考えられる。

そして、人称との関係で言うと、「ソ系」が「二人称領域」と「三人称領域」に関わっていたのと同じように、「かしこ」を除けば、「かの」、「かれ」において依然「カ系」の指示対象が二人称と三人称の両方に関わっていたようである。

さらに、中古語において「カ系」の領分を襲いはじめた「ア系」にも「二人称領域」と「三人称領域」に関わる用例が観察されている。しかし、「あそこ」には、「二人称領域」に関わる用例は管見の限り見あたらない。

次に「あそこ」の「三人称領域」に関わる例を見てみたい。

軍有ト聞テ、忩馳来テ、「富部殿ハイヅクニゾ」ト問ケレバ、「アレハアソコニ只今佐井七郎ト戦ツルコソ」ト教ヘケレバ、旗ヲアゲテ、ヲメイテ馳イツテミレバ、敵モ御方モ死付伏タリ。（『延慶本平家物語』第三本・廿六）

この例の「あそこ」は話し手と聞き手の両方から遠くにある場所を指すものであり、「三人称領域」に関わるものと考えられる。因みに、『延慶本平家物語』には、「あそこ」は計三例を数えるが、「あそここ」二例を除いて、単独用法はこの一例だけである。

以上「ア系」指示詞のうち、「〜コ形」の関わる人称領域を見てきたが、「ア系」指示詞の「〜ノ形」や「〜レ形」においては「二人称領域」と「三人称領域」に関わる用例がよりはっきりと確認される。まず「二人称領域」に関わる「あの」の例から見てみる。

昌命ガ打入ヲ見ママニ、彼男後ノ方ヘ北ヲ差テ逃ケレバ、昌命「アマスマジキゾ」トテ、大刀ヲ抜テ追テカカル。十郎蔵人ハ内ニ居タリケルガ、是ヲ見テ、「アノ僧、ヤレ、其(それ)ハアラヌ者ゾ。行家ヲ尋ヌルカ。行家ハ爰ニ有ゾ。返レ返レ」トイワレケレバ、昌命声ニ付テ馳帰ル。（『延慶本平家物語』第六末・廿二）

因みに、同じ場面は『龍大本平家物語』では、次のようになっている。

常陸房黒革威の腹巻の袖つけたるに、大だちはいて彼家《かのいへ》に走入てみれば、歳五十ばかりなる男の、かちの直垂におり烏帽子きて、唐瓶子菓子なンどとりさばくり、銚子どももッて酒すゝめむとする処に、物具したる法師のうち入るをみて、かいふいてにげければ、やがてつゞいておッかけたり。藏人「あの僧。や、それはあらぬぞ。行家はこゝにあり」との給へば、はしり歸ッて見るに、白い小袖に大口ばかりきて、左の手には金作の小太刀をもち、右の手には野太刀のおほきなるをもたれたり。（『龍大本平家物語』泊瀬六代）

この場面の状況を要約すると、家の中に討ちいった常陸房が逃げていく人を追いかけていくと、後ろから蔵人が「そこの僧、おい、それは違うぞ。行家はここにいるぞ」と声をかける場面である。ここの「あの僧」とは相手常陸房のことであり、ここも現代語なら「そこ」を用いるところであるが、「ア系」が相手のことを指すのに用いられていると考えられる。このように、「ア系」の関わる領域はまだ話し手と聞き手との両方から独立した「三人称」ではなく、あくまでも話し手側から見て「非近（遠）」に属する領域だったと考えられる。

因みに、このような二人称を指す「あの」は、すでに『更級日記』にもあらわれていたものである。

その時、みかどの御女いみじうかしづかれ給ふ只ひとり御簾の際に立ち出で給ひて、柱に倚りかかりて御覧ずるに、このをのこのかく獨ごつを、いとあはれに、いかなるひさごの、いかに靡くならむと、いみじうゆかしくぉぼされければ、御簾をおし擧げて、「あのをのこ、こち寄れ」と召しければ、かしこまりて勾欄のつらに參りたりければ、「云ひつる事いま一かへり我に云ひて聞かせよ」と仰せられければ、……（『更級日記』竹芝寺）

ここで重要なのは、このような「あの」は正に話し手から見て「非近」に属する存在だということである。ここからは、「ソ系」がまだ聞き手の領域に完全に重なっていないのと同じく、「ア系」もまだ三人称にすっかり収まっていないことが窺われる。そして、さらに重要なのは、二人称を「ア系」で指すことに見られるような、二人称を一人称から見た「非近」の存在であるという捉え方はそのまま後の時代において「あなた」を二人称に転用させたきっかけをなしていることである。

「アレ」の二人称、三人称の代名詞に転用したものは次の二例である。

而ニ承安二年壬辰十二月廿二日丙辰ノ夜、ケウソクニヨリカカリテ、例ノ如ニ法花経ヲ読奉ケルホドニ、丑ノ剋計ニ、夢トモナク覚トモナクテ、年十四計ナル男ノ、浄衣ニ立烏帽子ニテ、ワラウヅハバキシタルガ、タテブミヲ以テ来レリ。尊恵、「アレハ何クヨリノ人ゾ」ト問ケレバ、「閻魔王宮ヨリノ御使也。書状候」トテ、其タテブミヲ尊恵ニワタス。（『延慶本平家物語』第三本・十四）

軍有ト聞テ、忩馳来テ、「富部殿ハイヅクニゾ」ト問ケレバ、「アレハアソコニただいま佐井七郎ト戦ツルコソ」ト教ヘケレバ、旗をアゲテ、ヲメイテ馳イツテミレバ、敵モ御方モ死伏タリ。（『延慶本平家物語』第三本・廿六）

以上見てきたように、「ソ系」だけでなく、「ア系」においても、依然「二人称的な」指示対象と「三人称的な」指示対象が共存しているのである。してみれば、中世前期の指示体系における人称対立は、未だ「一人称対非一人称」から脱却しておらず、話し手を中心とする主観的な指示法が採られていたと考えられる。なぜなら、もし「ソ」と「カ・ア」が二人称と三人称にそれぞれ対応していたのであれば、おそらくこうした用法の存在は考えられないからである。裏を返せば、もし「ソ」と「ア」がともに「二人称領域」に関わっていたのであれば、指示体系においてはまだ十分に「二人称領域」が確立したとは見ることができないからである。

因みに、清水功「いわゆる遠称の指示語の特殊用法について」（一九五九年、以下清水功（一九五九）と略す）に続いて、清水功「平家物語における指示語の特殊用法について」（一九七三年、以下清水功（一九七三）と略す）は『龍大本平家物語』の「ア系」の二人称に関わる一連の用例を取り上げて、次のように述べている。

以上の如き平家物語にあらわれた「ア」系指示語の特殊用法は、中世他の多くの文献にも見うけられる。そして、たとえば、謡曲では約三百番中に「アレナル」の形のみで約四十例管見に入り、また、たとえば次の如く「宇治拾遺物語」にも頻出する如きその時代の指示体系の埒外にあるということからいえば、「特殊用法」であろうが、必ずしもごく珍しい用法ともいえないと思われる。（四六七頁）

このように、清水功（一九七三）は、「相手または相手の勢力範囲のものをさすア系指示語の用法」の存在を認めながらも、その時代の指示体系の埒外にある「特殊用法」として解されているようである。

しかし、これだけ時代的にも文献的にも広く観察される現象はもはや特殊用法でもなければ、もちろん「その時代の指示体系の埒外」にある「特殊用法」とは考えられない。要するに「ア系」には「二人称的な領域」と「三人称的な領域」が共存していた言語事実と、それと同じ現象が「ソ系」においても観察されることを認めるのが先決であろう。と同時に、このような現象は決してその時代の指示体系の埒外にあるのではなく、むしろ古代語の指示体系にあっては如何にも自然な、「非一人称」に関わる現象とすべきであろう。

以上のことをまとめると、おそらく次のようなことが言える。

指示詞と人称との関係については、「ソ系」には中古語同様、「聞き手領域」にある指示対象を指す知覚指示の用法が認められる一方で、「ソ系」全体が依然「非一人称」として規定するのがふさわしいようである。そして、「ア系」が依然として「二人称」と「三人称」の両方に関わっていたのである。

全体的に、中世前期の指示体系はまだ「二人称領域」と「三人称領域」の確立を目指しつつ中古語の延長線上に推移していると見ることができる。もし上代以降の指示体系の史的変化は、一人称、二人称、三人称に対応したそれぞれの人称領域の確立に向けての流れであるとすれば、中古前期の指示体系における人称領域は、まだ依然として「一人称対非一人称」という話し手中心的な画定の仕方に終始しており、「二人称領域」と「三人称領域」の「非一人称領域」からの独立はまだ実現されてはいないのである。「ソ」と「カ・ア」の関わる人称領域はまだ「非一人称領域」に止まっているのである。

因みに、この「非一人称領域」から「二人称領域」が分化することは、ただ単に聞き手の領域をそこから独立させればいいというわけではなく、まず指示詞の使い方において聞き手の立場と知識状態に対する配慮がなさなければならない。つまり、知覚指示においては「ア系」は二人称に関わることをやめて、そして話し手からだけというのではなく、話し手と聞き手との両方から見て「遠」に属するものを指す語として用いられ、「ソ系」もただ「非一人称」という消極的な意味を放棄して、積極的に聞き手の優位に関わる対象を指示するまでに成長しなければならない。これが中世以降の指示体系にとって至上命題となる。

第二項　中世後期の指示体系

（一）中世後期の指示詞の語形

本節では、『史記桃源抄』と『大蔵虎明本狂言集』を主に用いて、中世後期の指示詞の語形を見てみたい。『大蔵虎明本狂言集』については、近世初期の写本が最も古いとされ、しかも狂言台本は常に流動的な様相を呈しているので、中世後期の資料として扱うのには慎重を要する。ここでは、用例に関しては主に『史記桃源抄』から引用し、語形に関しては中世前期との比較のために『大蔵虎明本狂言集』を用いるに止める。『史記桃源抄』を用いたのは、その成立年代がはっきりしている上、講義録とはいえ、中世後期の話し言葉に近い言葉が用いられているからである。

ここで、『史記桃源抄』と『大蔵虎明本狂言集』にあらわれた指示詞の語形を表にまとめてみると、表18と表19にな

表18　史記桃源抄の指示詞の語形

用例	基本形	～ノ形	～コ形	～チ形	～レ形	～ナタ形	～ウ形	その他
コ系		この	ここ	こち	これ	こなた	こう（かう）	
ソ系		その	そこ	そち（そちら）	それ	そなた	そう（さう）	さ
カ系	か	かの	かしこ		かれ	あなた		
ア系		あの	あそこ	あち（あっち）	あれ			

表19　大蔵虎明本狂言集の指示詞の語形

用例	～ノ形	～コ形	～チ形	～レ形	～ナタ形	その他	総用例数
コ　系	この/1208	ここ/283	こち/96	これ/1536	こなた/223	かく/22, かう/57	3425
ソ　系	その/1173	そこ/71	そち/71	それ/970	そなた/358	そ/21，さ/10, さう/113	2787
カ　系	かの/73	かしこ/18		かれ/11	かなた/3		105
ア　系	あの/214	あそこ/26	あち/50	あれ/318	あなた/55		663
その他			あちら/2				2
用例数	2668	398	219	2835	639	223	6982

る。ただし、『史記桃源抄』の文体は、漢文、漢文読み下し文、和文など、多岐にわたる上、漢字表記が多いため、読みを特定する作業が恣意的になりがちである。ここでは、用例数を示さずに語形だけ挙げるに留める。なお空欄は語形の欠如を表す。

表18と表19を通してみると、もはや現代語とさほど変わらないほど指示詞の語形の形態の整備が進んでいたことが分かる。そして全体的に指示詞の語形の整備が進んでいる中で以下の四点が特に注目に値する。

一、「カ」の基本形を除けば、他の基本形はほとんど用いられなくなったこと。

二、『大蔵虎明本狂言集』では「ア系」と「カ系」との間で延べ語数が完全に逆転したこと。

三、「ああ」を除く指示副詞の「～ウ形」が整備されたこと。

四、「～チ形」の語形が揃ったこと。

これらは中世前期の『延慶本平家物語』や『龍大本平家物語』と比べて最も顕著な変化だと言えよう。とりわけ、「ア系」

と「カ系」の延べ語数が完全に逆転したことは、指示詞の語形はその体制においてついに「コ・ソ・カ（ア）」から「コ・ソ・ア（カ）」の体系に移ったことを示していると見ることができる。

以下『史記桃源抄』から具体的な用例を見てみよう。

基本形の使用については、管見の限り、「カ」の基本形が用いられているだけのようである。しかも、次の例のようにすべて「なに（なん）」と呼応する固定化した用い方である。

陳豨カナニシテサウ、カシテサウト云テ、悪事トモニ陳豨ヲ引出ソ。（『史記桃源抄』韓盧列傳）

神ノナニカホシイ、カカホシイト云コトヲ、ヤカテ天子ヘ言シテ、行下之ソ。（『史記桃源抄』孝武本紀）

逗撓トハナンチヤカチヤト云テ、戦モセイテ、ヌケアルイタナリソ。（『史記桃源抄』韓長孺列傳）

部伍トハ軍ニ部カイクツ、其部コトニ校尉イクタリ、ナニイクタリ、カイクタリ、ナントトテ定テヲクモノソ。
（『史記桃源抄』李將軍列傳）

そして、「かしこ」も次の例の「どこもかしこも」のように固定化した用法になっている。

トコモカシコモ、小路大道ヲ血ニナシタラハ、フマイテハ、カナウマイソ。（『史記桃源抄』孝文本紀）

なお、「カレ」の仮名書きの用例はついに見いだせなかったが、以下の漢字表記の「彼」が「かれ」と読まれていた可能性がある。

原文　索隱述贊曰、燕侵河上、齊師敗績。嬰薦穰苴、武能威敵。斬賈以徇、三軍驚惕。我卒既彊、彼寇退壁。法行司馬、實頼宗戚。

我卒——

我ハ我二于齊一ソ。彼ハ晉燕ソ。（『史記桃源抄』穰苴列傳）

彼有——

彼トハ、公孫奭ト甘茂トソ。言ハ、向壽カ獨主《トル》レ斷ハ、公孫奭、甘茂カ失スル事カアルホトニソ。又ハ彼トハ、秦王ノ事ヲ云様ナソ。其時ハ、御内ハカリヲ用ラレハ、秦王モ政ヲ失セウソト云歟。（『史記桃源抄』樗甘列傳）

この二例は、ともに原文の中の「彼」について解釈をしているので、仮に「かれ」と読んだとしても、原文の「彼」の発音を「カレ」、または「ヒ」としているに過ぎない。従って、確かな用例とはいえない。しかも、次の例のように、「彼」は「かれ」ではなく、「あれ」と読むべき例もある。

原文　二年夫與長樂衛尉竇甫飲、輕重不得。
輕重不得トハ彼ハ我ト重シテ、コチヲ輕シ、コチモ、我ト重シテ、アレヲハ輕スルホトニ、互ニ不平ナソ。（『史記桃源抄』竇田列傳）

この例の「彼」は「こち」と相対する人称代名詞であり、すぐ後に「彼」の意味で「アレ」を用いているように、「あれ」と読むべき例である。とすれば、『史記桃源抄』には「かれ」の確かな用例がないことになる。

全体的に『史記桃源抄』における「カ系」指示詞は、すでに完全に「ア系」にその地歩を譲った感があり、『大蔵虎明本狂言集』でも「ア系」と「カ系」の延べ語数が完全に逆転したことを考え合わせれば、中世後期、遅くとも中世後期末までに、指示体系はすでに完全に「コ・ソ・ア」の体系に移ったと考えられる。

次に、指示副詞の系列については、「ああ」を除けば、「かう」、「さう」の語形がともに『史記桃源抄』に用いられている。

東太一、中太一、西太一トテアルソ。太一ノ三星ニ取テ、カウ云タケナソ。（『史記桃源抄』孝武本紀）

夫事――

君ニツカフル者ト云ハ険ナレトモ不レ懟《ウラミト》、怨レトモ不レ怒コトソカシ。只ノ君臣ノ上テタニモカウナリ。（『史記桃源抄』周本紀）

「かう」そのものはすでに『源氏物語』にもあらわれていた語形であるが、中世後期には、まだ「ああ」の語形がなかったといわれる。果たして、次の例のように、「カウ」は「ト」と呼応して用いられている。

揲蓍様ハ、人力テトセウカウセウト料簡シテ成事テハナイソ。（『史記桃源抄』滑稽列傳）

そして、「さう」であるが、『史記桃源抄』に「さふ」、「さう」という二つの語形が見える。

涅字ハ梵語ニハ涅槃ト云テ、涅言不生、槃言不滅ナントト云ヘトモ涅ノ字訓ハ必シモサフテハアルマイソ。（『史記桃源抄』周本紀）

尺牘ヲ通スルトハ、上書シタコトソ。サウシテコソ、後ニ寧カツタレソ。（『史記桃源抄』扁鵲倉公列傳）

一方、中古語から用いられていた「ソ系」指示詞に属する「さ」は、『史記桃源抄』にはなお盛んに用いられていた。次の数例は、その一端を示しているといえよう。

周カ火徳ナラハ、南方ノ朱雀ヲ云テモアラウスカ、木徳チヤホトニ、サテハアリサフモナイソ。（『史記桃源抄』周本紀）

周本紀ノ賛ニハ、イカ様ニモ論シテセウカト思タレハ、サモナウテ、只都ノコトハカリ云テ、漢ニ至テ後ヲ封セラレタ事マテナリ。（『史記桃源抄』周本紀）

カウスマイテハキコヘヌソ。サナケレハ、西周君ト云モノカ、ナウナルソ。（『史記桃源抄』周本紀）

アアサチヤ、ワラウヘノ云ニヨリテイカンソ。（『史記桃源抄』樗甘列傳）

「〜チ形」指示詞では、『史記桃源抄』には、「コチ」、「ソチ」、「アチ」（「アッチ」）と三つの語形がすべてあらわれる。中でも、「コチ」と「アチ」がやはり相対する関係にあったことは、次の例に徴して明らかである。

封禪《スルトキニ》與《ユルシテ》　爲レ多トハ、コチトアツチトカ一ニナル心ソ。（『史記桃源抄』五帝本紀）

空間又は場所を二元対立的に分割したのがそもそも「こち」と「あち」であってみれば、片方の「こち」ともう片方の「あち」を合わせれば、一になるのも自然の理である。「コ」と「ア」が相対する関係にあるからである。次の例も同じである。

通書トハ、書状ヲヤル事テハナイソ。コチノ書籍ヲハ、アッチヘヤツテミセ、アッチノ書籍ヲハ、コチヘトリテ見ルソ。（『史記桃源抄』屈賈列傳）

次に「そち」の例を見てみよう。

表20　史記桃源抄における指示詞の語形と意味との対応

用法・語形	コ系	ソ系	カ系	ア系
物(人)	これ（ら）	それ(ら)，そち，そちら	（カレ）	あれ
事　柄	これ，ここ	それ		
方　角	こち，こなた	そち（そちら），そなた		あち（あっち）
場　所	ここ	そこ	かしこ	あそこ
性　状	こう（かう，かふ）	そう(さう，さふ)		
指　定	この	その	かの	あの
様　子	こう（かう，かふ）	そう(さう，さふ)		

分背トハ、御内ハ、ソチカラニケサシメ、我ハコチカラ、ニケフト云テ、両方エ分ルルソ。（『史記桃源抄』袁鼂列傳）

『史記桃源抄』には、「そち」の他に、「そちら」の語形も見える。

女曰《タチノイヘラク》――

ソチラカ此様ニ云ソ。嗇事ハ天下政道ソ。割政《サクヲス》トハ民百姓ヲ割剝スル政ヲスルソ。（『史記桃源抄』殷本紀）

原文　東方生曰、是固非子之所能備也。

ソチラカ、知ラウス事テハナイソ。（『史記桃源抄』滑稽列傳）

この二例の「そちら」がともに二人称代名詞に転用した用法である。

以上が、『史記桃源抄』における指示詞の語形の大体である。

（二）中世後期の指示詞の語形と意味との対応関係

本節では『史記桃源抄』を例に指示詞の語形と意味との対応関係を整理してみるが、その具体的な対応関係を表にまとめると、表20のようになる。

表20でまず注目したいのは、次の二点である。

一、「～コ形」には場所または場所的な指示対象を指す用法の他に、事柄を指す例もあること。

二、「〜レ形」が引き続き人称代名詞に転用されていただけでなく、「〜チ（ラ）形」も人称代名詞に転用したこと。

以下順に見ていきたい。

「〜コ形」指示詞の事柄を指す例はたとえば次の例である。

身カ使ニマイルハ、ココヲ申サウ用テサウト云ソ。（『史記桃源抄』黥布列傳）

この「ここ」は、「この事」という意味よりは、物事の要所と目されるところという意味に解すべきであろう。管見の限り、この用法は『史記桃源抄』では、「ここ」の用例に限るようである。

そして、次の例のように「ア系」はまだ後世のように話し手の直接的経験に基づいて指示しなければならないという条件はなく、とにかく第三者であれば十分であったようである。

胡ノ名ハ代々ニカワルソ。アレモ人ノ名ニヨリ、居處其號ヲモカユルシ。後漢時分ハ鮮単于ト云ソ。唐時ハ回乞ナントト云タソ。（『史記桃源抄』五帝本紀）

さらに、『史記桃源抄』では、「コレ」、「ソレ」、「アレ」が揃って人を指す用法を持っていたようである。

於是㆔シム案㆓問セ諸生㆒ヲ、諸生傳ヘテ相告引シテ

アレカ云タ、是カ云タトテ、我ト云ヲイニナルソ。（『史記桃源抄』秦始皇本紀）

この例の「アレ」は、「あの人」の意、「是」は「これ」と訓んで、「この人」の意と考えられる。そして、「それ」の人を指すのは、例えば次の例である。

燕王――

易王ノ母ハ、文侯ノ夫人ソ。其ヲ蘇秦カ私通タソ。（『史記桃源抄』蘇秦列傳）

この「其」はもちろん「それ」と読むべきであろう。「その人」の意に間違いない。

こうした「〜レ形」の人を指す用法がある一方で、次の例のように、場所を指す「〜レ形」の用法も見られる。

猶土之――

物ニヨクヨクタトフレハ、土ノ山川アリテ其カラ財用ノ出ルカ如ナソ。（『史記桃源抄』周本紀）

しかし、「〜レ形」指示詞の人を指す例には、現代語のように、人を卑しめて指すような意味がなかったようである。次の例を参照されたい。

原文　酒闌、呂公因目固留高祖。高祖竟酒、後。呂公曰、臣少好相人、相人多矣、無如季相、願季自愛。

言ハモトカライカホトノ人ヲカ相シツラウ。イツタウ相シソコナウタ事ハナイカ、アレノ相ノ様ナハ、マタナイソ。カマイテ大事ノ身テヲリサウソ。自愛珍重メサレヨト云ソ。（『史記桃源抄』高祖本紀）

これは、呂公が高祖劉邦に対する発言なので、蔑んでいるとは考えにくい。しかし、さして敬意も感じられないのは、たとえば先に引いた、「アレカ云タ、是カ云タトテ、我ト云ヲイニナルソ」（『史記桃源抄』秦始皇本紀）の例と次の例の示すところである。そして、次の例のように、「アレ」は二人称とともに、三人称をも指していたのである。

原文　謁入、呂公大驚、起、迎之門。呂公者、好相人、見高祖状貌、因重敬之、引入坐。蕭何曰、「劉季固多大言、少成事。」

蕭何カ又例ノ圖ナイ迂闊ヲセラレタヨト思テ、呂公ハ令ノ重客テ、マレナルマラウトテ居ラレタニトテ、チツトハ、カナシサニ、アレハ名譽ノ迂闊ナル人テ、マウサルル事ニ、實ハ少サフト云テ、心得サスルソ。(『史記桃源抄』高祖本紀)

これは、蕭何が呂公に対し、高祖劉邦のことを指していう発言であるので、三人称を指す用法である。

一方、「〜ナタ形」の人称代名詞としての用法は、『史記桃源抄』では、管見の限り、「ソナタ」に限るようである。

願王——

コチヘ兵ヲ假シタマワレソ。扞蔽トハ、ソナタノフセキ、ヲヲイニナラウト云ソ。

(『史記桃源抄』張陳列傳)

これは、使者夏説が齊王田榮に対し、もしこちらに兵を貸してくださるなら、「あなたの方」の守備は大いに強固になるだろうと説く場面での発言である。

そして、次の「こなた」は、人を指すよりは、話し手に近い空間を指していると考えられる。

原文　司馬季主視其状貌、如類有知者。即禮之、使弟子延之坐。

コナタへ申セトテソ。(『史記桃源抄』日者列傳)

ロドリゲス『日本大文典』によれば、「Anata（アナタ）、Conata（コナタ）、Co（カウ）、Are（アレ）、Core（コレ）。これらの副詞はその性質上敬語であって、たとえば座敷《ザシキ》(Zaxiqui) 等のやうな、尊い場所を意味する」(四一〇頁) という。この例の「こなた」はまさに人を案内する場合の「こちらへどうぞ」の意であろう。

(三) 中世後期の指示詞と人称との関係

中世後期の指示詞と人称との関係を最も端的に示す現象は指示詞の人称代名詞への転用である。それも「〜チ形」に集中していることが注目に値する。用例は前の節にも挙げておいたが、ここでもう一度人称代名詞に転用した指示詞の用例を振り返って、中世語の後期における指示体系における人称対立を考えたい。まず、「こち」の例から見てみよう。

関中テアレハ、案内者テ、コチノ云事ヲハ、不聴シテ、ナンタル事ヲカ、シタサフスラウ也。(『史記桃源抄』項羽本紀)

これは一人称に用いられる「こち」の例であることに恐らく異論はないであろう。こうした一人称代名詞への転用を可能にしているのは、おそらく次のような話し手に近い現前の場所を指す「こち」の用例の存在であろう。

魑魅ハ人ヲ食モノソ。言ハコチヘコイテ、ソチテ此ヲ食ヘト云心ニ御魑魅ト云ソ。(『史記桃源抄』五帝本紀)

次に二人称代名詞へ転用した「そち」の例を挙げる。

原文　周君曰、子苟能、請以國聴子。
サフタニアラハ、國ノコトハソチニマカセウソ。(『史記桃源抄』周本紀)

原文　繆公曰、子弗知也。

ソチハ、エ知ルマイソ。（『史記桃源抄』秦本紀）

この二例の「そち」が原文の二人称代名詞「子」に対応することは明らかである。次に「こち」と「そち」が相対して用いられる例を挙げる。

入質——

人質ヲトリヤウ心ハ、コチカワルウアタラハ、此人ヲソチテ殺サシメト云ヲクソ。（『史記桃源抄』春申列傳）

この例の「こち」と「そち」は必ずしも人称代名詞に転用した用例とはいえないが、「こち」と「そち」との対立関係を示すのに好都合である。つまり、このような例に見る「こち」と「そち」との対立からは、「こち」は一人称に関わる空間領域であり、「そち」は二人称に関わる空間領域であるということが読み取れよう。そして、「こち」と「そち」との対立がそのまま一人称と二人称とに対応するのに対して、「あち」の指示対象はいったい何人称なのであろうか。一見するところ、「あち」は「三人称」に用いられているように見受けられる。次の例を参照されたい。

天子ノ諸侯ニ圭瓚ノ玉ヲ賜テ、一隻ヲハ天子ノ方ニヲイテ、諸侯ノ朝スル時アツチヘ賜タル玉ヲ持テ朝スルソ。アチヘ賜タル玉ト、コチニアルトウホウト云玉トテ合セテミラルルソ。（『史記桃源抄』五帝本紀）

しかし、「あち」と相対するのが他ならぬ「こち」であることも、またこの例の示すところである。とすれば、「こち」と「あち」との二者対立には、いったいどの人称とどの人称が対応するのかが問題になる。なぜなら、「こち」と「あち」との二元的な領域画定に、三つの人称が如何に関わり、また如何に関わりえるのであろうかが問われなければならないからである。「あち」がある境界線を挟んだ向こう側という方向、方角を指すことは次の例に徴して明らかである。

復修――
故塞マテヲ修メテ、涓水ヨリアツチヲハ棄タソ。(『史記桃源抄』朝鮮列傳)

こちら側を経略して、川を挟んだ向こう側を捨てるというこの「あっち」の例は、「こち」と「あち」との対立を鮮明に物語っているのである。そして、「こち」が一人称に関わる指示対象を指すのだとすれば、ある境界線を挟んだ向こう側にあるのはまさしく「聞き手」と第三者の領域、つまり「こちらがわ以外の領域」(非一人称領域)ではないかと考えられる。「コチ・アチ」が「一人称対非一人称」の人称対立に対応すると考えられるのもこのためであろう。そして、次の例のように、「あち」が古代中国語の「彼」に対応することも、「あち」と「こち」の対立が、「彼」・「我」に対応するのも、「あち」がまさしく「非一人称」の代名詞に用いられていることを示唆していると考えることができる。

原文　色授魂與、心愉於側。【細注】索隱張揖曰、彼色來授我、我魂往與接也。愉音踰、往也、愉悦也、二義並通。
色授――
アツチカラウツクシイ色ヲ授クレハ、ヤカテコチカラ魂ヲ與テミタカリツナントスルソ。面白ク云タソ。(『史記桃源抄』司馬相如列傳)

このように、「あち」が非一人称代名詞に転用されたように、「ア系」指示詞が依然と「非一人称」に関わっていたことは、たとえば、次の例の「あれ」においてはいっそう顕著にあらわれている。

傳器而食トハ、一器ノ中ニアル食物ヲ、一口食テハ、アレニ傳ヘ、アレカ一口食テハ、又コチへ傳テ食ソ。(『史記桃源抄』秦本紀)

この場合、「アレ」は決して「あの人」の意に解すべきではない。そのように考えられるのは、「こち」つまり、自分と自分以外の人の対立こそ、自分がまず一口食べては、そして「自分以外の人」に渡して、「自分以外の人」が一口食べてはまた自分の方へ返すという、「傳器而食」の意味するところだからである。この場合、もしその場には二人しかいなければ、この「あれ」は即ち相手になり、三人いれば、「あれ」は即ち「相手」と「第三者」を含むことになる。そして、この場合、「あれ」と対蹠するのは、他ならぬ一人称の「我」であることも、たとえば次の例によって明らかである。

原文　灌夫亦倚魏其、而通列侯宗室爲名高。両人相爲引重、其游如父子然。

引重ハ互ニアレモ我モ、引キ重スルソ。(『史記桃源抄』竇田列傳)

この例の「あれ」もやはり三人称代名詞として用いられていると考えるべきではない。しかし、かと言って二人称代名詞でもない。強いて言えば「相手」といえるかも知れないが、要するに、「我」以外の人でさえあればよいのである。「非一人称」であればこそである。この例の「あれ」が「二人称」とも「三人称」とも特定できないのもそのためと考えられる。

『史記桃源抄』だけではなく、『大蔵虎明本狂言集』にも次の例のような「二人称」を指す「あれ」の用例が見える。

(加賀)「おわび事がならずは、かしこまつて御ざる」

(越前)「あれにはおうけを申たか」

(加賀)「中々」。(『大蔵虎明本狂言集』餅酒)

同じ用例は『大蔵虎明本狂言集』に一四例(他に指示詞の用例が三〇四例)を数え、その数こそ多くないが、中世後期の文献においても「ア系」が依然として「非一人称領域」に関わっていたことは明らかである。

因みに、同じ『大蔵虎明本狂言集』に用いられた指示詞から転用した二人称代名詞の中で、「そなた」の三五八例（同等もしくは幾分目下に使う）はすべて二人称代名詞に用いられ、二人称代名詞に用いられる「そち」五三例（他に指示詞の用例が一八例）、二人称の敬称に用いられた「こなた」八八例（他に一人称の用例が一九例、指示詞の用例が一一六例）と比べれば、その勢力が次第に衰えつつあると見ることができる。「こなた」が二人称代名詞の敬称として用いられるようになったことの一因は、おそらくその古語化に求められる。

そして、中世後期末に成立した『天草本伊曾保物語』に次のような二人称を指す「あれ」の例が見える。

或る女人夫を持つたが、大上戸ぢやによつて、不断常住酒に酔ひ沈んで、偏に死人の如くであつた、それによつて女房はこのことを嘆いて「何とせば、この僻を直さうぞ」と案じ煩ふ中に、又大酒を飲み、前後も知らず、酔ひ伏したところをふり担げて或る棺の中へ入れて置いて、酔ひの醒め方に及うでかの女その棺の戸をほとほと扣けば、中から只今起き上つたと覚しい声で、「たそ」と尋ぬれば、女房「これは死人に物を食はする者ぞ」と言へば、又中から「酒が無うては食物ばかりはさのみ望ましうもない」と答へたところで、女房このことを聞いて、力を落いて、「まだあれ（are）は酒のことを忘れぬか？　さては我が手段も無益になつた」と歎いた。（『天草本伊曾保物語』女人と大酒を飲む夫の事）

この「あれ」は二人称を指して言っていることは明らかである。時を同じくして開板された『天草本平家物語』にも次の一例が観察される。

妓王涙をおさへてあれ（are）はさて仏御前ご存ずるが、夢か、現かと言うたれば、仏申したは、このやうなことを申せば、こと新しうござれども、申さずはまた思ひ知らぬ身となりまらせうずれば、はじめよりして申す、……

（『天草本平家物語』巻第二の第一）

そして、『天草本平家物語』には、このような二人称代名詞へ転用した「あれ」の用例は概して少なく、「あれ」の用例は、ほとんど次の例のように「三人称的な」ものを指すものである。

葛楓木々の葉茂って心細う宇都の屋手越を過ぎゆかるれば、北に遠ざかって、雪の白う降り積った山があったをあれ（are）はいづくぞとおたづねあれば、甲斐の白根と申した。（『天草本平家物語』巻第四の第十二）

因みに、「あれ are」については、『日葡辞書』（一六〇三〜一六〇四刊）は、「あのもの、あるいは、あのこと。Coreua areno de gozaru。（これはあれのでござる）これはあの人の物です。」（土井・森田・長南訳注『日葡辞書』一九八〇年）と解釈し、語釈には「あのもの、あるいは、あのこと」を挙げており、人称代名詞としての用法については特に説いていないが、例に挙げたものが正しく人称代名詞の例である。

このように、「〜チ形」だけでなく、特に「〜レ形」においては、「ア系」が未だ「二人称領域」に関わっていたということ自体、中古語以来続いている現象である。そして、「ソ系」全体と「二人称領域」との結びつきがいっそう強まりつつあったものの、全体的に中世後期の指示体系は依然中世前期の延長線上にあると見て大差はあるまい。

因みに、「二人称領域」に関わる「あれ」の用例は、管見の限り『天草本平家物語』（巻第二の第一）と『天草本伊曾保物語』（女人と大酒を飲む夫の事）において一例ずつ観察されるのを最後に、文献から姿を消したようである。残る「あの」の「二人称領域」に関わる用例は、さらに近世前期の文献に散発的に観察され、ついに幕末に出版された文献に見えるのを最後に文献上あらわれなくなっているようである。

してみれば、「ア系」指示詞の三人称領域への対応は「あの」の「二人称領域」に関わる用例の下限まで持ち越すことになる。

第五節　近世語の指示体系

近世語は一般的に宝暦（一七五一〜一七六三）頃を以て、京都語中心の前期と江戸語中心の後期に分けられている。ここでは、近世前期の資料として『好色一代男』と『軽口本集』（五種）を、後期の資料としては『江戸小咄』（一五種）と『落語本集』（八種）を主に用いる。

第一項　近世前期の指示体系

（一）近世前期の指示詞の語形

本項では近世前期の指示詞を扱うが、資料としては『好色一代男』を用いる。表21は『好色一代男』にあらわれた指示詞の語形をまとめたものである。

表21を通覧してまず注目されるのは「カ系」と「ア系」の併用である。前節でみたように、「カ系」指示詞については、中世後期の『史記桃源抄』においてすでに「カ系」のうち基本形「か」と「ここかしこ」のわずかな例を除けば、ほとんど用いられることはなかった。近世前期の文献になお「カ系」が用いられているのは、指示詞の語形の史的流れ

表21　好色一代男における指示詞の語形

用例・語形	～ノ形	～コ形	～チ形	～レ形	～ナタ形	～ウ形	～ンナ形	総用例数
コ系	この/213	ここ/57		これ/215	こなた/9	こう/3	こんな/3	500
ソ系	その/211	そこ/18		それ/75	そなた/5	そう/2	そんな/1	312
カ系	かの/36	かしこ/3		かれ/8				47
ア系	あの/7	あそこ/2	あつち/1	あれ/15	あなた/1		あんな/1	27
用例数	467	80	1	313	15	5	5	886

に逆行するように見える。

しかし、「カ系」の用いられている文脈を見てみると、まず「かの」三六例のうち、地の文には三四例、会話の文には二例あるのを始め、「かしこ」三例はすべて地の文、「かれ」(「かれこれ」五例、「かれら」二例、「かれがもと」一例)八例のうち、地の文に三例、会話の文に五例用いられている。全体的に「カ系」は「かれこれ」のように定形化の傾向が強く、主に地の文に用いられているようである。

一方、「ア系」を見てみると、「あそこ」は二例とも地の文に用いられているが、「あれ」一五例のうち、会話の文には一〇例、地の文には五例用いられている。「あの」七例のうち、例外的なものを一例除けば、六例が会話の文に用いられているようである。(18)

このように、「ア系」が会話の文脈と地の文両方に用いられ、しかも会話の文により多く用いられているのに対して、「カ系」はその殆どが物語の地の文に用いられているという違いが認められる。このことからは、「カ系」はすでに書き言葉的な性格を多分に持つようになったものと考えられる。そして、この「カ系」と「ア系」との併用も『好色一代男』の擬古的文体に起因するものと思われる。『好色一代男』の「ア系」の用法と中世後期の『史記桃源抄』のデータを突き合わせてみると、中世後期に引き続いて、近世前期においても「ア系」は「カ系」の領分を全面的に襲ってしまい、「カ系」は書き言葉としてようやく踏み止まっているに過ぎないと見ることができよう。

一方、『好色一代男』には中古以降消滅の傾向にある「コ・ソ・カ」の単独用法が見当たらず、新興の語形である「こんな」(三例)「そんな」(一例)「あんな」(一例)や、「あっち」(一例)

があるなど、全体的に擬古の文体になっているとはいえ、やはり近世前期の指示詞の語形の実態を反映している面もあるようである。

（二）近世前期の指示詞の語形と意味との対応関係

『好色一代男』によって近世前期の指示詞の語形と意味との対応関係を見てみると、以下の三点が特に注目に値する。

一、「カ系」指示詞が話し手にとっても聞き手にとっても了解済みの観念的指示対象をさすこと。
二、「～レ形」に場所を指す用法がある一方で、「～コ形」が場所を指す用法に収斂されたこと。
三、「～ナタ形」指示詞が引き続き人称代名詞に転用していること。

第一点については、すでに触れたように、『好色一代男』には「カ系」と「ア系」との併用は見られるが、「カ系」と「ア系」はそれぞれ地の文と会話の文に用いられる傾向があり、とりわけ「カ系」は地の文に用いられる傾向が強かった。ここで「カ系」の用法を見てみよう。

其比《そのころ》九才の五月四日の事ぞかし。あやめ葺かさぬる軒のつま見越の柳しげりて、木下闇の夕間暮、みぎりにしのべ竹の人除に、笹屋嶋の帷子・女の隠し道具をかけ捨ながら菖蒲湯をかゝるよしして、中居ぐらいの女房、「我より外には松の声。若きかば壁に耳、みる人はあらじ」と、ながれはすねのあとをもはぢぬ臍のあたりの垢かき流し、なをそれよりそこらも糠袋にみだれて、かきわたる湯玉油ぎりてなん。世乃介四阿屋の棟にさし懸り、亭の遠眼鏡を取持て、かの女を偸間に見やりて、わけなき事どもを見とがめゐるこそおかし。（『好色一代男』人には見せぬ所）

ここでいう「かの女」は行水をしている女のことであり、この段ではじめて話題に登る人物で、文脈的には「中居ぐらいの女房」を承けている。現代語なら「その」で承けるところである。次に会話の文に用いられる例を見よう。

「空寝入の戀衣と申すは、次の間の洞床に後室模様のきる物・大綿帽子・房付の念数など入置て符作り、女よりさきへ男を廻し、かの衣類を着せて寐させ置、去かみさまと申なして下に油斷させて逢する手だてもあり」。（『好色一代男』昼のつり狐）

この「かの衣類」も直前の文脈にあらわれた名詞句を承けているが、指示対象に対して心理的に「遠」という感覚もなければ、談話が始まる以前にすでに了解済みの指示対象を指すものでもないようである。現代語ならおそらく「その」で指すところと思われる。

続いて「かの」の談話以前の経験領域に属する観念対象を指す用法を見よう。

「去程に信太妻の女房江戸風のしよてい」と申す。「世之介様。それは其《その》まゝ吉原のかの太夫さまにいきうつし」といふ。（『好色一代男』當流の男を見しらぬ）

これは、先行する文脈にすでにあらわれた指示対象ではなく、世之介がかつて付き合っていた太夫のことを「かの大夫」で指しており、過去の経験としてすでに話し手にとっても聞き手にとっても了解済みの観念的な指示対象を指示していると考えられる。このような話し手と聞き手にとってともに熟知している指示対象を指す用法はさらに次のような例においても観察される。

尤も長七がいふ所、まことに此女《このをんな》はもと彼里《かのさと》にて藤なみにつきしはるといへるやり手なり。（『好色一代男』心中箱）

この「彼里《かのさと》」は色町島原のことを指しているが、ここに挙げた二例と先の一例を考え合わせると、「かの」の意味には指示対象に対して話し手と聞き手の共通の了解があるという一貫性が認められる。先行する表現を承ける「かの」もそれが地の文に用いられている限り、指示対象に対する読者の了解を前提とするものであり、物語りの書き手はそれを意図して地の文に使っていると考えられる。

一方、先行文脈にあらわれた指示対象を指すものには「その」もある。しかも同じ文脈に「かの」と「その」が用いられている例がある。

あさましき身の行末、是《これ》から何になりとも成るべしと、ありつる寶を投捨、殘りし金子六千両東山の奥ふかく堀埋めて、其上《その》に宇治石を置て朝顔のつるをはせて、かの石に一首きり付て讀り、「夕日影朝顔の咲く其下《その》に六千両の光残して」と欲のふかき世の人にかたられけれ共、所はどこともしれ難し。（『好色一代男』床の責道具）

ここの「かの石」は先行する文脈中の「宇治石」を承けているが、「其上《その》」の「その」は「奥ふかく掘埋め」たところと解されよう。このように、「その」と「かの」はともに先行文脈にあらわれた指示対象を指しているようである。しかし、『好色一代男』で見る限り、「かの」に下接する名詞はすべて「かの石」のような普通名詞であるのに対して、「その」に下接する名詞について見ると、「その後」一八例、「その他」九例、「そのころ」七例、「そのまま」、「その下」、「その時」、「その日」が三例ずつあるといった具合に、形式名詞が目立っているという違いが認められる。そして「その」に下接する普通名詞も知覚指示の場合を除けば、次の例のように、先行する文脈にあらわれた名詞句ではなく、先行の文脈から導き出されたある内容、あるいは事柄である場合が普通のようである。

世之介申すは「今宵の馳走身にあまつてよろこばし。何か門歡に成べき事のありや。唯今たくめ」といふ。弥七

「日本一の饅頭あり」と申す。「それは」ときけば、一つを五匁宛にして上を金銀にだみて、其数《そのかず》九百、二口屋能登に申付て、夜中にこしらえさせ、太夫九人の方へ送りまいらせける。（『好色一代男』らく寝の車）

さらに、このような「その」と先行文脈の内容との関係が指示詞と先行名詞句との関係、つまり指示詞とその指示対象との関係であるのに対して、「かの石」の「かの」と「宇治石」とは単純に指示詞とその指示対象との関係ではなく、「かの」は先行名詞句を指示しているのではないという違いがある。つまり「かの石」全体が先行名詞「宇治石」を代用していると考えられる。そして、「その」に比べれば、「かの」は後続の名詞句を際だたせているようである。談話内の観念対象を指す「かの」と「その」の違いはここにもあるように思われる。

因みに、現代語では、このような文脈内の観念対象を指す場合、もっぱら「ソ系」が用いられ、「かの」が用いられる時には、談話以前の観念対象を指すことになることを考えれば、近世前期の「かの」が依然として談話以前の観念対象と談話内の観念対象の両方を指していたのは、「かの」がまだすっかり三人称に対応するようにはなっていなかったためと考えられる。

『好色一代男』の指示詞の語形と意味との対応について、次に指摘できるのは、「～レ形」が事柄を指す用法の他に、依然場所を指す用法と人称代名詞への転用が認められるということである。以下その例を挙げる。

まず「～レ形」の場所を指す例には「これ」と「それ」が見られる。

世之介思案に及ばねども、何ともひかれぬ所にて、「まづ、人中なり。偸に様子もきくべし」と、其邊《そのほとり》の茶屋に入て、「暫く是《これ》に御入候へ」と、宿に立帰、くさり帷子を着て、同じくはち巻、目釘竹にこゝろを付てさいぜんの方に走着、「さあ子細は」と聞懸る。（『好色一代男』替つた物は男傾城）

大臣はまことの心から坪の中の戸を明かけ、「太夫様はお隙が入るが、まだいたむか」ときく。禿「それへ御座ります」と申す。（『好色一代男』人のしらぬわたくし銀）

こうした場所を指す用法がさらに先行文脈にあらわれた場所を表す名詞句を承ける用法にも繋がることは、たとえば次の例によって明らかである。

姿の入物、おろせがいそげば、丹波口の初朝、小六が罷出て御慶と申納、朱雀の野邊近く、はや鶯の初音といふ太夫のけふの礼を見いではと、出口の茶屋に腰懸ながら、さこが大福祝ふて「三度御ざりませいとのお使誰じや」、「鶴屋の傳左かたよりであんすあんす」と申す。「さらばそれへいかふかの」。（『好色一代男』詠は初姿）

次に人称代名詞に転用した「〜レ形」の用例を見てみよう。

おなるに「何者か」ときけば、「これの阿爺さま」といふ。（『好色一代男』今爰へ尻が出物）

『好色一代男』では、このような人称代名詞への転用は「これ」の一人称代名詞への転用以外は見当たらない。指示対象の範疇に対応させて指示詞の語形を用いるという語形整備の過程で、「〜レ形」が「もの」を指すのに収斂されていく現象の一つと見ることができる。

一方、こうした「〜レ形」の人称代名詞への転用とは対照的に、中世前期にあった「〜コ形」の人称代名詞への転用は『好色一代男』では見当たらない。これも指示対象の範疇化に伴って、「〜コ形」が場所を指す用法に収斂されつつあったことのあらわれと見ることができる。

「〜レ形」と「〜コ形」がそれぞれ「物」と「場所」を指す用法へと収斂されるのに対して、「〜ナタ形」の人称代名詞への転用が最も著しいようである。「〜ナタ形」と人称代名詞との関わり合いは近世前期に始まったことではないが、中世前期では「そなた」が主に同等もしくは幾分目下に使う二人称代名詞として用いられ、中世後期の『大蔵虎明本狂言集』にも「こなた」の敬称としての二人称代名詞への転用が認められた。(19) そして近世前期の『好色一代男』にも人称代名詞へ転用した「こなた」の例が観察されるが、次に見るようにその敬意の度合いはかなり減退しているようである。

彼《かの》女郎舟にのりさまに私語しは「こなたは日本の地に居ぬ人じや」と申ける。心にかゝれど今に合点ゆかず。(『好色一代男』集礼は五匁の外)

これは女郎が世之介に言った言葉であるから、ある程度の敬意が含まれているものと思われるが、一方、「そなた」の用例を見ると、次のように「こなた」ほどの敬意がないように思われる。

「此《この》事なくては夜が明ても歸さじ。さりとは其方《そなた》も男ではないか。吉野が腹の上に適あがりて空しく歸らるゝか」と、脇の下をつめり股をさすり、首すぢをうごかし弱腰をこそぐり、日暮より枕を定、やうやう四ツの鐘のなる時、どうやらかうやらへの字なりに埒明させて其上《そのうへ》に盃迄して歸す。(『好色一代男』後は様つけて呼)

一方、次の例のように「こなた」と「そなた」の間に敬意の差があまり明瞭でないと思われる例もある。

世之介中にも子細らしき女に、「さて、われわれは何者とみえます」といふ。「人間と見ゆる」と申す。「それはふるひ。商賣は」といふ。「聶屓目から見たてました。疊の上で育つ人じや。たぶんこなたは筆屋どの。そなたは張箱屋、又は組帯屋殿であるべし」と思案しすまして申す、「さてもさても名誉じや。そこな者が獨、組帯屋が違ふた。兩人は、さても」とおどろく顔をすれば、なをかつにのる事有《あり》。(『好色一代男』當流の男を見しらぬ)

この例で見る限り、「こなた」と「そなた」の間には著しい待遇の差があるとは考えられないようである。とすれば、やはり二人称代名詞の「こなた」もすでに「そなた」と同じ場面に用いられても不自然に感じられないほどその敬意が逓減したと見るべきであろう。

因みに、『好色一代男』の次の例の「あなた」（一例のみ）はまだ「三人称的な」対象を指しているものであり、二人称への転用ではない[20]。

すこし男自慢して、伴ひし者に「是見《これ》たか。此方《この》より話きても埒のあかざる事もあるに、あなたからのおぼしし入、然も去太夫様からじや。世上に若き者もおほけれど、拙者が鬢厚きゆへぞかし。世之介にあやかれ」と戴せば、合点がゆかぬと笑ふてゐる。（『好色一代男』人のしらぬわたくし銀）

（三）近世前期の指示詞と人称との関係

『好色一代男』によって近世前期の指示詞と人称との関係を見る限り、指示詞と人称との関係はさほど中世より整備されていないように見受けられる。以下会話の文の資料を用いてそれを示したい。まず、「そこ」の「二人称領域」への関わりを示す用例のあることは前代と同じである。

暮ての物うさ明ての淋しさ、塵紙にて細工に雙六の盤をこしらへ、二六・五三と乞目をうつ内にも、「そこをきれ」といふ切の字こゝろに懸るも笑し。（『好色一代男』因果の関守）

これは雙六をして楽しむ場面であるが、「そこ」は相手側の磐か、相手の勢力範囲に属すると思われる空間を指しているであろう。そして、次の例も同じ聞き手に属する空間領域を指すものと考えられる。

其乗懸《そののりかけ》を三条の橋にまたせ、「財布はついて有るか。今そこへゆくぞ」と声聞しく小者に申付て、「世之介様へお暇乞に参ました」。俄に江戸へ下るのよしにて、日來目懸し仕立物屋の十藏といふもの、立ながら御見舞申て、「追付罷のぼりまして」と申す。（『好色一代男』情のかけろく）

この例の前後の文脈からすれば、「財布はついて有るか。今そこへゆくぞ」は話し手「十藏」がすでに自分から離れた場所にいる小者に向かっていう言葉で、「今そこへゆくぞ」は相手のいる場所を指す例と考えられる。

次に「それ」の例を挙げる。

世之介申すは「今宵の馳走身にあまつてよろこばし。何か門歡に成べき事のありや。唯今たくめ」といふ。弥七「日本一の饅頭あり」と申す。「それは」ときけば、一つを五匁宛にして上を金銀にだみて、其数《そのかず》九百、二口屋能登に申付て、夜中にこしらえさせ、太夫九人の方へ送りまいらせける。（『好色一代男』らく寝の車）

この例の「それ」を聞き手に関わりの深い指示対象を指していると解すれば、先行談話の内容を照応する場合においても聞き手領域が確立したと見ることができる。しかし、同じような文脈において「その」と「かの」が併用されている状況を考えると、問題はそう簡単にはいかなくなる。

全体的に近世前期の指示体系を『好色一代男』の会話文で見る限り、近世前期の話し言葉では「ソ系」が知覚指示においても、観念指示においても、ほぼ聞き手領域に属する指示対象を指すと思われる用法が前の時代にもましてはっきりと確認されるようになったと言える。これはもちろん上代以来続いてきた、指示詞と人称との関わりが一段と進んできたことのあらわれである。

しかし、その一方で「ソ系」の「三人称的な」指示対象を指す用例は依然観察されている。次の例を参照されたい。

是《これ》をおもふに、此《この》徒津の國有馬の湯女に替る所なし。異名を所言葉にて「しやく」といへり。「人の心をくむといふ事か」とそこの人に問へ共、子細はしらず。（『好色一代男』木綿布子もかりの世）

この「そこ」は現代語にも受け継がれている用法であるが、「すぐ近くの」、あるいは「そのへん」というぐらいの意味に解することができる。いわゆる「三人称的な」場所である。「三人称的な」場所を示す「そこ」の用例は、『好色一代男』では他に用例は見あたらない。しかし、時代は少し下るが、『軽口独狂言』（明和二（一七六五）年刊、京都）には次のような例が観察されている。

「この浜の猟師は、二十八日ごとに、祖師の御命日じやといふて猟をせぬ。すなはち、けふは二十八日。なんと蛤、栄螺、鮑、ちと浜辺へ出て遊ばふではあるまいか」「それはよかろ。ヤア、そこへくるは猟師じやないか」「ほんにそうじや。皆のもの、ちやつと首をひつこめ」「もふ猟師は去んだそふな。もうよいぞ」「おつと合点。ヤアもふ錦の市へ来た。悲しや」。（『軽口独狂言』錦の店）

いずれも現代語に繋がる「そこ」の用例である。

このように、近世前期の上方語においても、「ソ系」指示詞の指示対象にはなお二人称的なものと「三人称的な」ものが共存していることは明らかである。そしてさらに問題が「ソ系」にだけではなく、「ア系」にもあることを指摘することができる。「あれ」の二人称に関わる用例は管見の限り『天草本平家物語』と『天草本伊曾保物語』に一例ずつ確認されたのを最後に文献から姿を消すことになるが、近世前期にはまだ「あの」の二人称に関わる用例がはっきり確認できる。次にその例を挙げる。

さる親仁、酒に酔ふて帰り、息子を呼びけれども、内に居ず。「はてさて、出歩きをつて、にくいやつめ」といふ

> ところへ息子も殊の外酔ふて帰る。親仁見て、「やい、たわけ者、どこでそのやうに大酒をくらふた。おのれがやうな者に、この家はやられぬ」息子聞き、「これ親仁、やかましうおつしやんな。このやうに、くるくると廻る家は、貰はいでも大事ない」。親仁も舌をもつらかして、「あのうんつくめ。おのれがつらは二つに見ゆるは」。存の外な飲みやう。（『露休置土産』親子共に大上戸）

作者露休は貞享元禄（一六八四〜一七〇三）頃に活躍していたので、時代的には井原西鶴とほぼ同時代の人である。

このように、「あの」だけとはいえ、「ア系」にまだ二人称に関わる用法が存在する以上、「ア系」そのものもまだ現代語のように「三人称」としての地歩を固めていなかったと見なければならない。そして、「ソ系」と二人称との関わりも現代語ほどには密接ではなかったものと思われる。なぜなら「コ系」が上代語以降、一貫して一人称領域に関わっているが、それはさておき、ここに「ソ系」と「二人称領域」との関わりが認められても、残る「ア系」が未だ三人称領域に収斂されなければ、「ソ系」指示詞と「二人称領域」との関わりもさほど強固なものではないと考えられるからである。つまり、「ソ系」の「二人称領域」の成立は同時に「コ系」と「ア系」がそれぞれ一人称（新しい三者対立の中における一人称という意味で）と三人称への対応関係の成立を意味しなければならない。確かに指示体系の変化は二人称・聞き手に対する配慮が直接のきっかけとなったが、指示体系の中で変化するのはひとり「ソ系」に止まらず、「コ系」と「ア系」も新しい体系の中で新たな地位を獲得しなければならないからである。

　そして、同じ「非一人称領域」からの分化とはいっても、「二人称領域」と「三人称領域」とはやはりその成立時期が前後していたのではないかと考えられる。しかし、現代語においては「ア系」がもっぱら「三人称」に関わっているのに対し、「ソ系」だけは「二人称」との関わりを強めつつある一方で、依然「三人称的な（実は非一人称）」に関わる用法を根強く残していることは、第二章において見た通りである。

このように考えれば、おそらく「三人称領域」の方が「二人称領域」よりも早く成立したのではないかと考えられる。そして近世前期において「あれ」の二人称に関わる用例が観察されなくなり、残る「あの」の二人称に関わる用例も限られてしまったということは、まさに「ア系」の三人称領域への接近を物語っている現象と言えよう。そしてそれと平行して「ソ系」もいっそう「二人称領域」へと接近しつつあったのであろうと考えられる。

すでに見てきたように、近世前期の指示体系においては「ア系」は「三人称」に関わる用法を持つ一方で、「二人称」に関わる用法もわずかながら確認されているので、その指示体系も大体において中世後期の延長線上にあると言える。そして全体的に、近世前期の指示体系では、人称領域の画定は依然話し手側から主観的になされていると見てよい。しかし、聞き手の存在は中世後期以上によりいっそう強く意識され、聞き手への配慮もいっそう強くされるようになった結果、「ソ系」指示詞と二人称領域との結びつきがいっそう強まったと考えられる。

第二項　近世後期の指示体系

中世語の名残が多分に認められた近世前期の上方語に対して、新興文化の発展に伴って、近世後期の江戸語は、現代語につながる様相を呈している。その指示体系については、語形だけでなく、語形と意味との対応、指示詞と人称との関係などにおいて、近世前期との間に様々な共通点と相違点が見られる。本項は主に明和、安永期に江戸で出版された小咄本を用いて江戸語の指示体系を考察したい。

（一）近世後期の指示詞の語形

近世後期の指示詞の語形が、現代語のそれと比べてもさして変わらないほどその形態の整備が進んでいたことは表22

表22　小咄本一五種における指示詞の語形

用例	基本形	～ノ形	～コ形	～チ形	～レ形	～ナタ形	～ウ形	～ンナ形	総用例数
コ系	こは/1	この/241	ここ/66	こち/10	これ/417	こなた/10	こう/22	こんな/12	779
ソ系		その/201	そこ/44	そち/8	それ/367	そなた/4	そう/78	そんな/26	728
ア系		あの/90	あそこ/5	あち/3	あれ/127	あなた/15	ああ/1	あんな/7	248
カ系		かの/70	かしこ/1						71
他（コ）			ここら/9	こちら/26					35
他（ソ）			そこら/6						6
他（ア）				あちら/9					9
用例数	1	602	131	56	911	29	101	45	1876

によって明らかである。統計には、興津要編『江戸小咄（正・続）』（講談社文庫）を用いた。集録された小咄本は計一五種である（所収噺本については、付録二「噺本書誌」を参照されたい）。

表22でまず注目されるのは、「そちら」の用例が欠けている以外は、現代語の語形と何ら変わるところがないことである。「そちら」は中世後期の『史記桃源抄』にすでにあらわれている語形であり、近世前期の『好色一代男』には見あたらないが、安永二年刊の太保堂主人輯『今歳咄二篇』には次のような例がある。統計に用いた小咄本一五種にたまたまなかっただけである。


浪人、あんまを呼んで揉せながら四方山のはなし。

「こなたは宿は何処ぢや」

「ハイ神田の八丁堀」

「ソレハ遠方、この寒いに夜も更けたから、いとしや遠所を帰ろふよりは、此処に泊らつしやい」

「ソレハ近頃ありがたふ御座ります」

と泊めてもらふたが、此浪人も独り住、一丁の蒲団をふたり引ぱつて寝たが、此あんまが面のきたなさ、その上にんにくでも食ふたそふで、そのくささ絶へがたさに、

「ナントあんま殿、チトそちら向ひて寝やつしやれぬか」

あんま「とんだ事を、御ゆるされませ」。（『今歳咄二篇』あんま）

まず、「コ・ソ・ア」の基本形について見ると、小咄本一五種では、「コ・ソ・ア」の基本形のうち、わずかに「コ」の基本形「こ（は）」が一例用いられているだけで、「こはいかに」という定型表現に固定化しているものである。そして、「かの」は計七〇例を数えるが、そのうち、地の文には五六例、会話文には一四例用いられている。全体的には、「かの」は地の文を中心に用いられているが、会話文に用いられる場合、たとえば次の例のように特に古風な表現を好む人によって用いられているようである。

見得をしたがる隠居、おのれが腕をおのれが食ひ付き、「これ見やれ。年が寄つても気に惚れたそふで、かのなじみが、焼餅で食ひ付きおつた」「この歯形は、女にしてはだいぶ大きいね」「そのはづ。笑ひながらよ」。（『坐笑産』歯形）

この「かの」はいかにも「見得をしたがる隠居」の言葉にふさわしいもののようである。そして、「かの」がそのまま体言的に用いられるのは、現代語と異なるところである。

さて墓詣りして和尚に対面。おしきせの肴で盃の廻るとき、「和尚様、この肴やこの吸物では飲めぬ。彼《かの》をお出しなされ」「寺にはこれよりほかの御ちさうはない」「ハテ見かぢつたこともござる。余人とはちがひます。私にはおかくしには及びませせぬ」「さうあれば出しませふ。コレ、出て、お近付きになりやれ」。（『興話飛談語』寺詣）

この「かの」は、意味的に「例のもの」に相当すると考えられるが、連体詞「かの」にこうした用法が許されるのは、もはや「かの」が一語として意識されたためと考えられる。

そして、連体修飾関係に立つ「〜コ形」に「の」が続く用法がある一方で、次の例のように、「な」が下接するものもある。これも現代語と異なる用法である。

「ゆうべ貴様は、町と見へたが、何屋の何といふ女郎揚げやつた」「若菜屋の若菜を揚げた」「ここなうそつき。若菜屋といふ屋号の内に、直に若菜といふ女郎の名があるものか」「これはおかしい。随分ある。昔も三浦屋の三浦といふ大夫あり。巴屋のともえもあり。丁度ゐいやらやのゐいの格だ」。（『興話飛談語』家名）

因みに「ここ」を例に取ると、連体修飾関係に立つ用例一〇例のうち、「ここの」は七例、「ここな」は三例を数えるが、「ここな」に下接する名詞はここに挙げた「ここなうそつき」の外に、「ここな者」、「ここな人」の二例である。そして、「ここの」に下接する名詞は、「ここの内」二例、「ここの亭主」、「ここの旦那衆」、「ここの町」、「ここの頭」、「ここの落ち」が一例ずつあるといった具合である。そして、「ここなうそつき」は、二人称のことを言っている場合であるが、他の二例は第三者のことを「ここな人」、「ここな者」と言っている場合であり、「ここな」と「ここの」との間に明瞭な違いが感じられない。

それから、連体修飾関係に立つ「そこ」四例のうち、「そこな」が一例（「そこな麻上下」）、「そこの」が三例（「そこの子」、「そこの落ち」、「そこの飯継ぎ」）ある。しかし、「あそこ」が連体修飾関係に立つ用例は調査した限りでは見あたらなかった。近世後期江戸語の文献である小咄本の中では、「な」が下接する場合の用例は「の」が下接する場合ほど多くなく、現代語ではもっぱら「の」が下接することになっていることから考えれば、「な」が下接する用法は、近世後期の江戸語から近代語にかけて衰退していったものと考えられる。

（二）近世後期の指示詞の語形と意味との対応関係

本節では小咄本十五種に基づいて、近世後期の指示詞の意味と語形との対応を見るが、近世後期の指示詞の意味と語形との対応関係で、「〜コ形」が場所を表すのにすっかり収斂されてしまったことの外に、次の二点を特に注目すべきである。

一、「カ系」のうち、会話文に用いられる「かの」は、近世前期と同じく会話の当事者にとって事前に噂などで知っていたものか、または周知のものかであり、その指示対象に関する情報や知識は話し手と聞き手によって共有されている場合が普通であること。
二、「〜ナタ形」の二人称代名詞への転用。
三、指示副詞の語形整備

まず第一点について見てみるが、次の例を参照されたい。

時節もあればある。鼻缺、赤坂の江戸一人へゆき、鼻を入れて貰ひ、戻りに朋友のところへ立ち寄れば、「これは貴様はよい面躰になりやつた。それはどうだ」「されば、かの赤坂へ行つて入鼻をして来た」「さりとはちつとも際も見へぬ。妙だ」と誉める。袂から紙に包んだものを出して、「これを見やれ」「何だ」と広げて見れば、赤い鼻なり「これはどうだ」「それは酒に酔つたときの」。（『興話飛談語』鼻虧）

興津要の註釈によれば、「かの赤坂」というのは、赤坂に住んでいる高名な医者「江戸一人」のところだという。とすると、これはいわゆる周知の対象であり、つまり話し手と聞き手に共有されている知識に属するものである。そして地の文に用いられる「かの」もその指示対象がすでに先行文脈にあらわれていたものである限り、やはり話し手と聞き手にとっては共通の知識や情報として所有されているものになる。次の例の「かの」は地の文に用いられている場合である。

老人、橋を通りかかり、板のすきめへ杖を突きこみ、はつと思ふはづみ、手を放せば、杖は川へをちる。これに当惑して、しばらく思案をめぐらし、また腰より扇をだして、かの穴へ入れ、手をはなして、「ハハアこのこつじやな」。（『茶のこもち』思案）

そして第二点「〜ナタ形」の二人称代名詞への転用であるが、小咄本一五種の中には、「こなた」は計一〇例を数えるが、すべて次の例のように二人称代名詞として用いられている。

いなかもの、馬島《まじま》が前に立つてゐるゆへ、「こなたは何を見てござる」「サレバ、ここではなの薬を買いたふござる」「ナニサ、あれはめぐすりのかんばんじや」「ソレデモ目の下に、くすり、と書いてある。目ならば、まゆ毛の下に、くすりとあらふ」。（『聞上手二篇』鼻の薬）

この例の「こなた」が田舎者に対して使われていることからも分かるように、「こなた」一〇例のうちそのほとんどが対等かまたは目下に用いられ、全体的に敬意がほとんど感じられない。そして「そなた」の四例もすべて二人称代名詞の用法であるが、次の例のように、これも対等又は目下の人に用いられ、敬意はおろか、かなりぞんざいな表現になっている。

お袋、息子がそばへ行き、「そなたはこの日のみぢかいのに、たばこばかりのんで居ていいか」「そのよふにおつしやらぬものでござります。おしつけ、朝鮮人来朝。そのときこそ、たばこの呑みつくらに召し出さるる稽古のためでござります」「ヲヲそふとはしらなんだ。あまり人にははなさぬがよい」。(『珍話楽牽頭』愚)

残る「あなた」一五例のうち、二人称代名詞の用法は一二例ある(内「あなたさま」二例、「あなたがた」一例)が、そのうち、場所を表す用例は一例、「三人称的な」ものを指すと思われる用例は二例ある。

次に二人称代名詞へ転用した「あなた」の用例をみよう。

「こなた」と「そなた」がすでに敬意はおろかかなりぞんざいな表現になってしまったのと対照的に、ひとり「あなた」だけは二人称の敬称として用いられていたようである。

この男肝をつぶし、挨拶もせず帰ると、和尚、この様子を聞きて、「ヱヱ、おのれは不届千万な。なに、おれが女馬を見て、駄狂ひをするものだ。馬も人もひとつに思つているか」としかれば、丸「わたしはまた、馬もあなたも同じことかと存じました」和尚「なぜ」丸「あなたのことを、よく人が、ひん僧だと申しますから」。(『落咄臍繰金』無心の断(享和二(一八〇二)年))

このように、近世後期において「かなた」を除いて、指示詞の人称代名詞への転用は、「こなた」、「そなた」、「あなた」の三つに及んでいるが、これはそもそも近世後期に始まったことではない。実際、中古語から近世後期の江戸語にかけて、「こなた」、「そなた」、「あなた」の三者の間で敬意の逓減に伴い、二人称代名詞の敬称としての地位をめぐって頻繁に交替が行われていたのである。

まず「そなた」は古くは『源氏物語』の中では、二人称代名詞の敬称に転用したが、中世前期と中世後期においてはすでに対等または目下に用いられるまでに敬意が逓減した。

一方、中世後期において敬意がほとんど感じられなくなった「そなた」に代わって、「こなた」が新たな敬称の二人称代名詞として用いられるようになった。しかし、この「こなた」も近世前期を経て、近世後期の江戸語では、ほとんど敬意が感じられなくなった。そこで、今度は、新たに「あなた」が敬称の二人称代名詞に転用され、広く用いられるようになったのである。

しかし、ここで注目したいのは、「あなた」が近世後期の早い時期にすでに二人称代名詞として用いられるようになったのにも関わらず、「あなた」には、近世後期の江戸語でもかなり遅くまで、未だ三人称を指す用法と二人称を指す用法が併存していたということである。次が「三人称」を指す「あなた」の例である。

客二人あり。たばこ盆一面出す。きせる一本あり。一人の客、そのきせるをとり、吹いて見るに通らず。こよりをして吸口に通し、吹けどもまた通らず。側の一人、「そのきせる、早くよこしやれ」といふ。「ハテせわしない」と言ひながら、いろいろして通せど通らず。側の客腹をたち、「はやくよこしやれ」とひつたくりにかかる。「やれ、せわしない」と、わたさねば、亭主見かね、勝手のかたをのぞき、「コリや誰ぞ。あなたへも一本、通らぬきせるを持つて来てあげろ」。(『話稿鹿の子餅』喜勢留（明和九（一七七二）年刊）)

興味深いのはこのような「三人称」を指す「あなた」は、「二人称」から転用したものでもなく、「二人称」を指す「あなた」が「三人称」を指す用法から転用したとも考えられないことである。実際、『時代別国語大辞典・室町時代編』によって「あなた」の中世後期からの用法を検するに、

①Anatano cunino yoni gozaroto zozuru。
(アナタの国ノヤウニゴザラウト存ズル)(ロドリゲス『日本大文典』第二巻四四七頁)

②「是も参りにて候ぞ、あなたへ寄らせ給へ」（義経記三、弁慶義経に君臣の契約申事）

③「どん太郎殿は此十年以前に西国へおくだりやつてふみのおとずれもなし、あなたでつまをかたらうておりやると申ほどに」（狂言六義・鈍太郎）

のように、話し手を基準として、そこから遠く離れたところへの方向、または場所を指し示す用例がある一方で、次の三例のように、「ある物に隔てられた、その向う側を指し示す」用例もある。

④「山一つあなたまで同道してゆきたひが」（虎明本狂言・栗田口）

⑤「何事を夕の月におもふらん雲と山とのあなたなるさと」（竹林抄八）

⑥「但中御門、中山両人は障子之あなたに候、一献之時召出飲酒」（看聞日記永享七、八、廿四）

ここで例①〜⑥を通してみるに、これらの用法に一貫しているのは、話し手を中心として、ある境界を隔てた向こう側の、遠く離れた場所、方向という、話し手を中心に空間を二分する「自・他」の対立ではないかと考えられる。このような場所を指し示す指示詞であって見れば、それと人称体系との相関関係もいきおい「三人称」に直結するというよりは「一人称対非一人称」という枠組みに相応するものでなければならない。

そして、おそらく以上のような用法から派生したと思われるが、「あなた」が間接的な表現によって示される敬意を含んで、他の人や相手の人を指していることは、とりもなおさず二人称と三人称とが未分化のまま融合していた「非一人称」に対応していたものと考えられる。『日葡辞書』の「Anata（アナタ）、あちらの者、または、そちらの者」という記述に、「あちらの者」と「そちらの者」の両方が挙げられているのも正にこの間の消息を伝えているのではあるまいか。[21]

以上の考えはさらに次の『史記桃源抄』の「アナタ」の用例によって支持されるであろう。

原文　秦王恐其破璧、乃辭謝固請、召有司案圖、指從此以往十五都予趙。

召有——

サシ圖ヲ取出テ、ココカラソチヲマイラセウト云ソ。以往《アナタ》ハ以往《イクサキ》トモヨム。處ニヨリテヨムソ。（『史記桃源抄』廉藺列傳）

これは、藺相如が秦王に、和氏の壁と引き替えに十五の城の割譲を迫る場面であるが、地図の上で指さして、ここから向こう側、つまりここより外側一帯を趙に割譲するという意味である。因みに、これは中世後期だけでなく、中世前期の『延慶本平家物語』においても、「アナタ」がやはりある境界線を挟んだ向こう側の空間を指していたことは、以下の「アナタ」と「コナタ」の例に徴して明らかである。

彼蟬丸ハ延喜第四ノ皇子ニテオハシケル故ニ、此関ノアナタ（彼方）ヲバ四宮川原ト名タルトカヤ。東三条院石山へ御幸成テ、還御アリケルニ、関ノ清水ヲ過サセ給トテ、

アマタタビ行相坂ノ関水ヲ今日ヲ限ノ影ゾカナシキ

トアソバサレケル。（『延慶本平家物語』第六本・三十）

其上阿波讃岐ノ浦々嶋々ニ、四五十騎、七八十騎、百騎、二百騎ヅツ分置レラレテ候間、今日明日ハ勢モ候ワヌヨシ承候」ト申ケレバ、「サテハ吉隙ゴサ（ン）ナレ。屋嶋ヨリコナタ（此方）ニ平家ノ家人ハ無カ」。「此ヨリ一里計罷候テ、新八幡ト申宮候。其よりアナタ（彼方）、勝ノ宮ト申所ニ、阿波民部大夫ガ子息、田内左衛門成直ト申者ゾ、三千四騎ニテ陣ヲ取テ候也」ト申ケレバ、……（『延慶本平家物語』第六本・五）

中でも後の例の「コナタ」と「アナタ」はそれぞれある境界を挟んだこちら側と向こう側の空間を指していることは明らかである。

このように、「アナタ」がある境界を挟んだ向こう側を指すものとして用いられていた指示詞であってみれば、「アナタ」の関わる人称領域には、ひとり「三人称的な」領域だけでなく、「二人称的な領域」も含まれていることも自然の理であろう。それはやはり二人称だけでなく、いわゆる「三人称」をも含む「非一人称領域」と考えてよい。そして、「アナタ」が人称代名詞に転用された際も、同じくこうした「非一人称代名詞」として用いられたと考えられる。

そして、第三点については、近世後期においてはじめて指示副詞の「こう」、「そう」に新たに「ああ」の語形が加わった。この「〜う（あ）」形の指示副詞は性状、様子を表すものとして用いられているのは現代語と同じである。「こう」、「そう」と「ああ」については、たとえば、濱田敦「指示語ー朝鮮資料を手がかりに」（一九六六年）は次のように指摘している。

> この両語は、一応「対《つい》」であるにしても、その成立時期に遅速があり、従って、同じ文体の話し言葉における用法にも、多少の差異が存したのではないかと思われる。因みに、現代語において、「こう」「そう」と対立して、云わば遠称の指示副詞として用いられる「ああ」アーの成立した時期は、更に遅れる様で、朝鮮資料では、原刊、改修両捷解新語には一例も見出されない。そして、最もおそく、十八世紀も末期に成立したと考えられる隣語大方にはじめて、
>
> 二4ウ　本虚弱な人が不養生を被ましたによりあふあるそふにより
> 五16ウ　御自分方よふ云て聞せておふなひ様にさつしやれい
> 十11　取持心であふ申ましたれば却て悪智恵を出て
>
> の様な三例が見られる。（三五五頁）

因みに、「ああ」の成立時期は明確ではないが、「こう」、「そう」に比べて遅いことはほぼ間違いないようである。近世後期の小咄本で調べたところ、次の例のように、その用例は安永二（一七七三）年刊の小咄本に集中してあらわれているようである。

駕より出て能見堂にあがり、「さてもさても絶景じや。駕の者、あれ、あの筆捨松の見事、なるほど昔の金岡もああはかかれぬとて筆を捨てたも無理ではない」駕の者「わたくしどもは箱根が昇きにくうござります」。（『飛談語』金沢（宇津山人菖蒲房作、安永二年春刊））

息子、親父の前であぶらを取られているを友達に見られ、「おのしは親父の前で畳へ頭をこすりつけていたなあ。あのよふにあやまらずとよささふなものだ」「何も知らずばだまっていろ。アア頭を下げるとな、異見《いけん》が上を通る」。（『坐笑産』平伏（稲穂作、安永二年春刊））

八十ばかりの老人、腰は二重なつて杖つきながら行ば、「アレアレ杖つきの乃の字とは、よくゆ〔ママ〕つたもの、とんとじや」と、いふが耳に入、「すいさん千万な」と腰の物に手をかくれば、「アレアレ、ああする時は及《およぶ》といふ字だ」。（『今歳咄二篇』字、太保堂主人編、安永二年刊）

本稿の用いた小咄本七冊（武藤禎夫編『軽口本集』（岩波書店）、『小咄本集』（岩波書店）、『落語本集』（岩波書店）、宮尾しげを編『江戸小咄』１、２（平凡社）、興津要編『江戸小咄』（正・続）（講談社）、所収作品については、付録二「噺本書誌」を参照されたい）で調べた限り、近世後期江戸語では「ああ」の用例はこの三例をもって最も古いものとする。

一方、湯澤幸吉郎『徳川時代言語の研究』（一九八二年）は近世前期の上方語の例として次の二例を指摘している。

あいふ筈がある。（『百夜小町第二』上・五八）

ああして置くが氣遣ひさに……（『難波丸金鶏』天神お旅）

この二例のうち、「あ」の一例は貞享元（一六八四）年に成立した近松門左衛門の歌舞伎台本（高野辰之校訂『近松歌舞伎狂言集』上巻、六合館発行、昭和二年一〇月）にあらわれたものであるが、語形が「ああ」と違うため、一応さておくとして、「ああ」の一例は宝暦五年（一七五五）年に成立した若竹笛躬等作の浄瑠璃の用例である。もしこの「ああ」の例を最も古い用例とすることが許されれば、近世前期上方語においても最後の十数年にはじめて「ああ」の語形があらわれたことになる。そして、近世後期江戸語では、安永二（一七七三）年の小咄本に集中してあらわれていることを考え合わせると、「ああ」の成立時期もほぼ近世前期の後半、宝暦から安永にかけての数十年の間と見てよさそうである。[22]

そして、「ああ」の成立がもっと遅いということは、それまでの指示体系において、指示副詞の系列が「こう」と「そう」による二者対立を成していたということに他ならない。もし上代以前の指示体系が「こ・そ」の対立としてあったとすることができれば、その指示体系の名残は指示副詞の領域において近世前期と後期の交わる頃にまで続いていたということになる。つまり、この時期に、指示副詞の系列が「コ系」、「ソ系」、「ア系」の語形が出揃ったということは、そのまま指示体系の体系化がついに指示副詞の領域にまで及んだことを意味すると考えられる。そして、他ならぬ「三人称的な」ものを指す指示副詞の「ああ」がこの時期に成立したということは、おそらく中古語以降続いている、「ア系」指示詞の「三人称領域」への収斂と無関係ではなかろうと思われる。指示体系全体における三人称領域が成立する過程において指示副詞にも「三人称的な」領域が生まれつつあったのであろうと見ることができる。

以上見てきた、小咄本一五種における指示詞の意味と語形の対応を表にまとめると、表23のようになる。

この表23から「こなた」、「そなた」の人称代名詞に転用した例を除けば、もはや現代語指示詞の語形の体系とは何ら

表23　小咄本一五種における指示詞の語形と意味との対応

用法・用例	コ系	ソ系	ア系	カ系
物(人)	これ，こなた(人)	それ，そなた(人)	あれ，あなた(人)	
事　柄	こ(は)，これ	それ，そこ	あれ	
方　角	こち，こちら	そち，そちら	あち，あなた	かなた
場　所	ここ，これ	そこ	あそこ	かしこ
性　状	こう	そう	ああ	
指　定	この	その	あの	かの
様　子	こんな	そんな	あんな	

異なるところがない。近世後期の江戸語において指示詞の語形の整備は一応完成したと言ってよいようである。

(三)　近世後期の指示詞と人称との関係

近世後期の指示詞と人称との関係で最も注目されるのは、上代語から中古語、中世語、近世前期上方語にかけて引き続いて観察されていた、「二人称」に関わる「ア(カ)系」の用法がついに近世後期の幕末において「アノ」の用例が確認されたのを最後に文献からすべて姿を消してしまったことである。従って、近世語の指示体系は後期の江戸語において「ア系」の二人称に関わる用法の終焉を以て「ア系」の「三人称領域」にもっぱら関わるようになったのである。これによって、上代語以降、もっぱら話し手側を基準とする「一人称対非一人称」による主観的な指示体系から、聞き手に配慮した、より客観的な指示体系をめざすための体系化がここに至って大きく前進したことになる。「三人称領域」の成立である。

次に、噺本における「あの」の二人称に関わる用例を見てみたい。

> 或家より豆腐を買ふと、内より呼べど、聞かざりければ、下女はしり出で「是のふ豆腐、あの人は耳はないかの」と云へば、豆腐屋へらず口にて「耳は内にござります」。(『繪本輕口福笑ひ』(明和五(一七六八)年刊、京都・江戸))

この「あの人」は現代語なら独り言か、三人称を指すとでも解されるが、ここでは独り言でもなければ、誰かに向かって、第三者の人を指す言い方でもない。これが聞き手を指す言い方であることは、その挿し絵によって明らかである。しかも明和五年に京都・江戸において同時に開板された軽口本にこのような二人称を指す「あの」の例が存在することは、近世後期江戸語の成立を考える上でもきわめて興味深い事実である。このような「あの」は決して近世後期江戸語にだけ用いられるものではないと考えられるからである。

そして、『繪本輕口福笑ひ』に遅れること数年、今度は江戸で刊行された小咄本『和良井久佐』（安永三（一七七四）年刊）には次の例が観察されている。

「これ息子や、おれが悪事はいわぬ、ちつとしまりやれ、あのよふに親仁殿が夜ばりについでかせぎためる金、むしやうに遣すてるといふは、あんまり冥利が恐ろしい。そしていくらためても、未来へは持っていかれもせず、仕廻にはみんなこなたにやるのだ」といへば、息子「ナアニあのしわい親仁が」。（『和良井久佐』異見、安永三（一七七四）年刊）

この場合の「あの」はまさしく話し手側から見た相手を指すものであり、現代語なら「この」を用いるところであろうと思われる。そして、このような「あの」の用例における指示対象の指示の仕方も、聞き手に対する配慮よりも話し手の側から自分に近いか遠いかによって決められているのであろうと考えられる。

さらにこのような「あの」の例が、中古語にも見られる、二人称を「あの」で指す用法を受け継いだものであることは明らかである。してみれば、近世後期の最初の十数年間においても「ア系」指示詞の用法は依然話し手の領域とそれ以外という、話し手を中心とした指示法によっていることになる。指示詞の使用条件として聞き手に配慮することは、「ア系」指示詞に関して言えば、まだ十分に行われていないといえる。しかし、すでに「アレ」が中世末期の『天草本伊曾保物語』の例を最後に文献上確認されていないので、「ア系」指示詞の「三人称領域」への接近はすでに相当進んでいたと見て間違いないが、「ア系」指示詞全体についていえば、依然として「非一人称領域」に関わっていたといえる。指示体系における「三人称領域」がまだこの時期には成立していないと見る所以である。

ここで想起されたいのは、近世前期において確認された「あの」の二人称に関わる用例は『露休置土産・親子ともに大上戸』にあったことと、先の用例があらわれた『和良井久佐』（安永三（一七七四）年刊）は京都・江戸同時出版にかかるという事実である。近世語については、従来たとえば石垣謙二「助詞史研究の可能性」（一九四七年）のように、上方語と江戸語との間に、言語体系としての対立をめぐって色々の疑問が投げかけられてきたが、松村明『近代の国語――江戸から現代へ』（一九七七年）はとりわけ両言語の体系的な関連性に注目している。

それによれば、この両者の対立は、もともと地域的な差異によるものではあるが、江戸語の成立が時期的におくれること、つまり江戸時代のはじめから両者の対立が見られるものではなく、「江戸語は、この時代のはじめにはまだ成立しておらず、むしろ、この時代の半ばごろから後期へかけて、次第に、独自の言語体系のものとしてできあがっていく。その成立過程には、上方語も重要な要素として働いているのである」（七〇頁）という。そして、「江戸語の成立には、その一つの方向として、上方語要素の漸減という面が見られる」（七〇頁）ことを指摘している。してみれば、ここに見た二人称に関わる「あの」も江戸語の成立に伴って消え去ることを余儀なくされる数多くの上方語的な要素の一つであったのではないかと考えられる。

以下、江戸語と現代語との指示体系の関連性を示す現象を取り上げたい。

（四）知覚指示の「コ・ソ・ア」

まず、知覚対象指示の「コ系」指示詞について見ると、「コ系」には次のように話し手と聞き手の両方にとって「近」である指示対象を指す用法がある。

浪人、あんまを呼んで揉せながら四方山のはなし。

「こなたは宿は何処ぢや」

「ハイ神田の八丁堀」

「ソレハ遠方、この寒いに夜も更けたから、いとしや遠所を帰ろふよりは、此処に泊らつしやい」

「ソレハ近頃ありがたふ御座ります」

(『今歳咄二篇』あんま)


この例の「この」と「此処」はおそらく談話の「いま・ここ」に直結するものと理解して間違いない。これは上代語以降ずっと観察される用法である。そして、「コ系」と「ソ系」指示詞は、次の例のようにそれぞれ空間的に話し手に近い知覚対象と、空間的に聞き手に近い知覚対象を指示する用法を持っているのである。これも中古語から引き続き観察されているところであるが、やはり、近世後期の江戸語においてより明瞭に観察されるのが特徴である。

客の三徳から、鍵袋が出たを、禿が取つて、「いかひこと鎰がありんす。この鎰をおくれ」「それは十種香箱の鎰でやられぬ」「そんならこれをおくれ」「それは哥書箪笥の鎰でやられぬ」「そんならこれをおくれ」「それをやると内へはいられぬ」。(『飛談語』鍵袋)

ここでは、鍵袋が禿の手にあるから、その中の鍵を「この鎰」と言ったり、「これ」と言ったりして指示しているのに対して、客の方はそれをいちいち「それ」で指している。知覚指示においてこのように「コ系」と「ソ系」の交替を可能にしているのは、何よりも「コ系」が「一人称領域」に、「ソ系」が「二人称領域」に関わるという人称との対応関係ではないかと考えられる。近世後期の江戸語においては「ソ系」指示詞がいっそう「二人称領域」に接近したものと考えられる。

そして、「それ」と同様、知覚指示の「そこ」にも、次の例の①のように、相手のいる場所を指しているのである。

両替町を、母乞食が先にたつて、「坊主早く来い。①そこに何を見て居る」。天秤を扣くに見入りて、「おれはあれが面白い」母乞食「おもしろくば、②そこの子に、くれるぞよ」。（『飛談語』天秤）

この例の「①そこ」は、現代語でもたとえば「そこの君」のように現場の知覚対象を指す「そこ」の「二人称領域」に関わる言い方として観察されるところであるが、江戸語においてすでに頻繁に観察されるものである。そして、「②そこの子」については、子乞食が「天秤を扣く」場面を「あれ」で指しているのに対し、「天秤を扣く」子のいる空間を「そこ」で指しているのである。これによって「天秤を扣く子」と、それを見ている子乞食と母乞食の位置関係を推測すると、おそらく「天秤を扣く子」とそれを見る子との間の距離の方が、母乞食とそれを見る子との間の距離よりも近いと思われる。仮にそうだとすれば、これは子乞食に空間的に近い場所を指していると解される。

以上見てきたのは、話し手と聞き手との対立関係に対応する「コ・ソ」の用法であるが、一方、次の例はどうであろうか。これは、明和二（一七六五）年に京都で出版された軽口本『軽口独狂言』（作者不明）の例である。

「この浜の猟師は、二十八日ごとに、祖師の御命日じやといふて猟をせぬ。すなはち、けふは二十八日。なんと蛤、栄螺、鮑、ちと浜辺へ出て遊ばふではあるまいか」「それはよかろ。ヤア、そこへくるは猟師じやないか」「ほんにそうじや。皆のもの、ちやつと首をひつこめ」「もふ猟師は去んだそふな。もうよいぞ」「おつと合点。ヤアもふ錦の市へ来た。悲しや」。（『軽口独狂言』錦の店）

これは、話し手と聞き手の双方から少し離れた場所を指している例であり、現代語の次のような例に通じることは明らかである。

〈タクシーの客が運転手にいう場合〉

「すみません、そこの角を右に曲がってください。」（金水・田窪一九九〇年論文より）

これは、第一章と第二章において取り上げた、いわゆる「中称」の「ソ」の知覚対象指示の例である。この場合、強いて言えば「そこ」の指示対象は「三人称的な」場所を指しているとも言えようが、「ソ系」指示詞全体については、やはり「非一人称」に関わっていると見るべきではないかと考える。そして、話し手と聞き手との関係については、まさに話し手と聞き手が一種の無色透明な「中立関係」に相当するといえる。これは話し手と聞き手の「非中立関係」の「コ・ア」と「コ・ソ」との「中心」に位置する、中性な関係である。

ただ今のところ、近世後期江戸語の資料の中から、『軽口独狂言』（錦の店）の「そこ」そっくりそのままの用例は観察されていないが、近世前期と後期の境目に当たる明和二年に京都において出版された軽口本の中にそれがあること、現代語においても引き続きそれが観察されているということを考えれば、近世後期の江戸語にもそれが使われていたのであろうと考えられる。そして、おそらくこうした「そこ」の用例を前提としていると思われるが、「そこ」には距離的に近いという意味があることも、たとえば次の江戸語の例によって明らかである。

女の子供は、ちよつとよつても口まめ。「おまへのとつ様は、毎日くるまを引いてどこへ行くのだ。ちかいところへばかりへか」「いへいへ遠くへも行きやす」「それでもそれ、そこだそこだといわつしやるではないか」「何さ、あれは車をだますのさ」。（『茶のこもち』大八車）

知覚指示の「そこ」には距離的に「近」であるという意味があるのに対して、知覚指示の「あそこ」は話し手と聞き手からともに「遠」である場所を指すもののようである。

剣術の師匠、「すへ切といふ手の内をして見せん」といへば、弟子ども、「これは先生拝見いたしたい」「成ほど成ほど、しからば明日、人ごみのところへいつてから、往来のものいづれにても、御望みしだいすへ切にして見せ申さん」と弟子ども同道して、人どをりへ出て待つて居て、「アレあそこへ来た男を切つて見せふ」と、先生立向ふて抜くぞと見へしが、刀を鞘へ何事もなし。弟子どもいかがと思ふ内に、おとこ七八軒あゆみしが、首は前へころり。あとから、「モシモシ首が落ちました」。（『聞上手』すへ切）

そして、「ア系」指示詞には、たとえば次の例のように、話し手と聞き手の両方から遠くにある知覚対象を「あれ」、「あの」、「ああ」で指す用法が多数観察される。

駕より出て能見堂にあがり、「さてもさても絶景じや。駕の者、あれ、あの筆捨松の見事、なるほど昔の金岡もあはかかれぬとて筆を捨てたも無理ではない」駕の者「わたくしどもは箱根が舁きにくうござります」。（『飛談語』金沢）

一方、「あれ」のような指示対象をめぐる話し手と聞き手との同じような空間的な配置においても、「それ」が用いられる用例も実際に見られる。

「これ、あのむかふのすみにある、せいの高い木は、何ンだ」「アレカ。あれは桐の木さ」「何になる木だ」「あれは十九文の下駄になる木だ」「ウウソレヨ。こちらのはやなぎだの。あれは何になる木だの」「ソレサ楊枝にする木さ」「ヲヲ楊枝になる楊枝になる。下のはなの咲いている木は何ンといふ木だ」「アレハじんてう木」「ムムあれがそろ

ばんになる木だの」。（『再成餅』じんてう木）

話し手と聞き手からほぼ同じ距離にある知覚対象を「あそこ」と言ったり、「そこ」と言ったりすることは、現代語でも見られるところであるが、ここで注目したいのは、「ソレ」と「あれ」が交代して使われていることである。しかも、ここの「ソレ」はその場面的な状況から判断しておそらく話し手と聞き手からともに遠くにある現場の知覚対象を指し示しているのである。そして、これが現代語の次の例に通じることは明らかである。

＜小弥太が姫を背負って走っている場面での対話＞

「どれが葦？」と姫の指先が小弥太の肩をくすぐったく揉んでいるように感じられた。

「それ、沼のホトリにやたらゆすれているヤツでさあ」（檀一雄『光る道』）

この例と『再成餅』（じんてう木）の「ソレ」を比べてみると、両者はそれぞれ話し手と聞き手から少し離れたところにある知覚対象を照応する場合と、それを同じく知覚対象として提示する場合に対応していることが分かる。

現代語においては、「中立関係」の「ソ」には、「そこ」が多く用いられるが、「それ」の例は概して珍しく、しかも「ソレ行け！」、「ソレ見ろ！」のように、「ソレ」が著しく感嘆詞に傾いているのに対し、近世後期の江戸語の「ソレ」にはまだ「三人称的な」指示対象を指し示す用法が残存していることが興味深い。

ともあれ、近世後期の江戸語においては、全体的に「三人称的な」指示対象を指す「ソ系」の用法は「ア系」のような純正な三人称ではなく、性格的にはやはり「非一人称」という大枠の中に止まっていることは言える。そして、この例において「それ」よりも「あれ」が主に用いられているのも、話し手と聞き手からともに遠くにある知覚対象を指すのに、より「ア系」が用いられやすいことを物語っていると言えよう。「ア系」指示詞の三人称への接近を窺わせる一例である。

そして、「こちら」と「あちら」の知覚指示の用法は、次の例のように独り言にも用いられる。

よく火をいぢる人あり。亭主考へて、「今度からあの人がきたら、火鉢に火箸を付けずに出せ」と言ひ付けて置きける。あるとき、かの客来りければ、女房心得て、火ばしをかくして、火鉢ばかりいだしけるに、しばらく咄す内に、この客人、火鉢を見つめて口の内で、何やらつぶやくゆへ、亭主、耳をすまして聞くに、「この火をあちらへ、あの火をこちらへ」。（『聞上手二篇』ひいぢり）

この例のように、「ア系」指示詞が独り言に用いられる場合、その指示の仕方が著しく主観的なものに見えるのは、現代語も江戸語も同じである。しかし、これは聞き手を排除した（金水・田窪（一九九〇）など）のでもなければ、聞き手が介在していない（濱田敦（一九六六）、渡辺実（一九九六）など）というわけでもない。まさに聞き手の視点を話し手に同一化させた、あるいは内在化させたものである限りにおいて許される表現と言わなければならない。[23]

してみれば、江戸語においてこうした用例が観察されるのは決して偶然に過ぎるものではなく、指示体系において「ア系」の「三人称領域」が成立するに伴って、起こるべくして起こったものと言える。

（五）観念指示の「コ・ソ・ア」

次に観念指示の「コ・ソ・ア」を見るが、先ず次の例をみよう。

「わしは歌まくら修行して国々をめぐり、名所旧跡、どこでも問ふて見さつしやい。しらぬところはない」「それはうら山しい。そんなら問ひませう。まづ嵯峨とやらは、どんなところでござる」「嵯峨といふては、みやこ第一の風景。大井川とて石の流れる川もあり、向ふは金谷、こちらは島田、鱠の名所でござる」「八つ橋のかきつばたは」「それは業平の昼めし食はれたところ、花の時分は、いやはや、見事なことさ」「よし沢のあやめは」「沢中一面のあやめ、どうもいわれたところじやござらぬ」「松島の茂平治は」「これがまた大きな禅寺じや」。（『話稿鹿の子餅』名所知）

この例に用いられている「コ・ソ」は先行文脈にあらわれた指示対象を承ける観念指示の用法であるが、「コ」が「一人称的なもの」、つまり話し手が優位に関わっている指示対象を指すのに対して、「ソ」は「二人称」つまり聞き手が優位に関わっているというよりも、話し手が聞き手ほど優位に関わっていないという意味での、「中立関係」つまり非一人称的なものを指示する。これは現代語の観念指示の「こ・そ」についても同じく言えることである。そして、江戸語の「ア」にはたとえば次の例のように一見先行文脈にあらわれた指示対象を指すと思われる例も見える。

「大屋さん、アノ御即位といふは、何のことでござりますの」「ヲヲあれは、禁裏様のお位におつきなさることじや」「ハテノそして禁裏様の御手に持つてござる木でしたものは何じやいの」といへば、家主しばらくかんがへて、「アレハ御即位をおすへらさ」。（『聞上手』御即位）

この例の「アノ御即位」は談話以前の経験領域より導入されたものであり、それは話し手だけでなく、聞き手も熟知していると予想される観念領域、つまり談話以前の経験領域に属するものである。そして、後に続く「あれ」も、「アノ御即位」を承けているのではなく、同じく「談話以前の経験領域」に関わるものであることに変わりない。現代語の「ア系」と同じく、江戸語にもいわゆる「文脈指示」の用法を認めるべきではないと考える。

しかし、次の例のように、聞き手が必ずしも知らないもの、つまり話し手と聞き手との間に必ずしも知識や情報の共有関係がなくても、「あの」が用いられるようである。

恵美寿どの、弁天へ行き、「昨夜はさぞ御さわぎでござらふ」「何でへ」「火事でさ」「いへいへわたしはぞんじませぬ」「あの火事をしらぬとはきつい寝よふ」「ヌヱなるほどゆふべは琵琶をたんじて居やしたが、梯子よ、水よ、といふ声がしやしたが、わたしや福禄さんの月代かと思ひやした」。（『一のもり』火事見舞）

これは現代語にも見られる用例であるが、「あの火事」についてはたとえ聞き手がまったく知らなくても、それが談話の行われている「いま・ここ」から見れば「遠」に属する対象であることに変わりない。これが観念指示の「ア系」の必要十分条件である。そして、ここにおいては、聞き手の視点が話し手によって融合・一体化されていることは先に指摘した通りである。

ちなみに、江戸語では「その昔」のように、指示対象の不完全な同定可能性を示す「その」の用法も見られる。

乞食、茶屋にて滴酒を面桶に一盃もらひ来り、道端にすはり、前に置き、飲まんとせしが、その昔捻上戸ゆへ、ひとり飲んでは旨からず、案じ居るところを奴の供帰りを見付けて、「モシ奴さま、お願いがござります」「なんだ」「私、その昔は、大の捻上戸でござります。只今この酒をぐつと給ては旨からず。憚りながら「それくらへ」とおつしやつてくださりませ」「それをのめ」乞食「これをたべまするると御座にたまられませぬ」「はてぐつとのめ」乞食「それは御無理でござります。先刻の一盃さへやうやうたべました。もうごめんなさりませ」「そんなら此方《こつち》へよこせ」。（『興話飛談語』滴酒）

この「その昔」はただの「昔」よりはやはりそう遠くない、つまり多分に「近」という意味あいがあるようである。しかも、名詞として抽象性の高い「昔」よりも、「その昔」の方が幾分特定されているように考えられる。

これまで見てきたことをまとめると、次のようになる。

江戸語においては、知覚指示において「コ・ソ」は「話し手が優位に関わるもの」と「聞き手が優位に関わるもの」という対立をなしている用例がある一方で、「そこ」と「それ」には話し手と聞き手からもさほど遠くないものまたは場所を指す用法がある。これは現代語と同じである。

一方、観念指示の「ソ系」と「ア系」が現代語同様、それぞれ談話内の観念対象と、談話以前の観念対象に対応していることは、上代語では、「ソ系」がすべての観念対象を指していたのと比べれば、その用法は大きく局限されることになったと言える。それに対して、「ア系」が話し手と聞き手の双方から時間的に過去の観念対象を指すように用いられるようになったことは、知覚指示と同様、「ア系」指示詞の関わる人称領域が著しく「三人称領域」に収斂されてきたことと軌を一にする。

もし上代以降の指示体系が、話し手を中心として「自・他」の区別を基本とする主観的な指示法から、聞き手の視点を参照し、指示対象をめぐる話し手と聞き手との相関関係によって対象を指し示すという、より客観的な指示法への転換を目指して体系化が進んできたのだとすれば、その体系化は、近世後期の江戸語において現代語と同じ到達地点に達したと見てよさそうである。

第六節　指示体系の史的変化

第一項　指示体系の記述的枠組み

佐久間鼎（一九三六）が、「いはゆる近稱・中稱・遠稱の差別は、この自稱・對稱・他稱といふ、會話における對立關係に對して、内面的な交渉をもつものだ」（五五頁、ゴチックは原文）として、現代日本語の「コ・ソ・ア」がそれぞれ一人称・二人称・三人称に対応することをはじめて論じて以来、さらに井手至（一九五二a）と渡辺実（一九五二）による敷衍と精密化を経て、「コ・ソ・ア」と三つの人称との対応関係に関する佐久間仮説は広く認められるところとなった。

しかし、これがかなり理想化したモデルであることは、これまで第二章と第三章の各節において明らかにしてきたところである。佐久間鼎のこの理想化モデルに対して、これまで様々な立場から異論が唱えられてきたが、これらの先行研究をふまえて本書の第二章では、指示詞の機能を次のように三つの層に分けて考えることを提案し、談話における「コ・ソ・ア」の選択関係を考察した。

一、指示詞と人称との相関関係を、指示詞と指示対象をめぐる話し手と聞き手との関係に即して捉え、指示対象に対して話し手と聞き手のどちらかが優位に関わっている場合と、そのどちらも優位に関わっていない場合とをそれぞれ「非対等関係」と「対等関係」とした。そして、指示対象をめぐる話し手と聞き手の関係にお

表24　現代語の指示詞と人称との対応関係

人称	一人称	二人称	三人称	非一人称
機能	知覚指示・観念指示	知覚指示・観念指示	知覚指示・観念指示	知覚指示・観念指示
コ系	＋			
ソ系		＋		＋
ア系			＋	

いて、話し手が、聞き手の視点をどのように参照するかによって、聞き手の視点を積極的に参照する「対立関係」、聞き手の視点を融合・一体化する「融合関係」、そして聞き手の視点を単に中立的に外在させる「中立関係」に分けた。これらの関係を表すのが指示機能の第一の層である。

二、第二の層としては、指示詞の機能が聞き手と話し手による指示対象の了解の仕方に対応するとして、指示対象の了解の仕方が知覚的かまたは観念的かによって、指示機能を「知覚指示」と「観念指示」に分けた。

三、第三の層としては、指示詞が用いられる時点において、指示対象が聞き手にとって了解済みか否かによって、指示機能を「照応機能」と「提示機能」に分けた。

そして、これら三つの層における「コ・ソ・ア」の使い方の全体が「コ・ソ・ア」の選択関係である。

ここで、「コ・ソ・ア」の選択関係と人称との対応関係を表に示すと、表24のようになる（＋は両者の相関関係を示す）。

表24で注目すべきは、「ソ系」が「二人称領域」(「対立関係」の「ソ」)だけでなく、「非一人称領域」(「中立関係」の「ソ」)にも関わっていることである。

以上が第二章で得た結論の大体であるが、本節は、第三章のこれまでの各節で見てきたことをふまえて、指示体系の史的変化をもう一度整理したい。

第二項　指示体系の史的展開

（一）上代以前の指示体系 ―「知覚指示対観念指示」

上代以前の指示体系については、それを知る直接的な文献がないため、上代語の指示体系に残存している上代以前の指示体系の名残と思われる指示詞の用法によって仮構するしかない。その際、まず次のような点が参考になろう。

一、『万葉集』の全用例の中で、「ここ」（全四四例）は場所を指す用法（三九例）に、「そこ」（全二九例）は事柄を指す用法（二三例）にそれぞれ偏っていること。

二、上代語指示詞の基本形「ソ」には場所を指す用法がなく、「そこ」には知覚指示の用例がないこと。

三、上代語の「これ」のほとんどすべての用例が現前の物的対象を指すのに対して、「それ」のほとんどの用例が先行文脈にあらわれた物的対象を指すのに用いられていること。

四、「コ系」と「ソ系」に比べて、「カ系」の用例が極端に少なく、しかも「記紀歌謡」にはなく、『万葉集』に集中していること。そして、「カ」が「コ」の母音交替による分化であると考えられ、発生的に「コ系」と「ソ系」に遅れること。

以上の四点に基づいて、結論的にはおよそ次のようなことが言える。

上代語以前の指示体系（具体的な年代を特定することはできないが、上代語の「コ・ソ・カ」の指示体系に到達するまでの指示体系という意味で理解されたい）は「コ・ソ」の語形対立をなしていたと考えられる。その際、「コ」は話し手が親しく経験する知覚対象を指示し、「ソ」は話し手が直接に経験しえない観念対象を指示していたと推定される。そして、この段階においては、知覚対象の空間的遠近や観念対象の時間的遠近による指示詞の使い分けはまだ行われていなかったと考えられる。従って、談話の「いま」に関わる観念対象と談話より「以前」に属する観念対象との区別も、「一人称対非一人称」の人称対立も、まだ指示詞の使用条件として用いられていなかったのではないかと考えられる。この場合「知覚指示」と「観念指示」には、時間的・空間的「遠（非近）・近」の意味を持たず、もっぱら話し手の経験の仕方が関与したと考えられる。「直接的経験」（「知覚指示」）と「間接的経験」（「観念指示」）の対立でもある。

因みに、ここに言うところの「非近」が必ずしも「遠」に等しくないことに留意する必要があろう。時間的にも空間的にも「近」にあい対するものはやはり「非近」でなければならない。「遠」はまず「非近」に含まれるが、やがて「非近」から分離されると考えられる。

このような上代以前の指示体系の名残を示すものとしては次の「この」の用例が挙げられる。

これやこの（是能）大和にしては我が恋ふる紀路にありといふ名に負ふ背の山（万葉集・三五）

これは、現代語なら「あの」を用いるところであるが、ここで「この」を用いるのは、何よりも話し手の経験に属するものであれば、現前する知覚対象でも、現前しない過去の経験領域に属する観念対象でも、同じく話し手の直接的経験領域に属するものとして指示しているためだと考えられる。そして上代語ではこれは早くも「これやこの」という定型表現に固まっていたのである。

そして、観念対象を指す「ソノ」は、次のように、時間的に「非近（遠）」に属する観念対象と談話内の観念対象の両方を指していたのである。

ぬばたまのその（其）夜の梅をた忘れて折らず来にけり思ひしものを（万葉集・三九二）

三九二番歌の「その夜」は時間的に「非近（遠）」に属する観念対象であるが、次の二例の「その」は、むしろ先行する表現を承けるものであり、談話内の観念対象を指しているのである。

富士の嶺に降り置ける雪は六月の十五日に消ぬればその（其）夜降りけり（万葉集・三二〇）

ほととぎすなかる国にも行きてしかその（其）鳴く声を聞けば苦しも（万葉集・一四六七）

三二〇番歌の「その」は「六月の十五日」を、一四六七番歌の「その」は先行する「ほととぎす」を指していると考えられる。

（二）上代語の指示体系 ―「一人称対非一人称」

前項で見てきたように、上代語以前の指示体系が未だ知覚対象に対しても、観念対象に対しても「遠（非近）・近」の区別を知らなかったのに対して、上代語では、すでに「をちこち」が知覚対象の「遠（非近）・近」に対応し、「コ」の知覚対象「近」に対して、「カ」がその反対の極として「非近（遠）」を指すために分化したと考えられる。これは、知覚対象である現場の空間がようやく「非近（遠）・近」によって分割されはじめたことを意味する。そして、これはただ空間に止まらず、時間的遠近による観念対象の区別をも意味するものであった。かくして、指示表現が細分化され、「近・非近（遠）」によって体系化が行われた結果、談話の「いま・ここ」が析出されたと考えられる。知覚指示には、談話の「いま・ここ」に現前するもののうち、話し手にとって「近」であるものと、「非近（遠）」との区別が生まれ、観念指示にも、談話内の観念対象という談話の「いま・ここ」にとって「近」であるものと、「非近（遠）」であるものとの違いを知ることとなる。ここにおいてはじめて指示詞と人称との関連が可能になるのである。

しかし、ここで、「をちこち」といい、「コ・カ」の対立といい、ともに話し手を中心として話し手にとって近か非近かによる二分割であることに留意しなければならない。ここでは、もっぱら話し手の視点によって、話し手に近い領域とそれ以外という、二つの人称領域が分割されている。「一人称対非一人称」の人称対立である。

ここで、上代語の指示詞と人称との関係を考えると、以下の二点を特に注目すべきである。

一、「コ系」には二人称や三人称の深く関わっている指示対象を指す用例がないこと。

二、「ソ系」と「カ系」には一人称の深く関わっている指示対象を指し示す用例がなく、ともに二人称的な対象と「三人称的な」対象を指す用法が共存していること。

ここで注意しなければならないのは、「ソ系」と「カ系」にはともに二人称的な指示対象と「三人称的な」指示対象を指す用法が共存している、という言い方自体、あくまで上代語の指示詞に人称が如何に関わっていたかを整理するための一種の便宜に過ぎないことである。実際のところ、上代語の指示体系においては、おそらく「二人称領域」と「三人称領域」とはすでに別々に成立し、「カ系」と「ソ系」が両者に関わっていたというのではなく、「二人称領域」と「三人称領域」はあくまでもまだ未分化のまま融合していたと言った方が適切であろう。「一人称」に対するところの「非一人称」である。[24]

そして、上代語の指示詞と人称との関係について、もし「コ系」が話し手の深く関わっている現前の知覚対象を指示すると規定すれば、「コ系」に対する「カ系」も、「コ系」に対する「ソ系」も、一人称の深く関わらない知覚対象または観念対象、つまり非一人称的な指示対象を指すことになる。換言すれば、上代語における指示詞と人称との関わり方は「一人称」に関わる「コ系」と「非一人称」の「ソ・カ」との対立をなしていたのである。

かくして上代以前の指示体系における、話し手の経験の仕方としての「直接的経験」と「間接的経験」との対立に基づく「知覚指示」と「観念指示」は、上代語で「コ」から「カ」が分化することによって、空間的・時間的な意味が付与され、談話の「いま・ここ」に現前するものと現前しないものにそれぞれ「知覚指示」と「観念指示」が対応することになる。そしてこの「知覚指示」と「観念指示」にもそれぞれ空間的・時間的「近・非近」の対立が生まれる。「コ」が談話の「いま・ここ」に現前する「近」の知覚対象を指示するのに対し、「カ」は談話の「いま・ここ」から見て空間的に「非近」の知覚対象と、談話の「いま・ここ」に現前しない時間的に「非近」の観念対象を指すのである。そして、次の例のように、上代語では「カ」ははやくも談話の「いま・ここ」に現前しない観念対象を指す用法において、「ソ」の領域を侵しつつあったのである。

かの（可能）児ろと寝ずやなりなむはだすすき宇良野の山に月片寄るも（万葉集・三五六五）

全体的に、上代語の指示体系は、「知覚指示」と「観念指示」はようやく「コ」と「ソ」の大勢において認められる程度に止まり、「コ」に対する「ソ・カ」において「一人称対非一人称」の対立が認められるのも「知覚指示対観念指示」の指示体系から、「一人称非一人称」の指示体系への過渡的な様相として理解することができよう。文献で確認される限りの指示体系と人称体系との相関関係の始まりである。

（三）中古語から近世前期までの指示体系――「一人称対非一人称」

前項で見てきたように、上代語の指示体系は、「一人称対非一人称」の人称対立に対応していた。そして、「非一人称」の「カ」にはすでに談話の「いま・ここ」から見て「非近」の知覚対象と観念対象を指す用法があったのに対し、「ソ」は依然としてもっぱら「非一人称」の「観念対象」を指し、知覚対象を指す用法は知らなかった。対して、中古語の指示体系では、次の例のように「そこ」の知覚指示の用例がはっきり確認される。

うちわたす遠方人にもの申すわれそのそこに白く咲けるは何の花ぞも（二人称）（古今集・一〇〇七）

碁打ちはてて結さすわたり、心とげに見えてきはきはとさうどけば、奥の人はいと静かにのどめて、「待ちたまへや。そこは持にこそあらめ、このわたりの劫をこそ」など言へど、……（二人称）（『源氏物語』空蝉）

古今集一〇〇七番歌の「そこ」は相手に近い場所を指すと考えてよく、源氏物語の例は碁盤の上で、相手がさそうとする場所、つまり聞き手がより優位に関わっている空間と考えられる。二例とも二人称に関わる現場の場所を対象として指す例である。

一方、次の例のように「カ系」は上代語同様三人称にも二人称にも関わっていた。

衣のすそ、裳などは、御簾の外にみなおしいだされたれば、殿、端の方より御覧じいだして、「あれ、誰そや。かの御簾の間より見ゆるは」ととがめさせ給ふに、「少納言がものゆかしがりて侍るならん」と申させ給へば、「あなはづかし。かれはふるき得意を。いとにくさげなるむすめども持たりともこそ見侍れ。」などのたまふ、御けしきいとしたり顔なり。（三人称）（『枕草子』一〇四）

「をちかた人にもの申す」と、ひとりごちたまふを、御随身ついゐて、「かの白く咲けるをなむ、夕顔と申しはべる。」と、申す。（三人称）（『源氏物語』夕顔）

まづ咳を先にたてて、「かれは誰ぞ。何人ぞ」と問ふ。名のりして、「侍従の君と聞こえし人に対面たまはらむ」と言ふ。（二人称）（『源氏物語』蓬生）

そして、「カ系」と同じように、「ア系」も三人称と二人称の両方に関わっていたことはたとえば次の例によって明らかである。

山の高きより落つる瀧の、傘の柄さしたるやうにて、岩の上におちかかりてわきかへるしもに、ヲかしげなる五葉の小松、紅葉の木、薄ども濡れたるにしたがひて動く、いとおもしろきを御覧じて、……

宮内卿、年七十なる「哀、昔を思ひいで侍れば、あの岩のもとの松の木は、かの山に侍リしを、子の日におはしまして、引き植ヱ侍リしぞかし」と奏し給フ。（三人称）（『宇津保物語』樓上・下）

御簾をおし擧げて、「あのをのこ、こち寄れ」と召しければ、かしこまりて勾欄のつらに参りたりければ、……（二人称）（『更級日記』竹芝寺）

衣のすそ、裳などは、御簾の外にみなおしいだされたれば、殿、端の方より御覧じいだして、「あれ、誰そや。かの御簾の間より見ゆるは」ととがめさせ給ふに、「少納言がものゆかしがりて侍るならん」と申させ給へば、「あなはづかし。かれはふるき得意を。いとにくさげなるむすめども持たりともこそ見侍れ。」などのたまふ、御けしきいとしたり顔なり。（三人称）（『枕草子』一〇四）

戸をやをら押し開くるに、老いたる御達の声にて、「あれは誰ぞ」と、おどろおどろしく問ふ。わづらはしくて、「まろぞ」と答ふ。（二人称）（『源氏物語』空蟬）

因みに、管見の限り、二人称に関わる「かれ」と「あれ」の用例の下限はそれぞれ『曾我物語』と『天草本伊曾保物語』のようである。

ある夕暮に、花園山を見ていりければ、折節、若君、乳母にいだかれ、前栽にあそびたまふ。祐親、これを見て、「かれは誰ぞ」ととひけれども、返事にもおよばず、にげにけり。（二人称）（『曾我物語』巻二・若君の御事）

「たそ」と尋ぬれば、女房「これは死人に物を食はする者ぞ」と言へば、又中から「酒が無うては食物ばかりはさのみ望ましうもない」と答へたところで、女房このことを聞いて、力を落いて、「まだあれは酒のことを忘れぬか？さては我が手段も無益になつた」と歎いた。（二人称）（『天草本伊曾保物語』女人と酒を飲む夫の事（文禄二（一五九三）年））

そして、『大蔵虎明本狂言集』の「あれ」三一八例中、二人称代名詞に用いられた一四例がすべて「あれに」の形で用いられ、二人称を指す「あれ」がすでに定形化しているように、中古語から中世語にかけて二人称に関わる「ア系」の用例は次第に減少していったものと考えられる。そうした中で、二人称の「あの」だけは中世語と近世前期を経てさらに近世後期にかけて見られる。

十郎蔵人ハ内ニ居タリケルガ、是ヲ見テ、「アノ僧、ヤレ、其ハアラヌ者ゾ。行家ヲ尋ヌルカ。行家ハ爰ニ有ゾ。返レ返レ」トイワレケレバ、昌命声ニ付テ馳帰ル。（『延慶本平家物語』第六末・廿二）

藏人「あの僧。や、それはあらぬぞ。行家はこゝにあり」との給へば、……(『龍大本平家物語』泊瀬六代)

さる親仁、酒に酔ふて帰り、息子を呼びけれども、内に居ず。「はてさて、出歩きをつて、にくいやつめ」といふところへ息子も殊の外酔ふて帰る。親仁見て、「やい、たわけ者、どこでそのやうに大酒をくらふた。おのれがやうな者に、この家はやられぬ」息子聞き、「これ親仁、やかましうおつしやんな。このやうに、くるくると廻る家は、貰はいでも大事ない」。親仁も舌をもつらかして、「あのうんつくめ。おのれがつらは二つに見ゆるは」。存の外な飲みやう。(二人称)(『露休置土産』親子共に大上戸(宝永四(一七〇七)年刊)

或家より豆腐を買ふと、内より呼べど、聞かざりければ、下女はしり出で「是のふ豆腐、あの人は耳はないかの」と云へば、豆腐屋へらず口にて「耳は内にござります」。(二人称)(『繪本輕口福笑ひ』(明和五(一七六八)年刊)

「これ息子や、おれが悪事はいわぬ、ちつとしまりやれ、あのよふに親仁殿が夜ばりについでかせぎためる金、むしやうに遣すてるといふは、あんまり冥利が恐ろしい。そしていくらためても、未来へは持っていかれもせず、仕廻にはみんなこなたにやるのだ」といへば、息子「ナアニあのしわい親仁が」。(二人称)(『和良井久佐』異見(安永三(一七七四)年刊)

ばば「インネ馬士じやアおざんない。となりのかごやの子でおざるハ」弥二「ハアそふか。コウあの子、團子がふたつあまつた。ソレくいな」かごやこ「うらアやアだ」(三人称)(『東海道中膝栗毛』二編、享和二(一八〇二)年〜文政五(一八二二)年刊)

このように、近世後期の江戸語では二人称に関わる「あの」の例は依然見られるが、それよりも多用されるのは次のような三人称に関わる例である。

北「ほんに橋といやア、たしか其はしの向ふだつけ、いきな女房のある、茶屋があつたつけ」弥「ソレソレ去年おらが山へいつた時とまつた内だ。アノかかアは江戸ものよ」北「どふりで氣がきいていらア」。（三人称）（『東海道中膝栗毛』初編）

管見の限り、『東海道中膝栗毛』において二人称を指す「あの」と三人称を指す「あの」が同時に見られたのを最後に、二人称を指す「あの」の用例が見られなくなり、「ア系」はついに専ら三人称に関わるようになったようである。

一方、「ア系」の中でもともと非一人称として使われていた「あなた」は次の二例のように、近世前期に二人称の用法を持つに至り、近世後期の遅くまで二人称と三人称とが共存することになった。

「あなたにさう思し召さば、あなた次第よ、おれが心にそつとも如在がないものを」（二人称）（『沢庵書簡』寛永一五（一六三八）年、大野晋他編『岩波古語辞典』より）

智清「惣さん、此のお嬢が今お咄し申した、山の宿のお絹さんのお妹嬢で、お組と被仰るのさ。アノお組さん、此方《あなた》は三崎町にお在での、惣さんといふ好男子さ。餘程彦三郎に似てお在でぢやアないか。オホホホホ。」と、紹介はされて惣次郎も、お組も左右の詞もなく、唯両人「お初に。」と、言つたるのみ。（三人称）（『春色江戸紫』（元治元（一八六四）年））

このように、「ア系」の中で三人称に関わる「あなた」の用例はさらに遅く幕末まで生き延びたが、ここでは三人称の「あなた」の存在を指摘するに止め、上代から近世前期にかけて、「カ（ア）系」の二人称に関わる用例が次第に減少する一途をたどり、ついに文献から消えてしまったという過程を確認しておきたい。

これによって指示体系における「一人称対非一人称」の対立が上代語から近世前期の上方語にかけて維持されていたこと、近世後期の江戸語において「ア系」が「三人称領域」に収斂されたのを以てその終焉を見たことが確認できる。

次に近世後期江戸語の指示体系を見てみる。

（四）近世後期江戸語の指示体系 ― 「三人称領域」と「二人称領域」の確立

近世後期の江戸語においては、「ア系」が三人称との関わりを強める一方で、次の例のように知覚指示の「コ系」と「ソ系」にはそれぞれ空間的に話し手に近いものと聞き手に近いものを指す用法が見られる。

客の三徳から、鍵袋が出たを、禿が取つて、「いかひこと鎰がありんす。この鎰をおくれ」「それは十種香箱の鎰でやられぬ」「そんならこれをおくれ」「それは哥書簞笥の鎰でやられぬ」「そんならこれをおくれ」「それをやると内へはいられぬ」。（『飛談語』鍵袋）

ここでは、禿が手にある鍵を「コ系」で指しているのに対して、客はそれを「ソ系」で承けている。このような「コ系」と「ソ系」の交替を可能にしているのは、「コ系」が「一人称領域」に、「ソ系」が「二人称領域」に関わるという指示体系の存在であると考えられる。

そして、相手のいる場所を指す知覚指示の「そこ」の例も見られる。

両替町を、母乞食が先にたつて、「坊主早く来い。そこに何を見て居る」。天秤を扣くに見入りて、「おれはあれが面白い」。（『飛談語』天秤）

この「そこ」は現代語の「そこの君」のような「二人称領域」に関わるものであるが、江戸語でも決して珍しい用法ではない。そして、次の例の「そこ」は、話し手からも聞き手からも等距離の場所を指し、しかも距離的に近いという意味があるようである。

「この浜の猟師は、二十八日ごとに、祖師の御命日じやといふて猟をせぬ。すなはち、けふは二十八日。なんと蛤、栄螺、鮑、ちと浜辺へ出て遊ばふではあるまいか」「それはよかろ。ヤア、そこへくるは猟師じやないか」「ほんにそうじや。皆のもの、ちやつと首をひつこめ」「もふ猟師は去んだそふな。もうよいぞ」「おつと合点。ヤアもふ錦の市へ来た。悲しや」。（『軽口独狂言』錦の店、明和二（一七六五）年刊）

女の子供は、ちよつとよつても口まめ。「おまへのとつ様は、毎日くるまを引いてどこへ行くのだ。ちかいところへばかりへか」「いへいへ遠くへも行きやす」「それでもそれ、そこだそこだといわつしやるではないか」「何さ、あれは車をだますのさ」。（『茶のこもち』大八車）

江戸語においてこうした「ソ系」の用法が多く見られるのは、すでに見てきたように、中古語から中世語を経て近世後期の江戸語にかけて「非一人称領域」に関わる「ソ系」の用例では「二人称」に関わる指示対象を指すものが知覚指示を中心に次第に増加していく傾向とも一致し、「非一人称領域」に関わる「ア系」の用法から二人称的な対象を指す用例が減少し、ついに見られなくなった過程とも軌を一にする。

このように、上代語における「一人称対非一人称」による二者対立の指示体系は、中古、中世、近世前期を過渡期として、近世後期には、ついに「ア系」から二人称に関わる用法がなくなった。これは「ア系」が「三人称領域」に対応するようになったことを示すと同時に、「非一人称領域」の「ソ系」に含まれている「二人称領域」の確立をも示してい

表25　指示詞の二人称代名詞への転用

語形・時代	中古	中世前期	中世後期	近世前期	近世後期
〜コ形	そこ				
〜レ形		それ	それ，あれ	あれ	
〜チ形		そち	そち	そち	そち
〜ナタ形	そなた	そなた	こなた，そなた	こなた，そなた，あなた	こなた，そなた，あなた

表26　近世後期における指示詞の二人称代名詞への転用

文献	大蔵虎明本狂言集				軽口本集（武藤禎夫編）				江戸小咄（興津要編）				落語本集（武藤禎夫編）			
語形	こなた	そなた	そち	あれ	こなた	そなた	あなた	あの	こなた	そなた	あなた	あの	こなた	そなた	あなた	あの
一人称	19	×	×	×	×	×	×	×	×	×	×	×	×	×	×	×
二人称	88	358	53	14	8	16	1	1	10	4	13	1	17	2	19	×
三人称	×	×	×	×	×	×	×	×	×	×	1	×	×	×	×	×
指示詞	116	×	18	304	22	×	×	26	×	×	1	86	1	×	1	45

ると考えられる。

このことはさらに二人称代名詞への指示詞の転用の歴史によっても裏付けられる。

表25は中古語以降二人称代名詞に転用された指示詞をまとめたものである。

この中で、「〜ナタ形」を中心に、「二人称代名詞」への転用が最も活発に行われた中世後期から近代までの間の流れを表にまとめてみると、表26のようになる。

表26で見る限り、中世後期の『大蔵虎明本狂言集』には二人称に用いる「そなた」の延べ語数が圧倒的に多かったのに対して、近世前期の『軽口本集』でも二人称に用いる「そなた」と「あなた」の比例は一六対一と、依然優勢を保っていたものの、近世後期の『江戸小咄』では四対一三とついに逆転されてしまい、『落語本集』では二対一九と、「あなた」の延べ語数の圧倒的な優勢になることが分かる。

因みに、幕末から明治初期にかけて成立した三遊亭円朝の『怪談牡丹燈籠』には「そなた」は一例もなく、「あなた」の一一〇例はすべて二人称代名詞の用法であり、「こなた」の二例は二人称代名詞と指示詞が一例ずつあるだけである。このことからは、幕末から明治にかけて二人称代名詞の「そなた」が完全に「あなた」によって取って代わられたことが窺われる。

ここで、「そなた」と「あなた」とが交替した背景を考えると、まず注目したいのは「そなた」と「あなた」がそれぞれ選択された当初はともに敬語として用いられたことである。上代語の「な」、「なれ」に代って、中古語から「そなた」が二人称代名詞の敬語として用いられたのは、ただ単に相手のいる空間・方角をもってその人を指すという間接的な指示性だけでなく、それが「非一人称」という、二人称に直結しないというもう一つの間接的な指示性にもよっていると考えられる。つまり、「ソ」が選ばれたのはまだそれほど「二人称領域」に強く関わっていなかったためであり、それが追放されたのは逆に「二人称領域」との関わりがあまりにも強過ぎたためだと考えられる。換言すれば、「ソ」が選ばれる時点と「ソ」が追放される時点との間において、「ソ」と「二人称領域」との関わり方の強弱の差の変化があったと考えれば、「ソ」の「二人称領域」の成立も「そなた」が二人称代名詞から追放された時点が大きな目安と考えられる。[25]

具体的には、近世前期の『軽口本集』と近世後期の『江戸小咄』、『落語本集』との間に「そなた」と「あなた」の交代が行われたのに平行して、「ソ」の「二人称領域」がほぼ成立したと見ることができるようである。これは指示詞の用法において見られた「ソ」の「二人称領域」の成立時期とも一致するため、確かな傍証である。

しかし、このように、「ソ系」における「二人称領域」の確立は近世後期江戸語においてはじめて実現したという結論については、あるいは時代が降り過ぎではないかという見方もあるかも知れない。

確かに『源氏物語』においてすでに「二人称領域」に関わる「それ」と「そこ」の用例が見られる。しかし、同じ中古語の文献においては、なお「カ（ア）系」の指示対象が二人称的なものと「三人称的な」ものとに渉っており、「カ（ア）系」と「三人称領域」との関係が未だ確立していなかったことはまた明らかである。

そして、中古語から中世語、近世前期を経て、近世後期の江戸語においても「ア系」の「あの」の二人称そのものを指す用例が見られるのである。このように「ア系」の「三人称領域」が確立するのは、おそらく早くとも「二人称領域」に関わる「ア系」の用例が消失する近世後期江戸語においてであろうと考えられる。そもそも「三人称」とは「一人称」と「二人称」の対立を前提とするものであり、「三人称領域」が近世後期の江戸語においてはじめて成立したということは、「二人称領域」の成立もそれと同時並行的に行われたことを意味するものと考えられる。

因みに、中古語から近世後期の江戸語にかけて観察される「ソ系」指示詞の二人称代名詞への転用についても、中古語と近世後期江戸語との間において、「ソ系」と「二人称領域」との関わりの強さに強弱の変化があったと見ることによって、「ソ系」の「二人称代名詞」への転用だけでなく、その転用が何故近世後期の江戸語以降ついに観察されなくなったのかを合理的に説明することができるのではないかと考えるのである。

実際、「そなた」に代わって二人称代名詞の敬語として用いられた「あなた」も相手のいる場所というよりはある境界を挟んだ向こうの方という間接的な指示性に加えて、近世後期も遅く幕末まで二人称と三人称の用法が共存していたように、それが敬称の二人称代名詞に用いられる間はずっと「非一人称」というもう一つの間接的な指示性をも所有していたのである。そして、このような間接的な指示性の喪失がついにそれを敬語から転落させてしまったきっかけになったのではないかと考えられる。

これまで述べてきたことをまとめると、次のようになろう。

上代語以降の指示体系の歴史は、「非一人称領域」に内包されていた「二人称領域」と「三人称領域」が次第に分化し、「ソ系」が「二人称領域」との結びつきを強める一方、それと同時に「コ」と「ア（カ）」はそれぞれ「一人称領域」と「三人称領域」との結びつきを強めてきた歴史である。そして、いわゆる「二人称領域」と「三人称領域」は大体近世後期の江戸語において成立したと考えられる。この史的変化の根底にあるのは指示対象の指し示し方の変化である。それは話し手中心の主観的な指示法から、聞き手の視点を参照し、指示対象に対する話し手と聞き手との関係によって指示するという、より客観的な指示法への変化であり、聞き手の存在が次第に指示詞の使用に重きをなしてきた過程でもある。主観的な指示法から客観的な指示法への変化である。

　これを要するに、上代以前から近世前期までの主観的な指示体系においては、一人称の「我」は全人称代名詞の機能圏における軸心であり、二・三人称はともにこの軸心の周囲をまわっているに過ぎなかった。二人称と三人称は対象として等しく一括して考えられるのは第一圏の「我」にとって二・三人称はともに「他者」であり、そしてその他者の領域に属する事柄は話し手の領域との二元対立的な対立によって一人称以外の領域として分割された領域に属するものであった。このように同じく一人称以外の領域に属するものとして二人称的な事柄と「三人称的な」事柄との間の区別も自ずから鮮明さを減じざるをえない。話し手の視点を中心に指示対象を指し示すという主観的な指示法であり、その人称対立は「一人称対非一人称」の対立と考えられる。

　しかし、話し手の視点のみならず、聞き手の視点をも参照しつつ指示対象を指し示すように聞き手に対する意識がより強く働くことによって、「他者」として「非一人称」だった聞き手が次第に「対者」として意識されるようになってゆく。「二人称」は「三人称」と同じく「他者」には違いないが、それは「三人称」と同じ意味での「他者」ではなく、伝達関係への参加者であり、話し手に対蹠されるところの「他者」である。つまり「他者」は「他者」でも「対者」であるところの「他者」なのである。ここでは「一人称対二人称」の対立が人称体系の軸をなし、「一・二人称対三人称」の人称対立が成立するのである。

　このように、「二人称」が「他者」と「対者」という二重の性格を本質的に持っているとすれば、上代語から現代語に至るまで、「ソ系」指示詞が一貫して「非一人称領域」に関わり、現代語の「ソ」の関わる機能領域に「対立関係」(二人称領域の「ソ」)と「中立関係」(「非一人称」領域の「ソ」)の二つが観察され、「ソ」には常に単なる「聞き手領域」に収まりきれない「剰余」があるのも偏に「二人称」のこうした二重の性格によるものと考えられる。

日本語の指示体系の史的変化は少なくとも現段階では佐久間鼎の理想モデルには到達しているとは言いがたいし、将来的にも、「二人称」のこうした二重性格がいわば本質的なものである以上、佐久間鼎の理想モデルのように、「ソ系」が限りなく「聞き手(二人称)領域」に近づくことはあってもそれに完全に重なるようなことはないのかも知れない。

第三項　「一人称対非一人称」にまつわるいくつかの関連事象

ここでは、「一人称対非一人称」の人称対立が古代日本語において決して孤立的な現象ではないことを示唆する現象のいくつかに触れたい。

先ず指摘できるのは、上代語における「ヰル」と「ヲリ」の意味的な違いである。阪倉篤義「動詞の意義分析―ヰルとヲリとの場合」(一九七七年)は、万葉集における存在動詞「ヰル」と「ヲリ」との意義特徴について、「ヲリは、まず、精神活動ないし精神状態を意味する動詞と複合し得たのであり、そしてさらに、主体の立場を表現するものとして、第一人称的主体または話し手についての叙述に用いられることが極めて多かったのである」(一二頁)として、「ヰル」は事物の存在を動作的なものとして具体的に表現する、存在の記述的表現として対照的な用法において用いられていると指摘している。

してみれば、ここに言う「ヲリ」と「ヰル」の違いは、人称対立の観点から見れば、「一人称的表現」と「非一人称的表現」になると考えられる。そして、いわゆる「一人称的表現」を話し手の直接的な経験に基づくものだとすれば、「非一人称的表現」はつまり話し手の間接的な経験に基づくものに他ならない。これは上代語の指示体系の「一人称対非一人称」の人称対立とも軌を一にしていると考えられる。

もう一つ指摘できるのは「き」と「けり」の違いである。「き」と「けり」の違いについては、細江逸記『動詞時制の研究』（一九三二年）は「『き』は『目睹回想』で自分が親しく經驗した事柄を語るもの、『けり』は『傳承回想』で他よりの傳聞を告げるに用ひられたものである」（一三七頁）と解し、両者の違いを「経験」と「非経験」としているが、これも「ヲリ」と「ヰル」と同じく「一人称的な表現」と「非一人称的な表現」との対立に基づくと解釈でき、話し手の直接的経験と間接的経験の対立として考えることができる。

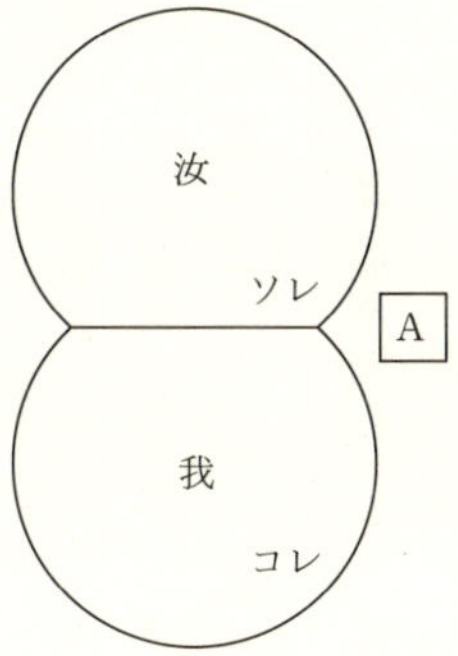

図1

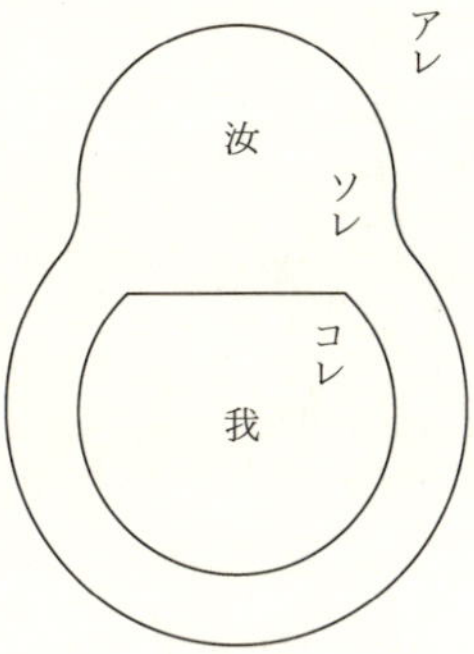

図2

とすれば、同じ原理は存在動詞、一部の助動詞にも存在することになる。(26)

一方、現代語の指示体系と人称体系との関係、とりわけ「一人称対非一人称」の人称対立についてきわめて示唆的なのは、服部四郎「コレ・ソレ・アレとthis, that」（一九六八年）と渡辺実「『わがこと・ひとごと』の観点と文法論」（一九九一年、以下渡辺実（一九九一）と略す）の研究である。

服部四郎（一九六八）では、現代語の指示詞にまつわる二つの学説を次のようにまとめている。

> まず、日本語のコレ、ソレ、アレについては、それぞれ「近称、中称、遠称」という名称を与えて、コレは「話し手に近いもの」、アレは「話し手から遠いもの」、ソレは「中ほどにあるもの」をさす、とする説が古くからあった（第一の説、図1）。（七一頁）

しかしながら、話し相手が話し手からずいぶん遠い所にいるときでも、その相手の手許にあるものはアレと言わないでソレと言う点なども根拠になって、コレは「話し手に近いもの」、ソレは「話し相手に近いもの」、アレは「両者から遠いもの」をさす、という説が出た（第二の説、図2）。（七一頁）

そして、服部四郎は、自らの方言（三重県亀山市出身）と大阪方言（さらに松山市および大津市の方言話者の調査でも同じ結果が得られたと服部四郎（一九六八）の「追記」（七九頁）に言う）には、第一の説が当てはまるとした上で、次のように述べている。

もしそうだとすると、コレ、ソレ、アレの区別を「近称、中称、遠称」の区別だとする第一の説は、この点で私の言葉に近い方言を話す学者によって提出されたものではないか。そして、第二の説は、東京語系統の方言を話す学者の出したものではないか。そんなことさえ考えられるのである。（七三頁）

果たして服部四郎が言うように、第二の説は東京語系統の方言を話す学者によって提出されたものか否かは定かではないが、服部四郎が指摘したように、いくつかの方言においては、東京語のコレ、ソレ、アレとは違う場面的機能を表すコレ、ソレ、アレのあることはきわめて興味深い。

服部四郎の解説と図式によれば、図2が当てはまるいくつかの方言の指示体系は、おそらく話し手を中心に、話し手に近いものと、その勢力範囲外のものとの二者対立を軸としているものと考えられる。そして、この話し手の勢力範囲外のものをさらにソレとアレによってその距離的な遠近の差を表現しているものと思われる。

一方、東京語の指示体系は、その図1が示すように、「話し手」だけではなく、「聞き手」をも現場の空間を分割する基準としており、「話し手」と「聞き手」にそれぞれコレとソレが対応する一方で、アレは両者からともに遠に属するものを指すものと思われる。つまり、この二つの体系は、話し手側から現場の空間を分割する主観的な指示法と、話し手と聞き手の双方によって現場の空間やその空間にある指示対象を分割する客観的な指示法との対立として見ることができる。そして、前者における人称領域はおそらく「一人称対非一人称」の対立をなしているのに対して、後者のそれは「一人称」と「二人称」との対立を軸としてその外郭に三人称を配するという対立の構図として考えられる。

もしそうとすれば、発生的に遅い東京語の指示体系と、三重県亀山市と大阪方言（さらに松山市および大津市）のような方言における指示体系とは如何なる関係にあるのであろうか。ここで考えられるのは、服部四郎の調査したいくつかの方言の指示体系には、歴史的にかつての日本語の指示体系を残存させている可能性があることである。

そして、東京語が成立を見たのはまだ日が浅いことを考えれば、この可能性もあながち否定し去るべきものではないように思われる。ここでは、いくつかの方言の指示体系が話し手を中心とする主観的な指示法であること、これに対して東京語のそれは、話し手だけではなく、話し手と聞き手の双方によって現場の空間やその空間にある指示対象を指示するという、より客観的な指示法であることを確認するだけに止めておく。

現代日本語の指示体系だけではなく、服部四郎（一九六八）はさらに英語の **this, that** について、次のような興味深い観察をしている。

> **this** は、話し手の手が届くところにあるもの、あるいは手が届くかのごとく感じているもの、あるいは話し手の勢力範囲内にあるものを、**that** はそういう範囲の外にあるものを、さすのに用いられる。（七四〜七五頁）
>
> 要するに、**this** というときには、自分に近いという気持を色々な方法で同時に表現する。そして、特に注意すべきは、この場合話し相手が無視されることで、**this** と **that** の区別は、あくまで話し手を中心としてそれからの距離の違いによって使い分けられるのだ。（七六頁、傍点は引用者による）

もし服部四郎（一九六八）の観察が正しいとすれば、ここにいう英語の指示体系はまさに三重県亀山市、大阪市、大津市、松山市の諸方言に見られる話し手を中心とする主観的な指示法であることになる。

そして、指示詞と人称との関わりをめぐる英語と日本語の違いは、即ち服部四郎（一九六八）のいう、三重県亀山市、大阪市、大津市、松山市の方言に当てはまる第一の説の指示法と第二の説の指示法とに重なることになることが興味深い。そして、英語と同じく「近・遠」の二元対立による指示体系を持つ言語では、おそらく英語と同じく「話し手」を中心とする主観的な指示法が採られていると考えられる。

一方、渡辺実（一九九一）は、現代語における指示詞以外の言語現象と人称との問題について次のように述べている。

> いまさら言う必要もない常識めいたことだけれども、「I」と「he」それに「you」も加えて、三者の間には、日本語における「わがこと・ひとごと」の如き対立は希薄で、むしろ有情主表現も無情主表現なみに言わば「よそごと」的に扱われるような所がある。それに対して日本語では二人称が多くの場合に「ひとごと」として三人称と同類をなし、一人称の「わがこと」と対立する。（三頁）

このように、「わがこと・ひとごと」という用語を用いて、現代日本語においてなお「一人称対非一人称」による人称対立を色濃く反映している言語現象が多く存在することを指摘する一方で、日本語と英語、中国語とを比較して、指示体系に、話し手を中心とする指示法と、「聞手に自分と同等の、空間占有の資格を認める」指示法の存在を指摘したことがきわめて興味深いところである。

そして渡辺実（一九九一）はさらに、指示体系の史的変化について「古代語の近称「こ」はわが身に関わらせる「わがこと」の指示、中称「そ」はわが身から離した「ひとごと」の指示であった」（一四頁）として、次のように述べている。

そうした「わがこと・ひとごと」的な主体的指示から、話手領域・聞手領域という対象的指示へと指示法が変遷したらしいのだが、その際に近称が話手領域となったのは、もともとそれが「わがこと」指示であったからであり、中称が聞手領域指示となったのも、もともとそれが「ひとごと」指示であればこそであったと解してよいのではないか、と考えたい。（一四頁）

これもたいへん興味深い指摘である。ただ、この説明だけでは、「ひとごと」と「聞き手領域」との接点と、変化の必然性は依然不明瞭なままであるという憾みが残るようである。

ここで、仮に現代語のように人称体系において「一人称対二人称」の対立を中心としてその外郭に「三人称」を配置するという指示体系が成立する以前にも、指示体系には人称間の対立があったのだとすれば、可能性として最も高いのはやはり「一人称対非一人称」の対立ではないかと考えられる。

そして、この「非一人称」には、後の「二人称」も「三人称」も含まれていたという意味では、厳密には「二人称」でも「三人称」でもないはずである。裏を返せば、それは二人称と三人称とが未だ未分化のまま融合していた限りにおいて、二人称でもあり、三人称でもあると言える。「ソ」が結果的に二人称へ結び付かなければならなかったその必然性は、単なる「ひとごと」である以上に、同じ「非一人称」に関わっていた「カ・ア系」が三人称へと収斂されていく過程と軌を一にするところに求められなければならない。

事実、上代に関して言えば、「ソ」の指示対象が二人称的なものと「三人称的な」ものの両方に関わっていたし、「カ」（中古語以降の「ア」もそうであるが）も同じく二人称と三人称の両方に関わっていたのである。いわゆる「ひとごと」もこうした二人称と三人称との区別を設けないという意味での「非一人称」と解すべきであろう。

全体的に、中古語以降の指示体系は指示詞の選択において聞き手への配慮（聞き手の視点の積極的な参照）が強化される方向に向かいつつあったのに伴って、もともと「非一人称」だった「カ・ア系」がただ単に話し手側から見た「遠」から、話し手と聞き手の双方から見た「遠」（つまり「三人称」）へと収斂されていったのと同時に、もともと「非一人称」だった「ソ系」も「二人称」への接近を強めていったのである。換言すれば、「ア系」が談話における話し手と聞き手の「融合関係」に対応するようになったのと同時に、「ソ系」は「中立関係」から「対立関係」へと接近したのである。両者の何れが先かということよりは、両者は互いに相手の存在と変化を前提として予想しつつ、同時発生的に談話における話し手と聞き手との関係の「対立関係」と「融合関係」の両極を目指していたと見ることができる。いや、そう見た方が真に近いであろう。

以上見てきたように、共時的に見ても通時的に見ても、三つの人称が一様均質な面 plan 上に鼎立するものではないようである。この三つの人称の関係は、「一人称」とそれ以外つまり「非一人称」との対立をなす人称体系の構造類型と、「一人称・二人称」の対立を根幹として、この伝達の参与者に対するそれ以外の存在つまり「三人称」を対立させる人称体系の構造類型とに分かれる。そして、その構造に変化が起こるとすると、「一人称対非一人称」から「一人称・二人称対三人称」へという変化の方向性があるようである。これはつまり言語の表現における未分化から分析へという大きな流れの一環であると考えられる。

第三章　注

（1）因みに、執筆者は次の通りである。
上代………阪倉篤義
中古………遠藤嘉基
中世………濱田　敦
近世………池上禎造

（2）ここで用いたデータベースの形式は、テキストファイル形式のものであり、ファイルの容量は KB とした。編集ソフトは秀丸を用いた。テキストは木下正俊校訂『万葉集』CD-ROM版のテキストを加工したものを用いた。即ち歌本文以外の漢文はそのまま訓読をせずに歌本文の前後に残し、歌の本文は原文の訓読文だけを用いた。歌番号は省いた他、漢字表記の語にはふりがなをほどこさない、の諸点である。『源氏物語』の本文テキストは阿部秋生他『源氏物語』（日本古典文学全集、小学館）を用いた。これも漢字表記の語にはふりがなをほどしていない。

（3）『三代集』と『新古今集』の底本は『新編国歌大観』（第一巻、勅撰集・歌集、角川書店）によった。

（4）『万葉集』における指示詞の使用については、井手至（一九五二b）は次のように述べている。

> 万葉に目立つて現場指示語の使用が多いといふことは、俗に實景を詠んだ歌と稱せられる實際の情景に接しての實作が多く、且つ贈答などの實用的性格を持つた歌が多いといふ、万葉集歌の一面の性格を如實に物語るものといへようが、……（中略）万葉には、現場指示語に比して文脈指示語はそんなに多くは存しない。これは、集中にあつめられたのが、散文ではなくて歌謡、それも大半が長さの短い歌謡であるところに起因してゐるやうに思はれ、このことは、後の歌集についてもいへることである。（五〇～五一頁）

このような『万葉集』における指示詞の使用は万葉集歌の性格と万葉人の言語生活に関わり、佐竹昭広（一九六四）の指摘された、「みゆ」の多用と併せて、佐竹昭広（一九七一）の指摘された、「萬葉集における「われ」の頻用は、彼らの自己中心性係数の高さを暗示するものであった」（七頁）といった作歌態度にも通じる。

（5）資料は『萬葉集』の歌の外、『上代歌謡』の仮名書き部分を主に用いた。統計数字は本文に限定し、異伝は除いた。『上代歌謡』には『古事記歌謡』一一二首、『日本書紀歌謡』一二八首、『続日本紀歌謡』八首と『風土記歌謡』二〇首が含まれる。テキストは荻原浅男・鴻巣隼雄校注『古事記・上代歌謡』（小学館、一九七三年）を用いた。『万葉集』は佐竹昭広・木下正俊・小島憲之校注『万葉集 訳文篇』（塙書房、一九七二年）、同『補訂版 万葉集 本文篇』（一九九八年）を主に用いたが、両者の間の異なるところは後者に従った。用例の統計には、木下正俊校訂『万葉集CD-ROM版』（塙書房、二〇〇一年）を用いた。なお、引用の際、原表記を括弧の中に示した。

（6）総用例数のうち、（ ）の中の数字は中に含まれるその他の用例数である。なお、「こち」二例には「こちごち」一例が含まれる。重複歌からは「その」、「この」の類例を各三例除いた。

（7）「ここ」の八一例のうち、「ここ」の単独用例四四、「ここだく」一七例、「ここだ」一六例、「ここば」三例、「ここばく」一例が含まれる。「そこ」の三三例のうち、単独用例二二、「そこゆゑ（に）」七例、「そこば」三例、「そこらくに」一例が含まれる。「こち」一五例のうち、単独用例一、「をちこち」一〇例、「こちごち」四例が含まれる。「それ」一〇例のうち、一三四四番歌の異本一例を含む。その他の中の「かく」の単独用例一七四例中、「かにかくに」七例、「かにもかくにも」五例、「かもかくも」四例、「かよりかくより」一例、「かよりかくよる」二例、「かゆけば～かくゆけば」一例が含まれる。「しが」四例は、それぞれ「しがかたらへば」(九〇四)、「しがねがふ」(四〇九四)、「しがはた」(四一九一)、「しがいろいろに」(四二五四)である。「しか」の四三例中、単独用例二四例の他、「しかれども」一四例、「しかれこそ」二例、「しかれかも」、「しからば」、「しかる」各一例である。「か」の二三例中、単独用例一例の他、「かにかくに」七例、「か～かく～」六例、「かにもかくにも」四例、「かもかくも」四例、「かにも」一例が含まれる。

(8) 阪倉篤義(一九九三)は上代語から現代語にかけての単音節名詞の複音節化を綿密に跡付けている。その中に指示詞も含まれているが、指示詞に関して言えば、本稿で「基本形」としている単音節の指示詞は上代語の中でも決して優勢な存在ではなく、上代以前の日本語にやはり単音節の指示詞の時代があったと考えられる。そして、上代語の指示詞はもはや複音節化がそうとう進んでいたことが以上のデータによって明らかである。

(9) 『上代歌謡』に用いられた「こ(許)をば」は『古事記歌謡』(二、三、四、五、一〇〇、一〇一、一〇二)の七例である。なお『上代歌謡』の統計は歌本文に限ったので、ここでは数えていないが、現前の物的対象を指す「コ」の用例は、次の『古事記歌謡』(一〇)にはやしことばに対する注記として二例用いられている。この場合、現前する言葉そのものを指示対象として指示していることはいっそう明らかである。

宇陀の高城に鴫羂張る吾が待つや鴫は障らずいすくはし鯨障る前妻が肴乞はさば立柧棱の実の無けくをこきしひゑね後妻が肴乞はさば柃実の多けくをこきだひゑね　ええしやこしや　此《こ》はいのごふそ　ああしやこしや　此《こ》は嘲咲ふぞ。(古事記歌謡・一〇)

(10) 『万葉集』の基本形「コ」は「こ(此間)ゆ鳴き渡る」(一四七六、一四九一、一五六二)、「こ(此)ゆ鳴き渡る」(一九五九、一九七七)、「こ(此)ゆ鳴き渡れ」(一九五五)、「こ(許)ゆ鳴き渡れ」(四〇三五)、「こ(是)ゆかく渡る」(二四九一)、「こ(此間)ゆ別れなば」(一七二八)、「こ(此)ゆ巨勢道から」(三二五七、三三二〇)の一一例である。

(11) 『上代歌謡』の基本形「ソ」は「そ(曾)ねが本」(古事記歌謡・一二、日本書紀歌謡・一三)、「そ(曾)ね芽繋ぎて」(古事記歌謡・一二、日本書紀歌謡・一三)、「そ(其)が葉広り坐す」(古事記歌謡・一〇一)の五例である。

(12) 因みに、本稿で「現場指示」を用いる場合、すべて「知覚指示」と同じ意味に用いる。

(13) 橋本四郎(一九六三)では、三五六五番歌は東歌、四三八四番歌は防人歌という、位相的に異なる言語の反映を予想できる用例であり、四〇四五番歌は大野晋の言う『万葉集』巻十八の補修部の用例であるとして、「カ」の一般性を認めるためのマイナスの要因を指摘しているが、異論のない二二四〇番歌が現場にいる相手を指し、二五四五番歌が現場にない第三者を指示しているように、四三八四番歌と四〇四五番歌もそれぞれ類例として解釈できる。残る三五六五番歌については、現場の遠くにある第三者を指すと解釈しても、現場にいない第三者を指すと解釈しても、二五四五番歌と四〇四五番歌がそれぞれ類例になる。仮に一歩譲って、この三例を除いても、「カ系」が現場の知覚対象を指す二二四〇番歌と、現場にない観念対象を指示する二五四五番歌とを持っていることは即ち、「知覚対象指示」と「観念対象指示」の用法を持ち、指示対象の人称もそれぞれ「二人称」(二二四〇番歌)と「三人称」(二五四五番歌)に渉っているという結論は変わらない。因みに、「カ系」の指示詞の『万葉集』以外の確かな用例は『東大寺諷誦文稿』によって次の一例が知られる。

我等不知薄キ紙ノ彼カノ方ヲタニ不聞壁ノ彼方ノ言物イフヲタニ(第三七五行)

中田祝夫(一九七九)によれば、『東大寺諷誦文稿』は延暦後期から、大同・弘仁・天長の頃のものと推論されるという(一九九頁)。平安時代の初期のものである。

(14) 池田亀鑑・岸上慎二校注『枕草子』(日本古典文学大系、岩波書店)は、「かくいふ所は、明順朝臣の家ありけり。そこも「いざ見ん」といひて、車よせて下りぬ。」(九九)のように、「そこ」を地の文とするが、ここでは、渡辺実校注『枕草子』(新日本古典文学大系、岩波書店)に従った。

因みに、能因本を底本とする日本古典文学全集『枕草子』(松尾聡・永井和子校注)の該当個所は、「かういふ所には、明順の朝臣家あり。「そこもやがて見む」と言ひて、車寄せておりぬ。」(一〇四)となっている。

(15) ここでは、同時代における指示体系の存在を前提とする指示詞の代名詞的な用法を指示詞から代名詞への「転用」とする。既に同時代の指示体系から完全に後退したことにより、指示体系に拘束されることなく、品詞的には指示詞とは範疇を別するものとして自立している場合に限り、「人称代名詞」とする。

(16) 中田祝夫他編『古語大辞典』(小学館、一九八三年)を参照。

(17) 山田孝雄(一九五四)は言語資料としての『延慶本平家物語』の価値について次のように述べている。

延慶本の價値は前篇にもいへる如く、決して平家物語の根源の本たるものにはあらずして、當時既に存せしなるべき數種の平家物語を集めて大成せんと企てたる迹歴然たれば、之を以て文學上の産物としての平家物語の代表として推し立てむことは躊躇せざるべからざるなり。されど、今鎌倉時代の語法研究の資料として採らむとすれば、現今吾人の見聞の及べる範圍にては延慶本以外の本をとりて之を鎌倉時代の語法の一證なりと主張すること能はざるなり。この故にこの篇は延慶本にあらはれたる語法を採録して以て鎌倉時代の語法研究の一端とすべし。

（中略）要するに現存の本の吾人の知れる限りにつきていへば、平家物語の語法研究の中心は延慶本に存すといはざるべからず。而して之に照してはじめて他の本の語法も當時のものなりや否やを大略判別することを得べきなり。（一〜三頁）

(18) 例外と思われる「あの」の例を次に挙げる。

三日四日は住吉屋長四郎方へ出候。唐津の庄介様、是《これ》は去年の盆をしてもらひ候客也。昼の内はすみよしの汐干に御行、櫻貝うつせ貝など手づから拾ひて、「あはぬさきから袖ぬらす」としほらしき御人に候。五日はいばらきやにて御存のいや男にあひ申候。勤のためにこゝろの外の誓紙一枚書申候。則あのかたよりの一札此《この》たび遣し、かた様に預申候。六日灸すゆるとて隙をさいはいにいたし候。（『好色一代男』諸分の日帳）

これは「あの」の会話文以外に用いられている場合である。しかしこれは物語りの地の文ではなく、太夫和州が世之介への思いを綴った日記の中の用例である。この日記は二人称に語りかけるような口調で書かれており、特に「あの」が用いられている段は、「御存のいや男」や「かた様に預申候」のように、会話さながらの文脈であり、全体的に会話の文脈と大差がないと見て構わない。

(19) 大野晋他編『岩波古語辞典』（補訂版、一九九〇年）によれば、中世前期（院政・鎌倉時代）以降、二人称代名詞に転用した指示詞には次のようなものがある。

「そちが一族を滅ぼしてのけん」（『蒙求聴塵』下）
「そなたには興福寺へいませ、我は……東大寺へまからん」（『發心集』八）
「そなたと我と生生世世に夫婦と成らん」（『長恨歌聞書』）
「そなたもこなたも老翁となりたぞ」（『錦繡段鈔』七）

概して指示詞から転用された二人称代名詞は「そち」がそうであるように、敬意が薄かった中で、ひとり「〜ナタ形」だけは転用された当初敬語として用いられていたようである。中世後期の「こなた」や近世後期の「あなた」は言うに及ばず、中古語の「そなた」も転用された当初はやはり敬語として用いられていたと思われる。

(20) たとえば、大野晋他編『岩波古語辞典』（補訂版、一九九〇年）は、「あなた」の二人称代名詞の用法の最も古い例として次の例を挙げている。

「あなたにさう思し召さば、あなた次第よ、おれが心にそつとも如在がないものを」（二人称）（『沢庵書簡』寛永一五（一六三八）年）

(21) ここの辞書的な記述は、『時代別国語大辞典・室町編Ⅰ』（三省堂、一九八五年）を参照したが、引用に際し可能な限り原典に確認し、原典に基づいて引用した他、解釈は筆者の考えに基づくことを断っておく。

(22) 湯澤幸吉郎『江戸言葉の研究』には江戸語の「ああ」の用例として次の三例が挙げられている。

ああもまた揃ひも揃ふものか（素人狂言、上、九）

ああだもの、どうもこまりきつた事た（娘節用、八、十三オ）

彼《ああ》いふ実明な老爺《じぃ》さんだから……（花筐、二十七、二オ）

この三例はそれぞれ式亭三馬作『素人狂言紋切形』（文化一一（一八一四）年刊）、曲山人作『仮名文章娘節用』（天保二（一八三一）年刊）と『四時遊観花筐』（天保一二（一八四一）年刊）にあらわれたものである。

(23) ここで振り返ってみたいのは、時枝博士の考えに対する三木・中西（一九八七）の批判である。

　時枝博士は、言語の存在条件として主体・場面・素材の三つを挙げ、聞手を場面の中に含めているが、聞手は話手と同時に考えなくてはならない重要な要因であり、決して「ものごと」である場面と同一視すべきではない。聞手を場面の中に含めてしまう場合、言語の伝達の真の意味は失われてしまう。（一頁）

(24) 「ア（カ）系」の二人称に関わる用法については、堀口和吉（一九八二）は「対称に転じる遠称の用法」としているが、やはり上代語から近世後期の江戸語にかけて「ア（カ）」は「非一人称領域」に関わっていたという、「一人称対非一人称」の人称対立による指示体系の存在を前提としてはじめて理解される現象ではないかと考える。

　一方、山口堯二（一九九〇）は、古代語の指示体系について次のように述べている。

　古い指示体系のソ系は概して客観的な指示性に優れ、古いカ系・ア系は相対的にその客観的な指示性に劣っていたと言えよう。（中略）古い指示体系では、カ系・ア系も、コ系とともに自分領域の一部を分担し、コ系がその自分領域の領域性の強い分野、カ系・ア系はその弱い分野をそれぞれ分担していたとすれば、そこから考えられる古い指示体系は、現代語のそれのようにいわゆる近称・中称・遠称と言語場の三分される三称体系ではなく、大きくは自分領域と相手領域とに二分されるだけの二称体系であったことになる。（一六五～一六六頁）

　ここで、古い指示体系が自分領域と相手領域とに二分されるだけの二称体系であったとしているのはまさに卓見というべきである。しかし、この場合、言語の素材をめぐる話し手と聞き手との領域分割において、自分領域に対しうるのは、相手領域ではなく、相手領域と第三者領域とを含む「非一人称領域」でなければならない。

(25) 渡辺実（一九五二）では、「ソ」が選ばれた時点と「ソ」が追放された時点との間に、「ソ」は一貫して「聞き手領域」を指していたとしているが、それでは追放されるその必然性は説明できても、なぜ敬語として選択されなければならなかったかを説明することが難しいのではないかと思われる。

(26) 推量の助動詞については、渡辺実（一九九一）の「わがこと・ひとごと」の観点を導入し、その史的推移を考察した広地聖史（一九九五）がある。それによると、助動詞の使い方において、「聞き手」が意識されるようになるのは院政期の特徴であるという（四八頁）。

　因みに、本稿の確認したところによると、古代語の指示体系においては、まず中古語において「聞き手」が意識されるようになり、そして、中古語、中世語、近世前期の上方語を過渡期として、ついに近世後期の江戸語において「聞き手領域」が確立したということになる。とすれば、助動詞と指示詞の間には、時代は少し前後するものの、その体系的な変化の方向性は奇しくも同じ方向を目指していたことになる。日本語の史的変化の大きな流れの一つであろう。

第四章

古代中国語と日本語の人称体系

――三人称代名詞の成立を中心に

はじめに

第三章では、指示体系と人称体系との関連を中心に、上代から近世までの日本語の指示体系の史的変化をたどった。しかし、指示体系における人称の問題はただ指示詞だけに止まるものではない。人称体系と深く関わっている限りにおいて、指示体系の史的変化は常に人称体系の史的変化を背景に持っていると言える。

本章はまず人称体系の問題、特に三人称代名詞に焦点をあてて、古代中国語の指示体系と上代日本語の人称体系を概観する。その後で、古代中国語の人称代名詞と日本語との関わりの観点から、「カレ」の語史と日本語における三人称代名詞が成立するまでのみちすじをたどる。

第一節　古代中国語の指示体系と人称体系

第一項　古代中国語の指示体系 ― 研究史の概観

中国語史の時代分けは多くの研究者によってなされているが、藤堂明保（一九六七）の分け方が一応の目安になろう。

太古漢語（Proto-Chinese）殷代～西周（前一五世紀～前一〇世紀）
上古漢語（Archaic-Chinese）東周～春秋戦国～秦漢～三国（前七世紀～後四世紀）
中古漢語（Ancient-Chinese）六朝～隋唐（後五世紀～後一〇世紀）
中世漢語（Middle-Chinese）宋～元～明（後一一世紀～後一六世紀）
近代漢語（Modern-Chinese）清～現代（後一七世紀～二一世紀）

因みに、本節は、西周時代から秦漢時代までを上古漢語、三国時代から隋唐（五代）時代までを中古漢語として、藤堂明保（一九六七）の時代分けを適宜修正して論を進める。

古代中国語の指示詞についての本格的な研究は、近代文法書の嚆矢である馬建忠『馬氏文通』に始まる。そこでは、代名詞（「代字」）はまず「指名代字」、「接読代字」、「詢問代字」、「指示代字」の四つに分たれているが、ここに言う「指示代字」とはつまり「指示詞」のことである。

たとえば、「代字」については、『馬氏文通』は次のように定義している。

物事が目の前にある場合は、必ずしもそれを名ざす必要はなく、「爾」、「我」、「彼」、「此」などを以てこれを指せばよい。物事が目の前になく、その名が既に前に現れている場合は、重複を避けるために、「其」、「之」、「是」、「此」などを以てこれを指せばよい。」（事物有在當前者、不必名也、以「爾」「我」「彼」「此」諸字指之。其不在當前而其名稱已稱之於前者、以後可以「其」「之」「是」「此」諸字指之、以免重複。）（三頁）

『馬氏文通』の後を承けて、楊樹達は『高等国文法』（一九二〇年）と『詞詮』（一九二八年）においてはじめて指示詞を「近称」、「遠称」、「泛称」、「通称」の四つに分けた。これが「近称・遠称」による指示詞分類の先駆けである。

その後、王力『中国現代語法』（一九四三年）と王力『漢語史稿』（一九五八年）において、楊樹達が「通称」としていた「者」が指示代名詞から除外され、「泛称」としていた「之」、「其」が「人称代名詞」に入れられ、結局「近称・遠称」の二つが残された。かくして「近称・遠称」による指示詞の二分説が広く用いられるところとなった。

しかし、近年になって、馮蒸「関於漢藏語系空間指示詞的幾個問題」（一九八三年、以下馮蒸（一九八三）と略す）が、中国語とチベット語との対応関係から、「時」を「近指」、「是」を「中指」、「夫其」（「彼其」）を「遠指」と推定した（九頁）。これまでの「二分説」に対する「三分説」の始まりである。

続いて、郭錫良「試論上古漢語指示代詞的体系」（一九八九年、以下郭錫良（一九八九）と略す）も、先秦時代の指示詞について、次に示すように、「近・遠」の二元対立よりも複雑な体系をなしているとして、「泛指」、「特指」とは別に、「近指」、「中指」、「遠指」の三分法を主張した（九四頁）。

泛指―之、茲
特指―其
近指―此・斯
中指―是
遠指―彼・夫
謂詞性指代詞―然、若、尒

郭錫良（一九八九）の後を承けて、洪波「上古漢語指代詞書面体系的再研究」（一九九一年、以下洪波（一九九一）と略す）も、上古時代の指示詞の体系について基本的に三分法を採った（因みに、洪波（一九九一）は、西周から東漢時代までを上古時代とする）。それを示すと、次のようになる。

近指―「則組」(則(即)、茲、此、斯)
中指―「若組」(若(如、女、汝)、尓、而、乃(廼)、然)
遠指―「彼組」(彼(匪)、夫)、「伊組」(伊、繄)、「唯組」(惟(維、唯、雖))
兼指―「其組」(其、厥)、「是組」(是(實、寔)、時、之)、「爰組」(爰、焉)

ここでは、「兼指」とは、「遠指」と「近指」の両方を兼ねるという意味であり、この一群の指示詞のことを洪波(一九九一)は「兼指代詞」としている。

これによって、上古時代の指示詞の研究がいっそう精密化されたことになった。とりわけ洪波(一九九一)は、中称の認定方法に不明確さを残しているものの、郭錫良(一九八九)に対して、「兼指」を「遠指・近指」とは別範疇としたことは一つの進歩である。

具体的には、洪波(一九九一)は、距離の遠近を指示詞の基本的な意味機能として、それによってまず指示詞の一次分類を求め、そこで「近・中・遠」という三つの意味機能を認めた。そして「遠・近」の双方に関わるものを二次的な分類として「兼指」としたのである。

もちろん、ここで分類の基準として距離の「遠・近」を一貫して用いたことは、同時に指示詞の機能をもっぱら距離によって説明しようとする態度のあらわれでもあった。洪波(一九九一)の問題点も実は同じところにあったのである。たとえば、洪波(一九九一)は次のように述べている。

先行研究によれば、指示詞の基本的な意味機能は「近・遠」を指示する機能であるとされているようである。発生学的に見ても、指示詞の発生は、人間の空間距離の遠近、方角の違い、時間の過去、現在、未来などに対する認識と密接な関係にある。従って、指示詞の基本的な意味機能はただ「近・遠」を指示する機能以外に考えられない(指示詞的基本語義功能應是

　　它的指近指遠功能。縦發生學上看、指代詞的産生與人對空間距離的遠近、方位的不同、時間的過去、現在和將来等的認識是分不開的、因此它的基本語義功能只能是它的指近指遠功能）。（一九頁）

　確かに、指示詞の意味機能に「距離」が深く関わっていることは紛れもない事実である。しかし、同時に、指示詞の意味機能に関わっているのはただ「距離」ばかりではないということも認めなければならない。たとえば、指示詞と人称との相関関係がそれである。

　因みに、洪波（一九九一）のように、「兼指代詞」（「遠・近」の両方を指す指示詞）の基本的な意味機能をただ「遠・近」の両方をともに指すという理由によって規定しているだけでは、その意味機能はやはり十分尽くされているとはいいがたい。「遠・近」のいずれをも指すということは、この類の指示詞の意味機能には「距離」が基本的に関与しないことを意味すると考えられるからである。「兼指代詞」の基本的な意味機能はやはり「距離」以外に求められなければならないようである。

　それればかりではない。果たして洪波（一九九一）のように、「中称」を独立した意味機能として、「近称」、「遠称」と鼎立させうるものかどうかという疑問はさておいても、個別的な指示詞については、たとえば、「是」を郭錫良（一九八九）のように「中称」とはせずに、「其」と同じく「兼指」とし、「唯組」（「唯」をはじめとする一連の指示詞）を指示詞としたことは、これまでの指示詞研究や郭錫良（一九八九）に比べて一つの進歩であるが、「唯組」を「遠称」とするのには異論があるであろう。すでに拙稿（一九九九）において指摘したように、「唯」はやはり近称の指示詞とすべきと考えられる。(1)

　このように、上古時代の中国語の指示体系については、あるいは二分説、あるいは三分説といった具合に、最も基本的な問題についてすら諸説あって一定しないのが現状のようである。上古時代の指示体系の全体についての概観は後に譲るとして、ここでは、従来距離的に「遠」に属する指示対象を指す「遠指（遠称）」の指示詞とされる「彼」と人称との関連を見てみたい。

第二項　「彼」と人称との関連

周法高『中国古代語法　稱代編』（一九五九年）によれば、「彼」は甲骨文字や西周金文には見当たらず、古くは東周金文、『今文尚書』、『易經』に一例ずつ、『論語』には三例、『詩經』には多数用いられるという（一三二〜一三三頁）。

ここに筆者の収集に係る用例を数例挙げよう。

1：于彼新土。（東周金文・蛮壺）（容庚編『金文編』中華書局、一九八五年）

彼《か》の新土に于《お》いて。

2：六五、密雲不雨、自我西郊、公弋取彼在穴。（『易経』小過）

六五《りくご》、密雲あれども雨《あめふ》らず、我《わ》が西郊自りすればなり。公弋《こうよく》して彼《か》の穴《あな》に在るものを取る。

3：疆場之邑、一彼一此、何常之有？（『左傳』昭公元年）

疆場《きようえき》の邑《いふ》は、一彼一此《いつぴいつし》、何《なん》の常《つね》か之《こ》れ有《あ》らん。

以上、指示詞「彼」の古い例を挙げておいたが、人称代名詞に転用した「彼」の用例もすでに『莊子』、『左傳』、『論語』の会話文に見られる。

次の例は現前の対象を指している場合である。

4：客指孔子曰、「彼何為者也？」子路対曰、「魯之君子也。」（『荘子』漁父）

客孔子《かくこうし》を指《ゆび》して曰《い》はく、「彼《かれ》は何為《いか》なる者《もの》か。」子路《しろ》対《こた》へて曰《い》はく、「魯《ろ》の君子《くんし》なり」と。

これは、船から下りてやってきた老人が、子路を手招きして、少し離れたところにいる孔子を指さして、「あの人は何をする人ですか」と尋ねる場面の会話である。

そして、次の例は現前の対象ではなく、観念的な対象を指すものと考えられる。

5：公疾病、求醫于秦。秦伯使醫緩為之。未至、公夢疾為二豎子曰、「彼良醫也。懼傷我。焉逃之。」其一曰、「居肓之上、膏之下、若我何？」（『左傳』成公一〇年）

公疾病《こうやまいへい》なり。醫を秦に求む。秦伯、醫緩《いかん》をして之《これ》を為《おさ》めしむ。未だ至らざるに、公夢に、疾、二豎子《にじゅし》と為《な》りて曰はく、「彼《かれ》は良醫なり。懼《おそ》らくは我を傷《やぶ》らん。焉《いづ》くにか之《これ》を逃れん」と。其の一曰はく、「肓《こう》の上、膏《こう》の下に居らば、我を若何《いか》にせん」と。

この例の「彼」は、秦から遣わされた医者「緩」のことを指しており、「緩」がまだ到着していないので、現前の対象を指しているのではなく、観念的な対象を指していることが明らかである。次の例は、おそらく現場にいる人ではなく、過去の経験に属する観念的な指示対象を指すものと思われる。

6：或問子産。子曰、「惠人也」。問子西。曰、「彼哉！　彼哉！」（『論語』憲問）

或ひと子産を問ふ。子曰はく、「惠人《けいじん》なり」と。子西《しせい》を問ふ。曰はく、「彼《かれ》をや彼《かれ》をや」と。

これは、「子西」のことを尋ねられた孔子が、思い出したように「ああ、あれか、あれか。」と言っている言葉である。

実際経験として知っている人を指す「彼」であり、一種の突き放したような言い方である。

以上見てきた例4〜6の三例はいわゆる人称代名詞に転用した「彼」である。(2)

さて、このような人称代名詞に転用した「彼」はいったい人称とどう関わるのであろうか。これまでは、これらの「彼」をもっぱら三人称として解釈するのが一般的であった。

例4〜6に限っていえば、確かに話し手でも、聞き手でもない、第三の人を指すという意味で、「三人称的な」指示対象を指すことには違いない。しかし、次の例のように、「彼」の用例には、必ずしも「三人称」として解釈できないものがある。

7：孟子曰、「何以謂仁内、義外也。」曰、「彼長而我長之、非有長於我也。猶彼白而我白之、従其白於外也。故謂之外也。」(『孟子』告子上)

孟子曰く、「何を以て仁は内《うち》、義は外《そと》と謂《い》ふや」と。曰く、「彼《かれ》長じて我之《これ》を長とす。我に長有るに非ざるなり。猶ほ彼《かれ》白くして我之を白しとするがごとく、其の白きに外に従ふ。故に之を外と謂《い》ふなり」と。

例7の「彼」は、例4のように、聞き手に対して、遠くにいる或る特定の第三者を指しているものでもなければ、例5、6のように、観念的な対象である第三者を指しているのでもない。「彼」は、「我」に対する「我以外の人」を指していると考えられる。つまり、自分以外の人であれば誰でもよいのである。ここに考えられるのは、「我対第三者」の対立ではなく、「我対人(「他人」の意)」の対立である。要するに自分を中心としてその範囲内の「我」とその範囲外の「彼」とを対立させているのである。この場合、とりわけ相手もこの「彼」に含まれていることは言うまでもない。

このことは、次の例のように、「彼」が「己」とあい対して用いられている例に徴して、いっそうはっきりする。

8：知彼知己者、百戦不殆。（『孫子』謀攻）
　彼を知り己を知れば、百戦殆《あやふ》からず。

この場合の「彼」が「人」という意味よりも、多分に「相手」、要するに「自分以外の人」を意味することは、例7とともに、「彼」がもっぱら三人称に関わるものではないことを示唆していると考えられる。

ここで参考になるのは、次に挙げる『詩経』の「彼何人斯」の用例である。

9：彼何人斯　居河之麋
無拳無勇　職為亂階
既微且尰　爾勇伊何
為猶將多　爾居徒幾何（『詩経』小雅・巧言）
　彼《かれ》何人ぞ　河の麋に居り
　拳無く勇無くに　職だ亂階を爲す
　既に微し且つ尰す　爾《なんぢ》の勇伊れ何ぞ
　爲猶將に多し　爾《なんぢ》の居徒幾何ぞや（石川忠久『詩経』中）

この例の「彼何人斯」が第三者を指すものではないことは、次に爾《なんぢ》によって言い換えられていることによって明らかである。これはこの詩全体が二人称に語りかける口調で整えられていることから見れば、いっそうはっきりする。次の例も亦然り。

10：彼何人斯　其心孔艱
胡逝我梁　不入我門
伊誰云從　維暴之云
二人從行　誰爲此禍
胡逝我梁　不入唁我
始者不如今　云不我可
彼何人斯　胡逝我陳
我聞其聲　不見其身
不愧于人　不畏于天
彼何人斯　其爲飄風
胡不自北　胡不自南
胡逝我梁　祇攪我心
爾之安行　亦不遑舍
爾之亟行　遑脂爾車
一者之來　云何其盱
爾還而入　我心易也

彼《かれ》何人ぞ　其の心孔だ艱し
胡ぞ我が梁に逝くも　我が門に入らざる
伊れ誰にか云れ從はん　惟れ暴なるひと之れ云らん
二人從ひ行くも　誰か此の禍を爲す
胡ぞ我が梁に逝くも　入つて我を唁はざる
始めは今の如くならざるに　云に我を可とせず
彼《かれ》何人ぞ　胡ぞ我が陳に逝く
我其の聲を聞くも　其の身を見ず
人に愧ぢざるや　天を畏れざるや
彼《かれ》何人ぞ、其れ飄風爲り
胡ぞ北よりせざる　胡ぞ南よりせざる
胡ぞ我が梁に逝く　祇だ我が心を攪すのみ
爾《なんぢ》の安行するときに　亦舍するに遑あらず
爾《なんぢ》の亟行するときに　爾《なんぢ》の車に脂さすに遑あり
一たびは之れ來らん　云何ぞ其れ盱せしむるや
爾《なんぢ》還つて入らば　我が心易ばん

還而不入　否難知也　　還つて入らざれば、否に知り難し
壹者之來　俾我祇也　　壹たびは之れ來れ　我をして祇んぜしむ
伯氏吹壎　仲氏吹篪　　伯氏壎を吹かば　仲氏篪を吹く
及爾如貫　諒不我知　　爾《なんぢ》と貫の如し　諒に我を知らざるか
出此三物　以詛爾斯　　此の三物を出だして　以て爾《なんぢ》に詛はん
為鬼為蜮　則不可得　　鬼爲り蜮爲らば　則ち得可からず
有靦面目　視人罔極　　靦たる有る面目　人を視る極罔し
作此好歌　以極反側　　此の好歌を作りて　以て反側を極む（『詩経』小雅・彼何人斯、石川忠久『詩経』中）

この例の「彼何人斯」も「爾」に言い換えられ、一貫して相手を問いつめる口調によって整えられているのである。この詩を男性の無情を詰る女性の恋愛詩と解すれば、ここの「彼」が他ならぬ相手のことを指していることはいっそう明らかになる。従来の解釈のように、無理に第三者を想定しなくてもよい。

そして、次に挙げる例11は、おそらく聞き手の勢力範囲にあるものを指す指示詞の「彼」の用法である。

11：趙盾已朝而出、與諸大夫立於朝。有人荷畚自閨而出者、趙盾曰、「彼何也？夫畚曷為出乎閨？」呼之不至。曰、「子大夫也、欲視之則就而視之。」趙盾就而視之、則赫然死人也。趙盾曰、「是何也？」曰、「膳宰也。……」

（『春秋公羊傳』宣公六年）

趙盾已《すで》に朝《ちょう》して出で、諸大夫《しょたいふ》と朝《ちょう》に立つ。人の荷畚《ほん》を荷《にな》ひて閨より出づる者有り。趙盾曰はく、「彼《カレ》何ぞや。夫《か》の畚曷為《なんす》れぞ閨より出づるや」と。之を呼べども至らず。曰はく「子《し》は大夫なり。之を視《み》んと欲せば則ち就《つ》きて之を視よ」

と。趙盾就きて之を視れば則ち赫然《かくぜん》として死人なり。趙盾曰はく「是れ何ぞや」と、曰はく、「膳宰《ぜんさい》なり。……」と。
（『春秋公羊傳』宣公六年）

これは相手の担いでいるものを指して、「それは何ですか」と聞く場面であり、「彼」は指示詞として二人称的なものを指していると考えてよい例である。とすれば、指示詞の「彼」も必ずしももっぱら三人称に関わっているとは考えられないことになる。

このように、指示詞としての「彼」が二人称的なものを指すことができるということについて、まず考えられるのは、「我」に関わる「此」とそれに対する「非我」=「我」以外の人、つまり「非一人称」に関わる「彼」との対立である。そして、指示詞から人称代名詞に転用した「彼」についても、それが「我」や「己」とあい対して用いられるところからすれば、指示詞と同じく「非一人称」の代名詞として用いられているのではないかと考えられる。してみれば、上古時代の中国語の指示体系と人称体系においては、ともに「一人称対非一人称」の人称対立があったと考えられる。

このように、「彼」がもっぱら三人称を指すのではなく、意味的に一人称以外の対象、つまり二人称と三人称の両方を含んだ「非一人称」の指示詞とすれば、人称代名詞に転用した「彼」も同じく「非一人称代名詞」として用いられていたのであろうと考えられる。そして、このような「非一人称」を指す「彼」から、本来「彼」の意味として含まれていた「聞き手」の意味が文脈的に排除された場合、「彼」は即ちもっぱら第三者、つまり三人称の解釈を受けることになるのだと考えられる。「彼」が「非一人称」でありながら、三人称と解釈されるのもこうした文脈によるものと考えられる。古代中国語の三人称代名詞が成立する契機もここにあるのである。「彼」は「三人称」よりも、やはり「非一人称」として優先して考えなければならない。とすれば、三人称代名詞「彼」はそもそも「非一人称指示詞」から人称代名詞に転用されたものであり、ここにも「非一人称代名詞」から「三人称代名詞」へと変化するみちすじを見ることができる。このように考えることによって、次のような従来解釈の難しかった「彼」の例についても、新たな説明を与えることができる。

12：王曰、「大哉言矣。寡人有疾寡人好勇。」對曰、「王請無好小勇。夫撫劒疾視曰、「彼悪敢當我哉？」此匹夫之勇、敵一人者也。」（『孟子』梁恵王下）

王曰はく、「大《だい》なるかな言《げん》や。寡人《かじん》疾《やまい》有り、寡人勇を好む」と。対《こた》へて曰はく、「王、請《こ》ふ小勇を好むこと無かれ。夫れ剣を撫《ぶ》し疾視《しっし》して曰はく、「彼《かれ》悪《いづく》んぞ敢《あ》へて我に当らんや」と。此れ匹夫《ひっぷ》の勇、一人《いちにん》に敵する者なり。」

この場合、「彼」の指示対象として遠くに見える人を想定することはあるいは不可能ではない。しかし、「夫れ剣を撫し疾視して」とは、目をいからし、人をにらみつけることだから、相手ではなく、遠くにいる第三者に向けるのはやはり迫力に欠けるであろう。ここでは、一対一の場面における自足の表現として考えたい。

そして、次の例についても同じことが言える。

13：成覸）謂齊景公曰、「彼、丈夫也。我、丈夫也。我何畏彼哉？」（『孟子』滕文公上）

成覸《せいけん》齊《せい》の景公に謂ひて曰はく、「彼《かれ》も丈夫《じょうふ》なり。我も丈夫なり。吾何ぞ彼《かれ》を畏《おそ》れんや。」

この例の「彼」については、あるいは「尊貴」を指すといい、あるいは安井息軒『孟子定本』のように、遠くにいる「丈夫」を見て、それを指して「彼も丈夫なり、我も丈夫なり。」と言っていると解したり、あるいは皆川淇園『孟子繹解』のように「景公を」と訓んで、陰で「景公」のことを言っていると解釈したりしているように、これまでは様々な解釈がなされたところである。しかし、これも『孟子』（梁恵王下）の例と同じく、いずれも遠くにいる人を見て言っている言葉ではなく、直接相手に向けて「相手」を指して言っている言葉として理解する方がその場の雰囲気に合うのではないかと考えられる。我々は、上代日本語と中古語の「カレ」が人称的に三人称だけではなく、二人称をも指していた事実を知っているだけに、その可能性を敢えて否定しないでおきたい。

以上、上古時代の「彼」について「二人称」を指すと思われる例を見てきたが、時代は下って、二人称を指すより確かな用例は、梁・沈約（四四一～五一三）撰『宋書』と唐の時代の文献においてもはっきり指摘することができる。これは、おそらく「彼」がもともと「非一人称」の指示詞であり、「非一人称代名詞」に転用されていたからこそ、あり得た用法だと考えられる。次にその用例を挙げる。例文は董志翹「近代漢語指代詞札記」（一九九七年、以下董志翹（一九九七）と略す）による。

14：（又自上戯馬臺復遣使）至小市門曰、「魏主致意安北、遠來疲乏、若有甘蔗及酒、可見分。」時防城隊主梁法念答曰、「當爲啓聞。」
……法念以（托跋）燾語白世主、世主遣人答曰、「知行路多乏、今付酒二器、甘蔗百挺。聞彼有駱駝、可遣送。」（『宋書』張暢傳、董志翹（一九九七）より）（二人称・人・主格）
又自《みずか》ら戯馬臺に上り、復た使ひをして小市門に至らしめて曰はく、「魏主意を致して北を安せんとし、遠くより來たり疲乏す。若《も》し甘蔗、及び酒有らば分けらるべし」と。時に防城隊主梁法念答へて曰はく、「當《まさ》に啓聞を為すべし」と。……法念（托跋）燾の語を以て世主に白《もう》す。世主人《ひと》をして答へしめて曰はく、「行路に乏多きを知る。今、酒二器、甘蔗百挺を付さん。彼《かれ》に駱駝有ると聞く。遣送すべし」と。

15：（托跋）燾又送毡各一領、塩各九種、并胡豉、「凡此諸塩、各有所宜。……黄甘幸彼所豊、可更見分。」（『宋書』張暢傳、董志翹（一九九七）より）（二人称・人・主格）
（托跋）燾また毡各《おのおの》一領、塩各九種、并《あわ》せて胡豉を送る。「凡《およ》そ此の諸塩、各宜《よろ》しき所有り。……黄甘幸いに彼《かれ》豈かなる所、更に分けらるべし」と。

16：義恭餉肅炬燭十挺、世祖亦致錦一匹、曰、「知更須黃甘、誠非所吝。但送不足周彼一軍、向給魏主、未應便乏、故不復重付。」（『宋書』張暢傳、董志翹（一九九七）より）（二人称・人・所有格）

義恭、肅に炬燭十挺を餉《はなむけ》し、世祖もまた錦《にしき》一匹を致して曰はく、「更に黃甘を須《もと》むるを知る。誠に吝《りん》する所に非ざれども、但だ送るに彼《か》の一軍に周《あまね》くするに足らざるのみ。向《さき》に魏主に給ふも未だ應《まさ》に乏を便するべからず。故に復重《またかさ》ねて付さず」と。

17：往年可汗初有冊立、以我國家常爲勢援、諸蕃聞此、不敢動搖、是我有大惠於可汗、行陰德於彼國。（唐・張九齡『敕突騎施毗伽可汗書』、董志翹（一九九七）より）（二人称・人・所有格）

往年可汗初めて冊立有るとき、我が國家常に勢援を為すを以て、諸蕃此れを聞き、敢へて動揺せず。是れ我大惠を可汗に有し、陰德を彼《か》の國に行《おこな》ふがためなり。

18：【敕突厥可汗】内侍趙惠宗從彼還、一々口具、深慰遠懷。（唐・張九齡『敕突厥可汗書』、董志翹（一九九七）より）（二人称的な場所）

【突厥の可汗に勅《ちょく》す】内侍趙惠宗彼《かれ》より還《かえ》り、一々口もて具《つぶさ》にし、深慰遠懐す。

19：【敕金城公主】数有使來、聞彼安寧、差慰遙心、想所知也。（唐・張九齡『敕金城公主書』、董志翹（一九九七）より）（二人称的な人・主格）

【金城公主に勅《ちょく》す】数《しばしば》使ひの來たる有りて、彼《かれ》の安寧を聞き、差《やや》遙心を慰むるは、想ひて知る所ならん。

以上の数例はいずれも二人称そのものか、または二人称的な場所を指す「彼」の用例と考えて間違いない。「彼」ばかりではない。従来三人称代名詞とされてきた「伊」にも二人称を指す用例がある。次にその例を見てみよう。

20：勿學汝兄、汝兄自不如伊。（『世説新語』品藻、董志翹（一九九七）より）

汝《なんぢ》が兄《あに》を學《まな》ぶ勿《な》かれ。汝《なんぢ》が兄《あに》は自《おのずか》ら伊《なんぢ》に如かず。

21：徳宗至是大悟、因怒陸贄曰、「老獠奴、我脱却伊緑衫、便與紫着、又常呼伊作陸九。我任使竇参、方稱意次、須教我殺却他。及至權入伊手、其爲軟弱、甚於泥團。」（『太平廣記』巻二七五「上清」条、出『異聞録』、董志翹（一九九七）より）

徳宗是《ここ》に至りて大悟し、因《よ》りて陸贄を怒りて曰はく、「老獠奴、我伊《なんぢ》の緑衫を脱却し、便ち紫着を与ふ。又常に伊《なんぢ》を呼ぶに陸九と作《な》す。我竇参を任使し、方《まさ》に意に稱《かな》ふや、次《つ》いで、須《すべか》らく我をして他を殺却せしむべしとは。權伊《けんなんぢ》の手に入るに至るに及び、其の軟弱たること泥團よりも甚だし」と。

22：及明告別、其人怒去、更云、「夜來見伊獨處、令兒子往伴、打得幾死。」擧推其門、不可開、自隙窺之、積壤而已。（『太平廣記』巻三六六「馬擧」条、出『稽神録』、董志翹（一九九七）より）

明くるに及びて別れを告げ、其の人怒りて去るに更に云ふ、「夜來伊《なんぢ》の獨り處《お》るを見て、兒子をして往きて伴《とも》にせしむるに、打ちて幾《ほと》んど死を得んとす」と。擧其の門を推すに、開くべからず。隙《すき》より之窺《これうかが》ふに、壌《つち》を積むのみ。

董志翹（一九九七）の挙げた用例については、概ね「二人称」を指す用法として異論があるまい。そして、我々は、「伊」については、さらに次の一例を追加できよう。

23：師、至晩上堂、擧前因縁。黄檗便問、故人錯祇對一轉語、堕五百生野狐身、轉轉不錯合作箇甚麼。師云、近前來與伊道。黄檗遂近前、與師一掌。師拍手笑云、將謂胡鬚赤、更有赤鬚胡。（『無門關』百丈野狐）

師、晩に至るや堂に上《のぼ》り、前《さき》の因縁《いんねん》を擧《あ》ぐ。黄檗便ち問ふ、「故人祇《ただ》一轉語に対《こた》ふるを錯《あやま》り、五百生の野狐身に堕つ。轉轉錯らず合作《がっさく》（箇）甚麼《なに》」と。師云ふ、「近前して來れば伊《なんぢ》と道《い》はん」と。黄檗遂に近前し、師に一掌を与ふ。師手を拍きて笑ひて云ふ、「將《まさ》に胡の鬚《ひげ》赤しと謂《い》はんとするも、更に赤き鬚の胡有り」と。

これも紛れもなく百丈対黄檗という一対一の場面において用いられる二人称を指し示す「伊」の例である。これによって「伊」にも「非一人称代名詞」の過去があったことが窺われる。そして、このような「伊」は金・元・明の時代に作られた「曲」の台本にも数多く用いられているようである。[3]

一方、「彼・伊」に二人称を指す用例が観察されることについては、董志翹（一九九七）は、次のように述べている。

「伊」、「彼」、「渠」は上古ではみな指示代名詞であったのが、後に三人称代名詞に転じた。中古になると、また一様に二人称の用法が生じたが、一般的に対話の場面にあらわれるだけであった。これは上古時代の中国語の「之」、「其」がもともと指示代名詞であったのが、三人称代名詞に転じ、対話の場面でその場限りに二人称に応用した状況と類似する。なぜなら、対話の場面では、「伊」、「彼」、「渠」を用いて相手を指す場合、「爾」、「汝」、「你」より鄭重、婉曲に聞こえるからである。ちょうど現代日本語の「そちら」が相手を指す鄭重な表現として用いられるのと似ている。（「伊」、「彼」、「渠」在上古都是指示代詞、後來轉爲第三人称代詞。到了中古、又都産生了第二人称的用法、不過、一般都是出現對話的場合。這正與上古漢語中「之」、「其」原本都是指示代詞、後轉爲第三人称代詞、在對話環境中又可臨時活用爲第二人称的情況相類似。因爲在對話場合、用「伊」、「彼」、「渠」來稱呼對方、比直接用「爾」、「汝」、「你」顯得鄭重、委婉。正如現代日語的「そちら（那邊、那位）」亦可用來稱對方、而作爲第二人称的鄭重形式。）（三七五頁）

ここで注目したいのは、董志翹（一九九七）が、このような二人称を指す用法は先に成立していた三人称から生まれたものであり、二人称代名詞ではなく、三人称代名詞を用いて聞き手を指すのは、「鄭重、婉曲」といった修辞的な効果によるものだと解釈していることである。

これについては、まず、例21の「伊」（『太平廣記』巻二七五「上清」条、出『異聞録』）の例が、徳宗が臣下である陸贄を面罵している場面であり、「鄭重、委婉」の修辞的なニュアンスにほど遠いこと、そして、『無門關』（百丈野狐）の例からも「鄭重、婉曲」の語感は感じられないことを指摘すれば事足りる。このように、「鄭重、婉曲」のような修辞的な効果が認められない以上、先に成立した三人称を指す用法から二人称を指す用法が生まれたとする説明もあらためて問われなければならない。このような例を修辞的なニュアンスによって解することはやはり難しいようである。

ここで指摘しなければならないのは、董志翹（一九九七）のようにこれらの二人称の用法を「彼」の三人称の用法から一時的に転用されたものとすべきではなく、指示詞における「彼・此」の対立も、人代名詞における「彼・我」の対立も、等しく「二人称」と「三人称」との間に区別を設けない「一人称対非一人称」との人称対立を持つ人称体系の存在を前提にしていると考えなければならないことである。(4)

これらの用例を通じて「彼・伊」にあい対するものが他ならぬ「我」であることもそれを示唆していると考えられる。このように、「三人称」を指す用例と平行して、「彼」の二人称を指す用例が観察されることは、「彼」が三人称代名詞として成立するまでは「非一人称指示詞」として「非一人称代名詞」に転用された過去があったことを窺わせるのに十分である。とすれば、この非一人称代名詞としての「彼」は、遠く上古時代から、少なくとも中古時代にかけて続いたことになる。いわゆる「遠称」も決して「話し手から見て遠くにある」という物理的な距離によってではなく、「話し手に近い」ものと「それ以外＝非近（遠）」のもの、つまり「非一人称」を指すという意味で理解しなければならない。

第三項　上古時代の指示体系の概観

古代中国語の指示体系について述べる時に、まず注意しなければならないのは、上古時代の中国語は必ずしも一つの共時態として記述可能な均質性を持っていないことである。言い換えれば、上古時代の指示詞とは、時代的にも地域的にも相当の広がりを持っている、事物を指し示す一群の言葉の総称だということである。

まず、上古時代の指示詞を時代的に見てみると、少なくとも以下の四つの層に分けられる。

一、商代甲骨文字における指示詞（甲骨文）
二、西周時代の文献における指示詞（西周の青銅器の銘文、『詩経』の中の『大雅』、『小雅』、『周頌』）
三、戦国時代の諸子百家の著作における指示詞
四、秦から東漢までの文献における指示詞

そして、地域的には、『論語』における「是・斯」が魯語方言だとする黄盛璋「先秦古漢語指示詞研究」（一九八三年、以下黄盛璋（一九八三）と略す）より一歩進んで、『詩経』の国風に方言の影ばかりでなく、商代甲骨文字の指示詞と西周の文献の指示詞との間にそれぞれ商人言語（ＳＶＯ語順の言語とされる）と周人言語（ＳＯＶ語順とされる）という基層言語の違いを見ようとする洪波「兼指代詞語源考」（一九九四年、以下洪波（一九九四）と略す）もあるといった具合である。

このように、時代的には相当の広がりを持つ上古時代の指示詞について、今なお基本的な事実、たとえばいったい三分なのか、二分なのかについても一致した見解が得られていないのが現状である。こうした状況下においては、一口に上古時代の指示体系を云々するのは、危険を伴うであろう。

そこで、まず先に分けた四つの層にわけて上古時代の指示詞を見てみることにしたい。

商代甲骨文字における指示詞については、たとえば、管燮初『殷墟甲骨刻辭的語法研究』(一九五三年)をはじめ、「茲」と「之」を指示詞と認定しているのが通説になっているようである。これについては、史存直『漢語語法史綱要』(一九八六年)は、「茲」と「之」をともに「近称」としているが、郭錫良(一九八九)は、「遠近を区別しない指示詞」とし、洪波(一九九四)は、「茲・之」をそれぞれ「近称・遠称」としている。[5] 次の甲骨文字の例を参照されたい。

癸丑卜、争貞、我宅茲邑、大賓帝。若。三月。(『甲骨文合集』一四二〇六)

庚申卜、出貞、今歳秋不到茲商。二月。(『甲骨文合集』二四二二五)

貞　今日其雨?王占曰、疑、茲乞雨?之日允雨。三月。(『甲骨文合集』一二五三二正)

今夕雨?之夕允不雨。(『誠』一二七)(姚炳祺一九八二年論文より)

胡厚宣「釋茲用茲御」(一九三九年)によれば、甲骨文字の常用語「茲用」、「茲御」、「茲不用」、「茲毋用」などは、それぞれ「これを用いてトす」と「これを用いないでトす」の意であり、かかる用法は「之」にはないという。現前の対象を指すものと考えてよさそうである。そして、最後の二例の「之日允雨。三月。」と「之夕允不雨。」はそれぞれ占いの結果を後日記した甲骨文であり、すでに過ぎた日や夕べのことを「之日」、「之夕」と指しているのである。とすれば、「茲」が現前の場所や物のような知覚対象を指すのに対して、「之」が非現前の対象、多分に観念的な対象を指すものと考えられる。両者の違いは「知覚指示対観念指示」の対立である。そして、知覚対象と観念対象は未だ空間的・時間的遠近による区別がされていないと考えられる。その意味で、郭錫良(一九八九)のように両者の区別は遠近によるものではないとするのが卓見であり、姚炳祺「論『之』字」(一九八二年)のように「之」が「遠指」であるとするのには従いがたい。周秦時代に「之」が観念指示しかも近称を指す指示詞として用いられるところから見れば、甲骨文字における「茲」と「之」は「遠近」の別ではなく、おそらく「知覚対象」と「観念対象」の違いに対応していたと考えるのが穏当であろう。遠近の区別はやはり「彼」があらわれてからのことに属するものと考えられる。

すでに述べたように、「彼」は甲骨文字にはあらわれず、西周の金文にはじめてあらわれたものである。『説文解字』によると、「彼、往有所加也(彼、往きて加ふる所有る也)」という。「此」(『説文解字』では、「從止匕」(「止匕」に従う)という)が空間的な「ココ」の意味であるのに対して、空間的な移動を伴うものとされている(黄盛璋(一九八三)を参照)。

そして、意味的には両者がともに空間を表す言葉に語源を持っていることに関連して、音韻的には、遠称指示詞「彼」は否定を表す「非」との語源的な関係は、つとに清・王引之『經傳釋詞』(巻十)によって指摘されているところである。それによれば、「非」と「匪」があい通じ、さらに「匪」と「彼」があい通じるという。これは王力「中国文法中的繫辞」(一九三七年、以下王力(一九三七)と略す)において聞一多の説として一度紹介された他、管見の限り周法高(一九八七)が古代中国語の否定辞「非」は「不唯」の合音であるとして、甲骨文字における繫辞 copula「惟」の存在を立証するために触れた以外はほとんど注目されることがなかったようである。しかし、これは上古時代の指示体系を考える上できわめて示唆に富む考えである。

まず「匪」が遠称指示詞の「彼」に通じる例として、たとえば『詩經』に次のような例が見られる。

　莫高匪山　莫浚匪泉
　君子無易由言　耳屬于垣(『詩経』小雅・小弁)
　匪《か》の山より高きこと莫《な》く　匪《か》の泉より浚《ふか》きこと莫し

君子も言《げん》を易《か》ふること無し　耳垣《かき》に屬《つ》く（石川忠久『詩経』中）

このような「匪」の用例については、黄盛璋（一九八三）は、『詩經』にしか認められないとして、指示体系の歴史に関わる現象ではなく、あるいは方言ではないかと推測しているが、ここに挙げた「小雅」の例の他に、「檜風」以下少なくも三つの「國風」に「匪」の用例が見られ、「匪」を方言とするにはその分布が少し広すぎる嫌いがある。仮に方言であったとしても方言には歴史的に言語の古い用法が残されている可能性も考えられるので、ここでは、『詩経』にあらわれていることについて「匪」の古さを物語るものとして解したい。

因みに、周法高「論上古漢語中的繫辭」（一九八七年、以下周法高（一九八七）と略す）は「非」（=「不唯」）と甲骨文字の繫辞 copula「唯」との関係に注目しているが、ここでは、さらに一歩進んで、「非」（=「不唯」）と「匪（彼）」との関係はさらに近称指示詞「唯」と遠称指示詞「彼」との関係をも示唆していると考えられる。つまり、「唯」を近称指示詞として考えることによって、否定辞の「非（匪）」と平行して、指示詞の「近称」の「唯」の否定=「不唯」が「匪（彼）」という遠称指示詞の発生を示唆していると考えるのである。

もしこの「唯」が近称の指示性を持ったものとすることが許されれば、ここにいう「匪（彼）」の意味はまさに「不惟」つまり「近称」ではないところの「非近（遠称）」ということに他ならない。ここで考えられるのは、遠称「彼・匪（非）」は、近称「唯」からそれを否定することによって音韻的には「不唯」に、意味的には「非唯」（=「近・非近（遠）」）に対応して分化したのではないかということである。

甲骨文字における「唯」については、これまでもっぱら虚字と解されていたが、仮にそれが近称の指示詞から繫辞化したものだとすれば、甲骨文字における「唯」だけでなく、周秦時代の「唯」についても近称指示詞の「唯」の文法化によって説明することができる。そして、周秦時代の近称指示詞「是」が繫辞化したのも結局は同じプロセスとして考えられることになる（詳しくは拙稿（一九九九）を参照）。

そして、甲骨文字の時代から周秦時代にかけての古代中国語の指示詞における「近称（唯・此・是）」と「遠称（匪・彼・其）」との意味的な対立もまさにこのような「唯・此・是」に対する否定としての「匪・彼・其」にあったこともこの仮説を裏付けているように思われる。のみならず、古代中国語の指示詞「此・彼」と人称との関わりがとりもなおさず「此」の「一人称」に対する「彼」の「非一人称」という「一人称対非一人称」の対立であることも、これを人称との関連から裏付けるものとして注目したい。

一方、すでに本節一項「古代中国語の指示体系―研究史の概観」において述べたように、古代中国語の指示体系の「近・遠（指）」二分説に対し、馮蒸（一九八三）、郭錫良（一九八九）、洪波（一九九一）が相次いで三分説を唱えるに至って、二分説が一見否定されてしまったかに見えた。しかし、馮蒸（一九八三）と郭錫良（一九八九）が、「是」を、「近指（近称）」（「此」）と異なる「中指（中称）」としたことの根拠は必ずしも説得的なものではなかった。

「是」が「中称」ではないことは、たとえば次の二例によって明らかである。

平原君曰、……魏王使客将軍辛垣衍、令趙帝秦。今其人在是、勝也何敢言事。……平原君遂見辛垣衍曰、東国有魯連先生、其人在此。（『戦国策』趙策）

平原君曰く、……魏王、客将軍辛垣衍を使とし、趙をして秦を帝とせしめんとす。今其の人是《ここ》に在り。勝や何ぞ敢て事を言はん、と。……平原君遂に辛垣衍を見て曰く、東国に魯連先生有り。其の人此《ここ》に在り。（林秀一『戦国策』中）

楚人有渉江者、其劍自舟中墜于水、遽刻其舟曰、「是吾劍之所從墜。」（『呂覧』察今）

楚人に江を渉る者有り、其の劍舟中より水に墜つ。遽かに其の舟に刻みて曰はく、是《こ》れ吾が劍の從りて墜つる所なり、と。

この二例の「是」はともに現前の場所を指す用法であり、特に前の例では、「其人在是」と「其人在此」があい対して用いられ、後の例では、「是」が目の前の場所を指しているところから見れば、「是」は「中指（中称）」ではなく、「近指（近称）」と見て間違いなかろう。その意味で、洪波（一九九一）が「是」が「中指（中称）」であることを否定したのは正しいとしなければならない。しかし、「是」の代わりに、洪波（一九九一）が「若組」を「中指（中称）」としたことにまた問題が残っているようである。

因みに、洪波（一九九一）が「若組」が「中指（中称）」であることの根拠として、「則組」（近指）と「彼組」（遠指）との対立関係を挙げているが、挙げられた例文で見る限り、その対立関係は必ずしも成立しないようである。まず洪波（一九九一）の挙げた「若組」と「彼組」との対立を示す例から見てみよう。

○「若組」と「彼組」とがあい対して用いられる例

發彼有的、以祈爾爵。（『詩経』小雅・賓之初筵）

彼《か》の有的に發し、以て爾《なんぢ》の爵を祈れ。（石川忠久『詩経』中、一九九八年）

彼童而角、實虹小子。（『詩経』大雅・抑）

彼《か》の童にして角あるとせば、實に小子を虹す。（石川忠久『詩経』下、二〇〇〇年）

この二例のうち、最初の例の「爾」は「汝」の意に解すべきであり、最後の例の「而」は次の二例の「而」と同じく、主語と述語との間に用いられ、「〜にして」の意と考えてよさそうである。石川忠久（一九九八）と石川忠久（二〇〇〇）の理解と訓に従うべきである。

子産而死、誰其嗣之。（『左傳』襄公三十年）
子産にして死せば、誰か其れ之れを嗣がん、と。（鎌田正『春秋左氏伝』三）

子曰、人而無信、不知其可也。（『論語』為政）
子曰はく、人にして信無くば、其の可なることを知らざる也。（吉川幸次郎『論語』上）

先に見てきたように、「爾」も「而」もおそらく指示詞の用法から転じて、それぞれ二人称代名詞と接続詞になったのに違いないが、ここでは指示詞として解されることには抵抗を感じざるをえない。この例に限らず、全体的に洪波（一九九一）の認定した「若組」には二人称代名詞や接続詞との境界線がはっきりしないものが多いようである。異なる品詞同士の対立関係は仮に認められたとしても、もはや指示詞の「彼組」と「若組」との関係を立証するためには用いられないことは言うまでもない。

○「若組」と「彼組」とが連続して用いられ、それぞれ異なる指示対象を指す例

夫治之法、将日至者也。日以治之、日不什脩。知以治之、知不什益。而予官什倍、則此治一而棄其九矣。雖日夜相接以治若官、官猶若不治。此其故何也？　則王公大人不明乎以尚賢使能為政也。故以尚賢使能為政而治者、夫若言之謂也。以下賢不使能為政而亂者、吾若言之謂也。（『墨子』尚賢中）
夫れ治の法は、将に日に至らんとする者なり。日に以て之を治むれども、日は什脩せず。知は以て之を治むれども、知は什益せず。而して官を予ふること什倍すれば、則ち此れ一を治めて其の九を棄つ。日夜相接して以て若《こ》の官を治むと雖も、官は猶ほ治めざるが若し。此れ其の故は何ぞや。則ち王公大人賢を尚び能を使ふを以て政を為すことを明にせざればなり。故に賢を尚び能を使ふを以て政を為して治まる者は、夫《か》の若《こ》の言の謂なり。賢を下し能を使はざるを以て政を為し

て乱るる者は、吾が若《こ》の言の謂なり。（山田琢『墨子』上）

この場合の「夫」は、「吾若言之謂也」の「吾」と対比して用いられているので、「遠指（遠称）」の「夫」と見て間違いなさそうである。しかし、「若」を指示詞と見ることには若干疑問が残る。例えば、「夫若」、「吾若」だけでなく、後に引く『墨子・魯問』のように、「此若」の形でも用いられているところからすれば、「若」には指示詞としてよりも指示機能の低下による「虚辞」の色合いが濃厚である。実際、先行文脈を遡ってみると、「夫」の指示対象と思われる内容（「古者聖王唯毋得賢人時使之……故古者聖王之爲政若此」の節）は四節を隔てた前に確認できたが、「若」の指示対象と思われる内容はついに発見できなかった。どうやら「夫若」の指示対象は、洪波（一九九一）のいうように、それぞれ異なる指示対象を指すものではなく、「若」には指示対象がなく、「夫」に付随し「虚辞」として働いているようである。因みに、山田琢（一九七五）では、「夫若」は「夫《か》の若《こ》の」と、「吾若」は「吾《わ》が若《こ》の」と訓まれているが、これは一考の余地がある。私見によれば、それぞれ「夫若《か》の」と「吾若《わ》が」と訓むべきである。

仮に一歩譲って、「若」を指示詞と認めたとしても、その指示対象は「夫」と同じ内容を指すと考えざるを得ない以上、「若」と「夫」の間にはやはり対立関係を認めるのが難しいようである。

○「則組」と「若組」があい対して用いられる例

帝命率育、無此彊爾界、陳常于時夏。（『詩経』周頌・思文）

帝率て育せしむ　此《こ》の彊と爾《か》の界と無く、時《こ》の夏に陳き常れ。（石川忠久『詩経』下）

ここでは、「此彊爾界」のように、「此」と「爾」があい対して用いられているが、これによって、「爾」を、「此」とは異なる「中称」とするのは短絡的過ぎるであろう。何故なら、先に見たように「彼組」と「若組」の対立関係が成立しないとすれば、「近称」にあい対するのは他ならぬ「非近（遠）」と考えるのが自然だからである。これによって「若組」と「則組」との「対立関係」を「中称対近称」と立証するのは当を失しているようである。

○「則組」と「若組」が連続して用いられ、それぞれ異なる指示対象を指す例

子墨子謂魯陽文君曰、「世俗之君子、皆知小物而不知大物。今有人於此、窃一犬一彘、則謂之不仁。窃一国一都、則以為義。譬猶小視白謂之白、大視白則謂之黒。是故世俗之君子、知小物而不知大物者、此若言之謂也。」（『墨子』魯問）

子墨子、魯陽の文君に謂ひて曰く、世俗の君子は皆小物を知つて大物を知らず。今此に人有り、一犬一彘を窃めば、則ち之を不仁と謂ふ。一国一都を窃めば、則ち以て義と為す。譬へば猶ほ小さく白を視て之を白と謂ひ、大きく白を視れば則ち之を黒と謂ふがごとし。是の故に世俗の君子は小物を知つて大物を知らずとは、此《こ》若の言の謂なり、と。（山田琢『墨子』下）

この場合の「此」は直前の「是故～者」を指しており、「若」はそれよりも前にある文脈を承けているとは考えられない。そして、「此」と「若」の関係も先の「夫若」同様、「此」を指示詞とし、「若」を「虚辞」とすべきであろう。仮りに「若」を指示詞としても、その指示対象はやはり「此」と同じ内容以外には考えられない以上、この場合の「若」も一義的に「近称」に対する「中称」と解釈することができない。

○「則組」と「若組」が連続して用いられ、同じ指示対象を指す例

管子対曰、五戦而至於兵。桓公曰、此若言何謂也？（『管子』軽重）

管子対へて曰く、五戦して兵に至る、と。桓公曰く、此《こ》の若《なんぢ》の言は何をか謂ふや、と。（遠藤哲夫『管子』下）

この例についても、「此」も「若」も、管子の言った言葉を指しているとすれば、管子の言った言葉を「近称」といわゆる「中称」の両方で同時に指すということになる。しかし洪波（一九九一）のように、「若」も「此」と同じ指示対象を指すと解釈するのは誤解であろう。「若」は相手管子を指す二人称代名詞と解するのが自然である。とすれば、「此」も「若」も同じく「言」にかかっており、「このあなたの言い方」という意に解すべきである。

以上は、洪波（一九九一）の挙げた、「若組」と「彼組」、「則組」（近称）との対立関係を示す例であるが、洪波（一九九一）の問題点は、次に見るような「若組」と「其組」との対立関係を示す例の場合、いっそうはっきりする。

○「若組」と「其組」が連続して用いられ、同じ指示対象を指す例

公子翬諂乎隠公、謂隠公曰、「百姓安子、諸侯説子、盍終為君矣。」隠公曰、「吾否。吾使修塗裘、吾将老焉。」公子翬恐若其言聞乎桓公、於是謂桓曰、「吾為子口隠矣。」（『春秋公羊傳』隠公四年）

公子翬隠公に諂《へつら》ひ、隠公に謂ひて曰はく、「百姓《ひやくせい》子《し》を安《やす》んじ、諸侯子《し》を説《よろこ》ぶ。盍《なん》ぞ終《つい》に君《きみ》たらざる」と。隠公曰はく、「吾否《しから》ず。吾塗裘を修せしめ、吾将《まさ》に老いんとす」と。公子翬、其の言の桓公に聞こゆるを恐若《おそ》れ、是《ここ》に於《おい》て桓に謂ひて曰はく、「我子《し》が為に隠に口《くち》す。隠曰はく、『我反《しりぞ》かざるなり』」と。

この場合の「若」も指示詞とするよりは、「私來一執手、恐若墜諸溝」（元稹『元氏長慶集』巻二・陽城驛）同様、虚辞化したものとすべきであろう。「若組」と「彼組」、「則組」、「其組」との対立関係だけではない。次の例のように、「若組」と「是組」との間の「対立関係」も決して「若組」が「中指（中称）」であることを示してはいない。

○「若組」と「是組」があい対してあらわれる例

因是謝人、以作爾庸。（『詩経』大雅・崧高）

是《こ》の謝人に因りて、以て爾《なんぢ》の庸を作らしむ。（石川忠久『詩経』下）

この例の「爾」は「汝」という意味に解すべきであろう。

一、偏棄之、謂而固［因］是。説在因。（『墨子』経下）

一、之を偏棄し、而して固より是なりと謂ふ。説は因に在り。（山田琢『墨子』下、一九八七年）

山田琢（一九八七）のように、この例の「而」を積極的に「而して」と訓むには若干抵抗を感じるが、かといって、指示詞として訓む根拠も、洪波（一九九一）のように、文意によって「固」を「因」に改めている限り、あまり積極的なものとは言えない。いずれにせよ、本文に問題があるため、用例としては確かなものとは言いがたい。

仮に一歩譲って、ここに挙げられた「爾（而）」を指示詞として解することができるとしても、「若組」と「彼組」との対立関係が成立しないこと、「是」が先に見たように「近指（近称）」であることを考慮に入れれば、「是」と「爾・而」との間に認められるような「対立関係」も、「爾（而）」は、「近指（近称）」の「是」に対する「遠指（遠称）」として考えるのが自然ではないかと考えられる。

○「若組」と「是組」が連続して用いられ、同じ指示対象を指す例

朕教汝于棐民彝。汝乃是不蘉、乃時惟不永哉。（『尚書』洛誥）

朕汝に棐民彝を教ふ。汝乃し是《これ》を蘉めずんば、乃ち時れ惟れ長からざらんかな。（加藤常賢『書経』上、一九八五年）

この例についても、加藤常賢（一九八五）のように、「乃是」の「乃」を「もし」の意に解し、「乃時」の「乃」を指示詞ではなく、判断を表す「すなわち」の意とするのが妥当であろう。因みに、ここでは、「惟」は「これ」と訓んでいるが、これは漢文訓読の慣用的な訓に従っているだけで、この「惟」もすでに判断を表す繋辞と見るべきであろう。

以上のように、洪波（一九九一）が挙げた、「若組」と「則組」、「若組」と「彼組」との間の対立関係を示す例がすべて適格なものとは言いがたいことが明らかになった。同じように、「若組」と「其組」、「若組」と「是組」との間の関係を示す例も同じく適格なものではないとすれば、結局洪波（一九九一）の認めた「中指（中称）」（「若組」）がすべて成立しえないことが明らかであろう。

私見によれば、やはり「若組」は「遠指」とすべきであって、古代中国語の指示詞の「遠指・近指」による二分説は容易に否定されるべきではないようである。

ここで、上古時代の指示詞を整理してみると、次のようになろう。

近指：則（即）・茲・此・斯（いわゆる「則組」）
　　是（實、寔）、時、之（いわゆる「是組」）
　　爰・焉（いわゆる「爰組」）
　　惟（維、唯、雖）（いわゆる「惟組」）

遠指：彼（匪）・夫（いわゆる「彼組」）
　　伊（繄）（いわゆる「伊組」）
　　厥（其）（いわゆる「其組」）
　　若（如、女、汝）・爾・而・然・乃（いわゆる「若組」）

問題は、このように分けた「近指」と「遠指」における各組の指示詞間の区別がどこにあるかである。以下、「其組」、「是組」、「若組」の順に見ていきたい。

一、「其組」と「是組」

「其」そのものは甲骨文字にもあらわれているが、甲骨文字の「其」は一般的に指示詞ではなく、語気詞（疑問副詞）であり、周秦時代の「其」とは無関係とされている（管燮初（一九五三）、郭錫良「漢語第三人称代詞的起源和發展」（一九八〇年、以下郭錫良（一九八〇）と略す）、洪波（一九九四）等）。周秦時代の「其」がチベット語のgjiと同根の語であるとする兪敏「漢語的『其』和藏語的gji」（初出『燕京學報』第三七期、一九四九年、以下兪敏（一九四九）と略す）も、甲骨文字の「其」のことについては言及していないので、チベット語のgjiと同根関係が認められるのは、あくまで周秦時代の文献にあらわれた指示詞と虚辞の「其」であって、甲骨文字の「其」ではないようである。しかし、甲骨文字の「其」と周秦時代の「其」とは果たして語源を別にするものであろうか。これは一考を要するところである。ここでは、両者の連続性を窺わせるような現象について二三触れるに止める。

　まず、甲骨文字において「玆」と「之」という二つの指示詞が認められ、「其」は「今夕其雨?」のように疑問副詞（語気詞）とされているが、いわゆる疑問副詞から指示詞の「其」が派生することも、またはその逆も十分ありうることが挙げられよう。そして、周秦時代の指示詞のうち、主に観念指示に用いられる「是（之）・其」は依然格caseに関して相補的な分布を示しており、そこに認められる「是組（「是」と「之」）と「其組」との格分布（「是組」（「是」と「之」）は主格・目的格に、「其組」は所有格に用いられる）がちょうど周生亜「論上古漢語人称代詞繁複的原因」（一九八〇年）が明らかにした殷方言の人称代名詞「一人称　余（予）（主格・目的格）・朕（所有格）」対「二人称　女（汝）（主格・目的格）・乃（所有格）」に一致することも、殷方言と周秦時代の文献における指示体系との連続性を示す現象として指摘することができる。因みに、先に指摘した甲骨文字の「之」と周秦時代の「之」について、同じく観念指示として一貫していることも両者の間の関係を示唆していると考えられる。

因みに甲骨文字と周秦時代との間には、おそらく「知覚指示対観念指示」の「茲・之」から、「遠・近」の区別に対応する知覚指示の「此・彼」対観念指示の「是（之）・其」という二重の二者関係を持つ指示体系への史的変化があったものと考えられる。こうした体系の変化の中で、もともと距離の遠近に関与しなかった観念指示の指示詞が格標識としての機能の後退に平行して、知覚指示の用法に浸透しはじめたと考えられる。そして、距離の「遠・近」による再解釈が行われたのではないかと推測される。周秦時代には、もともと観念指示であった「是」がすでに近称として再解釈されるようになったことは次の例に徴して明らかである。

楚人有渉江者、其劍自舟中墜于水、遽刻其舟曰、「是吾劍之所從墜。」（『呂覧』察今）
楚人に江を渉る者有り、其の劍舟中より水に墜つ。遽かに其の舟に刻みて曰はく、是《こ》れ吾が劍の從りて墜つる所なり、と。

対して、「其」は「是」の「近」に対する「非近（遠）」の指示詞（「遠指（遠称）」として再解釈が行われ、たとえば次のような二人称を指す「其」の用例が生まれたのではないかと考えられる。

叔向見司馬侯之子、撫而泣之、曰、「自此其父之死、吾蔑與比而事君矣。昔者此其父始之、我終之、我始之、夫子終之、無不可。」（『国語』晋語）
叔向司馬侯の子を見て、撫でて之に泣きて、曰く、此の其《そ》の父の死してより、吾與に比して君に事ふる蔑し。昔は此の其《そ》の父之を始めて、我之を終へ、我之を始めて、夫子之を終へ、可ならざる無かりき、と。（大野峻『国語』下）

因みに、兪敏（一九四九）は、「彼其」、「夫其」の「其」を「那個、那辺児」（あの、あちらの）、または「他的」（あの人の）と解して、「彼」と「夫」に付く接辞のように考えているが、この場合の「此其」の「其」は明らかに目の前にいる相手司馬侯の子を指しているのである。従って、ここでは、「此其父」とは「此の父」の意でなく、正に「このあなたの父親」という意に解すべきであろう。そして、後の時代には指示詞の「其」から「渠」という人称代名詞が派生しているが、この「渠」が一人称ではなく、二人称又は三人称を指していたことからすれば、この「其」も基本的に「是」の近称に対する「遠称」ではないかと考えてよさそうである。

二、「若組」

「若組」の、「爾」、「若」、「然」については、段玉裁『説文解字』が、「然、通假為語詞、訓為「如此」、「尓」之轉語也」（火部）と解釈しているのをはじめ、楊樹達『高等国文法』、王力『中国語法理論』において、「此の如く」、「このように」、「そのように」と解釈されている。ここでは、「若組」に含まれている同源字のうち、「汝、女」は言うに及ばず、「然、如」を除けば、周秦時代の文献では「爾」、「若」、「乃」がすべて二人称代名詞としても用いられていることから考えれば、おそらく「遠指（遠称）」を指していたと見て間違いなさそうである。すでに「彼」について見たように、このような「近・非近（遠）」の対立をなす指示体系においては、いわゆる「遠称」は人称的に「非一人称」を指すものであってみれば、「若組」は、この非一人称の指示詞のうち、特に聞き手に関わるものを指していたと考えられる。少なくともこのように見ることによって、この「若組」において「女（汝）」、「爾」、「乃」のように二人称代名詞に転じたものが多いことも、現代語の遠称指示詞「那」が語源的に「爾」に関連付けられることも頷けよう。[6]「若組」に対して、「彼」は同じ非一人称でも多分に話し手と聞き手の両方にとって共通に「遠」に属する指示対象に傾いているといえる。

ここで、上古時代の指示体系の全体について、概観を示すと、次のようになる。

まず、甲骨文字における指示詞は、「茲」と「之」が観察されているが、これはおそらく「遠・近」による区別ではなく、現前の知覚対象を指す「知覚対象指示」(茲)と非現前の指示対象を指す「観念対象指示」(之)の対立と考えられる。「彼」は、音韻的には「唯」という近称指示詞に否定を加えた「不唯」として、意味的には「近」に対する「非近(遠)」を指す指示詞として分化されたものと考えられる。

そして、甲骨文字における「唯」の繋辞化に伴って、周秦時代の「近称指示詞」は「此」を中心に整理され、周秦時代には、指示体系は基本的に「此・彼」による「近・非近(遠)」に対応して、人称的には「一人称対非一人称」の人称対立をなしていたと考えられる。

一方、観念指示の指示詞「是組」(「爰組」)と「其組」については、周秦時代の文献において「是組」(「爰組」)と「其組」が基本的に先行する文脈の内容又は名詞句を、ある観念的対象として指示するのに傾いているところからすれば、これらの指示詞はもともと観念指示として用いられていた甲骨文字の「之」と関係付けられるかと思われる。

しかし、戦国時代と秦漢の時代の文献ではすでに「是」の繋辞化と「之」の助詞化に伴って、もともと所有格に用いられていた「其」も漢魏の時代以降、徐々に所有格以外にその用法を広げはじめ、ついにすべての格にあらわれるようになる。そして、観念指示から知覚指示にその用法が広がった「其」からは、人称代名詞「渠」が生まれた。この間、「其」は一貫して近称に対する遠称として用いられ、人称的には「非一人称」に関わっていたと考えられる。

このように、上古時代の指示体系はやはり「近指・遠指」の二元対立をなしていたと考えられるとすれば、人称的には「一人称対非一人称」の人称対立をなしていたと考えられる。古代中国語の人称体系も三人称代名詞が生まれるまでは等しく「一人称対非一人称」の人称対立をなしていたものと考えられる。これはもともと名詞だった「他」が「非一人称代名詞」を経て「三人称代名詞」に成長したことと、指示詞から人称代名詞に転用された「其(渠)・伊・彼」も、三人称代名詞として確立するまですべて「二人称・三人称」の両方を指す「非一人称代名詞」として用いられていたことによって裏付けられる。そして、「一人称対非一人称」の人称対立には、現代中国語の指示詞に至ってもなお「這・那」によって受け継がれているのである。

第二節　上代日本語の人称体系

上代語の人称体系については、従来の研究は大きく分けて、山田孝雄『奈良朝文法史』（一九五四年、以下山田孝雄（一九五四）と略す）のように、三人称代名詞を欠如とする立場と、佐伯梅友『國語史 上古篇』（一九三六年、以下佐伯梅友（一九三六）と略す）、濱田敦『古代日本語』（一九四六年、以下濱田敦（一九四六）と略す）、のように三人称代名詞の存在を認める立場に分れる。そのうち、前者の立場については、たとえば、山田孝雄（一九五四）は次のように述べている。

第三人稱の中稱には「し」といふと「そ」といふとあり。先づ「そ」よりのべむ。（中略）「し」はその意「そ」と似たることは著しけれど、稍異なる點ありと思はる。その事の説明は次に譲り、先づその用例をあげむとす。さて吾人はこれが用例としては僅に助詞「が」に接して或は連體格に立ち或は主格に立てる例を知るのみ。（中略）「そ」と「し」との區別は十分に明かならず。上の諸例を見れば、「し」は「が」にのみ接するによりて、先づ、外部的に區別ありと見ゆるが、その用法上より見れば、「し」の主格なるは人の指示に用ゐ、「し」の連體格なるは物の指示に用ゐたる慣例ありしにあらずやとも考へられざるにあらねど、これらは寧ろ偶然の現象に過ぎざるが如し。かくて、「そ」と「し」とは殆ど、區別を立て難く見ゆるが、或はこれらの間には新古の別あるにあらずやと思はる。即ち「し」は古くして稍廢滅に近づきたる詞なる證はその用法局せるにても知らるべく、平安朝時代以後にはこの「し」の活動殆どやみたるを見ても察せらるべきなり。されど、これらは十分に證明せらるべき材料を有せざれば、この區別は文獻上の論議としては未決の問題

なりとす。（七〇～七七頁）

ここで注意を要するのは、山田孝雄（一九五四）において、第三人称の中称としている「し」はいわゆる人称代名詞の謂いではなく、実質的には指示詞のことを意味することである。山田孝雄（一九五四）が指示詞を三人称の代名詞に属するものとして処理していることは、たとえば次の引用によって明らかである。

> 第三人稱は定稱と不定稱とに分れ、定稱更に近稱、中稱、遠稱の三に分る。（六四頁）

そして、上代語に三人称代名詞の存在を認める立場に立つのは、佐伯梅友（一九三六）、浜田敦（一九四六）と佐伯梅友『奈良時代の國語』（一九五〇年）である。たとえば、佐伯梅友（一九三六）は次のように述べている。

> 他稱（第三人稱）には、「し」というのがある。（用例略）
>
> 私がこの「し」を人代名詞の他稱と考へたのは、前の二例で見る如く、主語となる點を見たのである。一體代名詞の基本をなすと言はれてゐる語をよく見ると、「ア」「ワ」「ナ」「タ」等に對して、「コ」「ソ」「カ」等は明かな差のあることがわかる。それは單に「の」「が」助詞を取る場合に、一方は、「アガ」「ワガ」「ナガ」「タガ」といふやうに「が」をとり、他方は、「コノ」「ソノ」「カノ」といふやうに「の」をとるといふだけではなく、「が」をとる類の方は、
>
> うるはしと安我《アガ》思ふ妹（一五・三七二九）
> 大船を漕ぎ和我《ワガ》ゆけば（一五・三六二七）
> 奈我《ナガ》戀ふるそのほつたかは（一七・四〇一一）
> 誰《タガ》乗れる馬の足の音ぞ（一一・二六五四）
>
> といふやうに、主語となりうるけれども、「コ」「ソ」「カ」等にはこの用法がない。形は同じやうに見えても、

許能《コノ》照らす日月の下は（五・八〇〇）
曾能《ソノ》かなしきを外に立てめやも（一四・三三八六）
霍公鳥無かる國にも行きてしか其《ソノ》鳴く音を聞けばくるしも（八・一四六七）
等の「コノ」「ソノ」が、「照らす」「かなしき」「鳴く」等の主語であるとは言はれない。これらは唯「照らす日月」「かなしき」「鳴く音」を指示して「コノ」「ソノ」といつてゐるにとどまるのである。「カノ」については適當な例を見出さないが、これらと同じと思はれる。私はこの差が一を人代名詞、他を指示代名詞と區別する一根據でなからうかと思ふのである。（一〇七～一〇九頁）

以上見てきたように、上代語に三人称の代名詞を認める立場と認めない立場が截然と分かれているわけであるが、これは上代語の人称体系を考える上で重要な問題であるため、「シ」について少し詳しく検討することにしたい。

第一項　「シ」の場合

上代歌謡（荻原浅男・鴻巣隼雄校注『古事記・上代歌謡』日本古典文学全集、小学館、一九七三年）と万葉集（『補訂版萬葉集本文編』佐竹昭広・木下正俊・小島憲之校注、塙書房、一九九八年、検索には木下正俊校訂『萬葉集』CD-ROM版、塙書房、二〇〇一年を併せて用いた）によって、上代語の「し」の用例を調査すると、以下の一二例（その内訳は、『古事記歌謡』五例、『日本書紀歌謡』三例、『万葉集』四例）が認められる。

そして、「が」を介して連体修飾語に用いられる事物指示の例は、古事記歌謡・五八（三例）、七五、日本書紀歌謡・四一、七八、万葉集・四一九一、四二五四のように、八例見られる。

以下、古事記歌謡・五八と万葉集・四一九一、四二五四の例を引く。

つぎねふや山代河を河上り我が上れば河の辺に生ひ立てる烏草樹を烏草樹の木し（其）が下に生ひ立てる葉広ゆつ真椿し（其）が花の照り坐しし（其）が葉の広り坐すは大君ろかも（古事記歌謡・五八）

鵜川立ち取らさむ鮎のし（之）が鰭は我にかき向け思ひし思はば（万葉集・四一九一）

……秋の花し（之）が色色に見したまひ明らめたまひ酒みづき栄ゆる今日のあやに貴さ（万葉集・四二五四）

この三例の「し」はいずれも先行する事物を指し示す名詞を受けていることは明らかである。そして、人を指すもので主語に用いられる例は、古事記歌謡・一一〇、日本書紀歌謡・八〇、万葉集・九〇四、四〇九四の四例を数える。以下古事記歌謡・一一〇と、万葉集・九〇四、四〇九四の例を挙げる。

大魚よし鮪突く海人よし（其）があればうら恋しけむ鮪突く志毘（古事記歌謡・一一〇）

……白玉の我が子古日は……さきくさの中にを寝むと愛しくし（志）が語らへば……（万葉集・九〇四）

……老人も女童もし（之）が願ふ心足らひに撫でたまひ治めたまへば……（万葉集・四〇九四）

これらの「シ」が先行文脈の人を指す名詞句を受けているばかりでなく、主語として用いられていることは言うまでもない。実際、佐伯梅友（一九三六）のように、万葉集・九〇四、四〇九四番歌の「シ」が主語になることを重視して、「シ」を他称（三人称）の代名詞としている（二〇八頁）見方もある。しかし、我々は、そうした事実を認めつつも、なお他の人称代名詞、「ア」、「ワ」、「ナ」、「タ」が同時に「～レ形」の語形を所有しているのに対し、「シ」がそれらの語形を持たないことを指摘する必要がある。

そして、上代語の「シ」をいったい三人称代名詞とすべきか否かについては、これは「シ」自身の問題と言うよりも、その語形からしておそらく「ソ系」指示詞との関連において考える方が妥当であろう。ここで注目したいのは、「ソ系」指示詞の「ソガ」という語形とその用法である。

まず、主語の例ではないが、古事記歌謡・一〇一番歌の例に、物を指す「ソガ」の用法がある。

倭のこの高市に小高る市のつかさ新嘗屋に生ひ立てる葉広ゆつ真椿そ（曾）が葉の広り坐しその花の照り坐す高光る日の御子に豊御酒献らせ事の語り言も是をば（古事記歌謡・一〇一）

そして、時代が降っては『竹取物語』に名詞が後続する例が、『土佐日記』に人を指す主語の例が見える。

「大伴の大納言殿の人や、船に乗りて、龍殺して、そが頸の玉とれるとや聞く」と、問はするに、……（『竹取物語』十二）

昔、土佐といひける所に住みける女、この船にまじれりけり。そがいひけらく「昔、しばしありし所の名たぐひにぞあなる。あはれ」といひて、よめる歌、

　年ごろを住みし所の名にしおへば来寄る波をもあはれとぞ見る

とぞいへる。（『土佐日記』八）

このような「ソ（ガ）」の例はそれ以降絶えて見られなくなったようである。それでも、「シガ」よりかなり後の時代まで用いられていたのである。上代語における「ソ系」指示詞が、「ソガ」以外にも「～レ・～ノ・～コ」などの語形を取り揃えていたのに対し、「シガ」はそのいずれの語形をも持たなかったことを考えれば、「シガ」の生産性はきわめて低

いと言えよう。そして、他の人称代名詞と比較しても、たとえば「ア」、「ナ」、「タ」のように「～レ形」の語形を持つことはなかったことを考え合わせれば、上代語における「シ」は語形用法ともに成長が止まった感が強い。

全体的に、上代語のわずかな「シ」の用例がすべて先行名詞句を承けているなど、「ソ系」指示詞と軌を一にしていながらも、上代語にとってはもはや過去の存在と見て大差はあるまい。その語形と言い、用法と言い、すべてが「ソガ」に重なっており、しかも両者の間は新旧による交替関係にあったと思われることからすれば、その品詞はやはり指示詞とするのが妥当であろう。

このように、「シ」を品詞的に指示詞とすれば、その人称代名詞的な用法はあくまでも指示詞の人称代名詞への転用であり、上代語には「三人称代名詞」が欠如していたことになる。しかし、ここでなお問題として残るのは、「シ」と人称体系とはいったいどう関わっていたかである。これを考える手がかりは上代語の人称代名詞に転用された「カレ」と、上代語の「ソ系」指示詞の双方から得られる。

上代語の「カレ」の用法については、次の二例はきわめて示唆的である。

誰そかれ（彼）と我をな問ひそ九月の露に濡れつつ君待つ我を（万葉集・二二四〇）

誰そかれ（彼）と問はば答へむすべをなみ君が使ひを帰しつるかも（万葉集・二五四五）

この二例のうち、万葉集・二二四〇番歌が二人称を、万葉集・二五四五番歌が三人称を指すことは第三章第二節第四項（三）「『カ系』と人称」において論じたところである。ここでは、上代語の「カレ」の指示対象に二人称的なものと三人称的なものが共存していたのは、二人称と三人称とはまだ未分化のまま融合していたためであり、この時代の指示体系はまだ「一人称対非一人称」の対立をなしていたためと考えられること、この人称の対立は人称代名詞へ転用した「カレ」だけでなく、中古語の「アレ」においても同じであること、いわゆる「遠称」とは実は「非一人称」であったことを再確認するに止めたい。

因みに、「シ」と語形的に最も近いと思われる「シカ」を含めて「ソ系」指示詞と人称体系との関わりについても、その指示対象が二人称的なものと三人称的なものに渉っていたため、「カ系」指示詞同様、正に「非一人称」に関わっていたことも第三章第二節第四項「上代語の指示詞と人称との関係」に述べた通りである。

以上のように考えると、「シ」の人称代名詞に転用した用例も、もっぱら「三人称代名詞」として用いられていたとは考えにくく、むしろ、「ソ系」指示詞同様、「非一人称代名詞」として用いられていた蓋然性が高いのではないかと考えられる。そして、上代語の指示体系のみならず、人称体系もこのことを示唆している。上代語の指示体系のみならず、人称体系自体も「一人称対非一人称」の対立をなしていたことを窺わせる現象が「きみ」に見いだされるからである。

第二項　「キミ」の場合

上代語の人称代名詞として用いられていたものに、「キミ」という語がある。「キミ」は平安時代以降「二人称代名詞」として用いられるようになるが、上代語においては、二人称だけではなく、三人称をも指していたようである。

あかねさす紫野行き標野行き野守は見ずやきみ（君）が袖振る（万葉集・二〇）

沖辺より満ち来る潮のいや増しに我が思ふきみ（支見）がみ舟かもかれ（万葉集・四〇四五）

万葉集・二〇番歌の例は歌を送られた人、つまり歌を交わすその相手を指すと解釈するのが自然であろう。とすれば、これは二人称を指す例と見て間違いあるまい。

一方、万葉集・四〇四五番歌の「キミ」はまさに「あの人」と解すべきものであり、後に続く「かれ」同様、三人称を指す例であることは明らかである。因みに、『万葉集』における「キミ」の用例を調べると、二人称を指すと思われる例が圧倒的に多く、あとは三人称の例が百例弱、どちらとも言いがたい例も相当数ある。

ここで注目したいのは、上代語の「キミ」に二人称的な指示対象と三人称的な指示対象の両方を指示していたということは、ちょうど「カレ」において見られた現象と平行することである。「キミ」の指示対象に、二人称的なものと三人称的なものが共存しているということは、指示詞から転用された「カレ」のみならず、名詞から人称代名詞として成長しつつある「キミ」においても、未だ「二人称」と「三人称」が未分化のまま融合していたこと、つまり指示体系のみならず、上代語の人称体系そのものも「一人称対非一人称」の構造をなしていたことのあらわれと見ることができる。

指示詞「カレ」の人称代名詞への転用もあくまで「非一人称」としてであり、「カレ」が三人称代名詞として成立するまでは、「非一人称代名詞」の段階があったと考えられる。こうして見ると、第三章において示した上代語の指示体系が「一人称対非一人称」の対立をなしていたことも強ち故無しとしない。それは「一人称対非一人称」の構造をなす人称体系のもたらすところの、いわば当然の結果に他ならない。

ここにおいて、我々は上代語の指示体系だけでなく、人称体系も、「一人称対非一人称」という、話し手を中心として、その圏内とそれ以外という「自・他」の対立による主観的なものであったことにあらためて気づく。

そして、「キミ」が二人称代名詞として成立するまでに、「非一人称代名詞」として用いられていたことは、指示詞「カレ」の人称代名詞への転用はあくまでも「非一人称」という人称としてであり、「カレ」が三人称代名詞として成立するまでは、「非一人称代名詞」の段階があったことと軌を一にする現象である。上代語における「キミ」も実は「非一人称代名詞」であったのである。これは上代語の指示体系に関する第三章の仮説にとって、有力な傍証となる。

このように考えると、「キミ」において二人称的な用法と三人称的な用法の境界がはっきりしないのも、実際の場面を正確に把握することが困難なことよりも、このような人称体系の然らしむるところではないかと考えられる。

このように、上代語の人称体系を「一人称対非一人称」の対立として考える場合、我々は、さらに他にもいくつかの関連する現象にあらためて気づかされる。その一つは、上代語の「ヒト」という語の人称代名詞の用法である。

第三項　「ヒト」の場合

上代語の「ひと」という語については、『時代別国語大辞典・上代編』では次のように記述している（例文は略す）。

ひと【人】（名）
①人間。人。
②人々。世間の人。
③ある人。ある個人。形式名詞として用いる。
④他人。
⑤自分のことを、一般化して言う。誰かから見ての他人。再帰代名詞的なもの。
⑥一人前の人。成人。
⑦意中の人。恋人。

次に、用法②、③、④の例を一例ずつ次に挙げる。

か行けばひと（比等）に厭はえかく行けばひと（比等）に憎まえ老よし男はかくのみならしたまきはる命惜しけど

せむすべもなし（万葉集・八〇四）（②の例）

雪の色を奪ひて咲ける梅の花今盛りなり見むひと（必登）もがも（万葉集・八五〇）（③の例）

……娘子壮士の行き集ひかがふ嬥歌にひと（他）妻に我も交はらむ我が妻にひと（他）も言問へ……（万葉集・一七五九）（④の例）

以上の辞書的記述から、「ヒト」という一般名詞がその基本的な用法①を元に、次第に②の「人々」という複数の意味と、ある人、ある個人という意味③を経て、他人という意味④へと用法が広がっていく意味派生のプロセスが読み取れる。しかし、①から②までの意味派生が「ヒト」の人間という意味から不特定多数の人間＝人々という、いわば自然な派生であるのに対し、②や③から④は特定の個人という異なる方向の意味派生と言える（⑤は用法④を前提とするものであり、⑥は用法①に直結する。⑦はむしろ③に見られる用法の定性に優れたものと言えるが、ここでは直接触れない）。

では、何故「ヒト」に他人という意味が派生しえたのか、「他人」という意味の「ヒト」は三人称代名詞の欠を補うものとして、如何なる機能を果たしていたのであろうか。手がかりとなるのは、古代中国語の「人」という語である。古代中国語の「人」の用法は色々あるが、その重要なものを要約すると、およそ以下のようになろう。

① 人間。人。
② 人々。世間の人。
③ ある人。ある個人。
④ 他人。
⑤ 一人前の人。成人。

⑥　人民。百姓。
⑦　人為的。人工的。
⑧　人の世。
⑨　人手。

である。このうち、まず注目されるのは、上代日本語の「ヒト」の用法のうち、⑤を除けば①〜④までと⑥にはすべて古代中国語の「人」に対応する用法が求められることである。このうちのどれが日本語の「ヒト」のもともとある意味であり、どれが中国語の「人」の意味を自らのものとして含んでいるのかということについても興味深い問題であるが、それには深入りせずに、とりわけ④番の「他人」という意味の用法をめぐって古代中国語の「人」と上代語の「ヒト」が対応しているという事実に注目したい。
以下の「人」の用例を参照されたい。

「人之有技、若己有之。」（『書經』秦誓）
人《ひと》の技有るは、己之《おのれこれ》を有するがごとし。

「辭者、舌端之文、通己於人。」（『文心彫龍』書記）
辭とは、舌端《ぜったん》の文《ぶん》もて、己《おのれ》を人《ひと》に通ずるなり。

この二例の「人」がそれぞれ「他人」の意であることは言うまでもないが、「人」が「己」に対するものとして用いられていることは、両者は対概念として人称を二分する限りにおいて、「一人称対非一人称」の対立を前提にしていることは明らかである。「他人」という意味の「ヒト」についても、それが二人称とも三人称とも決せない、むしろ両者を積極的に包含するところの「非一人称」としてあれば、もう一方の極にはおそらく「一人称」があることを十分予想できる。現に、先に引用した、「娘子壮士の行き集ひかがふ嬥歌にひと(他)妻に我も交はらむ我が妻にひと(他)も言問へ(万葉集・一七五九)(④の例)」の中に、我々は「ヒト(他)」とともに「我《わ》」(原表記「吾」)を見いだすことができる。

ここにおいて、「非一人称」の存在とともに上代語の人称体系における「自・他」の対立の存在もいっそう現実味を帯びてくることになる。そして、この対立の存在は、『万葉集』における「他」の訓法と、『遊仙窟』の諸本の「他」が「ヒト」と訓まれていることによっても裏付けられる。

因みに、管見の限り、古代日本語の人称体系における「自・他」の問題に最初に言及したのは春日政治『西大寺本金光明最勝王經古點の國語學的研究』(一九四二年)である。そこでは、「人代名詞に自字と他字とがある(一一一頁)」として、次の例を挙げている。

復次善男子、一切諸佛利益自他至於究竟、自利益者是法如如、利益他者是如如智、能於自他利益之事而得自在、成就種種無邊用。(二三の九〜一二)

復次善男子、一切の諸佛は自他を利益して、〔於〕究竟に至(い)タシタマヘリ。自利益といふは〔者〕是レ法如如なり、利益他といふは〔者〕是レ如如智ナリ。能ク自他の利益の〔之〕事に於て、而も自在を得たまへリ。種々の無邊の用を成就(し)たまへリ。

そして『金光明最勝王經』の「自」と「他」には一つも仮名付けがないので、何と読むのか明らかでないとしながらも、

自は名義抄にはワレ・コレ、字鏡集にはワレ・ミ・コレと訓み、他字は名義抄・字鏡集ともカレ・ヒトと訓んでゐる。(一

一一頁）（中略）

ワレ・ヒトと對應させることも、後には見えることであるし、ミとヒトと對應させることも必ずしも不可能ではない。しかし萬葉集に於ては、自妻《オノヅマ》と人妻《ヒトヅマ》とを對比させてゐるのを見ると、オノレとヒトとで呼ぶことも可能であろうと思ふ（一一二頁）

と、「自他」の対立による人称体系を示唆する。しかし、『類聚名義抄』を検するに、

彼　カレ・カシコ・ソレ・ソコ（佛上三十九の四）

他　ヒト・カシコ・アタシ・ホカ・アタリ・ワタ（佛上三十二の六）

のように、「彼」には「カレ」の訓はあるが、「他」には「カレ」の訓が見あたらない。

一方の『字鏡集』については、何を参考したかは不明であるが、龍谷大学蔵本『字鏡集』、寛元本『字鏡集』、永正本『字鏡抄』はいずれも、彼と他（佗）に対し、「カレ」の訓を与えている。『類聚名義抄』と『字鏡集』の諸本との間には、「他」の訓法をめぐる相違があるが、これは、両者の成立の前後関係を物語るだけでなく、両者に反映された言語の時代の差でもあろう。

第四項　上代日本語の人称体系の概観

上代語の人称体系については、一人称代名詞としては、「ア」、「アレ」、「ワ」、「ワレ」が用いられ、二人称代名詞としては、「ナ」、「ナレ」、「ナムチ」、「マシ」、「イマシ」、「ミマシ」などが用いられる。人称代名詞のうち、「ナ」、「ナレ」

が親しいもの、目下のもの、場合によっては動物にも用いられるのに対し、「イマシ」はそれより少し丁寧な用法とされている。そして、「ナムチ」は本来尊敬の意を含んで用いられていた言葉とされ、「ミマシ」は「ナムチ」、「イマシ」、「マシ」の敬称として用いられるといわれる（『時代別国語大辞典・上代編』を参照）。

この中で、特に注目したいのは、二人称代名詞の語構成と語源である。上に挙げた二人称代名詞の語構成を見てみると、まず「ナ系列」と「マシ系列」の二つに分けることができる。そして、「ナ系列」の中核「ナ」がもともと「己」を指す一人称代名詞からの転用と考えられ、「マシ系列」の中核「マシ」が動詞「座す」の名詞形とされるが、いずれも派生的な語だということである。上代語に限らず、日本語の歴史の中で、二人称代名詞の交代は何時の時代にも著しいが、それに対して、一人称代名詞のほうが上代語において相対的に安定している感がある。

ともあれ、上代語においては、既に一人称代名詞と二人称代名詞が存在し、人称対立として「一人称対二人称」があったことは疑う余地のない事実であろう。問題は上代語に「三人称代名詞」が存在していたかどうか、ということである。

これまで見てきたように、上代語の「三人称代名詞」としてもっとも可能性が高いと考えられるのは「シ」である。しかし、これについては、まず「シ」と「ソ系」指示詞との語源的な関係が考えられ、他の指示詞や人称代名詞のように、「〜レ形」を持たず、その局限された用法も「ソ（ガ）」に重なりつつ平安時代まで継承されているところからすれば、「シ」は「ソ系」の基本形「ソ」に直結するものとして廃絶に近い語形と考えられる。全体的には、「三人称代名詞」としてよりは、やはり「ソ系」指示詞との関連において理解すべきもののようである。とすれば、上代語には「三人称代名詞」が存在しなかったことになる。

ここで、「三人称代名詞」を持たない人称体系において人称間の緊張関係が如何にして言語的に実現し、その人称間の緊張関係が如何に解釈されるべきかについて考えてみよう。ここには恐らく二つの立場が考えられる。一つは、三人称代名詞の欠如は同じ「三人称代名詞」とされる「指示詞」によって補われているとする立場である。そしてもう一つは人称代名詞と指示詞とは別個の体系を形作っているものとして考える立場である。前者の立場に立てば、「指示詞」がそもそも人称体系の中の「三人称」として「人称代名詞」の欠如を補うのは如何にも当然のことに属すると考えるであろう。しかし、これが「三人称」の定義上の問題に過ぎないことに留意する必要がある。そして、この立場に立てば、何よりも「三人称代名詞」であるはずの物を指す「コ・ソ・カ（ア）」の指示詞が、何故すべて「三人称代名詞」に転用するのではなく、実際は或いは「一・二人称代名詞」、或いは「三人称代名詞」にそれぞれ転用しなければならないのかについて、合理的な説明を与えなければならないであろう。もし合理的な説明を与えることができないとすれば、やはり、「人称代名詞」と「指示詞」を別個の体系を形作っているものとして、その間の内的な交渉を見るべきと考えなければならない。後者の立場を採る所以である。

ここで仮に後者の立場に立てば、まず指示詞がいわゆる人称代名詞の「三人称」に属するものではなく、自ら一つの体系を有するものとして考えられる。そして、指示詞の人称代名詞への転用も、「人称代名詞」における「人称体系」と、指示詞における「人称体系」の反映としての「人称領域」によって決定されると考えるのである。その場合、指示詞の側から見れば、まず「人称体系」に転用された指示詞の指示対象が人称的にどの人称に該当するかをまず見極めなければならない。そして、人称代名詞の側から見れば、同時代の人称体系がいかなる人称対立をなしていたかも、指示詞の人称代名詞への転用にあずかって力があると考えるのである。「人称代名詞」に転用された指示詞の指示対象が人称的にどの人称に該当するかについては、すでに「カレ」を例に、その指示対象が二人称と三人称の両方に渉っていたことを見た。一方、上代語の指示体系における人称対立については、「キミ」と「ヒト」の二つを見てきた。ここでは、「一人称」にあい対するものとして、二人称と三人称が未分化のまま融合していた「非一人称」の存在を示唆し、上代語の人称体系が「自・他」の対立による「一人称対非一人称」の人称対立をなすと思われる現象が認められた。問題は、ここに認められた「一人称対非一人称」の人称対立と、先に見た「一人称対二人称」がどういう関係にあるかである。

つまり、上代語の人称体系において、「一人称対非一人称」が絶対唯一な存在として、「一人称対二人称」の人称対立をも包み込むのか、それとも両者が平行する関係にあるか、ということである。

これについては、「一人称対非一人称」の人称対立と「一人称対二人称」の人称対立が基本的に上代語において共存していると考える。そして、原理的にも現象的にも「一人称対非一人称」の人称対立が「一人称対二人称」の人称対立に先行すると考える。「一人称対二人称」の人称対立における「二人称」が、「一人称対非一人称」における「非一人称」からの分化として考えられるからである。

以上述べてきたことを人称体系の史的変化の流れに即して敷衍すると、要するに、上代語やそれ以前の人称体系においては、一人称の「我」は全人称代名詞の機能圏における軸心であった。対して二人称と三人称は共に「他者」としてこの軸心の周囲をまわっているにすぎなかった。このように、同じく「他者」としてその区別も鮮明さを減じざるを得なかった「二人称・三人称」が一人称に対する「非一人称」の中に未分化のまま融合していたが、言語使用において「聞き手」に対する意識が高まり、「聞き手」に対する配慮がだんだん強く働くようになるに従って、もともと「他者」のなかに埋れていた「二人称」が次第に「対者」として意識されるようになっていったのではないかと考えられる。「一人称対二人称」の人称対立がここにその成立を見るのである。してみれば、「一人称対二人称」の人称対立と「一人称対非一人称」の人称対立との関係も、譬えて言えば、前者が後者の緊張した関係であり、逆の見方をすれば、「一人称対非一人称」の人称対立は「一人称対二人称」の弛緩した関係になろう。

上代語において「二人称代名詞」が派生的な語としてすでに存在していたこと、「三人称代名詞」の欠如を埋めるべく、「非一人称代名詞」の「ヒト」、「キミ」が用いられ、さらに「非一人称指示詞」の「カレ」が「非一人称代名詞」に転用されたこと、結果的に「キミ」と「カレ」がそれぞれ「二人称代名詞」と「三人称代名詞」に収斂されたこともまさにその間の消息を伝えていると言えよう。

因みに、結果的に「三人称代名詞」になった「カレ」と二人称代名詞になった「キミ」がいずれも「非一人称指示詞」と「非一人称代名詞」としての前身を持ち、等しく「非一人称」から分化したものであってみれば、いわゆる「三人称」も結局は「他者」から「対者」が分化した結果によって析出された「第三者」にほかならない。

次節以降、「カレ」が如何なるすじみちをたどって三人称に成長していったかを中心に、古代中国語の人称代名詞と古代日本語との関わりを見ていきたい。

第三節　古代中国語の人称代名詞と上代日本語との関わり

古代中国語の人称代名詞と上代語の人称体系との関わりを取り上げる前に、まず古代中国語の人称体系について概観を示しておきたい。古代中国語の人称体系において、「我・吾（一人称）」対「爾・汝（二人称）」との対立に平行して、「一人称対非一人称」の人称対立を示す現象がいくつかある。「非一人称指示詞」から「非一人称代名詞」に転用した「彼」の他に、二人称と三人称の両方を指していた「渠・伊」、「非一人称代名詞」から三人称代名詞に移行した「他」などである。まず、「他」からみてみよう。

第一項　「他」の場合

王力『漢語史稿』（一九五八年）、唐作藩「第三人称代詞『他』的起源時代」（一九八〇年）、郭錫良（一九八〇年）、潘允中『漢語語法史概要』（一九八二年）などの先行研究によれば、現代語において三人称単数代名詞として用いられる「他」

は、隋から初唐にかけて指示詞から人称代名詞に転用された「彼」に取って代わり、初唐から盛唐にかけて話し言葉を中心に三人称代名詞として成立したとされている。ここでこれらの先行研究に基づいて「他」の語史を整理すると、凡そ次のようになる。

①先秦時代の中国語では、「他」は「(話題になっているかまたは自明のことに属する)あるものを除いたそれ以外のもの」を意味する名詞であった。

②両漢から魏晋南北朝、隋にかけて、「あるものを除いたそれ以外のもの」を表す用法に人を指す用法が加わり、一人称的なものに対する非一人称的なものを指すとともに、「自分(一人称)」に対する「他の人(他人＝非一人称)」をも指すようになった。

③魏晋南北朝時代に、「他」の「他の人(他人＝非一人称)」を指す用法から、一人称と二人称に対するところの特定の第三者(三人称的なもの・人)を指す用法が生まれたが、初唐から中唐にかけて一般化して、「他」は男・女、人・物を区別しない三人称代名詞の地位を獲得した。

一方、文献資料に目を転じてみると、たとえば初唐の作とされる『遊仙窟』には「他」の用例が全部で一七例見られるが、その用法が先に挙げた用法①、②、③のすべてに渉っており、「他」②の用法から③の用法への派生が如実に示されている。

以下は醍醐寺本『遊仙窟』における「他」の用例である(用例の後の数字は醍醐寺本『遊仙窟』岩波文庫影印本の頁数)。

1：面非他舎面、心是自家心。(二〇六)連体修飾語・「ほかの」の意(用法①、以下同じ)

2：他道愁勝死、兒言死勝愁。(二八一)主語・「ほかの人、他人」の意(②)

3：他道愁勝死、兒言死勝愁。（二八一）主語・「ほかの人、他人」の意（②）

4：好是他家好、人非着意人。（二〇七）連体修飾語・「ほかの人、他人」の意（②）

5：他家解事在、未肯輒相嗔。（二六八）連体修飾語・「ほかの人、他人」の意（②）

6：自隠多姿則、欺他獨自眠。（二〇六）目的語・「ほかの人、他人」の意（②）

7：漢騎驢則胡歩行、胡歩行則漢騎驢、惣悉輸他便點。（二三八）目的語・「ほかの人、他人」の意（②）

8：舊来心肚熱、無端強熨他。（二五〇）目的語・「ほかの人、他人」の意（②）

9：強知人是客、方便悩他來。（二五七）目的語・「ほかの人、他人」の意（②）

10：但令脚直上、他自眼雙翻。（二五六）主語・三人称（③）

11：元来不見、他自尋常。（二一一）主語・三人称（③）

12：無事風聲徹他耳、交人氣満自填心。（二三六）連体修飾語・三人称（③）

13：人家不中物、漸々逼他來。（二六九）目的語・三人称（③）

14：雖拒張能、不免輸他口子。（二六九）目的語・三人称（③）

15：昔日亦曾經人弄他、今朝並復隨他弄。（二七〇）目的語・三人称（③）

16：昔日亦曾經人弄他、今朝並復隨他弄。（二七〇）目的語・三人称（③）

17：計時應拒得、佯作不禁他。（二七〇）目的語・三人称（③）

『遊仙窟』の書かれた初唐時代といえば、あたかも「他」が三人称代名詞へと成長していく過渡期に当たり、上記用例が示すように、「他」の三つの用法のうち、②の用法は、「一人称」に対する「他人」（二人称と三人称の両方を指す「非一人称」）を指す人称代名詞にあたり、③の用法は、もはや相手を指す用法ではなく、話し手でも聞き手でもないところの第三者を指す場合に当たる。しかし、②と③の違いは依然文脈依存的であり、その境界が必ずしもはっきりしない。これは「非一人称代名詞」から「三人称代名詞」への移行が連続的に推移したことだけでなく、前者から後者へと脱皮するその途中経過が鮮明に跡付けられているからに他ならない。

以上は「他」の語史の大体であるが、次に「他」と日本語の指示体系および人称代名詞との関わりを見てみたい。まず万葉集における「他」の訓法を見てみると、以下のように「他」には「ヒト」と「アタシ」という二つの訓が与えられているようである。(7)

【他―ひと】

ひと（他）言を繁み言痛み逢はざりき心あるごとな思ひ我が背子（万葉集・五三八）

恋ひ死なむそこも同じそなにせむに人目ひと（人）言言痛み我せむ（万葉集・七四八）

登筑波嶺為嬥歌會日作歌一首

鷲の住む筑波の山の裳羽服津のその津の上に率ひて娘子壮士の行き集ひかがふ嬥歌にひと（他）妻に我も交はらむ我が妻にひと（他）も言問へこの山をうしはく神の昔より禁めぬ行事ぞ今日のみはめぐしもな見そ事も咎むな

（万葉集・一七五九）

ひと（他）目守る君がまにまに我さへに早く起きつつ裳の裾濡れぬ（万葉集・二五六三）

ひと（他）言はまこと言痛くなりぬともそこに障らむ我にあらなくに（万葉集・二八八六）

ひと（他）国によばひに行きて大刀が緒もいまだ解かねばさ夜そ明けにける（万葉集・二九〇六）

【他―あたし】

逢ひ難き君に逢へる夜ほととぎすあたし（他）時ゆは今こそ鳴かめ（万葉集・一九四七）

以上の諸例を検するに、まず注目すべきは、一九四七番歌の「あたし（他）時」と、二九〇六番歌の「ひと（他）国」はおよそ古代中国語の「他」の①の用法に、他の六例はすべて「他」の②の用法に当たり、用法③に当たるものはないことである。一方、漢文脈の用例は次のようなものである。

右、傳云、昔有娘子也、相別其夫、望戀経年。尓時、夫君更取他妻、正身不来、徒贈褁物。因此、娘子作此恨歌、還酬之也。（万葉集・三八一〇）

右、伝へて云はく、昔、娘子あり、その夫を相別れて、望み恋ひて年を経たり。その時、夫君更に他し妻を取り、正身は来ずて、徒褁物のみを贈る。此に因りて、娘子はこの恨むる歌を作りて、還し酬ふ、といふ。

右、傳云、時有娘子、夫君見棄、改適他氏也。于時或有壮士、不知改適、此歌贈遣、請誂於女之父母者。於是父母之意、壮士未聞委曲之旨、乃作彼歌報送、以顕改適之縁。（万葉集・三八一五）

右、伝へて云はく、時に娘子有り、夫君に棄てられて他氏に改適す。ここに或る壮士あり、改適せることを知らずして、この歌を贈り遣はし、女の父母に請ひ誂ふ。ここに父母の意に、壮士未だ委曲らかなる旨を聞かずとして、すなはちその歌を作り報へ送り、以て改適の縁を顕す、といふ。

越前國掾大伴宿祢池主来贈戯歌四首
忽辱恩賜、驚欣已深。心中含咲、獨座稍開、表裏不同、相違何異。推量所由、率尓作策歟。明知加言、豈有他意乎。凡貿易本物、其罪不軽。正贓倍贓、宜急并満。今勒風雲、發遣徵使。早速返報、不須延廻。（万葉集・四一二八）
越前国の掾大伴宿祢池主が来贈する戯れの歌四首
忽ちに恩賜を辱なみし、驚欣已に深し。心中咲みを含み、独り座りて稍くに開けば、表裏同じからず、相違何しかも異なる。所由を推量するに、率爾く策を作せるか。明らかに知りて言を加ふること、豈他し意有らめや。凡本物を貿易することは、その罪軽からず。正贓倍贓、急ぎて并満すべし。今、風雲に勒して、徵使を発遣す。早速に返報せよ、延廻すべからず。
右一首、式部少丞大伴宿祢池主讀之。即云、兵部大丞大原真人今城先日他所讀歌者也。（万葉集・四四五九）
右の一首、式部少丞大伴宿祢池主読む。即ち云はく、兵部大丞大原真人今城、先つ日に他し所にして読む歌なりといふ。

ここでは、「他妻」、「他氏」、「他意」、「他所」の例はいずれも中国語の「他」の①の用法に当たるものである。そして、万葉集における「他」の和訓に用いられる「ひと」、「あたし」と漢文脈の用例を通観するに、両者はいずれも中国語の「他」の①、または②の用法にあたるものであり、③の用法がなかったことが明らかである。このことと『遊仙窟』の諸本において「他」の和訓に等しく「ひと」が与えられていることを考え合わせると、いっそう明らかになる。表1は先に挙げた醍醐寺本『遊仙窟』の一七例をもとに、陽明文庫本、真福寺本、金剛寺本の和訓の調査結果をまとめたものである。

表1でまず注目されるのは、「他」の訓に一律に「ひと」を宛てているだけでなく、醍醐寺本のように表記に「人」を用いる例もあることである。

表1　『遊仙窟』諸本における「他」の訓法

例　　文	醍醐寺本	陽明文庫本	真福寺本	金剛寺本
1. 面非他舎面，心是自家心．(6：206) (①)	人	ヒト	ヒト	ヒト
2. 他道愁勝死，兒言死勝愁．(81：281) (②)	人	ヒト	ヒト	ヒト
3. 他道愁勝死，兒言死勝愁．(81：281) (②)	人	ヒト	ヒト	無訓
4. 好是他家好，人非着意人．(7：207) (②)	ヒト	ヒト	ヒト	ヒト
5. 他家解事在，未肯輒相嗔．(68：268) (②)	人	ヒト	ヒト	欠丁
6. 自隠多姿則，欺他獨自眠．(6：206) (②)	ヒト	ヒト	ヒト	人
7. 漢騎驢則胡歩行，胡歩行則漢騎驢，惣悉輪他便點．(38：238) (②)	ヒト	ヒト	ヒト	欠丁
8. 舊来心肚熱，無端強熨他．(50：250) (②)	人	ヒト	ヒト	欠丁
9. 強知人是客，方便悩他來．(57：257) (②)	人	ヒト	ヒト (左訓)	欠丁
10. 但令脚直上，他自眼雙翻．(56：256) (③)	ヒト	ヒト	ヒト	欠丁
11. 元来不見，他自尋常．(11：211) (③)	ヒト	ヒト	ヒト	ヒト
12. 無事風聲徹他耳，交人氣満自填心．(36：236) (③)	無訓	ヒト	ヒト	欠丁
13. 人家不中物，漸々逼他來．(69：269) (③)	人	ヒト	ヒト	欠丁
14. 雖拒張能，不免輪他口子．(69：269) (③)	無訓	無訓	ヒト	欠丁
15. 昔日亦曾經人弄他，今朝並復隨他弄．(70：270) (③)	人	ヒト	ヒト	欠丁
16. 昔日亦曾經人弄他，今朝並復隨他弄．(70：270) (③)	人	ヒト	ヒト	欠丁
17. 計時應拒得，佯作不禁他．(70：270) (③)	人	ヒト	ヒト	欠丁

古代中国語の「人」も、「他」の①、②の用法に重なることは先に第二節第三項「『ヒト』の場合」において見た通りであるが、例文1～9までの用法だけではなく、例文10以下の三人称を指す「他」の例にも、他ならぬ「ひと」の訓が宛てられていることの意味するところは大きい。これについては、上代人が『遊仙窟』の三人称「他」の用法を知らなかったというよりは、上代語の人称体系がそもそも三人称代名詞を持たなかったのではないかと考えるのが妥当であろう。そして、上代語の人称体系においては「一人称」にあい対するものが他ならぬ「非一人称代名詞」の「ひと」だったのではないかと考えられる。因みに「カレ」を用いなかったのは、上代語の「カレ」の用例はまだわずかであり、「カレ」は指示詞としてはまだ発展途上であったことに因るものであろう。そして、何よりも示唆に富むのは、例10と11のように、「他」と「自」が連用されている場合の訓法である。

10：但令脚直上、他自眼雙翻。（醍醐寺本・二五六）③

11：元来不見、他自尋常。（醍醐寺本・二一一）③

この二例の和訓については、醍醐寺本、陽明文庫本、真福寺本、金剛寺本（例10が欠丁に当たるため、例11のみ該当）がすべて「ヒトモワレモ」と訓んでおり、諸本間の異同はない。これは、とりもなおさず上代語の人称体系が「ワレ」（一人称）を中心とした、「非一人称（ワレ以外）」との対立をなしていたことを物語っていると言えよう。

そしてもう一つ、醍醐寺本『遊仙窟』で、「人」の訓に他ならぬ「カレ」を与えているのも、上代語の「カレ」が正しく「非一人称指示詞」から「非一人称代名詞」に転用されていたことを物語っていると言える。

五嫂起謝曰、新婦錯大罪過。因廻頭熟視下官曰、新婦細見人《カレ》多矣。無如少府公者少府公乃是仙才、本非凡俗。（醍醐寺本・二三〇）

表2　諸本に見る「従渠通不肯」の割注の有無と訓法

諸　本	注文の有無	本文「渠」の左訓	本文「渠」の右訓
醍醐寺本	無	女也	キミ
陽明文庫本	無	無訓	ミマイトコロ
真福寺本	無	ヲモト	ミマイトコロ
金剛寺本	有	キミ	ヲモト

この場合の「人」も、自分自身以外の「もろもろの人」、要するに「他人」の意であろう。そして、この「人」の意にふさわしく、「カレ」も、三人称とも二人称ともつかない、正に「非一人称」であったことは言うまでもない。

因みに、「ヒトモワレモ」の訓そのものは、文意からして誤読であることは言うまでもない。しかし、こうした誤読の背後に、ただ単に訓を施した人の中国語力の不足を見るよりは、かかる誤りを犯せしめた日本語の人称体系、それは取りも直さず「一人称対非一人称」という、「自・他」の対立を軸とする人称体系の存在を見るべきであろう。

次に、「渠」と上代語との関連を取り上げたい。

第二項　「渠」の場合

『遊仙窟』諸本を検するに、金剛寺本『遊仙窟』図七に「従渠通不肯」に対する割注として、「渠汝也漢書云作（クレハ）呉曰渠也」の記述が見える。古代中国語の「渠」は従来三人称代名詞の方言形とされてきたが、ここでは、何故か二人称代名詞の「汝」に比定され、和訓にも「ミマイトコロ」、「ヲモト」のように、二人称を指すと思われる語が宛てられているのである。

この問題を解くために、まず『遊仙窟』諸本における当該箇所の注と和訓の状況を調べてみた。表2はその結果をまとめたものである。

金剛寺本『遊仙窟』の「渠」をめぐる割注の問題は大きく以下の二つに要約できる。

一、何故、従来の研究による限り古代中国語の三人称代名詞とされる「渠」が二人称の「汝也」と注され、「ミマイトコロ・キミ・ヲモト」のように、一連の二人称を指すような語に訓まれているのか。
二、割注の「渠汝也漢書云作（クレハ）呉曰渠也」の文意を如何に解すべきか。

一については、誤読とする可能性もあるが、漢文による割注「渠汝也」に基づいて訓まれたものなので、注釈者の誤りではあっても、訓読者の誤読とは考えられない。『遊仙窟』の注の作者については、従来中国人説、韓国人説、日本人説と、いくつもの可能性が指摘されてきたが、そのいずれの説を採っても、注全体の質と量からして三人称代名詞を二人称代名詞と同一に扱うような初歩的とも言える単純な誤解をするとは考えにくい(8)。

とすれば、「漢書云」以下の注文を、漢書の本文あるいは注釈書に見つけることがこの問題を解決するための先決となろう。現段階調査したところでは、残念ながら、現在通行する漢書の本文と注釈書において、上記注文に該当する箇所を確認することができなかった。

ここで考えられるのは、「渠」が語源的に指示詞「其」から分化して方言的に残存した語形とされている（呂叔湘『近代漢語指代詞』（一九八五年、一四頁）参照）ことである。もしそうとすれば、「渠」は、人称的にはおそらく「其」と同じく一義的に二人称を指すものではないと考えられる。つまり、この「渠」は先に「二人称」として成立し、さらに三人称に転じた、あるいはその逆とは考えにくいのである。張煉強「人称代詞的変換」（一九八二年、以下張煉強（一九八二）と略す）、董志翹（一九九七）、衣川賢次「遊仙窟舊注校讀記」（中之二）（一九九七年、以下衣川賢次（一九九七）と略す）のように、修辞的な現象とするにはこれはあまりにも文法的な問題に過ぎるからである。

そうとすれば、「渠」は、「其」と同様、一人称「我」に対する「非一人称」を指していたのではないかと考えられる。

ただ、今のところ、古代中国語の「渠」が二人称を指すような用例は、『遊仙窟』においてそう解釈する可能性のある数例を除けば、他の文献において観察されないことが大きな難点である。以下に示す『遊仙窟』（本文は真福寺本による）一九の用例に頼るしかない。

1：耳聞猶氣絶、眼見若為憐。従渠（ミマイトコロ・ヲモト）痛不肯、人更別求天。（**醍醐寺本** 右キミ、左女也）

2：其詞曰。今朝忽見①渠（ミマイトコロニ）姿首、不覺慇懃着心口。令人頻作許叮嚀、②渠（ミマイ所）家太劇難求守。（二例）（**醍醐寺本** ①右キミカ、左ミマイトコロノ、②右キミカ、左訓ナシ）

3：未必由詩得、詩将故表憐。聞渠（ミマイ所）擲入火、必是欲相燃。（**醍醐寺本** 右キミカ、左訓ナシ）

4：憐腸忽欲断、憶眼已先開。渠（ミマイトコロ）未相撩撥。嬌従何處來。（**醍醐寺本** 右キミ、左訓ナシ）

5：其時、緑竹弾箏。五嫂詠箏曰、天生素面能留客、發意關情併在①渠（ミマイトコロ）、莫怪向者頻聲戰、良由得伴乍心虚。十娘曰、五嫂詠箏、兒詠尺八。眼多本自令②渠（ミ）愛、口少由來毎被侵。無事風聲徹他耳、教人氣満自塡心。（二例）（**醍醐寺本** ①右キミ、左ミマイトコロ、②右訓ナシ、左訓ナシ）

6：眼心非一處、心眼舊分離。直令渠（ミマイ所）眼見、誰遣報心知。（**醍醐寺本** 右キミカ、左訓ナシ）

7：十娘詠鞘曰：数捺皮應緩、頻磨快轉多、渠（ミマイ所）今抜出後、空鞘欲如何。（**醍醐寺本** 右キミ、左訓ナシ）

8：千金此處有、一咲待渠為。（**醍醐寺本** 右訓ナシ、左訓ナシ）

9：渠（ミマイトコロ）今合把爵、深浅任君情。（**醍醐寺本** 右キミ、左訓ナシ）

10：即今無自在、高下任君（渠イ）攀。（**醍醐寺本** 渠に作る。右キミ、左訓ナシ）

11：巧知娘子意、擲果到渠邊。（**醍醐寺本** 右キミカ、左訓ナシ）

12：平生好弩須、得挽即低頭。聞渠（**慶安五年本**、**川島本** 君）把投快、更乞五三籌。（**醍醐寺本** 右ミマイトコロノ、左訓ナシ）

13：女人羞自嫁、方便待渠招。（醍醐寺本 右キミカ、左訓ナシ）
14：今宵莫閉戸、夢裏向渠邊。（醍醐寺本 右訓ナシ、左ミマイトコロ）
15：聊将代左腕、長夜枕渠頭。（醍醐寺本 右訓ナシ、左渠ミマイ）
16：月下時驚鵲、池邊獨舞鸞、若導人心變、従渠照膽看。（醍醐寺本 右キミ、左訓ナシ）
17：五嫂遂抜金釵送張郎、因報詩曰、兒今贈君別、情知後會難。莫言釵意小、可以掛渠冠。（醍醐寺本 右キミカ、左訓ナシ）

この一九例の「渠」は、一見するところ注や和訓の示すように二人称代名詞として訓むことにさほど違和感がないものばかりである。しかし、用例を細かく見ていくと、まず1～4、5の①、7～12、14～17のように、二人称を指すと解してほとんど無理がないような例が一六例あるのに対し、例13の「女人羞自嫁、方便待渠招。（醍醐寺本 右キミカ、左訓ナシ）」のように、一義的に二人称と解せないものもあることに気づく。ここで「自」に対して「渠」が用いられていることは、何よりも「渠」にもやはり二人称とも三人称とも限定しえない「自分以外の人」を意味していたことを窺わせているようである。『時代別国語大辞典・上代編』がこの例の和訓「キミ」を「あのひと」と解釈しているのはまさにその辺の消息を伝えているのではないか。この「渠」もその指示対象が二人称と三人称の両方に渉っている限りにおいて、とりもなおさず「非一人称代名詞」とすべきことはあらためて指摘するまでもない。そして、次の例のように、我々は、「渠」の前身である「其」にも二人称を指すと思われる用法を見いだすことができる。

23：叔向見司馬侯之子、撫而泣之、曰、「自此其父之死、吾蔑與比而事君矣。昔者此其父始之、我終之、我始之、夫子終之、無不可。」（『国語』晋語）
叔向司馬侯の子を見て、撫でて之に泣きて、曰く、此の其《そ》の父の死してより、吾與に比して君に事ふる蔑し。昔は此の其《そ》の父之を始めて、我之を終へ、我之を始めて、夫子之を終へ、可ならざる無かりき、と。

因みに、兪敏（一九四九）は、「彼其」、「夫其」の「其」を「那個、那辺兒」（あの、あちらの）、または「他的」（あの人の）と解して、「彼」と「夫」に付く接辞のように考えているが、この場合の「此其」の「其」は明らかに目の前にいる相手司馬侯の子を指しているのである。従って、ここでは、「此其父」とは「此の父」の意でなく、正に「このあなたの父親」という意に解すべきであろう。

そして、聞き手を指す「其」の用例は管見の限り他にもう一例ある。

24：天子發政於天下之百姓、言曰、「聞善而不善、皆以告其上。……里長發政里之百姓、言曰、聞善而不善、必以告其郷長。……」（『墨子』尚同上）

天子、政《まつりごと》を天下の百姓《ひやくせい》に發し、言ひて曰はく、「善と不善とを聞かば、皆以て其《そ》の上《かみ》に告げよ。……」。里長、政を里の百姓に發し、言ひて曰く、「善と不善とを聞かば、必ず其《そ》の郷長に告げよ、……」と。

この例の「其上」と「其郷長」の「其」は聞き手を指すと考えられるが、こうした例がさらに発見されることが、もっぱら三人称代名詞に用いられるようになるまでは、「渠」だけでなく「其」にも「非一人称代名詞」の前身があったことの証明に繋がるはずである。

現段階では、三人称代名詞に転用された「彼」も「他」も、等しく「非一人称代名詞」に用いられる過去があったことから推すに、「渠」の前身である「其」にも同じ「非一人称」の過去があり、その「非一人称指示詞」の「其」から「渠」という「非一人称代名詞」が生まれ、そしてそれがさらに三人称代名詞に移行したということの可能性は十分考えられるのではないかと考える。

もしそうとすれば、古代中国語の指示体系のみならず、人称体系も同じく基本的に「一人称対非一人称」の人称対立をなす時代があったという結論が自然に導かれる。

次に、問題二であるが、注文の文意については、前後の文脈からしてまず「漢書云作呉曰渠也」の「作」が「渠」と同じ意味の語でなければならないのに、「作」では、「渠」とはまったく関係がないことを指摘したい。これについては、衣川賢次「遊仙窟舊注校讀記」（上）（一九九五年）は、「作」を「彼」の誤字とするが、書き方からすれば、「彼」が「作」に誤写される可能性よりも、「他」の異体字「佗」の誤字である可能性が高いと言わなければならない。そして、「佗」と「渠」の意味が重なっていることも、「佗」の誤字とする考えにとって好都合である。

興味深いのは次に引く『廣韻』の「佗」の語釈である。

佗　非我也。（廣韻下平聲巻第二・歌第七）

他　俗今通用。（廣韻下平聲巻第二・歌第七）

ここでは、「佗（他）」を「非我」としているのは、まさしく「佗（他）」の「非一人称代名詞」としての用法を伝えているのではないかと考えられる。古代中国語の人称体系に、「自・他」の対立を軸とした「一人称対非一人称」の過去があったことの傍証になろう。この「非我」には、「二人称」と「三人称」が未分化のまま融合していたことはことさらに指摘するまでもない。

そして、「渠」と「佗」との接点も、等しく「非一人称」に関わる人称代名詞としての過去にあるのではあるまいか。『千字文』の「罔談彼短、靡恃己長（彼がとがを語ることなかれ、己がまされることを恃むことなかれ）」を引くまでもなく、「己」に対するところの「彼」も正に「非我」である限りにおいて、同断である。

このように考えると、『遊仙窟』の諸本において「渠」が「ミマイトコロ・ヲモト・キミ」と訓まれたことは決して誤読ではなく、むしろ「渠」の語史を明らかにするための有力な傍証を提供することになる。[9]

そして、これらの和訓を詳しく見てみると、「ミマイトコロ」は「ミマシトコロ」の転音であり、「ヲモト」はおそらく「御座(オモト)」のことであろう。この二つは従来二人称と解されているものであり、これについては、用例が少ないために実際何人称を指していたかが分からない。しかし、上代語の「きみ」については、「二人称」と「三人称」の両方に関わっていたいわゆる「非一人称代名詞」として用いられていたことを考えれば、概ね「非一人称」の「渠」と対応する和訓といえよう。「渠」の三つの和訓が全体的にやはり二人称に傾ているのは、何よりも「渠汝也」という割注に導かれたのではないか。この注とても多分に非一人称として用いられる「渠」を文脈的に、そして幾分主観的に二人称に結び付けて解釈した結果であろう。上代語の「キミ」がすでに「非一人称」から「二人称」に大きく傾斜していたことも和訓の決定に与って力があったのではないかと考えられる。

先に仮説として提示しつつ、いくつかの角度から検証を試みてきたが、本稿の結論を要するに、上代語の人称体系は、一人称を中心として、それに対して、非一人称を配置するという、「一人称対非一人称」の体系をなしていたということである。そして、上代語から、中古、中世語を経て、近世、近代、現代語へと人称体系が移り変わるその史的変化も、「一人称対非一人称」という人称対立の体系から「一・二人称対三人称」という人称対立の体系への変化に他ならない。[10]この二つの人称体系の分岐点が即ち三人称代名詞「カレ・カノジョ」の成立ではあるまいか。

因みに、上代語の指示体系のみならず、人称体系そのものも、「一人称対非一人称」の対立をなしていたことを考え合わせれば、指示体系と人称体系との間において行われた、「カレ」の三人称代名詞への転用、名詞から次第に二人称代名詞へと成長していく「キミ」にも、等しく「非一人称代名詞」の過去があったことも、あながち故なしとするまい。

第三項　「彼」の場合

日本語と中国語との接触の最初はもちろん文献時代以前に遡るが、仮に時代を上代に限れば、たとえば『万葉集』の時代は、偶然にもちょうど古代中国語の三人称代名詞が「彼」から「他」へと交替していく時期に重なる。しかし、たとえば、『遊仙窟』の諸本において「他」が等しく「カレ」ならぬ「ヒト」と訓まれているように、現存の文献で見る限り、上代人が果たして「他」を三人称代名詞として認識していたかどうかについて疑問が残る。古代中国語の人称代名詞「彼」と上代日本語との関連を考察する前に、「彼」の用法をまとめておきたい。

Ａ：指示詞：

ａ：単独用法

①物指示

②事柄指示

③場所指示

ｂ：連体詞的用法

①前方照応的用法

②後方照応的用法

③談話以前の経験や観念的な対象を指す用法

Ｂ：非一人称代名詞の用法

表3　万葉集における「彼」の訓法と「カ系」指示詞

表記	読みと用例数	固定表現とその用例数
彼	をち：6	をちかた：5；をちこち：1
彼	その：12	彼杵（そのき）：1
彼	それ：3	
彼所	そこ：4	
彼	か：6	かよりかくより（る）：3；かゆきかくゆき：1； かにもかくにも：1；かもかくも：1
彼	かの：1	このもかのもに：1
彼	かれ：2	たそかれ：2
加	か：1	かはたれとき：1
可能	かの：1	
可礼	かれ：1	
その他	漢文：12	連体用法：9；単独用法で人を指す例：2；彼我：1；

一方、このような「彼」について、上代人は如何に理解し、使用していたのであろうか。表3は『万葉集』における「彼」の訓法と「カ系」指示詞の語形をまとめたものである。表3でまず注目されるのは、「彼」に宛てられた訓が「ソ系」指示詞と「カ系」指示詞の両方に渉っていることである。

一方、その用例を見てみると、「ソ系」指示詞の訓を宛てた一九例のうち、地名一例「彼杵《そのき》」（八一三）を除けば、「ソノ」の例は全部で一一例を数えるが、その中から「其彼《その》母毛」（三三七）一例は定訓がないため、また「彼《その》山邊」（三三〇三）が異本の例のためにしばらく除くとして、残る九例はそれぞれ先に示した前方照応的な用法が二例、談話以前の経験や観念的な対象を指す用法が七例を数えているのが特に目に付く。上代語では、「ソ系」指示詞に比べて上代語における「カ系」指示詞の語形が不揃いであるところから推測するに、おそらく「カ系」指示詞が生まれる前の「コ・ソ」二項対立の指示体系において、「ソ系」指示詞が談話内の観念的対象だけではなく、談話以前の観念的対象をも広く指していた時代の名残と考えて差し支えない。現にこうした用法は次の平安時代になると、ほとんど「カノ」に取って代わられることになるのである。

次に「彼」に宛てられた「ソコ」の四例（「彼所《そこ》尓塵家武」（一〇四）、「彼《そ》所《こ》毛加人之」（五一二）、「彼所《そこ》將障」（二八八六）、「彼所《そこ》此間毛」（四一八九））

を見てみると、すべて前方照応的用法に属し、「ソレ」の三例のうち、人を指すもの（「彼《それ》曽吾嬬」（三二九五）、物指示の「彼《それ》乎飼」（三二七八）、事柄指示の「彼《それ》も知如」（一九三三）が一例ずつあり、しかもすべて前方照応的用法のようである。

このように、「彼」の訓に宛てられた「ソ系」指示詞の用法を通観するに、それぞれ連体詞的用法の前方照応（「その（彼）」）、物指示（「それ（彼）」）、事柄指示（「それ・そこ（彼）」）と場所指示（「そこ（彼所）」）の用法を持つことが分かる。人称代名詞へ転用した用法を知らないことを除けば、おおむね古代中国語の指示詞「彼」の用法に重なっていると言えよう。

一方、「彼」に宛てられた「カ系」指示詞の訓を見てみると、「か〜かく〜」の定型表現に用いる七例（「彼縁此依」（一三二）、「彼依此依」（一三八、一九四）、「彼往此去」（一九六）、「此方彼方毛」（四一二）、「彼此毛」（三八八六）と「此方彼方二」（一八〇九）を除けば、残る「かれ」二例は次のようにともに人を指す用法のようである。

誰そかれ（彼）と我をな問ひそ九月の露に濡れつつ君待つ我を（万葉集・二二四〇）

誰そかれ（彼）と問はば答へむすべをなみ君が使ひを帰しつるかも（万葉集・二五四五）

そして、指示対象の人称に目を転じてみると、二二四〇番歌の「かれ」は相手である二人称を指し、二五四五番の「かれ」はその人が現場にいてもいなくても、使いに来たその人という三人称を指すと見て間違いないようである。

これに「加・可能・可礼」などの仮名訓を合わせると、「カ系」指示詞の場所指示用法と、連体詞の前方照応的用法（①）、後方照応的用法（②）を知らないことを除けば、物指示の「可礼」（四〇四五）、人指示の「加波多例等枳尓」（四三八四）、「誰彼」（二二四〇）、「誰彼登」（二五四五）、連体詞の用法③の「可能古呂等」（三五六五）を持つことになる。特に人を指す用法を持つことは人称代名詞への転用を知らない「ソ系」指示詞と対照的である。

これで見る限り、上代人が古代中国語の指示詞「彼」と人称代名詞「彼」の用法を両方とも知っていたことが窺われる。とりわけ、「カレ」の指示対象が二人称と三人称の両方に渉っているのは、古代中国語の人称代名詞「彼」と軌を一にする現象として注目したい。しかし、このような「カレ」の用法を古代中国語の「彼」によってもたらされたものとするのは早計であろう。なぜなら、両者は明らかに同じく自分以外の人を指すという、「非一人称」に関わる指示詞としての過去を持っており、その限りにおいてそこから「非一人称代名詞」に転用するのも自然な成り行きだからである。やはり上代日本語の指示体系と古代中国語の指示体系の間に平行する現象として考えなければならない。

つまり、「彼」の訓に「カ系」指示詞と「ソ系」指示詞の両方を用いたことは、「カ系」指示詞を所有することによって、「コ・ソ」の二項対立の体系から「コ・ソ」と「コ・カ」という二重の二者関係を持つ体系へと移行し始めた上代語の指示体系においては、「ソ系」指示詞と「カ系」指示詞はともに古代中国語の「非一人称指示詞」の「彼」に対応したためであり、人称的にも「ソ系」指示詞のみならず、「カ系」指示詞もまた「一人称対非一人称」の対立において等しく「非一人称」に属していたためと考えられる。「ソ系」指示詞と「カ系」指示詞との対立はあくまで同じく「非一人称」の中における「観念対象」と「知覚対象」との違いに過ぎない。

このように考えると、「一人称対非一人称」という対立を持つ指示体系においては、「非一人称指示詞」から三人称代名詞が派生的に生み出されるためには、まずその前段階として「非一人称指示詞」が同じ「非一人称代名詞」に転用されることを想定する必要がある。そして、その「非一人称代名詞」が「三人称代名詞」に成長するためには、おそらくそれまで二人称と三人称が未分化のまま融合していた状態から、まず二人称を指す用法が消えてしまい、もっぱら三人称を指す用法に収斂されることが前提条件とならなければならない。

因みに、古代中国語の「彼」と上代日本語の「カレ」がともに「非一人称指示詞」から「非一人称代名詞」に転用された過去を持ち、そして、最終的に「三人称代名詞」に収斂されてしまったという過程も共通している点が興味深い。

一方、『万葉集』の漢文に用いられる「彼」一二例のうち、「此〜彼〜」二例（「嗟此別易、歎彼會難」（八七一）、「傷此易別嘆彼難會」（九六六））、「彼我」（三九七三）一例を除けば、残る九例は、それぞれ単独用法で人を指すものが二例、連体詞的用法の①に属するものが五例、連体詞的用法の③に属するものは二例を数える。

中で特に注目されるのは次の例のような連体詞的用法の①（前方照応）が五例と、全体の半数強を占めることである。

25：右或有人聞之曰、新田部親王出遊于堵裏。御見勝間田之池、感緒御心之中。還自彼池、不忍怜愛。於時語婦人曰、今日遊行、見勝間田池。水影涛々蓮花灼々、忻怜断腸、不可得言。尓乃婦人作此戯歌、専輒吟詠也。

（万葉集・三八三五）

右、或る人聞きて曰く、新田部親王、堵裏に出遊す。勝間田の池を御見はし、御心の中に感諸づ。その池より還りて、怜愛に忍びず、ここに婦人に語りて曰く、今日遊び行き、勝間田の池を見る。水影涛々に蓮花灼々なり、忻怜きこと腸を断ち、得て言ふ可からずといふ。すなはち婦人、この戯歌を作り、専すなはち吟詠す、といふ。[11]

この例の「彼池」は先行名詞句「勝間田之池」を照応していることは言うまでもないが、筆者の観察によれば、このような連体詞の前方照応的用法の「彼」は、普通の漢文での使用頻度が低く、やはり漢訳仏典においてその用法が顕著に認められるようである。ここにその一例を示そう。

26：爾時世尊告阿難言。阿難。我念往昔過於無量無邊阿僧祇不可數不可説劫。是時有一轉輪聖王名曰善見。降伏四方。如法治世。彼王所統。悉皆豐樂。不行鞭杖。亦無殺害。兵戈偃息。如法化人。阿難。彼善見王所居住城。名閻浮檀。其城東西十二由旬。南北面各有七由旬。

阿難。彼閻浮城。清淨莊嚴。殊特妙好。悉用四寶之所莊飾。黄金白銀。頗梨琉璃。其外別更有七重城。彼城皆悉高於七尋。各厚三尋。而彼城頭周匝皆有七重欄楯。彼諸欄楯。雕刻精麗殊妙少雙。（隋天竺三藏闍那崛多譯『佛本行集經巻第二・發心供養品中』大正新脩大藏經第三巻本縁部上、六五九〜六六〇頁）

爾《その》時、世尊、阿難に告げて言く、「阿難、我、念ず、往昔、無量無邊・阿僧祇・不可數・不可説劫を過ぎて、是《この》時、一轉輪聖王あり、名けて善見と曰ふ。四方を降伏して、如法に治世す。彼《かの》王の統ぶる所、悉く豊樂、鞭杖を行はざるも、亦殺害無し、兵戈偃息して、如法に人を化す。阿難、彼《かの》善見王の居住する所の城を、閻浮檀と名く。其《その》城、東西十二由旬、南北の面、各七由旬あり。

阿難、彼《かの》閻浮城は、清淨の莊嚴、殊特妙好、悉く四寶を用て、莊飾する所―黄金・白銀・頗梨・琉璃なり。其《その》外、別に更た七重の城あり。彼《かの》城、皆悉く七尋より高く、各厚さ三尋にして、彼《かの》城頭の周匝に、皆七重の欄楯あり。彼《かの》諸の欄楯、雕刻精麗にして、殊妙雙び少なり。[12]

この通りさして長くない文章に幾たびとなく用いられている「彼＋名詞」はすべて先行の名詞句を受けているが、正格の漢文においては、このような場合先行名詞句をそのまま繰り返すのが普通であることを考えれば、漢訳仏典におけるこのような「彼」の前方照応的用法の頻用は、おそらく中国語の自然発生的な用法というよりは、漢訳仏典の元となる言語の影響によるものと思われる。

一方、日本漢文における「彼」の使用については、上代語「カノ」（あるいは「ソノ」）の自然発生的な用法によるものなのか、それとも漢訳仏典の影響によるものなのかは俄に断じがたい。ここでは漢訳仏典と日本漢文との間の平行的な文体特徴として指摘するに止める。

しかし、先に見たように「彼」の訓に「ソ系」指示詞と「カ系」指示詞の両方が宛てられたことは、ひとり上代の言語資料に限られてはいなかったようである。現に奈良時代から平安初期にかけての言語資料を残しているとされる『類聚名義抄』でも、「彼」の訓に「かれ・かしこ・それ・そこ」が挙げられている（佛上三十九の四）のをはじめ、次の表4

表 4　平安時代訓点資料における「彼」の訓法[13)]

文献名	カレ	カシコ	カノ	アレ	アノ	ソレ	ソコ
西大寺本金光明最勝王經	○	○	○	×	×	○	×
石山寺本大方廣佛華嚴經	○	○	○	×	×	○	○
大乗大集地藏十輪經（巻 1，2，4，8-10）	○	○	○	×	×	×	×
大乗大集地藏十輪經（巻 5）	○	○	○	○	○	×	×
法華経玄賛淳祐點	○	?	○	×	×	×	○
興福寺本大慈恩寺三蔵法師傳	○	○	○	×	×	×	×

が示しているように、平安時代の訓点資料においても同じ傾向が見られる。

表4を通して見るに、全体的に平安時代初期の訓点資料では、「彼」の訓に「カ系」指示詞と「ソ系」指示詞の両方が多く用いられているが、時代が降るに従って、「カ系」指示詞が増加し、「ソ系」指示詞が減少する傾向が認められる。これは中古語の指示体系が上代語の後を承けて、連続的に推移していることを示唆すると同時に、「カ系」指示詞が上代語に比べて著しく発達し、指示体系も「コ・ソ」と「コ・カ」という二重の二者関係から「コ・ソ・カ」という三者関係に向けて大きく前進したことを意味する。

それから、平安時代初期にあらわれたと思われる「アレ」がすでに『大乗大集地藏十輪經第五巻古點（元慶七（八八三）年點）』において「彼」の訓に用いられたことも注目に値する。平安時代初期に属する「アレ」の用例は、中田祝夫（一九六五）、中田祝夫（一九六六）によって次の二例が知られる。

原文　彼不堪消勝供養。

・彼《アレ》は勝供養を消するに堪（へ）不《ず》。（巻第五ノ二四八行）

原文　令彼一切修縁覺乘漸次圓滿皆悉證得幢相縁定於獨覺乘得不退轉歡喜禮佛還復本座。

・（令）彼《アレ》に一切の縁覺乘を修するヒトヲ、漸次に圓滿して、皆悉（く）幢相縁の定を證得し、獨覺乘に於て不退轉セ（む）ことを得しめたまひシカバ、歡喜し禮佛して還《(また)》

本座に復（し）き。（巻第七ノ一四五～一四七行）

因みに、この二例の原文の「彼」はともに三人称代名詞の用法である。これによって「アレ」もまたその文献にあらわれた最初から、人称代名詞に転用されていたことが分かる。そして、平安時代初期の和語文献においてまだ「アレ」が観察されないことを考えれば、これらの「アレ」の用例の資料の加点時期がはっきりしているだけに、「アレ」の発生時期について示唆するところが大きいといえよう。

次に中古語から近世後期江戸語まで人称代名詞に転用されつづけた「カレ」と「アレ」の語史を通して、日本語における三人称代名詞が成立するまでのみちすじをたどってみたい。

第四節　中古語から近世後期江戸語へ ― 三人称代名詞が成立するまで

第一項　中古和語文献における「カレ・アレ」

上代語では「カ系」指示詞の用例が極わずかであったのに対し、平安時代初期以降の訓点資料では、「彼」の訓に用いられる「カ系」指示詞がすでに増加傾向を示していたことは既述の通りである。そして、平安時代の物語における「カ系」指示詞の用例も、初期から中期にかけて徐々に増加する傾向にあった。因みに、『源氏物語』があらわれるまでは、特に「カ系」指示詞の用例が多く観察されるのは『宇津保物語』であり、しかも、次の二例のように、「カレ」の指示対

表5　中古和語における「カレ」と「アレ」の分布[14]

文献名	定型表現（かれ+あれ）	単独用法 かれ	地の文 かれ	会話 かれ	単独用法 あれ	地の文 あれ	会話 あれ
竹取物語	×	1	1	×	×	×	×
伊勢物語	1	1	×	1	×	×	×
大和物語	15	4	1	3	×	×	×
宇津保物語	3	45	2	43	×	×	×
源氏物語	44+1	43	20	23	6	2	4
枕草子	5+0	19	5	14	8	1	7

象が上代語同様二人称だけでなく、と三人称にも渉っていることが、先に見た上代語「カレ」の用法を裏付ける意味で特に注目に値する。

俊蔭林のもとに立てり。三人の人、問ひていはく「彼《かれ》は、なむぞの人ぞ」。俊蔭答ふ「日本国王の使、清原の俊蔭なり」。（『宇津保物語』俊蔭）

御階の許近くて「更にさばかりの程にて、かく舞ふなシ」とめで給ヒて、左右大臣袙ぬぎて給へば、御子達、殿上人同じくぬぎかけ給フに、舞さして逃げてゆけば「かれとどめよ」と召すに、恥て参らねば、人々困じ給ヒて、大將に「誰ガ子ぞ」ととひ給へば「しかじかの者共の兄弟の子どもに侍り。鄙びてかくまかりでつルなめり」と啓し給フ。（『宇津保物語』樓上・下）

ここで、上の表5によって平安時代の和語文献における「カレ」と「アレ」の用法の分布を見てみると、「カレ」は上代語文献よりもその用例が多数観察され、しかも物語の地の文よりも会話文に多く用いられている。これによって「カレ」が上代語に比べて一段と発達したことは裏付けられる。

そして、『宇津保物語』にはまだ「ア系」指示詞が用いられていないが、『源氏物語』と『枕草子』においては「カレ」と「アレ」が共存するようになる。ただ両者の用例に顕著な差があり、「アレ」という新しい語形があらわれたものの、「カレ」が指示体系の中で依然中心的で生産的な役割を果たしていることが窺われる。一方、中古語の「カレ」の用法に目を転じると、次の諸例が示すように、『源氏物語』の「カレ」の指示対象に二人称的なものと三人称的なものが共存していたことも、『宇津保物語』だけでなく、上代語とも軌を一にする。

惟光入りて、めぐるめぐる人の音する方やと見るに、いささかの人げもせず。さればこそ、往き来の道に見入るれど、人住みげもなきものを、と思ひて、帰り参るほどに、月明かくさし出でたるに見れば、格子二間ばかりあげて、簾動くけしきなり。わづかに見つけたる心地、恐ろしくさへおぼゆれど、寄りて声づくれば、いとものふりたる声にて、まづ咳を先にたてて、「かれは誰ぞ。何人ぞ」と問ふ。名のりして、「侍従の君と聞こえし人に対面たまはらむ」と言ふ。（『源氏物語』蓬生）（二人称・人）

この例の「かれ」は状況からして聞き手を指すものと考えられるが、次の例の「かれ」は三人称的な指示対象を指しているようである。

この初瀬に添ひたりし阿闍梨と、同じやうなる、何ごとのあるにか、つきづきしきほどの下臈法師に灯点させて、人も寄らぬ背後の方に行きたり。森かと見ゆる木の下を、うとましげのわたりや、と見入れたるに、白き物のひろごりたるぞ見ゆる。「かれは何ぞ」と、立ちとまりて、灯を明くなして見れば、もののゐたる姿なり。「狐の変化したる。憎し。見あらはさむ」とて、一人はいますこし歩みよる。（『源氏物語』手習）（三人称・物）

このように、「カレ」の指示対象に二人称的なものと三人称的なものが共存しているということは、平安時代に新たにあらわれた「アレ」においても観察される。

小君近う臥したるを起こしたまへば、うしろめたう思ひつつ寝ければ、ふとおどろきぬ。戸をやをら押し開くるに、老いたる御達の声にて、「あれは誰そ」と、おどろおどろしく問ふ。わづらはしくて、「まろぞ」と答ふ。（『源氏物語』空蟬）（二人称・人）

おとなびたまへれど、なほはなやぎたるところつきてもの笑ひしたまふ大臣の、かかる者どもと対ひゐて、このわづらひそめたまひしありさま、何ともなくうちたゆみつつ重りたまへること、「まことにこの物の怪あらはるべう念じたまへ」など、こまやかに語らひたまふもいとあはれなり。「あれ聞きたまへ。何の罪とも思しよらぬに、占ひよりけん女の霊こそ。……」（『源氏物語』柏木）（三人称・物）

そして、『源氏物語』に限らず、『枕草子』においても同じ現象が認められる。

かたはらなる人をおしおこして、「かれ見給へ。かかるみえぬもののあめるは」といへば、かしらもたげて見やりて、いみじうわらふ。「あれはたそ、顯證に」といへば、「あらず。家のあるじと、さだめ申すべきことの侍るなり」といへば、「門のことをこそ聞えつれ、障子あけ給へとやは聞えつる」といへば、……（『枕草子』八、能因本『枕草子』六、同じ。）（「かれ」は三人称・物を、「あれ」は二人称・人を指す）

二日ばかりありて、縁のもとに、あやしき者の聲にて、「なほかの御佛供のおろし侍りなん」といへば、「いかでか、まだきには」といふなるを、何のいふにかあらんとて、立ち出でて見るに、なま老いたる女法師の、いみじうすすけたる衣を着て、さるさまにていふなりけり。「かれは、何ごといふぞ」といへば、聲ひきつくろひて、「佛の御弟子にさぶらへば、御佛供のおろしたべんと申すを、この御坊たちの惜しみ給ふ」といふ。（『枕草子』八七、能因本『枕草子』九一では「あれ」に作る。）（二人称・人）

この二例の「かれ」はそれぞれ三人称・物と二人称・人を指すものと考えられ、『枕草子』八の「あれ」の例は二人称・人を指すものと考えられる。そして次の例の「あれ」は三人称・人を指すものである。

衣のすそ、裳などは、御簾の外にみなおしいだされたれば、殿、端の方より御覧じいだして、「あれ、誰そや。かの御簾の間より見ゆるは」ととがめさせ給ふに、「少納言がものゆかしがりて侍るならん」と申させ給へば、「あなはづかし。かれはふるき得意を。いとにくさげなるむすめども持たりともこそ見侍れ。」などのたまふ、御けしきいとしたり顔なり。(『枕草子』一〇四)(三人称・人)

このように、「カレ」に限らず、「アレ」の指示対象においても二人称的なものと三人称的なものが共存し、しかも、複数の文献にわたって同じ現象が観察されることは、中古語の指示体系は依然として上代語同様「一人称対非一人称」の対立をなしていたことを示している。これが「カレ」、「アレ」の人称代名詞への転用を保障するものであると同時に、未だ三人称代名詞を持たない平安時代の人称体系をも規定するものでなければならない。ここでも我々は三人称代名詞が成立する前段階として「一人称対非一人称」の人称体系を認める必要に迫られる。これによってはじめて指示詞から人称代名詞への転用をより自然に説明することが可能になるからである。

因みに、近世語において人称代名詞へ転用された「アナタ」の指示対象にも幕末の文献まで二人称的なものと三人称的なものが共存していたことについても、同じくただ単に「遠称」からの転用とするのでもなければ、先に成立した三人称代名詞から二人称代名詞への転用、またはその逆とするのでもなく、まさに二人称と三人称が未分化のまま融合していた「一人称対非一人称」の指示体系と人称体系のもたらすところであり、そうした指示体系と人称体系との存在を前提としてはじめてありうる現象と解さなければならない。いわゆる「遠称」も「非一人称」という意味においてのみ許されよう。

第二項　中古語から中世後期までの「カレ・アレ」の消長

（一）平安時代以降の和語文献における「カレ・アレ」

すでに前項で見たように、中古語では、「カレ」と「アレ」が同じく和文脈に用いられ、「アレ」がやや劣勢ながら「カレ」と指示体系に共存していたが、中世前期以降、「アレ」が少しずつ「カレ」の領域を侵しはじめた。そして、「カレ」は指示体系から徐々に後退し、ついに中世後期において「アレ」に取って代わられてしまった。ここでは、中古語以降、中世前期と中世後期の和語文献を中心にその交替時期と、「カレ」と「アレ」の二人称・人を指す例の下限を確認することによって、上代語以降続いている「一人称対非一人称」の指示体系と人称体系が何時終焉を迎えるかを確認したい。

表6が示すように、指示体系における「カ系」指示詞と「ア系」指示詞との交替と時期を同じくして、「カレ」と「アレ」の交替もおよそ中世前期から中世後期にかけての時期に行われ、文献的には『延慶本平家物語』と『龍大本平家物語』の間がその時期に当たると考えられる。特に『龍大本平家物語』において「カレ」と「アレ」の延べ語数が逆転してからは、和語文献においては「カレ」が和語の指示体系からますます後退の一途をたどったことが窺われる。

一方、「カレ」と「アレ」の用法に目を転じてみると、中世前期の指示体系においては、「カレ」が中古語同様依然二人称と三人称の両方に関わっていたことは、以下の『今昔物語』の用例に徴して明らかである。

橋ノ上ニ女ノ裾取タルガ立テリケレバ遠助怪シト見テ過ル程ニ女ノ云ク「彼《カ》レハ何チ御スル人ゾ」ト、然レバ遠助馬ヨリ下テ「美濃ヘ罷ル人也」ト答フ、女「事付申サムト思フハ聞給ヒテムヤ」ト云ケレバ遠助「申シ侍リナ

表6　平安時代以降の和語文献における「カ系」と「ア系」指示詞の消長[15]

文献名	カノ	アノ	カシコ	アソコ	アチ	カレ	アレ	カナタ	アナタ
竹取物語	26	2	2	0	0	1	0	0	0
伊勢物語	22	0	1	0	0	2	0	0	1
大和物語	38	0	4	0	0	19	0	0	1
宇津保物語	530	7	83	0	0	55	8	17	48
源氏物語	712	4	126	2	0	87	7	37	75
枕草子	18	2	3	0	0	24	8	5	13
狭衣物語	106	3	15	0	0	8	4	1	6
濱松中納言物語	68	1	13	0	0	9	0	1	2
延慶本平家物語	515	34	29	3	2	84	65	0	10
龍大本平家物語	147	31	9	19	0	27	54	0	5
虎明本狂言集	73	214	18	26	50	11	318	3	55
好色一代男	36	7	3	2	1	8	15	0	1
雑兵物語	1	4	0	0	0	0	5	0	0
浮世床	8	59	0	8	6	1	32	0	3

ム」ト答フ。（巻二十七・二十一）[16]（二人称・人）

餘ノ夫共、久米ヲ「仙人仙人」と呼ブ。行事官ノ輩有テ、是ヲ聞テ云ク、「汝等、何ニ依テ、彼《カ》レヲ仙人ト呼ブゾ」ト。夫共、答テ云ク、「彼《カ》ノ久米ハ、先年、龍門寺ニ籠テ仙ノ法ヲ行テ、既ニ仙ニ成テ、空ニ昇飛渡ル間、……然レバ、其レニ依テ、仙人トハ呼ブ也」。（巻十一・二十四）（三人称・人）

そして、「カレ」の指示体系からの後退は、たとえば『延慶本平家物語』においてついに「カレ」が二人称に関わる用例を見いだしえなくなったことにもその一端が窺われる。事実、『延慶本平家物語』の「かれ」は全部で八四例を数えるが、そのうち、「かれら」一九例、「かれこれ」五例、「これ～かれ～」（「かれ～これ～」を含む）二五例、「かれをもって」二例、「かれがもと」一例の他、単独用法が計三二例を数える。その用法の内訳を見てみると、三人称・人を指す例二五、三人称・物を指す例三、事柄を指す例二、場所を指す例一、その他意味不明が一例と、二人称・人を指す例は一例もないということになる。

次に三人称代名詞の例を示す。

兼遠妻ニ語リケルハ、「此冠者君、少ヨリ手ナラシテ、我モ子ト思、カレモ親ト思テ、昵ジゲナリ。……」（『延慶本平家物語』第三本の七）（三人称・人）

さらに、「かれら」一九例のうち、物を指す次の一例を除けば、残る一八例は揃って三人称複数・人を表すもののようである。

「……乾肉ラ、酪漿、彼等《かれら》ヲ以テハ飢饉ヲ養フ。……」（『延慶本平家物語』第四の二十）（三人称複数・物）

このように、「カレ」の用法が三人称へと収斂されていく傾向を強めていくのに対して、「アレ」は依然二人称と三人称の両方に関わる「非一人称」の指示詞に止まっていたようである。実際、『延慶本平家物語』の「アレ」六五例のうち、「あれほど」七例、「あれはいかに」八例、「あれら」一例、「あれてい」二例、「あれ〜これ〜」一例あり、単独用法四六例のうち、三人称・人を指すのが一七例、三人称・物を指すのが九例、二人称を指すのが一二例、場所指示六例、事柄指示二例という内訳である。平安時代の和語文献において認められた「アレ」の用法がそのまま受け継がれている感がある。そして、「アレ」が引続き非一人称代名詞への転用を続けていることは、以下の例に徴して明らかである。

尊恵、「アレハ何クヨリノ人ゾ」ト問ケレバ、「閻魔王宮ヨリノ御使也。書状候」トテ、其タテブミヲ尊恵ニワタス。（『延慶本平家物語』第三本の十四）（二人称・人）

「富部殿ハイヅクニゾ」ト問ケレバ、「アレハアソコニただいま佐井七郎ト戦ツルコソ」ト教ヘケレバ、旗をアゲテ、ヲメイテ馳イ（ツ）テミレバ、敵モ御方モ死伏タリ。（『延慶本平家物語』第三本の二十六）（三人称・人）

『延慶本平家物語』に止まらず、これは中世後期の文献においても等しく認められるところである。表7は中世前期か

表7　中世前期から中世後期までの「カレ」・「アレ」の用法の移り変わり[17]

語　形	かれ		用例		あれ		用例	
作品名	二人称	三人称	単独	その他	二人称	三人称	単独	その他
延慶本平家物語	0	25	32	52	12	17	46	19
龍大本平家物語	0	2	6	21	8	18	44	10
天草本平家物語	0	1	1	10	2	8	20	4
天草本伊曾保物語	0	1	1	0	1	6	7	0

ら中世後期までの「カレ」・「アレ」と人称との関わりの変遷を示すものである。

表7が示すように、「カレ」の二人称を指す用法が『延慶本平家物語』以降一貫して観察されず、『曾我物語』の一例を最後に観察されなくなったのに対し[18]、「アレ」は中世後期の『天草本伊曾保物語』まで一貫して「非一人称」の代名詞に転用され続けながらも、やはり三人称への収斂が進み、二人称を指す「アレ」の用法の減少が目に付く。現に、「アレ」の二人称を指す用例は管見の限り『天草本伊曾保物語』、『天草本平家物語』の例を最後に文献から姿を消してしまったようである。

以下、繁雑を避けるため、各文献から一例ずつ挙げる。

御曹司「あれはなにものぞ」ととはれければ、「此山の猟師で候」と申す。（『龍大本平家物語』老馬）（二人称・人）

妓王涙をおさへて「あれはさて仏御前と存ずるが、夢か、現か」と言うたれば、仏申したは、「このやうなことを申せば、こと新しうござれども、申さずはまた思ひ知らぬ身となりまらせうずれば、はじめよりして申す。」（『天草本平家物語』妓王清盛に愛せられたこと）（二人称・人）

「たそ」と尋ぬれば、女房「これは死人に物を食はする者ぞ」と言へば、また中から、「酒がなうては。食物ばかりは、さのみ望みしうもない」と答へたところで、女房このことを聞いて、力を落いて、「まだあれ（are）は酒のことを忘れぬか？さては

わが手段も無益になった」と歎いた。（『天草本伊曾保物語』女と大酒を飲む夫の事）（四九六の一四～二〇）（二人称・人）

これらの例の「あれ」については、いずれも一対一の場面を想像すればよく、無理に第三者の介在を想定するに及ばないであろう。管見の限り、『天草本伊曾保物語』の「アレ」の例がちょうど「アレ」の二人称・人を指す例の下限に当たる。「アレ」が三人称へと収斂されていった時期を示唆するものと考えられる。[19] その中で、同じ『天草本伊曾保物語』には、次の例のような「カレ」の三人称・人を指す例が認められることが興味深い。

盗人万民の中で、いかにも高声にののしったは、「わが母ほどの慳貪第一な者は、世にあるまじい。わがこの分になることは、かれが業《しわざ》ぢや。……」（『天草本伊曾保物語』母と子の事）（三人称・人）

すでに述べたように、中世後期に至っては、「カレ」がすでに指示体系から後退し、指示体系がもはや「コ・ソ・ア」の体系に移っていたことに加え、「カレ」からはすでに二人称・人を指す用法が失われてしまい、三人称に収斂されてしまったことを考慮すれば、この例の「かれ」についてはもはやこれまでのような指示詞「カレ」からの転用ではなく、独立した三人称代名詞としなければならない。翻訳語にしてしかも他に類例が少ないのは難点であるが、指示詞「カレ」からの転用ならぬ三人称代名詞「カレ」の例として、まさに近世語の三人称代名詞「カレ」の先蹤をなすものとして注目してよい。時はあたかも「カレ」を代名詞として扱う中世後期の辞書類も、キリシタン物を中心にあらわれてくる頃である。たとえば、「カレ」および三人称代名詞については、ロドリゲス『日本大文典』（一六〇四年刊）では次のように記述されている。

第三人称に用ゐるもの　anofito、1. mono（あの人、又は、者）。sonofito、1. mono（その人、又は、者）丁寧。（中略）care（彼）。carega（彼が）、core（これ）、corega（これが）。（二六七頁）

同じころの『日葡辞書』（一六〇三年刊）では、「kare カレ（彼）代名詞。あの人、または、あのもの」と記述し、『慶長三年耶蘇會板 落葉集』では、「彼」の右に「ひ」と音を示し、左には「かれ」と訓を宛てている（『落葉集・色葉字集』一二二頁）一方で、「他」の右に「た」と音を示し、左には「ひと」の訓をあてている。そしてさらに「よそ・かれ」とも訓んでいる（『落葉集・小玉篇』一八八頁）のが注目に値する。この「他」はおそらく白話小説によってもたらされた三人称代名詞の「他」であろうが、「ひと」の訓も残していることが興味深い。

これらの辞書よりやや古いものとしては、清原宣賢自筆『塵芥』（伊路波分類體辭書）で「彼」に「かれ」の訓と「ひ」の音を宛てている（『塵芥』上五六ウ）のが注目される程度である。

しかし、ここで注意を要するのはこのような「三人称的」に用いられる「かれ」はあくまで翻訳という特殊な文体によって支持されているということである。この「カレ」が未だ一般化を許さない特殊なものであることは、和語文献における「カレ」が常にある特殊なニュアンスにつきまとわれていたことによって裏付けられる。

たとえば、『大蔵虎明本狂言集』には「カレ」の単独用法は計三例を数え、すべて三人称・人を指す用法である。そのうち、『どもり』に用いられる「かれ」二例は、夫が事の一部始終を謡い風に口上する段のもの、『ゆうぜん』の一例は幽霊となった祐善が出家に向かって語る段のものであり、等しく重々しい雰囲気が似合うような特殊なもののようである。因みに、『どん太郎』に用いられた「カレラ」一例も勿体ぶって物言っているような言葉遣いであり、どことなく古語的な堅苦しさが窺われる。中世後期における「カレ」の古語化は相当進んだようである。

このことは、さらに中世後期の話し言葉を多く残している『史記桃源抄』では、「カレ」の仮名書きの例が一例もなく、もっぱら「アレ」が用いられていることによっても裏付けられる。

『史記桃源抄』において、まず注目されるのは、次の諸例が示すように、「アレ」の指示対象が依然二人称と三人称の両方に渉っていることである。[20]

原文　蕭何曰、劉季固多大言、少成事。

蕭何カ又例ノ圖ナイ迂闊ヲセラレタヨト思テ、呂公ハ令ノ重客テ、マレナルマラウトテ居ラレタニトテ、チツトハ、カナシサニ、アレハ名譽ノ迂闊ナル人テ、マウサルル事ニ、實ハ少サフト云テ、心得サスルソ。（『史記桃源抄』高祖本紀）（三人称・人）

原漢文を引くまでもなく、これは蕭何が呂公に向かって、劉季（劉邦）のことを「あれ」と言っている場面であり、三人称・人を指す用法と見て間違いない。そして、次の例は二人称・人を指す「アレ」である。

原文　酒闌、呂公因目固留高祖。高祖竟酒、後。呂公曰、臣少好相人、相人多矣、無如季相、願季自愛。

言ハモトカライカホトノ人ヲカ相シツラウ。イツタウ相シソコナウタ事ハナイカ、アレノ相ノ様ナハ、マタナイソ。カマイテ大事ノ身テヲリサウソ。自愛珍重メサレヨト云ソ。（『史記桃源抄』高祖本紀）（二人称・人）

この例の「アレ」も、呂公がその将来を見込んだ高祖劉邦のことを「アレ」と指しているように、二人称・人を指す用法に間違いない。しかし、この二例の「アレ」については、現代語の「アレ」のように指示対象に対する軽侮の意は認められない。これによって考えるに、「アレ」を用いて三人称・人を指すのに軽侮のニュアンスが伴うようになったのは、おそらく三人称単数男性を表す代名詞「カレ」が成立し、人間・物との区別を知ってからのことと思われる。

このように、中世後期、しかも当時の話し言葉を多く残しているとされる『史記桃源抄』の「アレ」が二人称・人と三人称・人の両方を指していたことは、指示体系が「コ・ソ・ア」に移ってからも、特に当時の話し言葉において「一人称対非一人称」の人称対立が依然維持されていたことを示している。

以上は、「アレ」の非一人称代名詞に転用した例であるが、『史記桃源抄』にはさらに次の例のように中世後期の指示体系と人称との関わり方を示唆する興味深い例がある。

傳器而食トハ、一器ノ中ニアル食物ヲ、一口食テハ、アレニ傳へ、アレカ一口食テハ、又コチヘ傳テ食ソ。(『史記桃源抄』秦本紀)

この例の「傳器而食」とは、その場にいる数人で食べ物をまわして食べることであるが、この例のように、その場に居合わせた人々全員を指すのに「コチ」と「アレ」だけで何ら過不足が感じられない。これは、「アレ」の指示対象はとにかく「コチ」(一人称)以外の誰でもよいわけで、いわゆる二人称でも三人称でもなく、実際聞き手とも第三者とも限定しえない、要するに二人称と三人称が未分化のまま融合していたところの「非一人称」を指しているからに他ならない。「コチ」が「自分」という一人称的な指示対象を指すのに対して、この「アレ」は「自分(一人称)以外の人々」即ち「非一人称」を指すものと解すべき端的な一例といえよう。

そして、「コチ」だけではなく、「我」と「アレ」が対にして用いられるような次の例においても、「アレ」は決して二人称とも三人称とも限定しえないものであり、「一人称」と「非一人称」との対立がいっそう顕著に認められる。

原文　灌夫亦倚魏其、而通列侯宗室爲名高。両人相爲引重、其游如父子然。
引重ハ互ニアレモ我モ、引キ重スルソ。(『史記桃源抄』田竇列傳)

これまで見てきたように、中古語から中世後期にかけての和語文献においては、「カレ」と「アレ」の指示対象に依然として二人称的なものと三人称的なものが併存し、指示体系が「一人称対非一人称」の対立をなしていたが、そのような指示体系のもとで「カレ」と「アレ」は、中古語からそれぞれ中世後期の『曾我物語』(注18を参照)と『天草本平家物語』にかけて「非一人称代名詞」に転用されていた。しかし、「カレ」と「アレ」はそれぞれ『曾我物語』と『天草本平家物語』の例を最後に、相継いで二人称を指す用法を失ってしまった。上代語以降続いてきた、指示詞から「非一人称代名詞」への転用はここにおいてその終焉を迎えたのである。そして、時を同じくして、翻訳語としてではあるが、早くも『天草本伊曾保物語』において「カレ」の三人称代名詞の用法が認められるなど、「アレ」が話し言葉の中で三人称代名詞への転用を続けていたその一方で、「カレ」の三人称代名詞としての歴史が始まろうとしていた。時代はもはや近世を目前にしていたのである。

これまで見てきたように、中古語の和語文献、特に平安物語や日記において等しく「三人称代名詞」に転用されていた「カレ」と「アレ」は、中世前期から後期にかけて、指示体系における「カ系」と「ア系」の交替に伴い、「カレ」が次第に古語化しつつ、その用法も「二人称」を指す用法を失って、もっぱら「三人称」を指す用法に局限されるようになった。それに平行して、主に「アレ」が依然として「非一人称代名詞」に転用されつづけた。しかし、平安物語や日記とは文体を異にする文献、特に漢訳仏典や漢籍などとの関わりが深い仏教説話集や仮名法語においては、中古語の和語文献やその流れを汲む中世の和語文献における「カレ」の古語化の傾向とは逆に、むしろ延々と「カレ」の人称代名詞への転用が続けられたのである。

次に、中世前期から中世後期までの説話と仮名法語における「カレ」の用法を見てみる。

(二)　中世前期から中世後期までの説話・仮名法語における「カレ」の用法

訓点資料において「彼」の訓に「かれ」が用いられるのに平行して、中古語の和語文献である物語や日記においては「カレ」が「二人称」と「三人称」の両方を指す人称代名詞に転用したことは、これまで述べてきた通りである。実際、訓点資料がもっぱら原典を読み解くための作業であるに対し、平安物語と日記類はいわゆる宮廷女房の制作にかかるものである。したがって自ずから両者の間には作者の位相と、文体の差が存在すると考えられる。

しかし、すでに内典、外典を問わず、古代中国語の人称代名詞の「他」と「彼」（厳密にはこれは時代によって指示詞からの転用と、人称代名詞という二つの場合がある）によって三人称代名詞の存在を知った平安の僧侶などがそれをいかに自らの表現として用いていたのかを示すのが、中世前期から後期にかけて作られた、法話、法語資料である。

ここでは、平安物語や日記とは別の位相に属する文献として、『明恵上人夢記』（建久七（一一九六）年～寛喜二年（一二三〇）の約三十五年間）、『正法眼藏』、『沙石集』、『夢中問答』によって、直接仏典の訓点資料の影響下にある一連の文献における三人称代名詞使用の一端を見てみたい。

まず、『明恵上人夢記』に用いられる「彼」の漢字表記を「カレ」と試読したものが三例を数える。うち一例は抹消にあたるので、ここに二例を挙げる。高山寺典籍文書綜合調査團編『明恵上人資料 第二』を参照。ただし、訓読文は原文の後にまとめて示した。

一、同四年正月（夢云）、二条大路大水出、成□（弁）
將渡之、前山兵衛殿乗馬來、將渡
之給、成弁彼共將渡之、教云、一町
許ノ下ヲ可渡、即以指々示之給。
ヒトツ、オナジキシネンシヤウグワチニ（ユメニイハク）、ニデウノオホチニオホミヅイデタリ、ジヤウ（ベン）マサ
ニコレヲワタラムト（ス）、サキヤマノヒヤウヱドノムマニノリキタリテ、マサニコレヲワタラムト（シ）タマフ、
ジヤウベンカレトトモニマサニコレヲワタラムト（ス）、ヲシヘテイハク、イツチヤウバカリノシモヲワタルベ
シ、スナハチユビヲモテコレヲサシシメシタマフ。（第四篇二一～二四行）

一、同二日、得關東尼公之消息哀傷、其夜夢云、

當持仏堂之方上師在之、如帳臺
之内御坐之由思之、其外證月房在
之、對彼語坂東之消息之事悲泣、
上師在内被聞召テ定悲嘆給覧と思フ、湛涙覺了云々。
ヒトツ、オナジキニニチ、クワントウノアマギミノセウソクヲエテアイシヤウス、ソノヨルノユメニイハク、ヂブツダウノカタニアタリテジヤウシコレアリ、チヤウダイノゴトキウチニオハシマスヨシコレヲオモフ、ソノトニシヨウグワチバウコレアリ、カレニムカヒテバンドウノセウソクノコトヲカタリテヒキフス、ジヤウシウチニアリテキコシメサレテサダメテヒキシタマフラムとオモフ、ナムダヲタタヘテサメヲハンヌトウンヌン。（第十篇二七オ四一三行～四一九行）

この二例の「カレ」がともに先行文脈にあらわれた、「前山兵衛殿」と「證月房」を承けているので、三人称代名詞として用いられていることは明らかである。しかし、『明恵上人夢記』の文体はまだ漢文を主とするものであり、ここで試読された「カレ」は漢文脈中の「彼」に対応すると考えられるが、やはり和文脈の表現とは異なるものとして考えなければならない。

一方、法語の中とはいえ、『正法眼蔵』の和文脈にあらわれる「カレ」（渠・彼・他）はすでに三人称代名詞として用いられているようである（底本は水野弥穂子校注『正法眼蔵（一～四）』岩波文庫、一九九〇～一九九三年を用いた）。『正法眼蔵』の中に、「カレ」と「カレラ」の用例は数例数えるが、その一部を挙げる。

近来の杜撰の長老等、ありとだにもしらざるところなり。かれらに為説せば、驚怖すべし。（『正法眼蔵』第三八・葛藤）

この例の「カレラ」が「近来の杜撰の長老等」を指していることは明らかである。そして、次の「カレ」の例には、すでに『天草本伊曾保物語』に用いられた三人称代名詞としての「カレ」を彷彿させるものがある。

趙州真際大師は、釈迦如来より第三十七世なり。六十一歳にしてはじめて発心し、いへをいでて学道す。このときちかひていはく、「たとひ百歳なりとも、われよりもおとれらんは、われかれをしふべし。たとひ七歳なりとも、われよりもすぐれば、われかれにとふべし。」（『正法眼蔵』第四〇・栢樹子）

しかし、これは表現としてはなお原文の三人称代名詞の訳語の域を出ないことを指摘しなければならない。因みに、法語の中の「カレ」が概して「三人称代名詞」の用法に偏ることは、「カレ」が古代中国語の「彼」、「他」、「渠」同様、もっぱら「三人称代名詞」として解釈されていたことによると考えられる。これが和語文献における「カレ」が「二人称」と「三人称」の両方に関わっていたのと対照的である。それだけに、三人称代名詞を持つ古代中国語と古代日本語との関わりを示唆するものとして興味深い。

次に『沙石集』の「カレ」の用例を見てみよう。[21]

地蔵ハ引放チテ、逃トシ給フヲ、獄率ドモ、「イカニ、斯ル悪人ヲバ、横様ニ救給フゾ。度々誑言申テ候物ヲ」ト申スニ、「我ハ全ク助ケズ。彼《かれ》ガトリツケルナリ」ト、仰セラル、時、一人ノ獄率、矢ヲ以テ背ヨリ前へ射トヲシヌ。（『沙石集』地蔵菩薩種々利益事）

この例の「彼《かれ》」は、先行する文脈の「悪人」を指しているので、三人称代名詞に用いられたものと考えられる。しかし、『沙石集』では、「カレ」が物をも指していたことは次の例によって明らかである。

或る時、彼ノ主「汝ガ先祖ハ、皆歌ヲヨミシニ、汝ハイカニ」ト問レテ、「親、祖父ホドハ候ワネドモ、如形仕候」ト申セバ、前ニ飯モリト云山ノアルヲ、カレヲ題ニテ、歌仕レト云ワレテ、

飯モリヤヲロシノ風ノサムケレバ
アワセノ小袖キルベカリケリ

サテ感ジテ、アハセノ小袖ノアリケルヲ、タビテケリ。（『沙石集』和歌ノ人ノ感アル事）

この「カレ」は飯モリという山を指しているものと考えられる。そして、次の例はおそらく事柄を指す例であろう。

故荘嚴坊ノ法印ハ、止ン事ナク貴キ聞ヘ有シ上人也。鎌倉ノ大臣殿、御歸依重クシテ、師弟ノ禮ヲ存ジ給ヘリ。法印慈悲深キ人ニテ、訴訟人ノ歎キ申事アレバ、「御許候ヘ」ト被申ケリ。彼被申事、一事モ背キ給ハズ、ヤスヤストゾ叶ヒケル。サテ彼《かれ》モ此《これ》モ申ケレバ、常ニハ申入レラレケルヲ、「世間ノヤウハ、一人悦ベドモ、一人ハ歎ク事也。御イロイナ候ソ。但仰ヲバ違ジト思給ヘバ、此計ハ承ヌ。自今以後ハ御口入不可有」ト被仰ケルヲ、……

（『沙石集』師ニ禮アル事）

一方、『夢中問答』では、「彼」（漢字表記であるが、「カレ」と試読する）は次のように、主に三人称代名詞として用いられているようである。

シカルニ今ホロフル人ハ、皆佛ノ御一族ナリ。シカルヲ、タスケ玉ハサルコトハ何ソヤ。佛言彼等カホロフルコトハ皆前世ノ業因ノムクヒナルカ故ニ、タスクルコトアタハス。（『夢中問答』六）

この「彼等」は「佛の一族」を指しているが、次の例は目の前の「翁」を指している。

予僧達ニ語テ申スヤウ、此翁若我等カ入輿ノ所ロヲ習ヒ傳ヘムトイハハ、何トカ彼ニ教フヘキヤ。若此山水ノケシキヲサシテ、我等カ面白キコトハ、カカル處ニアリトイハハ、此翁、サテハ我年来見ツクセル境界ナリ。珎シカラスト云ヘシ。（『夢中問答』七六）

そして、次の例のように、「彼」は「我」と相対して用いられる場合もある。

乃至外道天魔ノ來テ對論スル時モ、明眼ノ人是ヲ見テ、彼ハ賤ク、我ハ貴シト、思フヘカラス。（『夢中問答』八五）

以上は、中世前期から後期にかけての説話・法話・法語資料に見える「カレ」の用法であるが、『沙石集』のように、人・物・事柄を広く指す場合がある一方で、『明恵上人夢記』、『正法眼藏』、『沙石集』、『夢中問答』を通して言えるのは、人称代名詞の用法としてはもっぱら三人称代名詞に用いられることである。

古代中国語の三人称代名詞と古代日本語との関わりは、まずは訓点資料に始まり、そして、説話・法話・法語資料、さらに近世前期の白話小説の翻訳という一連の文献に続く。一方の和語文献としては、上代語の「カレ」に始まり、中古語の「カレ」は二人称と三人称の両方に関わり、そして中世後期の『曾我物語』にあらわれた、「二人称」を指す「カレ」の例を最後に、「カレ」の人称代名詞としての用法がもっぱら「三人称」に一本化されることになる。同じ中世後期の資料である『史記桃源抄』の「彼」は計四例を数えるが、内三例が原文中の「彼」を解釈する場合に、いわば引用文的に用いられており、残る一例が「あれ」と読むべきであることは、第三章第四節二項（二）「中世後期の指示詞の語形」に述べた通りである。

これまでは、平安時代以降の和語文献と、中世前期から中世後期までの仏教説話集・仮名法語という、文体を異にする二つの系統の文献に基づいて、和語文献においては、中古語以降「カレ」がその用法を三人称代名詞に局限しつつ、次第に「アレ」によって取って代わられていくのに平行して、仏教説話や仮名法語においては、もっぱら「カレ」が三人称代名詞として用いられつづけていたことを見てきた。両者の文献の間には、恐らく訓点資料と漢文訓読を介して多分に漢訳仏典や漢籍の影響を受けている文体と、和文的要素が比較的濃厚にあらわれる文体との性格の違いがあると考えられる。特に中世前期から後期にかけて「カ系」指示詞が指示体系から完全に後退してからは、「カレ」はもっぱら漢文訓読やその流れを汲む文体によって支えられている表現としての側面をいっそう鮮明にしたといえる。これは和語文献の側から見れば、和語文献からの「カレ」の後退のように見えるが、見方をかえれば、「カレ」が文体的に局限されつつ、三人称代名詞へと成長していく過程としてみることもできる。そして、その成長は近世語にいたってもなお続いたのである。

次に、近世語における「カレ」と「アレ」を見てみることにする。

第三項　近世語および明治初期における「カレ」と「アレ」

（一）近世の和語文献における「カレ」と「アレ」

これまで見てきたように、中世後期まで等しく非一人称代名詞として用いられていた「カレ」と「アレ」であったが、中世後期から相継いで非一人称から三人称へと収斂されていった。そして、近世前期に至ってはその傾向はいっそう顕著になった。これはたとえば擬古的な文体が濃厚な『好色一代男』においても同じであった。

『好色一代男』では、「かれ」は計八例を数えるが、そのうち、「かれこれ」五例、「かれら」二例、「かれがもと」一例である。そして、「かれら」二例が三人称代名詞の複数を表すのに対し、「あれ」一五例のうち、会話文一〇例、地の文五例と、人称的にもすべて三人称と見てよいものばかりである。

寝る計に身ごしらえせし處へ、誰とはしらずに隠して、連ぶしに歌説經あはれに聞えて、今までは手枕さだかならず目覺て、出立燒く女に「あれはいかなる人のうたひけるぞや」「されば、此宿にわかさ・若松とて兄弟の女ありける。其貌昼みせましたい」。（『好色一代男』旅のでき心）（三人称・物）

こゝろながら笑しく、「あれはいかなる女」と尋ねける。「人の召つかひ、竈近きもの」と申。（『好色一代男』是非もらひ着物）（三人称・人）

そして、近世も後期になると、たとえば江戸語の話し言葉が多く見られるとされる『浮世床』においては、「かれ」はわずかに一例を見るだけで、しかも「かれこれ」のような定型表現で用いられ、逆に三人称代名詞に転用した「あれ」が三二例を数えるほどに至った。このように、和語文献から少しずつ姿を消していく「カレ」ではあるが、そのまま消滅するわけではなかったようである。それは漢文脈あるいはその翻訳、翻案、さらにその影響下にあった読本のような異なる文体においてその命脈を保っていたようである。

次に、読本と通俗物における「カレ」の用法を見ることにする。

（二）読本と通俗物における「カレ」

漢文訓読に用いられた「カレ」がもっぱら理解を助けるための翻訳語であるのと異なり、漢文・白話小説の影響が強いとは言え、読本は単なる翻訳ではなく、言語表現として生み出された一種の文学である。その意味で日本語の文体史における読本の存在には訓点語とは範疇を別するものがあると考えられる。

ここで注目したいのは、白話小説ではもっぱら三人称代名詞「他」が用いられているが、実際、読本の作品においては、「他《かれ》」だけではなく、「彼《かれ》」と「渠《かれ》」も用いていることである。

今その一例を『雨月物語』によって示すと、たとえば、『雨月物語』では「かれ」は全部で二八例を数えるが、うち「かれこれ」一例（仏法僧六十六の三）を除けば、単独用法二七例（地の文六例、会話文二一例）は、すべて次のような三人称代名詞の用法である。

我跪まりし背の方より。大なる法師の。面うちひらめきて。目鼻あざやかなる人の。僧衣かいつくろひて座の末にまゐれり。貴人古語かれこれ問弁へ給ふに。詳に答へたてまつるを。いといと感させ玉ふて。他《かれ》に録とらせよとの給ふ。（『雨月物語』仏法僧、六十六の四）

立せ玉へといへば。一座の人々忽面に血を灌ぎし如く。いざ石田増田が徒に今夜も泡吹せんと勇みて立躁ぐ。秀次木村に向はせ給ひ。よしなき奴に我姿を見せつるぞ。他《かれ》二人も修羅につれ来れと課せある。（『雨月物語』仏法僧、七十一の五）

豊雄。かく捕はれていつまで偽るべき。あはれかの女召て問せ玉へ。助。武士らに向ひて。縣の真女子が家はいづくなるぞ。渠《かれ》を押て捕へ来れといふ。（『雨月物語』蛇性の淫、一〇二の九）

筆者の検するところによれば、『英草紙』（寛延二年刊）には「かれ」が五二例を数えるが、そのうち、地の文には一九例、会話文には二二例、他に心中語として一〇例が用いられている。

一方、『西山物語』に「かれ」はわずか二例用いられているのみで、『春雨物語』にはついに一例も観察されないといった具合である。このように、作者によって、しかも同じ作者でも前期と後期によって「カレ」の使用頻度に差があるこ

表８『近世白話小説翻訳集』における「他（彼）」

作品名	彼（かれ）	他（かれ）
通俗醉菩提全傳（宝歴九年五月刊・京都）	×	○
通俗隋煬帝外史（宝歴十年春刊・京都）	×	○
通俗赤縄奇縁（宝歴十一年刊・京都）	×	○
通俗金翹傳（宝歴十三年刊・大坂）	×	○
通俗孝肅傳（明和七年八月刊・京都）	×	○
通俗大明女仙傳（寛政元年十二月刊・京都）	×	○
通俗醒世恒言（寛政元年初秋刊・江戸）	×	○
通俗繡像新裁綺史（寛政十一年九月写・筆者写未詳）	×	○
通俗平妖傳（享和二年春刊・京都）	×	○
通俗西湖佳話（文化二年初春刊・大坂）	○	×
通俗古今奇観（文化十一年仲秋刊・尾陽）	×	○
通俗忠義水滸傳（寛政二年初冬刊・京都大坂）	○	×
通俗西遊記（第一編～第四編：文政六年刊・大坂，第五編：天保二年・江戸，尾陽，京都，堺，浪速）	×	○

とは、話し言葉に基盤を持たない、一種の翻訳語としての「カレ」の不安定な地位を示していると言える。

因みに、表記については、『英草紙』では「彼」（四九例）が最も多く、「他」はわずか三例に止まる。そして、『雨月物語』では「蛇性の淫」で「畜」を例外的に「かれ」と訓ませているのを除けば、「他」と「渠」が普通で、「彼」の表記は「此」と対に用いられるに限られているようである。この傾向はたとえば、『近世白話小説翻訳集』に収録された一連の通俗物においても認められる。

上の表８を参照されたい。

表８が示すように、通俗物では「他《かれ》」が多く用いられ、「彼《かれ》」はごく少数に過ぎない。近世語の「カレ」と近代中国語の三人称代名詞「他」との強い関わりを窺わせるものと考えられる。通俗物においても一種の翻訳語としてではあるが、「カレ」は読本同様三人称代名詞として用いられているのである。因みに、管見の限り通俗物には三人称代名詞に転用された「アレ」は用いられていないようであるが、実際、『忠義水滸傳解』（陶山冕著、宝暦七（一七五七）年刊）で「他」を「カレナリ、アレナリ、又アノト訳スルナリ」（九ウ）と解しているように、近世期の漢文笑話翻訳本においては「アレ」もまた「他」の訳語に宛てられていたようである。

(三) 漢文笑話翻訳本における「他《かれ》」と「他《あれ》」

通俗物同様、近世漢文笑話の翻訳本も所詮漢文又は白話の翻訳である以上、「他」の訳語に「カレ」が用いられるのはいわば当然ともいうべきことである。果たして、明和五年十月の序を持つ『笑府初編・頫脚踢』では「他」を「カレ」と訓ませている。

樵夫《キコリ》、柴《マキ》ヲ擔《カツキ》、誤《アヤマツ》テ医《イ》者ニツキアタリケル。医腹ヲタテ拳《コフシ》ヲ揮《フルツ》テクラワサントス。樵跪《キコヒサマツキ》テ曰ク、「寧足《イツソアシ》ニテ踢《ケ》テ下サルベシト云。旁《カタヘ》ノ人フシギヲタテケレバ、樵《キコリ》云、「他《かれ》ガ手ニカカルナラハ、定《サタメ》テ活《イキ》ルコトナリマスマヒ」。
(『笑府初編』頫脚踢

そして、『笑林廣記鈔・頫脚踢』(安永七年刻)でも「彼」を「カレ」と訓ませている。ここで両者の文体もほぼ同じ漢文訓読体であることに留意しておきたい。

樵夫《キコリ》柴《シバ》ヲ荷《ニナヒ》行シカ、アヤマツテ醫者《キシヤ》ニアタル。醫怒《イカツ》テ拳《コブシ》ヲアゲ、ウタントス。樵夫ノ曰、足ニテ踢《ケ》タマフトモ、必ス手ヲ動シタマフナト謂《イ》フニ、傍《カタヘ》ノ人訝《イブカ》リテ其ユヘヲ問ハ、樵夫《キコリ》ノ曰ク、「彼《カレ》ガ脚《アシ》ニテ踢《ケ》ラルルトモ、死《シ》スルニハ到ラシ。彼カ手ニカカレハ、必ス生《イキ》カタシ。(『笑林廣記鈔』頫脚踢』)

一方、『解顔新話・頫脚踢』(寛政六年十月序)では、「他」は「カレ」ではなく、次のように「アレ」と訓まれている。

樵夫《きこり》柴《しば》を担《かつ》とて誤《とりはづ》して医士《いしや》に觸《あた》る。医怒《はらたて》て揮拳《くらハきう》とする。樵夫《きこり》の曰、「寧《それより》ハ脚《おあし》で踢《ふん》でもらひませふ。尊手《おて》を動《おろ》さるには及びませぬと。傍《そば》の人訝《ものふしぎ》がる。樵者の曰、「踢《ふまれ》てハまだ死《しに》ハせねど、他《あれ》が手《て》に経《かかつ》てハ、定然《ぜつひ》活《いき》られぬ。(『解顔新話』願脚踢』）

一読して分かるように、『解顔新話・願脚踢』は『笑府初編・願脚踢』や『笑林廣記鈔・願脚踢』とは違い、漢文訓読の文体からほど遠く、会話文で見る限りむしろ和文に近いものである。これによって考えるに、「カレ」と「アレ」の違いは、おそらくより漢文書き下し文に近い文体と、より和文しかもより話し言葉に近い文体との違いに対応するものと考えられよう。

そして、次の例もおそらく話し言葉に近いものと考えられる。

老者孫《おやじまご》を領《つれ》て市《まち》へ出る。一妓者《けころや》の門首《かどぐち》をぶらぶらとありくから、妓《けころ》が、「モシ茶を吃《あが》れ」と。老者《おやじ》きかぬふりして進去《ゆきすぎ》る。孫公々《ぢいさま》に問ていはく、「アノ娘子《むすめご》は誰《たれ》じや」と。公《ぢい》のいはく、「アレハ是娼婦《けいせい》」。孫の曰、「デモ你《おまへ》を請《よん》で茶を吃《のめ》といふに、ナゼ去《ゆか》ぬと。公のいはく、「他《あれ》は我《おれ》を請で茶を吃《のま》せるでハない。我《おれ》と他《あれ》と雲雨《ぼぼ》させて我《をれ》が東西《もの》を騙《だま》さふとするのだ」と。孫牢《かた》く記《おぼ》へて忘《わす》れず。家《うち》へかへると、母親が茶を汲んで公々《ぢいさま》に吃《のま》せるを見ると、手《て》を拍《たたい》て、「我《おれ》は暁得《しつている》よ。母親《かかさま》が公々と雲雨させて公々の東西《もの》を騙《だま》さふ」と。（『解顔新話』姦媳）

このように、近世後期の漢文笑話の翻訳物における「カレ」と「アレ」についてその文体差がはっきりと指摘できるが、これによって推測するに、「カレ」があくまで漢文や白話小説の「彼」と「渠・他」を背景にしてはじめて成立可能な、一種の翻訳語であるのに対し、「アレ」は話し言葉において三人称代名詞として用いられていたものと考えられる。

次に、近世庶民の話し言葉に近い言語を残していると思われる噺本を中心に、近世後期の江戸語における「カレ」と「アレ」の用法を見ることにしたい。

表9　近世噺本65種における「カレ・カノ・アレ」[22)]

作　品　名	かれ	かの	あれ（人）	あれ（その他）
鹿の巻筆（日本古典文学大系本）	×	30	×	×
武藤禎夫校注『軽口本集』（岩波文庫）	3	117	8	21
興津要校注『江戸小咄』（講談社文庫）	3	70	24	95
興津要校注『江戸小咄（続）』（講談社文庫）	×	48	9	73
宮尾しげお校注『江戸小咄（上）』（平凡社）	×	48	2	43
宮尾しげお校注『江戸小咄（下）』（平凡社）	×	35	15	41
武藤禎夫校注『小咄本集』（岩波文庫）	×	20	2	4
武藤禎夫校注『落語本集』（岩波文庫）	1	22	2	16
合　計	7	390	62	293

（四）噺本における「カレ・カノ・アレ」の用法

読本や近世漢文笑話の翻訳本は、文体の差こそあれ、概して漢文や白話の影響を免れるものではなかった。しかしこれらとは異なり、その庶民性と即興性のために、噺本は概して上方語（軽口本に限って言えば）、江戸語の口語を多く残していると思われる。

ここで、近世噺本六五種による統計の結果を表9に示す（対象作品については、付録二「噺本書誌」を参照されたい）。

実際、「カレ」がほとんど漢文訓読的な文体に局限されるのに対して、三人称代名詞に転用した「アレ」は上方語と江戸語の両方において広く用いられていたようである。しかし、ここで同時に注目しなければならないのは、「カレ」の全体的な退潮とは逆に、「カノ」は間断なく、しかもかなりの頻度で噺本に用いられ続けたことである。「カノ」は「カレ」に比して指示体系からの後退が遅れていたと見るよりは、幕末から明治中期にかけて、「彼《かの》女」、「彼《かの》男」を経て「彼女《かのじょ》」の語形が工夫される際、一貫して「カノ」が選ばれた理由もおそらくこの辺にあると見るべきであろう。

「アレ」については用例を多く挙げるまでもなく、『茶のこもち』（安永三年春序、江戸堀野屋仁兵衛板）の一例を示すに止める。

表10　『東海道中膝栗毛（第一編～第四編）』における「カレ・カノ・アレ」[23)]

かれ	かの	かれこれ	たれかれ	あれ（人）	あれ（その他）
1（渠等・かれら）	32	5	1	11	25

馬道を二人づれにて、いきな身をして行く。むかふから親父が寺参りのかへりがけ、はたと行きあい、「をのれはどこへ行く」「アイこの人にさそはれ、燈籠見物に行きます」「エヱ留守をあけてにくいやつ。早くかへれ」「アイ」とわかれて行く。つれ「あれは親父か」「イイヤ」「それでも大分横平だ」「ナニあれは下しやくばらの」。（『茶のこもち』燈籠）

参考までに『東海道中膝栗毛（第一編～第四編）』の「カレ」、「カノ」と「アレ」の用法を見てみよう。表10が示しているように、ここでも三人称代名詞として「アレ」が用いられるのに加え、「カレ」の偏りや「アレ」の用法的な分布も先に示した噺本と同じ傾向を示している。両者ともよく当時の話し言葉の実態を反映していると見てよいようである。そして、この傾向はさらに明治初期、明治中期まで続いたことは『怪談牡丹燈籠』と落語『成田小僧』のデータの示すところでもある。

（五）『怪談牡丹燈籠』と『真景色累ケ淵』の「カレ」と「アレ」

まず、『怪談牡丹燈籠』の「かれ」七例のうち、次の①～③のような飯島の認めた書状を人に語って聞かせる口調のものの他、④、⑤は家名再興を託された武士生まれの若い男性の言葉であり、残る二例は飯島の心の動きを述べるのに使われており、すべて武士かそれに近い人物の用語であり、普通の使い方とは言いがたいようである。

相川新五兵衛は眼鏡をかけ、飯島の書置きをば取る手おそしと読み下しまするに、孝助とはいったん主従の契りを結びしなれども敵同士であったること、孝助の忠実に愛で、孝心の深きに感じ、主殺しの罪に落とさずして①かれが本懐をとげさせんがため、わざと宮野辺源次郎と見違えさせ討たれしこと、孝助を急ぎ門外にいだしやり、自身に源次郎の寝間に忍び入り、②かれが刀の鬼となる覚悟、さすれば飯島の家は滅亡いたすこと、③かれら両人われを討って立ち退く先は必定お国の親元なる越後の村上ならん、（中略）相「これ孝助殿、血相変えてどこへ行きなさる」と言われて孝助は泣き声を震わせ、孝「ただいまお書置きの御様子にては、主人はわたくしを急いで出し、あとで客間へ踏み込んで源次郎と闘うとのことですが、いかに源次郎が剣術を知らないでも、殿様があんな深手にてお立ち合いなされては、④かれが無残の刃の下にはかなくおなりなされるは知れたこと、みすみす敵を目の前に置きながら、恩あり義理ある御主人を⑤かれらにむごく討たせますは実に残念でござりますから、すぐにとって返し、お助太刀をいたす所存でございます。」（『怪談牡丹燈籠』十五）

そして、『真景累ケ淵』の「かれ」二例のうち、次の一例は事柄指示の例で、しかも漢文書き下し文的なものなので、言文一致体小説における「カレ」のような三人称代名詞と異なる。

富「ああ、進退ここにきわまったなあ。どうも世の中になにが切ないといって腹のへるくらい切ないことはないが、どうも鳥目がなくって食えないと、なおさらへるねえ。天草の戦でも、兵糧攻めではかなわぬから、高松の水攻めといえども、かれも兵糧攻め、天草でも駒木根八兵衛、鷲塚忠右衛門、天草玄札などという勇士がいても兵糧攻めにはかなわぬ。ああ大きな声をすると腹へ響ける。……」（『真景累ケ淵』五九）

残る一例は、落ちぶれた武士で今は剣術の師匠をしている安田のせりふの中にあらわれている。

貞「へえ先生」
安「来たのはだれだ」

貞「麹屋のお隅が、先生にお目にかかってお話し申したいことがあって、雪の降る中をわざわざまいったと言います」

安「隅が来たか。はて、うっかり開けるな。ええ、かれはこの一角をかねて敵とつけねらうことは風説にも聞いていたが、まったくさようと見える。うっかり開けて、相撲取りなどを連れてずかずかはいられては困るから、よく気をつけろ。ええまったく一人か、一人なら入れたっていいが」(『真景累ヶ淵』七四)

このように、以上の数例の「かれ」は等しく武士又はそれに近い人物の用語として用いられているようである。これによって推すに、おそらく圓朝は意図的に「かれ」を用いて人物の「武士らしさ」を演出しているのであろう。これはもちろん必ずしも話し言葉に裏打ちされない一種の創作である。これに対して、同じく明治中頃の口演速記落語『成田小僧』[24]では「あれ」全九例のうち、七例が三人称代名詞に転用した「あれ」であり、残る二例は感動詞一例と物を指す一例のみである。三人称代名詞に転用した「あれ」はたとえば次のようなものである。

婆「夫が此節些ともお入来がない処からの病なのです。実は小千代が清さんに馬鹿惚れをして居るんですネ。若旦那の事ばかり思つてるんで。実は他所に少し好お客さまが有つて、先方へ娵に行かれる口ですから、何様かして其処へ遣らうと思つても、何だか吾儕は其方へ纏め度と思つて居ますヨ。本郷の子息さんはお宅に居ないやうな事を云ふので、苦慮々々して本当に無情と云つて、ブラブラ病に成つちまひましたが、和郎さんは一番彼《あれ》の気に入つて居ますノ。夫れで和郎さんお頼みに来たノ」

花「是は恐入ります。私が姐さんのお気に入る事は有りませんが、ヂヤア私は直に参りませう。」(落語「成田小僧」)

このように、「アレ」は、少なくとも明治の中頃まで話し言葉で三人称代名詞に転用され続けていたようである。「成田小僧」が口演された明治二二年といえば、折しも嵯峨の屋御室が『野末の菊』において、彼《かれ》・彼女《かのじょ》、彼等《かれら》を最初に言文一致体に導入した年でもある。三人称代名詞に転用された「アレ」もやがて「カレ」と「カノジョ」に取って代わられる運命にあったことはいうまでもない。

しかし、ここで指摘しておきたいのは、言文一致体において三人称単数・男性を表す「カレ」と近世語の「カレ」とは同じ三人称代名詞としてやはり連続していることである。その意味で、言文一致体の「カレ」や「カノジョ」とても、中古語や中世語の説話集、法語、近世語の読本の「カレ」同様、話し言葉に基盤を持たない創作上の言葉であったのである。言文一致体の「カレ」と「カノジョ」もまさに近世語の「カレ」によって作られた三人称代名詞という基盤をそのまま継承しながら、男女の別に対応したものに他ならない。

第五節　まとめ ― 三人称代名詞が成立するまでのみちすじ

上代以降における指示詞「カレ」と代名詞「カレ」についての従来の研究には、とかくそれを日本語内部の問題として処理する傾向があり、近代以降における三人称代名詞の成立については、とかく西洋語を翻訳する必要が強調されがちであった。これに対し、本章は、時代を上代から近世後期までの間に限り、中国語の指示体系並びに三人称指示詞「彼(他)」と日本語の指示体系並びに三人称代名詞との関わりを見てきた。結論はおよそ次の四点にまとめられる。

一、古代中国語と古代日本語の人称体系においては、三人称代名詞が成立するまでは、「一人称対非一人称」の人称対立が人称体系の中心であった。上代、中古並びに中世日本語の指示体系と上古時代の中国語の指示体系との区別原理（たとえば、「知覚対象・観念対象」、「知覚対象」の「近・遠」、人称との関わり方では「一人称対非一人称」）の間には、一種の平行性が見られる。そして、両者が等しく三人称代名詞の欠如を補うべく、いわゆる「遠称指示詞」を「非一人称代名詞」に転用させ、それによって三人称代名詞を獲得していったものと考えられる。

上代語と中古、中世語の和語文献における「カレ・アレ」の指示対象に二人称的なものと三人称的なものが共存していたのは、二人称と三人称とはまだ未分化のまま融合していたためであり、この時代の指示体系はまだ「一人称対非一人称」の対立をなしていたためと考えられる。この人称の対立は人称代名詞へ転用した「カレ・アレ」においても同じであった。いわゆる「遠称」とは実は「非一人称」であったのである。このように、日本語の三人称代名詞の成立の過程において、三人称代名詞の前段階としての「非一人称代名詞」を想定することによって、指示詞から人称代名詞への転用と、三人称代名詞の成立についてより自然な説明を与えることができる。

二、平安時代の訓點資料においては、「カレ」は「彼」の訓として用いられたが、物語などの和語文献においては会話文にも用いられ、性格的にはむしろ当時の和語であったと思われる。平安初期にはじめてあらわれた「アレ」は物語などの和語文献では、「非一人称代名詞」に転用された。指示体系における「カレ」と「アレ」の交替は『宇津保物語』や『源氏物語』に始まり、おそらく中世後期の『龍大本平家物語』の成立する時代までに完了したと思われる。因みに「カレ」の二人称に関わる例は『曾我物語』（流布本系統）の例を、「アレ」の二人称に関わる例は『天草本伊曾保物語』の例を最後に、文献的に見られなくなり、日本語の人称体系における「非一人称代名詞」の過渡的な段階が終焉を迎えた。

三、一方、中世前期や中世後期の説話集や仮名法語には、「カレ」はすでにもっぱら三人称代名詞に用いられていた。そして中世後期には、それが翻訳物『天草本伊曾保物語』にもあらわれるが、近世にはいってからは、中世前期や中世後期の説話集や法語資料の後を承けて、読本、白話小説の翻訳本や漢文笑話集などの文献に、近代中国語の三人称代名詞「他」の訳語として文体的に局限されながらも、会話文を中心に多く用いられるようになった。「彼女《かのじょ》」を別にすれば、「カレ」と「カレラ」はすでに近世の読本、通俗物、白話笑話の翻訳物などにあらわれていたものであり、「カレ」が「彼（他）」と同じく男・女、人間と物の区別を知らないことと、文体的には局限されることを除けば、すでに三人称代名詞としての資格を獲得していたと見ることができる。

全体的に、古代中国語の三人称代名詞と古代日本語との関わりは、まず訓点資料において「カレ」が「彼」の訳語として用いられることに始まり、続いて僧侶の法語や仏教説話集で三人称代名詞として用いられるようになった。中世後期にはさらにキリシタン関係の翻訳物にもその用法が広がり、近世に入っては、読本や通俗物、漢文笑話の翻訳にも用いられるようになり、少しずつその使用範囲が広がっていった。このように、文体的にも内容的にも漢文の影響を強く受ける和漢混淆文またはそれに近い文体においては、「カレ」が少しずつその使用を広げていくのに平行して、和語文献では、上代語以降続いていた「非一人称代名詞」に転用した「カレ」からは、ついに中世後期において「二人称」を指す用法が失われ、もっぱら「三人称代名詞」として用いられるようになった。

四、明治時代の言文一致運動の中で「カレ」が三人称単数・男性の代名詞として用いられ、「カノジョ」が新たに生み出された。これはもちろん近代におけるヨーロッパの言語の影響によって日本語の三人称代名詞に男女の区別がもたらされたことを意味するものである。しかし、我々は、上代語以降長い間「非一人称代名詞」

に転用され、とりわけ中世前期、中世後期の法語や説話集、近世においては白話小説・漢文笑話の翻案物や翻訳だけでなく、読本のような近世の小説にも三人称代名詞として盛んに用いられていた「カレ」を抜きにして、言文一致の小説における三人称単数・男性を表す代名詞「カレ」を語ることはできない。両者はやはり連続しているものと考えなければならない。

第六節　人称体系における「自・他」の問題 ―― いわゆる「人称代名詞の転換」

本章は、これまで、古代中国語と古代日本語との間において、かつてはともに「一人称対非一人称」という人称体系と指示体系における人称対立の段階を経ていたこと、人称との関わりでいえば、いわゆる「遠称指示詞」は実は「非一人称」に関わっていたこと、古代中国語と古代日本語はともに「非一人称指示詞」（いわゆる「遠称指示詞」）を「非一人称代名詞」に転用させ、そして三人称代名詞を獲得していったことを論じた。

言語事実としては、古代日本語と古代中国語の指示体系も等しく「一人称対非一人称」の人称対立をなしていたこと、古代中国語と古代日本語にはもともと三人称代名詞がなかったこと、その欠如を補うべく人称代名詞に転用された指示詞が大体「非一人称」に関わる指示詞であったこと、この「非一人称代名詞」からは、あるいは二人称、あるいは三人称が分化していったことが確認された。指示体系と人称体系には、「二人称」と「三人称」が未分化のまま融合していた「非一人称」の存在を認めることは本書の出発点でもあり、結論でもある。これによって、指示体系と人称体系の史的変化がより合理的に説明することが可能になると考えているからである。

しかし、本稿で取り上げているような、二人称と三人称とが未分化のまま融合していると解釈すべき現象に類似するものに、人称代名詞の転換がある。これは、O. Jespersen (1924) 以来多くの研究者によって様々な言語について指摘されてきた、人称代名詞をめぐる古典的な問題である。現に、衣川賢次（一九九七）も『遊仙窟』において「渠」を「汝也」と注することについても、同じく代名詞の転換としており、張煉強（一九八二）、董志翹（一九九七）もそれぞれ現代中国語の「他」と古代中国語の「伊」、「渠」、「彼」について、同じく代名詞の転換として修辞的にいわばその場限りに使用したものと解釈している。

たとえば、張煉強（一九八二）は、現代中国語の三人称代名詞「他」の二人称を指す例として次の二例を挙げている。

①現在已両點鐘、遙想你在「南邊」或也已醒來、②但我想、因爲他明白、一定也即睡着的。（『魯迅全集』第九巻）。

今はもう二時、あなたが「南国」にいてもしかして目が覚めているのかも知れないと、思いを馳せる。しかし、またすぐにこう思った。彼女は分かっている人だから、きっとすぐに寝てしまうでしょう。

これは魯迅から許廣平に宛てた手紙である。手紙の中の「你」と「他」はともに許廣平を指している。

二姐兒倒不好意思説什麼、只見三姐兒似笑非笑、非悩的罵道、「①壞透了的小猴兒崽子！　没你娘的説了！　②多早晩我才撕他那嘴呢！」（『紅楼夢』第六四回）

二姐は間の悪さに何とも云ひ返すどころではなかつたが、三姐が笑つてどなりつけた。「このぴいぴい子猿つたら、ほんとに悪くなつたわね。畜生め、ようしあたしがその口を引裂いてやるから。」（松枝茂夫訳『紅楼夢』岩波文庫）

張煉強（一九八二）によれば、この例の「你」と「他」の例も同じく「相手」を指すものとして、「人称代名詞の転換」とされている。しかし、張煉強（一九八二）に挙げられた現代中国語の「他」の二人称を指す例の解釈には疑問が残る。

まず、『魯迅全集』の例は書簡集『両地書』の例であり、「但我想、因爲他明白、一定也即睡着的（しかし、またすぐにこう思った。彼女は分かっている人だから、きっとすぐに寝てしまうでしょう）。」では、「許廣平」のことを指すことは間違いない。しかし、①の部分と②の部分との間には話法の違いがあるようである。①「現在已両點鐘、遙想你在「南邊」或也已醒來（今はもう二時、あなたが「南国」にいてもしかして目が覚めているのかも知れないと、思いを馳せる。）」までは、直接許廣平に直接語りかける話法であり、②「因爲他明白、一定也即睡着的（彼女は分かっている人だから、きっとすぐに寝てしまうでしょう）」は、許廣平にではなく、自分自身に言い聞かせる言い方なのである。この場合、聞き手は魯迅自身の内部に内在化されたと見てよい。つまり、②以下は、許廣平を二人称としてではなく、三人称として指しているのである。この場合、聞き手は魯迅自身であり、いわば魯迅対魯迅という話し手と聞き手の関係の外に、許廣平を置いたのである。とすれば、これは「他」が「二人称」を指す例としては不適格となる。

そして、『紅楼夢』第六四回の例も、①「壊透了的小猴兒崽子！ 没你娘的説了！」までと、②「多早晩我才撕他那嘴呢！」とでは、その場面における対人関係がそもそも異なっていることを指摘しなければならない。①の発話の直接な相手は賈蓉であるが、②はその場にいる二姐等を意識した言い方と考えられる。

『紅楼夢』の諸本を検するに、「二姐兒倒不好意思説什麼、只見三姐兒似笑非笑、非惱的罵道」の箇所には異同があるものの、「王府本」（脂硯斎本系統）、程甲本、程乙本はいずれもこの例の後に、「一面説着便赶了過來。賈蓉早笑着跑了出去、賈璉也笑着辭了出去。（と云いつつ、いきなり飛びかかって來た。賈蓉は早くも笑ひながら外へ飛び出した。賈璉も笑ひながら、さようならを云つて出て來て……）」が続いているので、①の発話の相手「賈蓉」がすでにその場にはいないということが明らかである。ここではすでにその場にいない人を「他」と指していると考えられる。いわゆる人称代名詞の転換ではなく、場面が変わったのである。

このように、状況的には二例とも同じ人物（それぞれ許廣平と賈蓉である）を「你」と「他」で指していることは間違いないが、この事自体、人称代名詞の転換では決してなく、場面の転換が背景にあったものと考えられる。いわゆる人称代名詞の転換とは、こうした場面の転換を含まない人称代名詞の用法の謂いでなければならない。

このように、張煉強（一九八二）の挙げた「他」の二人称を指す例には、それぞれ「你」と異なる場面の転換が含まれるため、「人称代名詞の転換」の適格な例ではないことは明らかである。より適格な例を確認するまでは、現代中国語の「他」が二人称を指す例の存在については疑を存せざるをえない。

一方、日本語の「カレ」の二人称を指す例についても、従来、清水功（一九五九）、清水功（一九七三）、堀口和吉「代名詞『カレ』をめぐって」（一九八二年）のように、遠称指示詞「カレ」の特殊用法として解釈する向きがあった。

これに対して、まず文法解釈において修辞の問題と文法のそれとを見極めることが必要なのではないかと考える。この点については従来の研究は必ずしも明瞭な意識がなかったように思われる。どの言語にとっても、文法と修辞とは互いに絡み合いながらその言語の使用を規定してはいるが、修辞は文法を前提とすることはあっても、おそらくその逆はありえないし、特に修辞的な効果が明らかに認められない場合には、問題は何よりも文法の問題として考えなければならない。英語やドイツ語などについてO. Jespersen（1924）の指摘したような例には、確かに三人称をもって二人称を指す現象として修辞的に解釈されるべきものがある。本書の論じているのはそうした修辞的な問題として済まされない文法、しかも文法史に属する問題である。

因みに、現代中国語と現代日本語においては、三人称代名詞の二人称を指す例が認められないことも、現代語の「一・二人称対三人称」という人称対立をなす人称体系の存在を前提としてはじめて理解できるのではないかと考える。

第三章において示したように、指示体系における「二人称領域」と「三人称領域」は、近世後期の江戸語において成立したものと考えられ、近世後期の幕末に至るまで「あなた」には、なお二人称を指す用法と三人称を指す用法が併存していたことも、三人称であった「あなた」が近世初期において二人称の用法を得て、ついに両者共存の過渡期をへて、

「二人称」に転身したというのではなく、もともと「非一人称領域」に関わっていた「あなた」から、次第に三人称を指す用法を失い、それに平行して、二人称を指す用法が増え、ついに「非一人称」から「二人称代名詞」へ収斂されていったという史的変化の過程として捉えるべきであろう。そして、それが近世前期からすでに読本や白話小説の翻訳本などにおいて、上代語から中世後期にかけて一貫して「非一人称指示詞」として用いられていた「カレ」が明治時代中頃にかけて、次第に「三人称代名詞」へと成長していくプロセスと平行して行われたことも決して偶然ではあるまい。

このように考えると、古代中国語の「伊」、「渠」、「彼」の二人称を指す例と、古代日本語の「カレ」、「アレ」、「アノ〜」の二人称を指す例についても、等しく「一人称対非一人称」の人称体系における「二人称・三人称」が未分化のまま融合している人称体系ないし指示体系の存在によってもたらされた現象であり、人称体系又は指示体系における「自・他」の対立の「他」つまり「非一人称」に属する現象とすべきことは言うまでもない。

すでに「一・二人称対三人称」という人称体系を自明のこととして了解している我々は、二人称と三人称が未だ分化するに至っていない「混沌」の境地に分け入ることはもはや困難なことである。しかし、可能な限り先入観を排して過去の時代の言語現象を省察することはその第一歩となるはずである。その際我々は現代語の感覚を古代語にいささかも持ち込まないよう心がけることが重要である。

第四章　注

（1）拙稿（一九九九）とは取り上げる角度が異なるが、鈴木直治（一九九四）に収録された「『惟』について」という論文（初出は『金沢大学教養部論集・人文科学篇』第二七巻二号、一九九四年（前稿「『書經』語法札記一」『金沢大学教養部論集・人文科学篇』第五巻、一九六七年）を書き改めたもの）において、すでに『惟』はもともと近指の指示詞であったと推定している（一〇四頁）。卓見というべきであろう。

(２) ここでは、指示体系の存在を前提とする指示詞の代名詞的な用法を、指示詞から代名詞への「転用」とし、すでに指示体系に拘束されることなく、指示体系から完全に後退したか、または人称的には指示詞と範疇を別するものの場合に限り、「人称代名詞」とする。
　具体的にはたとえば、「彼」の人を指す用法についてはこれを指示詞から人称代名詞に転用したものとする。指示体系の存在を前提とするからである。逆にそれが指示体系の存在を前提とせずに自立した場合は、人称代名詞とする。因みに、上古時代の「彼」は指示詞である。

(３) 網羅的に調査したわけではなく、手元にあるわずかな数本を調べただけで、以下の作品において呂叔湘（一九八五）の言うような韻律による説明ができない「伊」の二人称を指す用例が観察されている。

金・董解元『古本董解元西廂記』古典文学出版社一九五七年復刻本
元「趙氏孤児」『覆元槧古今雜劇三十種』京都帝國大学文科大学叢書第二、一九一四年復刻本
明・徐文長『暖紅室彙刻傳記本　四聲猿』江蘇廣陵古籍刻印社、一九八二年重印
明・張鳳翼『暖紅室彙刻傳記本　紅拂記』江蘇廣陵古籍刻印社、一九八二年重印

(４) 管見の限り、人称との関わり方によって古代中国語の指示詞の機能を捉える最初の研究は江戸時代の漢学者皆川淇園（一七三四〜一八〇七）の『助字詳解』である。そこでは、「此」と「彼」について次のように述べている。

【彼】　此字ハ此ノ反對ニテ、我ガ身神ヲツケテ居ル処ヲ指シテ此ト云ヒ、ココトハナレテ分《ブン》ナル処ニ、別ニカマヘアル其内ヲ指シテハ、彼ト云フナリ。(中略) 彼ノ字ハ、トカク此方ニ居リテ、アチラニアル内ニテノ様子ヲ、推シハカリテ云ハントスルガタメニ用ユル字ナリ。論語ニ彼哉彼哉ト云タマヘルハ、一向ニ此方ノ引ナラビニ入云フベカラズ、アチラノ処ノコトニ問ヲ及ホセルカヒト云タマヘルココロモチニテ、云タマヘルニテモ、彼ノ字ハココト界疆ヲ別ニシタル処ヲ稱シ云フノ旨ナルコト、明白ナルベシ。(『助字詳解』巻三・彼)

【此】　此字彼ト對スル字ニテ、彼ニ引分ケテ、コチラニシキリヲ立テテ、ソノコチラノ内ナルニ、目ヲ付ケサシテ稱シテ、此ト云フココロナリ。サレバ此此字ハ、辞面ニ彼ト指セルコトハナクテモ、其辞意ニハ、必ズ物ニ引分ケタル、コノ物バカリニ心ヲトメサスルコトニシテ、指スココロニ用ユルコトナリ。(『助字詳解』巻二・此)

　ここに展開されている皆川淇園の考えを整理すると、要するに、「此」が「我ガ身神ヲツケテ居ル處ヲ指シテ」いうのに対して、「ココト離レテ分ナル處ニ、別ニカマヘアル其内ヲ指シテハ、彼ト云フ」ことは、「此」の一人称

的な指示に対して、「彼」は「非一人称的な指示」と考えられる。詳しくは拙稿（一九九八ａ）を参照されたい。

（５）因みに、これまでの先行研究では、たとえば、郭錫良（一九八〇）のように、甲骨文字の「其」は語気副詞とされ、周秦時代の指示詞「其」とは無関係とされている。果たして左様か、検討すべき課題である。

（６）王力『漢語史稿』で、現代語の「那」の前身を「尒」に求めているのも、こうして見れば信憑性の高い説と言えよう。

（７）集計には主に木下正俊校訂『萬葉集』CD-ROM版（塙書房、二〇〇一年）を用いたが、併せて佐竹昭広・木下正俊・小島憲之校注『補訂版萬葉集　本文篇』（塙書房、一九九八年）を参照した。字体と表記はもとのままである。

（８）衣川賢次（一九九八）は、『遊仙窟』の注は、「日本人の接觸した中国人が日本人の要請のもとに『遊仙窟』中の語句や句意を解した、それらがまとめられて成ったものである」（四三六頁）と推測している。

一方、当該箇所の注文については、衣川賢次（一九九七）は次のように説明する。

從渠痛不肯（五ｂ）

渠⑴、汝也。『漢書』⑵曰、作吳曰渠也。

⑴案、此謂人稱代詞之變換。然此注只據文意將「渠」釋爲「汝」、非定訓也。況「從渠」二字爲一詞、表縱予之意。『遊仙窟』中亦有「任渠」（46ａ）、「遮莫」（51ｂ）等、皆其義也。⑵案、此八字恐有誤脱。『漢書』應是『漢書注』、然未知系何家注。劉知幾『史通』雜説篇論王劭『齊志』多記當時鄙言云、「渠們底箇、江左彼此之辭、乃若君卿、中朝汝我之義」。『集韻』平聲九魚韻、「渠、吳人呼彼稱、通作渠」。據此、「作」疑「彼」之訛。（二一三～二一四頁）

（９）三人称代名詞「渠」の初出は、『三国志』呉志の次の例と言われる（呂叔湘（一九八五）を参照）。

女婿昨來、必是渠所窃。（『三国志』呉志一八・趙達）

女婿昨《じょせいさく》來たり、必ず是れ渠《かれ》の窃《ぬす》む所ならん。

（10）ここにいう「非一人称代名詞」に似て非なるものに、向熹（一九九三）の「別指代詞」がある。

上古漢語「他」是旁指代詞、大都指物、作「別的」講。六朝時期「他」常常用作旁稱代詞、指人、作「別人」講。（二三九頁）

向熹（一九九三）では、代名詞の範囲を広く、名詞の一部を含めたものとして考えていることに問題があり、名詞と指示詞と人称代名詞とはやはり区別されなければならない。これは盧烈紅（一九九八）の問題点でもある。

（11）訳文は佐竹昭広・木下正俊・小島憲之（一九七二）による。

（12）訳文は『國譯大藏經』四十九所収の常盤大定訳によっ

た。ただし漢字の表記は大正新脩大藏經第三巻本縁部上、六五九～六六〇頁所収の本文のままにしたほか、振り仮名は適宜省いた。

(13) 用いた訓点資料の本文と加点時期は次の通りである。
『西大寺本金光明最勝王經古點（平安初期點）』（春日政治（一九四二）参照）
『石山寺本大方廣佛華嚴經古點（天安～貞観（八五七～八七七）頃か）』（大坪併治（一九九二）参照）
『大乗大集地藏十輪經古點（巻一、二、四、八、九、十）（元慶七（八八三）年點）』（中田祝夫（一九六八）参照）
『大乗大集地藏十輪經第五巻古點（元慶七（八八三）年點）』（中田祝夫（一九六五）参照）
『法華経玄賛淳祐古點（九五〇年頃）』（中田祝夫（一九五八）参照）
『興福寺本大慈恩寺三蔵法師傳古點（延久三（一〇七一）年～嘉應二（一一七〇）年）』（築島裕（一九六五）参照）
なお、表二中の「?」は「彼」の「カシコ」と訓まれた確かな用例は見いだされないものの、文脈的には「カシコ」と推定されることを意味し、「×」は確かな用例が認められず、推定も困難であることを意味する。

(14) 『竹取物語』、『伊勢物語』、『宇津保物語』のデータは索引類を参照したが、『大和物語』、『源氏物語』、『枕草子』のデータは筆者の調査による。

(15) 用例の調査に当たり、以下の文献については、市販の索引類を参照した。『竹取物語』、『伊勢物語』、『宇津保物語』、『狭衣物語』、『濱松中納言物語』、『延慶本平家物語』、『龍大本平家物語』、『大蔵虎明本狂言集』、『浮世床』、『雑兵物語』。詳しくは附録三「辞書・索引類一覧」を参照。その他の文献は筆者の調査による。

(16) 『今昔物語』に用いられる「彼」を「かれ」と訓むこと自体、決して自明のことではない。たとえば、阪倉篤義他校注『今昔物語』（新潮日本古典集成、新潮社）ではこの例の「彼」に「あれ」の訓を与えている。本稿は山田孝雄他校注『今昔物語（一～五）』（日本古典文学大系、岩波書店）の訓に従った。

(17) この表の「その他」には、それぞれ次のような用例が含まれている。『龍大本平家物語』の「かれ」（「かれ～これ～」一九例、「かれら」二例）、「あれ」（「あれはいかに」八例、「あれほど」二例）、『天草本平家物語』の「かれ」（「かれ～これ～」二例、「かれもこれも」一例、「たれにもかれにも」一例、「かれがもと」一例）、「あれ」（「あれら」二例、「あれほど」一例、「あれほどに」一例）、そして、「三人称」の欄の用例数は三人称・人を指す例のみとし、三人称・物、事柄、場所を指すものは便宜上除いた。

(18) 二人称を指す「カレ」の用例はここに挙げた『延慶本平家物語』以下の諸文献には見いだされないが、『曾我物語』には次の一例が認められる。

ある夕暮に、花園山を見ていりければ、折節、若君、乳母にいだかれ、前栽にあそびたまふ。祐親、これを

見て、「かれは誰ぞ」ととひけれども、返事にもおよばず、にげにけり。(『曾我物語』巻二・若君の御事)

(二人称・人)

これは管見の限り、「カレ」が二人称を指す例の下限にあたるものである。とすれば、おそらくこれを最後に、上代以降続いてきた指示詞「カレ」から非一人称代名詞への転用の歴史が幕を閉じることになると思われる。と同時に、「カレ」がその性格において三人称代名詞へと成長していく条件もこれによって整ってきたことに注目しなければならない。

(19) もちろんこの時期より少し後にも「アレ」の二人称・人を指す例が残っている可能性は十分ある。しかし、仮にこの例を最後に、「アレ」の二人称・人を指す例が文献から姿を消したとしても、「アノ〜」の語形において依然二人称・人を指す用例が『東海道中膝栗毛』まで続いたことを考えれば、「ア系」指示詞全体の「二人称」または二人称的な指示対象からの撤退にはなおしばらく時間がかかったものと思われる。「アノ」については、本章の対象ではないので、ここでは「アレ」は「アノ〜」より早く三人称へと収斂されたことを指摘するに止める。

(20) 引用箇所については、京都大学電子図書館貴重資料図像『史記抄』によって照合した。

(21) 『沙石集』の検索には国文学研究資料館本文データーベース検索システムを利用した。

(22) データはすべて筆者が調査したものである。まず、『鹿の巻筆』に「カレ」と「アレ」が用いられないのは擬古文的な文体によると思われる。そして、武藤禎夫校注『小咄本集』は他の諸本と重複したものを除いたため、『新口花笑顔』(安永四年刊)だけになる。それから、武藤禎夫校注『軽口本集』の「かれ」三例は、『かの子ばなし』序文にあらわれる「彼」の単独用法一例、「かれこれ」二例、興津要校注『江戸小咄』(正・続)の「かれ」三例は「誰彼《だれかれ》」一例、「かれこれ」二例という内訳である。なお、「アレ」の単独用法中の人を指す用法を中心に調査したため、同じ単独用法でも、物、事柄、場所を指すものや感動詞的に用いられるものなどは便宜上「その他」に含めておいた。

(23) 第一編〜第四編は享和二年〜文化二年、「膝栗毛發端」は文化十一年の出版に係る。なおテキストは麻生磯次校注『東海道中膝栗毛』上(岩波文庫)を用いた。

(24) 三代目三遊亭円遊口演、酒井昇造速記、『百花園』一巻一号(明治二二年五月一〇日)、三巻三十八号(明治二三年十一月二〇日)に掲載。暉峻康隆他編『口演速記明治大正落語集成』第一巻(講談社、一九八〇年)による。

あとがき

本書は、平成十三年度京都大学学術出版助成金をいただいたのを機会に、京都大学大学院人間・環境学研究科に提出した「日本語定称指示詞の歴史的研究」と題する学位申請論文（平成十一年三月学位授与）と、これまで指示表現について発表したいくつかの論文を全面的に書きあらためて刊行したものである。

原稿の作成を通じて、旧稿の問題点や自らの研究方法と態度について再度吟味を加える機会に恵まれたことは、著者にとって、あまりある喜びであった。

しかし、この一冊を今世に問うことについて、著者としては、喜びと共に、その責任の重大さに身の引き締まる思いを抱いてもいる。現段階の精一杯の努力の結果として、今後のさらなる研究の励みに資するためにも、厳正な御批判をこそ、冀うものである。

甚だ拙い内容であっても、このように一書にまとめあげることができたのも、偏に二十数年来ご指導いただいた先生方、ならびに学会や研究会の場において有益なご教示をいただいた方々、日頃研究生活を支えてくださった周りの方々の賜物にほかならない。

顧みれば、私が初めて日本語に触れたのは、二十四年前、大連外国語学院日本語学科に入学した時である。ここで初玉麟先生、徐甲申先生のご薫陶を受けたことが、研究者をめざす契機となった。その後はからずも日本政府国費留学生に採用され、平成元年十月から一年半、京都大学教養部文学教室（当時）に留学する機会に恵まれた。川端善明先生（現名誉教授）には、本格的な日本語研究の一端に触れる機会をつくっていただき研究の厳しさについても多くを学んだ。

大学院に入学してからは、指導教官の東郷雄二先生に、懇切なご指導を受けただけでなく、遅々として進まない研究を終始暖かく見守っていただいた。学位審査に当たっては、内田賢徳先生、山梨正明先生からも貴重なコメントをいただくことができた。

大学院修了後、本書の第三章、第四章の一部にあたる論文に対し、財団法人新村出記念財団より第十七回研究助成金をいただいたことは、大きな励みであった。また、平成十年度以来、文部科学省科学研究費特定領域研究「古典学の再構築・伝承と受容（日本）班」の研究分担者として、木田章義先生、金水敏先生のもとで自由に研究させていただいた。

改稿にあたり、山口巖先生には草稿の一部に目を通していただき、有益なご助言を賜った。漢文の読み下し文については、大学時代の恩師である菊地隆雄先生のお手を煩わせた。また、同僚の安部浩氏、ボン大学のChristian Steineck氏、鳥取環境大学の楢和千春氏のほか、木下晴世氏や友人たちにもさまざまなご協力をいただいた。出版にあたっては、京都大学学術出版会の鈴木哲也氏から、細かな点に至るまでご助言いただいた。

これら数々のご恩恵なしには、本書が生まれることは恐らくなかったであろう。すべての方々のお名前を挙げることは叶わぬことであるが、日頃から公私にわたってお世話になった方々や組織に対し、心からの感謝を表す次第である。

平成十四年三月十三日

李　長波

参考文献

秋本吉郎『風土記』日本古典文学大系、岩波書店、一九五八年
石垣謙二「助詞史研究の可能性」『國語と國文學』一九四七年六月号（初出）、『助詞の歴史的研究』岩波書店、一九五五年（再録）
石川忠久『詩経』（上・中・下）新釈漢文大系、明治書院、一九九七～二〇〇〇年
泉井久之助『言語の研究』有信堂、一九五六年
泉井久之助『言語研究とフンボルト』弘文堂、一九七六年（泉井久之助（一九七六ａ）と略す）
泉井久之助「言語研究の歴史」『岩波講座　日本語　１　日本語と国語学』岩波書店、一九七六年（泉井久之助（一九七六ｂ）と略す）
井手　至「文脈指示詞と文章」『國語國文』第二十一巻第八號、一九五二年（井手　至（一九五二ａ）と略す）
井手　至「万葉の指示語」『萬葉』第五號、一九五二年（井手　至（一九五二ｂ）と略す）
井手　至「文脈指示詞に對する漢文訓讀の影響」『國語學』第二十二集、一九五五年
井手　至「憶良の用語『それ』と『また』―助字の修辞的利用」『萬葉』第二十六號、一九五八年
伊藤道治「有關語詞『叀』的用法問題」『古文字研究』第六輯、一九八一年
伊藤道治「卜辞中『虛詞』之性格―以由与隹之用例為中心」『古文字研究』第十二輯、一九八五年
今村与志雄『遊仙窟』付醍醐寺蔵古鈔本影印、岩波文庫、岩波書店、一九〇〇年
内野熊一郎『孟子』新釈漢文大系、明治書院、一九六二年
遠藤哲夫『管子』（上・中・下）新釈漢文大系、明治書院、一九八九～一九九二年
王　力「中国文法中的繫詞」『清華学報』第十二巻第一期、一九三七年
王　力『漢語史稿』（上冊・中冊）科学出版社、一九五八年
王　力『古代漢語』（修訂本第一冊）中華書局、一九八一年
大坪併治『石山寺本大方廣佛華厳經古點の國語學的研究』風間書房、一九九二年
大野　峻『国語』（上・下）新釈漢文大系、明治書院、一九七五、一九七八年
荻原浅男・鴻巣隼雄校注『古事記・上代歌謡』日本古典文学全集、小学館、一九七三年
奥村恒哉「代名詞『彼、彼女、彼等』の考察―その成立と文語口語」『國語國文』第二十三巻十一號、一九五四年
郭　錫良「漢語第三人称代詞的起源和發展」『語言學論叢』第六輯、北京大学中文系、一九八〇年
郭　錫良「試論上古漢語指示代詞的体系」『語言文字学術論文集』知識出版社、一九八九年（初出）、『漢語史論集』商務印書館、一九九七年

（再録）
春日和男『新編国語史概説』有精堂、一九七八年
春日政治『西大寺本金光明最勝王經古点點の國語學的研究』岩波書店、一九四二年
加藤常賢『書経』（上・下）新釈漢文大系、明治書院、一九八三、一九八五年
鎌田　正『春秋左氏傳』（一・二・三・四）新釈漢文大系、明治書院、一九七一～一九八一年
亀井高孝・阪田雪子『ハビヤン抄キリシタン版平家物語』吉川弘文館、一九七五年
川端善明「指示語」『國文學』第三十八巻第十二號、學燈社、一九九三年
管　燮初『殷墟甲骨刻辭的語法研究』中国科学院、一九五三年
管　燮初『西周金文語法研究』商務印書館、一九八一年
衣川賢次「遊仙窟舊注校讀記」（上）『花園大学文学部研究紀要』第二十七号、一九九五年
衣川賢次「遊仙窟舊注校讀記」（中）『花園大学文学部研究紀要』第二十八号、一九九六年
衣川賢次「遊仙窟舊注校讀記」（中之二）『花園大学文学部研究紀要』第二十九号、一九九七年
衣川賢次「遊仙窟舊注辨證」『日本中国学会創立五十年記念論文集』汲古書院、一九九八年
裘　錫圭「談談古文字資料対古漢語研究的重要性」『中国語文』一九七九年第六期、一九七九年
金水　敏「指示詞と談話の構造」『月刊言語』一九九〇年四月号、大修館書店、一九九〇年
金水　敏・田窪行則「談話管理理論からみた日本語の指示詞」『認知科学の発展』第三巻、講談社、一九九〇年
金水　敏・田窪行則編『指示詞』ひつじ書房、一九九二年
金水　敏・田窪行則「日本語指示詞研究史から／へ」金水　敏・田窪行則編『指示詞』ひつじ書房、一九九二年
黒田成幸「（コ）・ソ・アについて」『林栄一教授還暦記念論文集　英語と日本語と』くろしお出版、一九七九年（初出）、金水　敏・田窪行則編『指示詞』ひつじ書房、一九九二年（再録）
邢　公畹「『論語』中的對待指別詞」『國文月刊』第七五期、開明書店、一九四九年（初出）、『邢公畹語言学論文集』商務印書館、二〇〇〇年（再録）
向　熹『簡明漢語史』（上・下）高等教育出版社、一九九三年
高山寺典籍文書綜合調査團編『明恵上人資料　第二』高山寺資料叢書　第七冊、東京大學出版會、一九七八年
洪　誠「論南北朝以前漢語中的繫詞」『語言研究』一九五八年第二期、一九五八年
黄　盛璋「先秦古漢語指示詞研究」『語言研究』一九八三年第二期、華中工学院、一九八三年
洪　波「上古漢語指代詞書面体系的再研究」『語言研究論叢』第六輯、天津教育出版社、一九九一年（初出）、『堅果集―漢台語錐指』南開大学出版社、一九九九年（再録）

洪　波「兼指代詞語源考」『古漢語研究』一九九四年第二期、一九九四年（初出）、『堅果集―漢台語錐指』南開大学出版社、一九九九年（再録）
胡　厚宣「釋兹用兹御」中央研究院歴史語言研究所集刊第八本四分、一九三九年
國語学會編『改訂國語の歴史』刀江書院、一九五一年
興水　實「カール・ビューラーの言語學説」『コトバ』第五巻第二號、一九三五年
小島憲之・木下正俊・佐竹昭広『萬葉集（一～四）』小学館、一九七一～一九七五年
小島憲之・木下正俊・佐竹昭広『萬葉集 訳文篇』塙書房、一九七二年
小島憲之・木下正俊・佐竹昭広『補訂版 萬葉集 本文篇』塙書房、一九九八年
近藤泰弘「構文的に見た指示詞の指示対象」『日本語学』第九巻第三号、一九九〇年
近藤泰弘「中古語のレ系指示詞の性格―能格性の観点から」『國語學』第一九六集、一九九九年
佐伯梅友『国語史 上古篇』刀江書院、一九三六年
阪倉篤義「動詞の意義分析―キルとヲリとの場合」『濱田教授退官記念國語學論集』中央図書出版、一九七七年
阪倉篤義『日本語表現の流れ』岩波書店、一九九三年
阪田雪子「指示詞『コ・ソ・ア』の機能について」『東京外国語大学論集』第二十一号、一九七一年
佐久間　鼎『現代日本語の表現と語法』（初版）厚生閣、一九三六年
佐久間　鼎「言語における水準轉移―特に日本語における人代名詞の變遷について」『速水博士還暦記念心理學哲學論文集』岩波書店、一九三七年（初出）、『日本語の言語理論的研究』三省堂、一九四三年（再録）
佐久間　鼎「指示の場の言語理論」『科學評論』第二巻第五輯、科學文化協會、一九三七年（初出）、『音聲と言語―その心理學的研究』内田老鶴圃版、一九三九年（再録）
佐久間　鼎『日本語の特質』育英書院、一九四一年
佐久間　鼎『現代日本語の表現と語法』（改訂版）厚生閣、一九五一年
佐久間　鼎「敬譲の表現に関する言語理論」「敬譲の表現の言語理論的考察」『松本先生喜寿記念心理学論文集』岩波書店、一九四三年（初出）、『日本語の言語理論』厚生閣、一九五九年（再録）
史　存直『漢語語法史綱要』華東師範大学出版社、一九八六年
清水　功「いわゆる遠称の指示語の一特殊用法について―平家物語の用例より遡って」『名古屋大学国語国文学』第二号、一九五九年
清水　功「平家物語における指示語の特殊用法について―指示体系の変遷に関連して」『平家物語総索引』学習研究社、一九七三年
周　生亜「論上古漢語人称代詞繁複的原因」『中国語文』一九八〇年第二期、一九八〇年
周　法高『中国古代語法稱代編』中央研究院歴史語言研究所專刊之第三十九本（台北）、一九五九年
周　法高「論上古漢語中的繫辞」中央研究院歴史語言研究所集刊第五十九本『李方桂先生記念論文集』第一分、中央研究院歴史語言研究所

（台北）、一九八七年
正保　勇「『コソア』の体系」『日本語の指示詞』国立国語研究所、一九八一年
徐　中舒『甲骨文字典』四川辞書出版社、一九九〇年
新村　出・柊　源一『吉利支丹文学集』（一・二）平凡社、一九九三年
鈴木直治「『惟』について」『中国古代語法の研究』汲古書院、一九九四年
席　澤宗「馬王堆漢墓帛書中的彗星図」『文物』一九七八年第二期、一九七八年
高橋君平『漢語形態文法論』大安、一九六三年
高橋太郎「『場面』と『場』」『國語國文』第二十五巻第九號、一九五六年
田中　望「『コソア』をめぐる諸問題」『日本語の指示詞』国立国語研究所、一九八一年
張　煉強「人称代詞的変換」『中国語文』一九八二年第三期、一九八二年
築島　裕『平安時代の漢文訓讀につきての研究』東京大學出版會、一九六三年
築島　裕『興福寺本大慈恩寺三藏法師傳古點の國語學的研究譯文篇』東京大学出版会、一九六五年
築島　裕『平安時代語新論』東京大学出版会、一九六九年
程　湘清『両漢漢語研究』山東教育出版社、一九八四年
土井忠生・森田武・長南実『邦訳日葡辞書』岩波書店、一九八〇年
東郷雄二「『L'anaphore, cet obscur objet de recherche』フランス語の〈指示形容詞 CE＋名詞句〉照応―談話における情報と視点」『人文』第三十七集、京都大学教養部、一九九一年
唐　作藩「第三人称代詞『他』的起源時代」『語言學論叢』第六輯、北京大学中文系、一九八〇年
董　志翹「近代漢語指代詞札記」『中国語文』一九九七年第五期、一九九七年
藤堂明保「上古漢語の音韻」『言語』中国文化叢書1、大修館、一九六七年
東野治之『金剛寺本遊仙窟』塙書房、二〇〇〇年
時枝誠記『日本文法　口語篇』岩波書店、一九五〇年
中田祝夫『古點本の國語學的研究　總論篇』講談社、一九四九年
中田祝夫『古點本の國語學的研究　譯文篇』講談社、一九五八年
中田祝夫「地藏十輪經元慶七年訓點（巻一、二、四、八、九、十）」『古點本の國語學的研究　譯文篇』講談社、一九五八年
中田祝夫「正倉院聖語藏本大乘大集地藏十輪經（巻五）元慶七年訓點譯文」東京教育大學文學部紀要『國文學漢文學論叢』第十輯、一九六五年
中田祝夫「正倉院聖語藏本大乘大集地藏十輪經（巻七）元慶七年訓點譯文」東京教育大學文學部紀要『國文學漢文學論叢』第十一輯、一九六

六年
中田祝夫『改訂新版東大寺諷誦文稿の國語學的研究』風間書房、一九七九年
野家啓一「言語行為の現象学・序説―現象学と分析哲学との対話を求めて」『思想』第六百五十二号、岩波書店、一九七八年
橋本四郎「万葉の『彼』」『女子大国文』第二八号、京都女子大学、一九六三年
橋本四郎「古代語の指示体系―上代を中心に」『國語國文』第三十五巻第六號、一九六六年
橋本四郎「指示詞の史的展開」『講座日本語学（二）』明治書院、一九八二年
服部四郎「コレ・ソレ・アレとthis, that」『英語基礎語彙の研究』三省堂、一九六八年
濱田　敦「指示語―朝鮮資料を手がかりに」『國語國文』第三十五巻第六號、一九六六年
林　秀一『戦国策』（上・中・下）新釈漢文大系、明治書院、一九七七～一九八八年
馬　建忠『馬氏文通校注』章錫琛校注、中華書局、一九八八年
潘　允中『漢語語法史概要』中州書画社、一九八二年
廣田榮太郎「『彼女』という語の誕生と成長―近代譯語考 2」『國語と國文學』昭和二十八年二月號、一九五三年
広地聖史「推量の助動詞についての国語史的研究（平成七年度国語学会秋期大会研究発表要旨）」『國語學』第一八四集、一九九五年
馮　春田「従王充『論衡』看有関系詞『是』的問題」『両漢漢語研究』、一九八四年
馮　蒸「関於漢藏語系空間指示詞的幾個問題」『均社論叢』第一三号、一九八三年
細江逸記『動詞時制の研究』泰文堂、一九三二年
堀口和吉「指示詞「コ・ソ・ア」考」『論集 日本文学日本語 5 現代』角川書店、一九七八年（堀口和吉（一九七八a）と略す）
堀口和吉「指示詞の表現性」『日本語・日本文化』第八集、大阪外国語大学、一九七八年（堀口和吉（一九七八b）と略す）
堀口和吉「『その愛しきを外に立てめやも』考」『山邊道』第二十二号、天理大學國語國文學會、一九七八年（堀口和吉（一九七八c）と略す）
堀口和吉「代名詞『カレ』をめぐって」『山邊道』第二十六号、天理大學國語國文學會、一九八二年
松下大三郎『日本俗語文典（訂正第三版）』誠之堂書店、一九〇一年
松下大三郎『改撰標準日本文法』紀元社、一九二八年
松下大三郎『標準日本口語法』中文館書店、一九三〇年
松村　明『近代の国語―江戸から現代へ』桜楓社、一九七七年
三上　章『現代語法新説』刀江書院、一九五五年（初版）、くろしお出版、一九七三年（復刻版）
三上　章「コソアド抄」『日本文法小論集』くろしお出版、一九七〇年
三木幸信・中西宇一『国語学』風間書房、一九八七年
宮岡伯人『北の言語―類型と歴史』三省堂、一九九二年

森岡健二『欧文訓読の研究―欧文脈の形成』明治書院、一九九九年
森重　敏『日本文法通論』風間書房、一九五九年
安田喜代門『國語法概説』中興館、一九二八年
山内得立『意味の形而上学』岩波書店、一九六七年
山内得立『ロゴスとレンマ』岩波書店、一九七四年
山口明子「對人稱呼の使用における「正格」と「破格」について―『紅楼夢』における文体論的研究」『中国文学報』第十一冊、一九五九年
山口　巖『パロールの復権―ロシア・フォルマリズムからプラーグ言語美学へ』ゆまに書房、一九九九年
山口堯二「指示体系の推移」『国語語彙史の研究』（十一）和泉書院、一九九〇年
山田孝雄『日本文法論』宝文館出版、一九〇八年
山田孝雄『平安朝文法史』宝文館、一九五二年
山田孝雄『奈良朝文法史』宝文館、一九五四年
山田孝雄『平家物語の語法』宝文館、一九五四年
山田　琢『墨子』（上・下）新釈漢文大系、明治書院、一九七五、一九八七年
やまだようこ『ことばの前のことば―ことばが生まれるすじみち1』新曜社、一九八七年
湯澤幸吉郎『口語法精説』（初版）『國語科學講座Ⅵ 國語法』明治書院、一九三四年
湯澤幸吉郎『江戸言葉の研究』明治書院、一九五四年
湯澤幸吉郎『室町時代言語の研究』風間書房、一九五五年
湯澤幸吉郎『徳川時代言語の研究』風間書房、一九八二年
兪　敏「漢語的『其』和藏語的 gji」『燕京學報』第三七期、一九四九年（初出）、『兪敏語言学論文集』商務印書館、一九九九年（再録）
兪　敏「漢藏両族人和話同源探索」『北京師範大学学報』一九八〇年第一期、一九八〇年（初出）、『兪敏語言学論文集』商務印書館、一九九九年（再録）
兪　敏「東漢以前的姜語和西羌語」『民族語文』一九九一年第一期、一九九一年（初出）、『兪敏語言学論文集』商務印書館、一九九九年（再録）
容　庚「周金文中所見代名詞釋例」『燕京学報』第六期、一九二九年
楊　樹達『高等国文法』商務印書館、一九二〇年
楊　樹達『詞詮』商務印書館、一九二八年
姚　炳祺「論『之』字」『語言研究』一九八二年第二期、華中工学院、一九八二年
吉川幸次郎『論語』（上・下）新訂中国古典選、朝日新聞社、一九六五年
吉本　啓「日本語指示詞コソアの体系」『言語研究』第九十集、一九八六年（初出）、金水敏・田窪行則編『指示詞』ひつじ書房、一九九二年

（再録）
李 長波「指示詞の機能と『コ・ソ・ア』の選択関係について」『國語國文』第六十三巻第五号、一九九四年
李 長波「皆川淇園の言語研究―その言語観を中心に」*Dynamis*, Vol. 1. 京都大学大学院人間・環境学研究科文化環境言語基礎論講座、一九九七年
李 長波「皆川淇園の言語研究―その意味論と構文論的な試みを中心に」*Dynamis*, Vol. 2. 京都大学大学院人間・環境学研究科文化環境言語基礎論講座、一九九八年（拙稿（一九九八ａ）と略す）
李 長波「日本語の指示体系の史的変化について」『國語國文』第六十七巻第十二号、一九九八年（拙稿（一九九八ｂ）と略す）
李 長波「古代中国語の指示詞とその文法化について」Dynamis. Vol. 3. 京都大学大学院人間・環境学研究科文化環境言語基礎論講座、一九九九年
李 長波「『カレ』の語史とその周辺―三人称代名詞が成立するまでのみちすじ」Dynamis, Vol. 4, 京都大学大学院人間・環境学研究科文化環境言語基礎論講座、二〇〇〇年
李 長波「古代日本語の人称体系における『自・他』の問題―古代中国語の人称代名詞と上代語との関連を中心に」文部科学省科学研究費特定領域研究（A）「古典学の再構築」『第Ｉ期公募研究論文集』「古典学の再構築」総括班編、二〇〇一年
呂 叔湘『近代漢語指代詞』（江 藍生補）学林出版社、一九八五年
盧 烈紅『「古尊宿語要」代詞助詞研究』武漢大学出版社、一九九八年
渡辺 実「指示の言葉」『女子大文学』第五号、大阪女子大學文學會、一九五二年
渡辺 実「『わがこと・ひとごと』の観点と文法論」『國語學』第百六十五集、一九九一年
渡辺 実『日本語概説』岩波書店、一九九六年
渡辺 実『国語意味論』塙書房、二〇〇二年

Benveniste, É. *Problèmes de linguistique générale*. Paris.（バンヴェニスト『一般言語学の諸問題』岸本通夫監訳、みすず書房、一九八三年）
Brugmann, K. *Grundriss der vergleichenden Grammatik der indogermanischen Sprachen: Kurzgefasste Darstellung*. Bd. 2., 2 Hälfte. Strassburg: K. J. Trübner, 1892.
Brugmann, K. *Die Demonstrativpronomina der Indogermanischen Sprachen. Eine Bedeutungsgeschichtliche Untersuchung*. Der XXII Band der Abhandlungen der philologisch-historischen Klasse der Königl. Sächsischen Gesellschaft der Wissenschaften. Leipzig: B. G. Teubner, 1904, pp. 1-151.

Cassirer, E. *Die Philosophie der Symbolischen Formen*. Bd. I, *Die Sprache*. Berlin, 1923.（カッシーラー『シンボル形式の哲学（一）第一巻　言語』生松敬三・木田　元訳、岩波書店、一九八九年）

Clark, H. H. Space, time, semantic, and the child. Moore, T. E. (ed. 1973) *Cognitive development and the acquisition of language*. New York: Academic Press, 1973. pp. 27-63.

Comrie, B. *Language Universals and Linguisitic Typology: Syntax and Morphology*. Oxford: Basil Blackwell, 1989.（コムリー『言語普遍性と言語類型論』山本克己・山本秀樹訳、ひつじ書房、一九九二年）

Coseriu, E. *Sincronía, diacronía e historia*. Madrid, 1973.（コセリウ『うつりゆくこそことばなれ』田中克彦・かめいたかし訳、クロノス、一九八一年）

Daneš, F. & Vachek, J. The Relation of Center and Periphery as a Language Universal, *TLP*, Vol. 2, 1966.

Herskovits, A. *Language and Spatial Cognition: an interdisciplinary study of the prepositions in English*. The Press of Syndicate of the University of Cambridge, 1986.（A. Herskovits『空間認知と言語理解』堂下修司他訳、オーム社、一九九一年）

Humboldt, W. v. *Über die Kawi-Sprache auf der Insel Java. Einleitug. Wilhelm von Humboldts Gesammelte Schriften*, 17 Bde., Herausgegeben von der Königlich Preussischen Akademie der Wissenschaften, Berlin: B. Behr's Verlag, 1906-1936. *Einleitung zum Kawiwerk*, Siebenter Band, Erste Hälfte, heraugegeben von Albert Leitzmann, 1907.（フンボルト『言語と精神―カヴィ語研究序説』亀山健吉訳、法政大学出版局、一九八四年）

Guéron, J. On the syntax and semantics of PP extrapositon. *Linguistic inquiry*, 11-4, 1980, pp. 637-678.

Jakobson, R. The Paleosiberian Languages. *American Anthropologist*, Vol. 44 No. 4 Part 1, 1942, pp. 602-620.

Jespersen, O. *The Philosophy of Grammar*. George Allen & Unwin Ltd, 1924.（イェスペルセン『文法の原理』半田一郎訳、岩波書店、一九五八年）

Jespersen, O. *Essentials of English Grammar*. London: George Allen & Unwin, 1933.（イェスペルセン『英文法エッセンシャルズ』中島文雄訳、千城、一九六三年）

Peirce, C. S. *Speculative Grammar, Chap. 3. The Icon, Index, and Symbol*, 1893. Hartshorne, C. & Weiss, P. (ed.) *Collected Papers of Charles Sanders Peirce*. Vol. II. *Elements of Logic*. The Belknap Press of Harvard University Press, 1960, pp. 156-173.

付録一　テキスト一覧

凡例

一、使用テキストが複数の場合、主に用いたものを最初に挙げた。統計や解釈の際に参考したものは参考として挙げた。
二、近代文学と現代文学の作品から引用した例文の表記については、一部ルビを省いたものがある。仮名遣いは依拠テキストのままとし、必ずしも初出時の表記のままではない。
三、引用した例文の中には、現在の観点からみれば、不適切な表現が含まれる場合があるが、文献の時代性と資料性に鑑み、修正を加えずにそのまま用いた。

上代語

荻原浅男・鴻巣隼雄『古事記・上代歌謡』日本古典文学全集、小学館、一九七三年
木下正俊校訂『万葉集』CD-ROM版、塙書房、二〇〇一年
　参考　小島憲之・木下正俊・佐竹昭広校訂『万葉集　本文篇』塙書房、一九九八年
　参考　小島憲之・木下正俊・佐竹昭広校注『萬葉集（一～四）』小学館、一九七一～一九七五年

中古語

片桐洋一校注『竹取物語』日本古典文学全集、小学館、一九七二年
福井貞助校注『伊勢物語』日本古典文学全集、小学館、一九七二年
鈴木知太郎校注『土左日記』日本古典文学大系、岩波書店、一九五七年
河野多麻校注『宇津保物語（一～三）』日本古典文学大系、岩波書店、一九五九～一九六二年
阿部秋生・秋山　虔・今井源衛校注『源氏物語（一～六）』日本古典文学全集、小学館、一九七〇～一九七六年
池田亀鑑校注『枕草子』岩波文庫、岩波書店、一九六二年
　参考　池田亀鑑・岸上愼二校注『枕草子』日本古典文学大系、岩波書店、一九五八年
　参考　松尾聰・永井和子校注『枕草子』日本古典文学全集、小学館、一九七四年
　参考　渡辺実校注『枕草子』新日本古典文学大系、岩波書店、一九九一年
松尾聰校注『濱松中納言物語』日本古典文学大系、岩波書店、一九六四年

西下經一校注『更級日記』日本古典文学大系、岩波書店、一九七六年
三谷栄一・関根慶子校注『狭衣物語』日本古典文学大系、岩波書店、一九六五年
小沢正夫校注『古今和歌集』日本古典文学全集、小学館、一九七一年
　参考　新編国歌大観編集委員会編『新編国歌大観　第一巻　勅撰集編　歌集』角川書店、一九八三年

中世語

北原保雄・小川栄一編『延慶本平家物語』(本文篇) 勉誠社、一九九〇年
山田孝雄・山田忠雄・山田英雄・山田俊雄校注『今昔物語集(一～五)』日本古典文学大系、岩波書店、一九五九～一九六三年
　参考　阪倉篤義・本田義憲・川端善明校注『今昔物語　本朝世俗部一～四』新潮日本古典集成、新潮社、一九七八～一九八四年
渡邊綱也校注『宇治拾遺物語』日本古典文学大系、岩波書店、一九六〇年
渡邊綱也校注『沙石集』日本古典文学大系、岩波書店、一九六六年
高木市之助・小澤正夫・渥美かをる・金田一春彦校注『平家物語(上・下)』日本古典文学大系、岩波書店、一九五九年
水野弥穂子校注『正法眼藏(一～四)』岩波文庫、岩波書店、一九九〇～一九九三年
　参考　田島毓堂編『正法眼藏の國語學的研究　資料篇』笠間書院、一九七八年
夢窓疎石『夢中問答』古典資料類従5『五山版大字本夢中問答集　付谷響集』勉誠社、一九七七年
　参考　川瀬一馬校注・現代語訳『夢中問答集』講談社学術文庫、講談社、二〇〇〇年
亀井　孝・水沢利忠『史記桃源抄の研究　本文篇(一～五)』日本学術振興会刊、一九六五～一九七三年
池田廣司・北原保雄『大蔵虎明本狂言集の研究　本文篇(上・中・下)』表現社、一九七二～一九八三年
亀井高孝・阪田雪子『ハビヤン抄・キリシタン版平家物語』吉川弘文館、一九六六年
濱田　敦・柊　源一『文禄二年耶蘇會版伊曾保物語』京都大学国文学会、一九六三年

近世語

板坂　元校注『好色一代男』日本古典文学大系、岩波書店、一九五七年
興津　要編『江戸小咄』講談社文庫、講談社、一九七三年
興津　要編『江戸小咄(続)』講談社文庫、講談社、一九七六年
　参考　小高敏郎校注『江戸笑話集』岩波古典文学大系、岩波書店、一九六六年
武藤禎夫校注『軽口本集』岩波文庫、岩波書店、一九八七年
武藤禎夫校注『小咄本集』岩波文庫、岩波書店、一九八七年
武藤禎夫校注『落語本集』岩波文庫、岩波書店、一九八八年

宮尾しげを校注『江戸小咄集』1、2東洋文庫、平凡社、一九七一年
宮尾しげを『未翻刻繪入江戸小咄十二種』近世風俗研究会、一九六六年
麻生磯次校注『東海道中膝栗毛』(上)、岩波文庫、岩波書店、一九七三年
中村幸彦編『近世白話小説翻訳集』(一〜十三) 汲古書院、一九八四〜一九八八年

現代語

三遊亭円朝『怪談牡丹燈籠』『三遊亭円朝全集　1　怪談噺』角川書店、一九七五年
三遊亭円朝『真景累ケ淵』『三遊亭円朝全集　1　怪談噺』角川書店、一九七五年
暉峻康隆・興津　要・榎本滋民編『口演速記明治大正落語集成』(第一巻) 講談社、一九八〇年
新潮社刊 CD-ROM 版『新潮文庫明治の文豪』新潮社、一九九七年
新潮社刊 CD-ROM 版『新潮文庫大正の文豪』新潮社、一九九七年
興津　要編『古典落語（上・下・続)』講談社文庫、講談社、一九七二年
興津　要編『古典落語（続々・続々々)』講談社文庫、講談社、一九七三年
興津　要編『古典落語（大尾)』講談社文庫、講談社、一九七四年

付録二　噺本書誌

(1)**興津　要編『江戸小咄』（講談社）目次**

鹿の子餅　木室卯雲作　勝川春章画　明和九年正月刊　江戸鱗形屋源兵衛板
楽牽頭　稲穂作　明和九年九月序　江戸蘭秀堂笹屋嘉右衛門板
坐笑産　安永二年春刊　江戸上総屋利兵衛板
聞上手　小松屋百亀編　安永二年刊　江戸遠州屋弥七板
聞上手二編　小松屋百亀作　画　安永二年三月刊　江戸遠州屋弥七板
御伽草　城戸楽丸編　安永二年刊　江戸文苑堂板
今歳花時　武子編　安永二年三月刊　江戸文苑堂板
飛談語　宇津山人菖蒲房作　常室画　安永二年春刊　江戸雁義堂板
再成餅　即岳庵青雲斎編　沙明　餅十画　安永二年四月刊　江戸莞爾堂板
茶のこもち　唐辺僕編　安永三年春序　江戸堀野屋仁兵衛板
一のもり　来風山人序　安永四年刊　江戸堀野屋仁兵衛板
譚嚢　馬場雲壷序　跋　蘭徳斎春童画　安永六年刊　江戸堀野屋仁兵衛板
鯛の味噌津　新場老漁（太田南畝）作　安永八年刊　江戸遠州屋板
臍繰金　十返舎一九作　画　享和二年刊　江戸田中久五郎板
江戸前噺鰻　十返舎一九作　二世恋川春町画　文化五年刊　江戸西村屋与八板

(2)**興津　要編『江戸小咄（続）』（講談社）目次**

近目貫　稲穂作　安永二年閏三月刊　江戸蘭秀堂笹屋嘉右衛門板
当世口合千里の翅　能楽斎作　安永二年三月刊　江戸拍子木堂板
稚獅子（「噺稚獅子」）　千三つ万八郎作　安永三年初春刊　江戸万笈堂　文林堂板
高笑ひ　彡甫先生作　安永五年六月刊　さし絵は東紫　江戸堀野屋仁兵衛板
鳥の町　来風山人序　安永五年春刊　江戸堀野屋仁兵衛板
蝶夫婦　山手馬鹿人此楓（大田蜀山人）作　安永六年刊　江戸遠州屋板

珍話金財布　作者不明　安永八年正月刊　江戸堀野屋仁兵衛板
うぐひす笛　大田南畝作　天明年間（?・）刊　江戸若州屋藤兵衛板
巳入吉原井の種　柳庵主人作　寛政九年初春刊　江戸越後屋初五郎板
滑稽好　桜川慈悲成編　寛政十三年初春刊　江戸山田三四郎板
新話笑の友　作者不明　享和元年三月刊　京都吉野屋仁兵衛　鉛屋安兵衛板
一口饅頭　桜川慈悲成作　歌川豊国画　享和二年初春刊　江戸三崎屋清吉板
甲子待鼠噺口豆飯　桜川慈悲成作　栄松斎長喜画　享和四年初春刊　江戸大和屋久兵衛板
種がしま　初代三笑亭可楽作　文化年間　板元不明

(3)武藤禎夫校注『元禄期軽口本集　近世笑話集（上）』（岩波書店）目次

当世手打笑　延宝九年刊　敦賀屋弥兵衛板
当世はなしの本　貞享頃刊　板本不明
かの子ばなし　元禄三年刊　松會板
軽口御前男　元禄十六年刊　敦賀屋九兵衛・柏原屋清右衛門板
露休置土産　宝永四年刊　田井利兵衛板

(4)武藤禎夫校注『安永期小咄本集　近世笑話集（中）』（岩波書店）目次

話稿鹿の子餅　明和九年刊　鱗形屋孫兵衛板
珍話楽牽頭　明和九年刊　蘭秀堂　笹屋嘉右衛門板
聞上手　安永二年刊　遠州屋弥七板
俗談今歳咄　安永二年刊　文苑堂板
茶のこもち　安永三年刊　堀野屋仁兵衛板
新口花笑顔　安永四年刊　山林堂板
鳥の町　安永五年刊　堀野や仁兵衛板

(5)武藤禎夫校注『化政期落語本集　近世笑話集（下）』（岩波書店）目次

落噺詞葉の花　寛政九年刊　上総屋利兵衛板
落咄臍くり金　享和二年刊　田中久五郎板
諢話江戸嬉笑　文化三年刊　板本不明

新選臍の宿替　文化九年刊　春篁堂板
新作種が島　文化年間刊　板元不明
落噺屠蘇喜言　文政七年刊　丸屋文右衛門板
新作太鼓の林　文政十二年刊　永寿堂　西村屋与八板
面白し花の初笑　天保二年刊　京都　伏見屋半三郎・江戸　和泉屋正二郎・大阪　敦賀屋為七郎・兵庫　油屋正五郎板

(6)宮尾しげを編注『江戸小咄1』目次

俗談今歳花時　青木宇角編　安永二年　文苑堂板
今歳咄二篇　太保堂主人編　安永二年　文苑堂板
和良井久佐　鉄砲洲の住人千三造編　安永三年　鈴木嘉兵衛板
畔の落穂　作者不詳　安永六年　遠州屋久次郎板
今歳笑　泥田坊作　安永七年　板元不明
珍話金財布　作者不詳　安永八年　堀野屋仁兵衛板
当世新話はつ鰹　大田南畝作　安永十年　堀野屋仁兵衛板
好文木　青木武子編　天明二年　文苑堂板
千年艸　無辺齋編　天明八年　板元不明
百福茶大年咄　恋川春町作　天明九年　板元不明
華えくぼ　感和亭鬼武作　寛政五年　板元不明
恵方みやげ　道辺高保作　寛政五年　清水治兵衛板
おとしばなし春の山　作者不詳　寛政八年　板元不明

(7)宮尾しげを編注『江戸小咄』2（平凡社）目次

笑談聞童子　不知足散人著　安永四年　遠州屋板
笑長者　作者不詳　安永九年　板元不明
喜美談語　水魚亭魯石、談洲楼焉馬序　寛政八年　今福屋・上総屋板
はなし売　作者不詳　寛政一三年　上総屋板
忠臣蔵役割狂歌咄　桜川慈悲成作　享和二年　永寿堂　西村屋與八板
笑府商内上手　十返舎一九作　享和四年　板元不明
絵本江戸錦　桜川慈悲成作　享和四年　万金堂　岩戸長蔵・太保堂　奥村喜兵衛板

おとし譚富久喜多留　談語楼（立川）銀馬作　文化十一年　文寿堂丸屋文右衛門板
篭細工はなし　古今亭三鳥作　文政二年　丸屋文右衛門・加賀屋佐兵衛・大嶋屋伝右衛門板
笑府宝の蔵入　十返舎一九作　文政六年　下谷車坂町　万屋板
忠臣蔵開帳咄　作者不詳　嘉永四年　板元不明

付録三　辞書・索引類一覧

凡例

一、多少とも参照したことのあるものを可能な限り挙げるようにした。
二、用例の集計に用いたものについてはその都度明記するようにした。

『時代別国語大辞典・上代編』澤瀉久孝他編、三省堂、一九六七年
『時代別国語大辞典・室町時代編』土井忠生他編、三省堂、一九八五〜二〇〇一年
『岩波古語辞典』（補訂版）大野晋・佐竹昭広・前田金五郎編、一九九〇年
『角川古語大辞典』中村幸彦・岡見正雄・阪倉篤義編、一九九九年
『古語大辞典』中田祝夫・和田利政・北原保雄編、小学館、一九八三年
『金文編』容　庚編、張振林、馬國權補、中華書局、一九八五年
『類聚名義抄』正宗敦夫校訂、風間書房、一九五四年
『清原宣賢自筆伊路波分類體辭書　塵芥』京都大學文學部國語國文學研究室編、京都大學國文學會、一九七二年
『慶長三年耶蘇會板　落葉集』（本文・解題・索引）京都大學文學部國語國文學研究室編、京都大學國文學會、一九六二年
『日本大文典』ロドリゲス、土井忠生訳注、三省堂、一九五五年
『邦訳日葡辞書』土井忠生・森田　武・長南　実訳、岩波書店、一九八〇年
『新英語学辞典』大塚高信・中島文雄監修、研究社、一九八二年
『九本対照竹取翁物語語彙索引』（本文編・索引編）上坂信男編、笠間書院、一九八〇年
『伊勢物語総索引』大野　晋・辛島稔子編、明治書院、一九七二年
『宇津保物語本文と索引』（索引編）笹渕友一他編、宇津保物語研究会、一九七五年
『源氏物語語彙用例総索引』（自立語篇一〜五）上田英代他編、勉誠社、一九九四年
『濱松中納言物語總索引』池田利夫編、武蔵野書院、一九六四年
『八代集総索引』（和歌自立語篇）ひめまつの会編、大学堂、一九八六年
『狭衣物語語彙索引』塚原鉄雄・秋本守英・神尾暢子編、笠間書院、一九七五年
『延慶本平家物語』（索引篇）北原保雄・小川栄一編、勉誠社、一九九六年

『平家物語総索引』金田一春彦他編、学習研究社、一九七三年
『大蔵虎明本狂言集総索引』（一～八）北原保雄他編、武蔵野書院、一九八二～一九八九年
『エソポのハブラス本文と総索引』大塚光信・来田　隆編、清文堂、一九九九年
『雑兵物語研究と総索引』深井一郎編、武蔵野書院、一九七三年
『柳髪新話浮世床総索引』稲垣正幸・山口　豊編、武蔵野書院、一九八三年

人名索引

［タ　行］

［サ　行］

索　　引（事項・言語名索引/人名索引）

事項・言語名索引

［著者紹介］
李　長波（り　ちょうは）

1962年　中国黒龍江省海倫県に生まれる
1982年　大連外国語学院日本語学科卒業
1982年　大連外国語学院日本語学科　助手
1987年　同　講師
1999年　京都大学大学院人間・環境学研究科博士後期過程修了
現　在　京都大学大学院人間・環境学研究科文化環境言語基礎論講座　助手

訳　書『中国の漢字問題』（共訳，大修館書店，1999年）

日本語指示体系の歴史
平成14年（2002）年5月30日　初版第一刷発行

著　者　李　長波
発行人　佐藤文隆
発行所　京都大学学術出版会
京都市左京区吉田河原町15-9
京大会館内（〒606-8305）
電話（075）761-6182
FAX（075）761-6190
Home Page http://www.kyoto-up.gr.jp
振替01000-8-64677
ISBN　4-87698-446-8
Printed in Japan
定価はカバーに表示してあります